Stammbaum der Familie Kim

(ausgewählte Mitglieder)

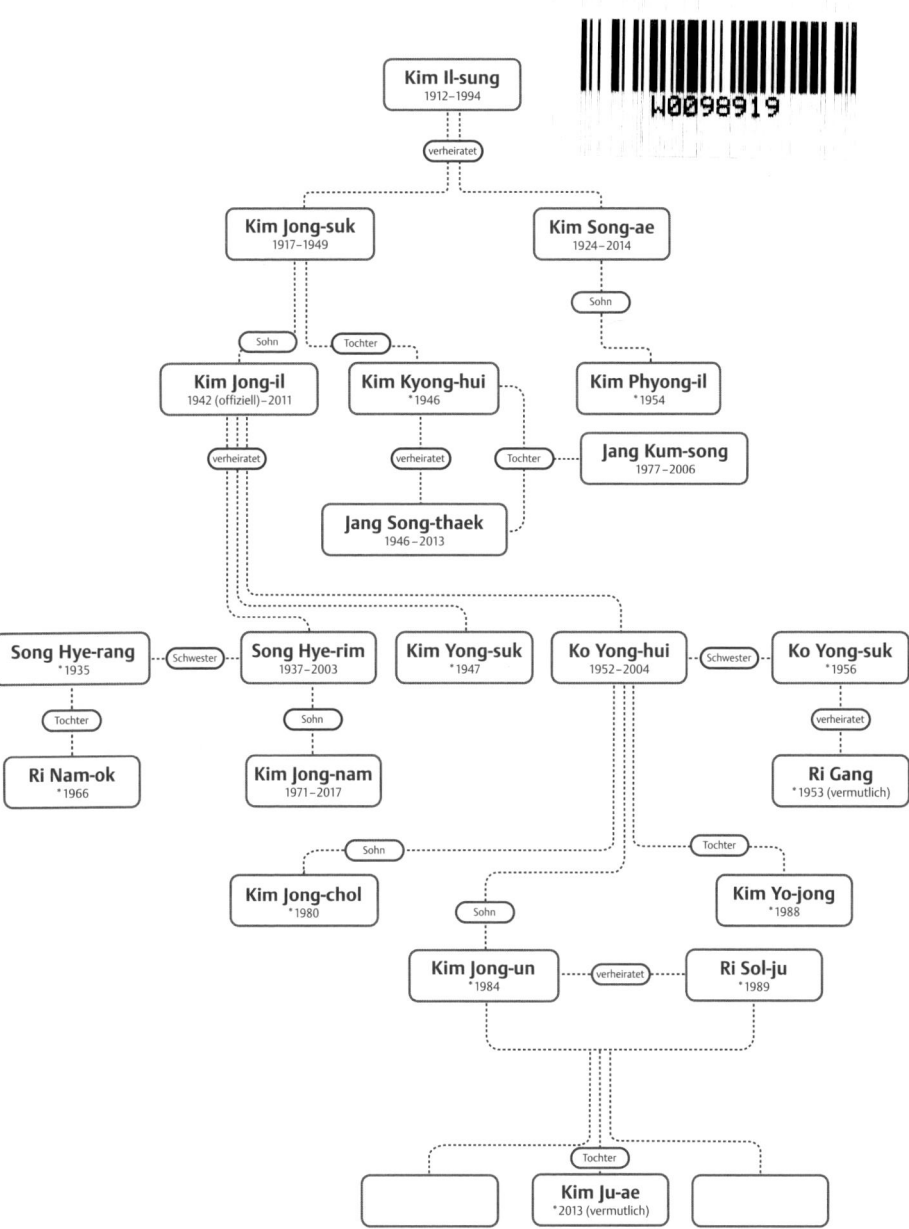

Anna Fifield
Kim

Anna Fifield

KIM

**Nordkoreas Diktator
aus der Nähe**

Aus dem Englischen von
Gabriele Gockel und Thomas Wollermann

Die englische Originalausgabe erschien 2019 unter dem Titel
»The Great Successor. The Divinely Perfect Destiny of Brilliant Comrade
Kim Jong Un« bei PublicAffairs, Hachette Book Group, Inc., New York.
www.publicaffairsbooks.com

Copyright © 2019 by Anna Fifield

Bibliografische Information der Deutschen Nationalbibliothek

Die Deutsche Nationalbibliothek verzeichnet diese Publikation in der
Deutschen Nationalbibliografie; detaillierte bibliografische Daten sind im
Internet unter http://dnb.d-nb.de abrufbar.

© Edition Körber, Hamburg 2020

Umschlag: Groothuis, www.groothuis.de
Coverfoto: vectorportal.com
Lektorat: Werner Irro, Hamburg
Herstellung: Das Herstellungsbüro, Hamburg | www.buch-herstellungsbuero.de
Druck und Bindung: CPI – Clausen & Bosse, Leck
Printed in Germany

ISBN 978-3-89684-277-0

Alle Rechte vorbehalten

www.edition-koerber.de

Für die fünfundzwanzig Millionen Menschen Nordkoreas.
Mögen sie bald die Freiheit haben, ihren Träumen zu folgen.

Kann ich doch lächeln, und im Lächeln morden,
Und rufen: schön! zu dem, was tief mich kränkt,
Die Wangen netzen mit erzwungnen Tränen
Und mein Gesicht zu jedem Anlass passen. [...]
Ich leihe Farben dem Chamäleon,
Verwandle mehr als Proteus mich und nehme,
Den mörd'rischen Machiavell in Lehr'.
Und kann ich das, und keine Kron' erschwingen?
SHAKESPEARE, »HEINRICH VI.«[1]

Inhalt

Vorbemerkung 9
Prolog 11

Teil 1: Lehrjahre

1 Die Anfänge 25
2 Leben mit den Imperialisten 53
3 Inkognito in der Schweiz 72
4 Das kleine Einmaleins der Diktatur 94

Teil 2: Konsolidierung

5 Ein dritter Kim am Ruder 121
6 Das Ende der mageren Jahre 139
7 Lieber gefürchtet als geliebt 161
8 Auf Wiedersehen, Onkel 184
9 Die Eliten von Pjönghattan 201
10 Millennials und moderne Zeiten 221
11 Ballspiele mit dem Erzfeind 241

Teil 3: Selbstbewusstsein

12 Party Time 263

13 Der ungeliebte Bruder 285

14 Das heilige Schwert 313

15 Die Charmeoffensive 338

16 Gespräche mit dem Erzfeind 362

Epilog 386

Danksagung 396

Anmerkungen 402

Vorbemerkung

Viele Flüchtlinge aus Nordkorea, die in diesem Buch zu Wort kommen, baten mich, ihren Namen nicht zu nennen. Sie haben Angst, Familienangehörige in Gefahr zu bringen, die noch in Nordkorea leben. In diesen Fällen habe ich Pseudonyme verwendet oder gar keine Namen genannt. Bei den nordkoreanischen Personen- und Ortsnamen bin ich der in Nordkorea üblichen lateinischen Schreibweise gefolgt.

Prolog

Ich saß an Bord der Air Koryo, Flugnummer 152, nach Pjöngjang, um meine sechste Reise in die Hauptstadt Nordkoreas anzutreten. Zugleich war es mein erster Besuch, seit Kim Jong-un, der Führer in der dritten Generation, die Macht übernommen hatte. Es war der 28. August 2014.

Als Journalistin nach Nordkorea zu reisen, ist immer eine besondere und abenteuerliche, aber auch bedrückende Erfahrung; doch dieser Besuch sollte noch surrealer werden als meine früheren Visiten.

Es fing schon damit an, dass ich neben Jon Andersen saß, einem 140 Kilo schweren Profi-Wrestler aus San Francisco, der unter dem Namen Strong Man in den Ring steigt. Er ist dafür bekannt, dass er seinem Gegner erbarmungslos in den Nacken grätscht oder ihn in die Höhe hebt und brutal zu Boden schmettert, Nettigkeiten, die unter Wrestling-Fans als »Diving Neckbreaker« und »Gorilla Press Drop« bekannt sind.

Ich landete neben Andersen in der Business Class (ja, die staatliche Fluglinie des kommunistischen Landes bietet unterschiedliche Klassen an), weil mich ein Passagier um meinen Economy-Platz bat, um neben seinem Freund sitzen zu können. Andersen und ich machten es uns in den roten Sitzen der betagten Iljuschin bequem, die mit ihren weißen Zierdeckchen auf den Kopfpolstern und den Goldbrokatkissen, die auf jedem Sitz liegen, an Großmutters Lehnsessel erinnern.

Andersen war einer von drei amerikanischen Wrestlern, die ihre besten Tage hinter sich hatten und nun in Japan ihr Glück versuchten, wo sie aufgrund ihrer schieren Größe noch als die Topattraktion auftreten können, die sie zu Hause längst nicht mehr sind. Doch sie probierten auch gern mal was Neues aus, und so waren die drei unterwegs zu einer Show, wie es sie noch nicht gegeben hatte: die ersten International Pro Wrestling Games in Pjöngjang, ein Wochenende voller Events rund um diese Kampfshow, organisiert von Antonio Inoki, einem Japaner mit kantigem Kinn, der es sich zur Aufgabe gemacht hatte, den Frieden durch Sportveranstaltungen zu fördern.

Beim Start erklärte mir Andersen, er sei neugierig darauf, wie Nordkorea wirklich sei, jenseits der Klischees, die in den amerikanischen Medien verbreitet wurden. Ich brachte es nicht übers Herz, ihm zu sagen, dass er eine seit Jahrzehnten eingeübte Farce erleben würde, die eigens zu dem Zweck aufgeführt wurde, damit kein Besucher jemals das wahre Nordkorea zu Gesicht bekam und mit einem Einheimischen sprechen oder eine gewöhnliche Mahlzeit essen konnte.

Als ich Andersen das nächste Mal sah, trug er enge schwarze Lycra-Shorts, die an Unterhosen erinnerten und quer über dem Hintern das Wort STRONGMAN zeigten. Er stürmte mit wilden Gesten in die Sporthalle Ryugyong Chung Ju-yung, wo ihn 13 000 sorgfältig ausgewählte Nordkoreaner erwarteten. »Hier kommt Macho-Mann!«, plärrte es aus den Lautsprechern.

Ohne Anzug wirkte er viel größer. Ich staunte über seinen Bizeps und die straffen Muskeln, die aus seiner Haut zu platzen schienen wie Wurst aus der Pelle. Ich konnte mir kaum vorstellen, wie das auf die Nordkoreaner gewirkt haben musste, deren Land eine Hungersnot mit Hunderttausenden Opfern erlebt hatte.

Im nächsten Moment tauchte ein noch imposanterer Wrestler auf, Bob Sapp, eingehüllt in ein mit Pailletten und Federn geschmücktes Cape. Das Outfit hätte besser zum Mardi Gras in New Orleans gepasst als ins stocknüchterne kommunistische Pjöngjang.

»Machen wir sie fertig!«, rief Andersen Sapp zu, und die zwei Amerikaner stürzten sich auf zwei viel kleiner wirkende japanische Wrestler.

Etwas derart Schräges und Aberwitziges hatte ich in Korea noch nicht gesehen: amerikanisches Schmierentheater im Zentrum der übelsten Propagandahauptstadt der Welt. Das Publikum, an Täuschungen gewöhnt, durchschaute bald, dass alles sorgfältig inszeniert war und es hier mehr um Unterhaltung als um Sport ging. Und so lachte es herzlich über die Show.

Ich hingegen blickte nicht mehr durch, was hier echt war und was nicht.

Bei meinem letzten Besuch, im Winter 2008, war ich mit den New Yorker Philharmonikern gekommen. Die Reise war mir damals wie ein Wendepunkt in der Geschichte erschienen.

Das renommierteste Orchester der Vereinigten Staaten trat in einem Land auf, dessen Fundament der Hass auf Amerika war. Die Bühne war von den Flaggen Amerikas und Nordkoreas eingerahmt, und das Orchester spielte George Gershwins »Ein Amerikaner in Paris«.

»Eines Tages schreibt ein Komponist vielleicht ein Werk mit dem Titel *Ein Amerikaner in Pjöngjang*«, sagte der Dirigent Lorin Maazel vor dem nordkoreanischen Publikum. Später gab das Orchester auch »Arirang« zum Besten, ein herzerweichendes koreanisches Volkslied über das Gefühl des Verlassenseins, das die ebenfalls ausgesuchten Einwohner Pjöngjangs sichtlich ergriff.

Doch es kam zu keinem Wendepunkt.

Im selben Jahr erlitt Nordkoreas »Geliebter Führer« Kim Jong-il einen schweren Gehirnschlag, der ihn für den Rest seines Lebens zeichnete. Von da an konzentrierte sich das Regime nur noch auf eines: dafür zu sorgen, dass die Kim-Dynastie an der Macht blieb.

Hinter den Kulissen nahmen Pläne Gestalt an, Kim Jong-ils jüngsten Sohn, der zu diesem Zeitpunkt erst vierundzwanzig Jahre alt war, zum nächsten Führer Nordkoreas zu küren.

Der Welt sollte diese Krönung erst zwei Jahre später verkündet werden. Als es so weit war, hofften einige Beobachter, Kim Jong-un werde sich als Reformer erweisen. Schließlich war er in der Schweiz zur Schule gegangen, hatte den Westen bereist und den Kapitalismus kennengelernt. Wer wollte daran zweifeln, dass er etwas davon auch nach Nordkorea bringen würde?

Ähnliche Hoffnungen hatte man gehegt, als im Jahr 2000 in Syrien der in London ausgebildete Augenarzt Baschar al-Assad das Ruder übernahm, und später, als Kronprinz Mohammed bin Salman in Saudi-Arabien an die Macht kam, der das Silicon Valley kannte und Frauen das Autofahren erlaubte.

Auch im Fall von Kim Jong-un sah es zunächst gut aus, dachte Jon Delury, ein Chinaexperte an der Yonsei University in Seoul. Er hielt nach Anzeichen Ausschau, dass der junge Führer Nordkorea Reformen und Wohlstand bescheren würde, ähnlich wie Deng Xiaoping 1978 in China.

Doch im Allgemeinen überwog eine ganz andere Hoffnung: die Hoffnung, dass das Ende nahe sei.

Von dem nahen Seoul bis zum fernen Washington prophezeiten viele Regierungsvertreter und Beobachter dem Land kühn – einige hinter vorgehaltener Hand, andere recht lautstark – schwere

Instabilität, einen Massenexodus nach China, einen Putsch, den unmittelbar bevorstehenden Kollaps. All diese Untergangsszenarien einte ein Gedanke: Es konnte doch nicht sein, dass es dem Regime gelang, die Macht zum dritten Mal auf einen totalitären Führer namens Kim zu übertragen, schon gar nicht auf einen Mittzwanziger, der teure europäische Schulen besucht hatte und Fan der Chicago Bulls war – dafür aber weder über militärische noch politische Erfahrung verfügte.

Victor Cha, der in der Regierungszeit von George W. Bush als Chefunterhändler in Nordkorea gewesen war, sagte in der *New York Times* voraus, das Regime werde in wenigen Monaten, wenn nicht Wochen, zusammenbrechen.

Niemand äußerte eine so klare Prognose wie Cha, aber er war nicht der Einzige, der so dachte. Die meisten Beobachter Nordkoreas sahen das Ende nahen. Dass Kim Jong-un der Aufgabe gewachsen war, wurde allgemein angezweifelt.

Auch ich hatte meine Bedenken. Ich konnte mir Nordkorea nicht unter einem dritten Kim vorstellen. Ich verfolgte nun schon seit Jahren aufmerksam die Entwicklung des Landes, aus der Nähe und aus der Ferne. 2004 hatte mich die *Financial Times* als Korrespondentin nach Seoul geschickt, um über beide Koreas zu berichten. Es war der Beginn einer großen Leidenschaft.

In den folgenden vier Jahren reiste ich zehnmal nach Nordkorea, darunter fünfmal für Reportagen aus Pjöngjang. Ich besichtigte die verschiedenen Kim-Gedenkstätten, interviewte Regierungsvertreter, Geschäftsleute und Professoren – stets in Begleitung der unvermeidlichen Aufpasser des Regimes. Sie sollten sicherstellen, dass ich nichts zu sehen bekam, was das sorgfältig für mich arrangierte Bild stören konnte.

Die ganze Zeit über hielt ich Ausschau, ob nicht doch irgendwo die Wahrheit hervorschimmerte. Sosehr sich das Regime bemühte, es war unübersehbar, dass es am Boden lag. Nichts war, was es zu sein schien. Die Wirtschaft war marode. Den Augen der Menschen war die Angst abzulesen. Der Applaus für Kim Jong-il, den ich aus fünfzig Meter Entfernung vom Stadion hörte, klang wie eine Tonkonserve.

Dieses System konnte unmöglich in dritter Generation weiterbestehen. Oder etwa doch?

Die Experten, die umfassende Reformen voraussagten, behielten unrecht. Jene, die den unmittelbar bevorstehenden Kollaps voraussagten, behielten unrecht. Ich behielt unrecht.

Im Jahr 2014, nach sechs Jahren Abwesenheit von der koreanischen Halbinsel, reiste ich als Korrespondentin der *Washington Post* erneut in das Land.

Wenige Monate nachdem ich meinen neuen Posten bezogen hatte, Kim Jong-un war damals schon beinahe drei Jahre an der Macht, kam ich nach Pjöngjang, um über das Wrestling-Turnier zu berichten. Was nimmt man im Journalismus nicht alles auf sich, um ein Visum für Nordkorea zu bekommen.

Ich war sprachlos.

Zwar hatte ich gehört, dass die Hauptstadt einen Bauboom erlebte, aber von seinen Ausmaßen hatte ich keine Ahnung. Praktisch in jeder zweiten Straße wurde ein Wohnturm oder ein anderes Gebäude hochgezogen. Bei meinem letzten Besuch hatte man kaum einmal einen Traktor zu Gesicht bekommen, und jetzt sah ich überall Lastwagen und Kräne, in denen Männer in olivgrünen Uniformen saßen.

Wenn ich früher durch die Straßen lief, schenkte mir niemand auch nur einen flüchtigen Blick, obwohl man sehr selten Ausländer zu Gesicht bekam. Die Menschen senkten einfach den Kopf und gingen weiter. Nun lag fast eine heitere Stimmung in der

Luft. Die Leute waren besser gekleidet, Kinder fuhren mit Inlineskates auf neu angelegten Bahnen, alles wirkte viel entspannter.

Es bestand kein Zweifel, dass das Leben in der Hauptstadt, dem Schaufenster des Landes, immer noch trostlos war. An den Haltestellen der klapprigen Busse standen lange Schlangen, man sah immer noch viele alte Mütterchen, die große Bündel auf dem Rücken schleppten, und nach einer beleibten oder auch nur einer etwas molligeren Person hielt man vergeblich Ausschau. Von der Sorte gab es nur die eine ganz an der Spitze. Dennoch stand Pjöngjang, wo die Elite lebte, die Kim Jong-un an der Macht hielt, keinesfalls kurz vor dem Zusammenbruch.

Fast sieben Jahrzehnte nach der Gründung der Demokratischen Volksrepublik Korea (DVRK) sah ich nicht einmal im Ansatz Risse in der kommunistischen Fassade.

In diesen sieben Jahrzehnten hatte die Welt viele andere brutale Diktatoren erlebt, die das Volk quälten, während sie ihre eigenen Interessen verfolgten. Josef Stalin. Pol Pot. Idi Amin. Saddam Hussein. Muammar al-Gaddafi. Ferdinand Marcos. Mobutu Sese Seko. Manuel Noriega. Einige taten es aus ideologischen Gründen, einige waren Kleptokraten. Auf viele traf beides zu.

Es gab auch Beispiele von Familiendiktaturen. In Haiti hatte »Papa Doc« Duvalier die Macht an seinen Sohn »Baby Doc« weitergegeben, und Syriens Präsident Hafiz al-Assad machte seinen Sohn Baschar zu seinem Nachfolger. Kubas Fidel Castro sorgte dafür, dass ihm sein Bruder Raúl nachfolgte.

Was die drei Kims auszeichnet, ist die Dauer ihrer Familienherrschaft über das Land. Während der Regierungszeit des Staatsgründers Kim Il-sung hatten die Vereinigten Staaten zehn Präsidenten, von Harry S. Truman bis zu Bill Clinton. Japan wurde in dieser Zeit von einundzwanzig Premierministern regiert. Kim Il-sung überlebte Mao Zedong um beinahe zwei Jahrzehnte und Josef Stalin um vier. Nordkorea besteht nun schon länger als die Sowjetunion.

Ich wollte herausfinden, wie dies dem jungen Mann und dem Regime, das er geerbt hatte, allen Widrigkeiten zum Trotz gelungen war. Ich wollte alles wissen, was man über Kim Jong-un in Erfahrung bringen konnte.

Ich machte mich daran, mit allen zu sprechen, die ihm jemals begegnet waren, um mir ein Bild von diesem geheimnisvollsten aller Führer zu verschaffen. Das war keine leichte Aufgabe. Nur wenige Menschen hatten direkt mit ihm zu tun gehabt, und die Gruppe derer, die ihn über einen längeren Zeitraum gekannt hatten, war noch bedeutend kleiner. Ich ging jeder möglichen Spur nach.

Ich konnte Kim Jong-uns Tante und seinen Onkel ausfindig machen, die sich um ihn gekümmert hatten, als er in der Schweiz zur Schule ging. Ich fuhr in die Schweizer Hauptstadt Bern, um etwas darüber zu erfahren, was ihn als Teenager geprägt hatte, stand vor seinem dortigen Wohnhaus und schaute mir seine ehemalige Schule an.

Zweimal traf ich mich in einem schmuddeligen Restaurant in den Japanischen Alpen mit Kenji Fujimoto, der bessere Tage als Sushi-Koch für Kims Vater gesehen hatte und so etwas wie ein Spielgefährte des zukünftigen Führers gewesen war. Ich sprach mit Leuten, die im Gefolge des Basketballers Dennis Rodman nach Nordkorea geflogen waren und von Trinkgelagen und Ausschweifungen zu erzählen hatten.

Als ich hörte, dass Kim Jong-uns Halbbruder Kim Jong-nam in Kuala Lumpur getötet worden war, setzte ich mich sofort in ein Flugzeug, um mir die Stelle anzuschauen, an der dies wenige Stunden zuvor geschehen war. Ich wartete vor der Leichenhalle, in der seine sterblichen Überreste lagen, und sah aufgeregte nordkoreanische Regierungsvertreter kommen und gehen. Ich fuhr zur nordkoreanischen Botschaft, um festzustellen, dass dort Reporter so unerwünscht waren, dass man sogar den Klingelknopf am Tor entfernt hatte.

Ich spürte Kim Jong-nams Cousine auf, die Frau, die quasi seine Schwester wurde und mit ihm lange nachdem sie aus dem Land geflohen und er ins Exil gegangen war, in Kontakt blieb. Sie führte bereits seit einem Vierteljahrhundert ein völlig neues Leben mit einer neuen Identität.

Dann, inmitten der turbulenten diplomatischen Ereignisse des Jahres 2018, wurde es auf einmal viel einfacher, Menschen zu finden, die den nordkoreanischen Führer persönlich kennengelernt hatten.

Die Südkoreaner und die Amerikaner hatten Gipfeltreffen zwischen Kim Jong-un und dem südkoreanischen Präsidenten Moon Jae-in und Donald Trump arrangiert. Ich interviewte Personen, die mit ihm in Pjöngjang gesprochen hatten, von einer südkoreanischen Sängerin bis hin zu einem deutschen Sportfunktionär. Ich sah in Singapur seinen Autokorso an mir vorbeiziehen. Mit jeder Begegnung, die der mysteriöse Machthaber hatte, versuchte ich ein bisschen besser zu verstehen, wer er war.

Ich fragte auch wiederholt die nordkoreanischen Diplomaten, die bei den Vereinten Nationen akkreditiert waren, einer Gruppe weltgewandter Funktionäre, die alle auf Roosevelt Island im East River wohnten, weshalb die Insel manchmal scherzhaft als die Sozialistische Republik von New York City bezeichnet wird, ob ich ein Interview mit Kim Jong-un führen könne. Sehr aussichtsreich war das nicht, aber auch keine völlig abwegige Idee. Immerhin hatte Kim Il-sung kurz vor seinem Tod 1994 eine Gruppe ausländischer Journalisten zum Essen empfangen.

Jedes Mal, wenn ich einen von ihnen traf – stets beim Essen

in einem Steakhouse in Manhattan, wo sie ohne Ausnahme das Filet Mignon für 48 Dollar bestellten und niemals das preiswerte Tagesgericht –, versuchte ich es erneut. Und jedes Mal lachten sie mich einfach aus.

Bei der letzten Gelegenheit, einen Monat nach Kim Jong-uns Gipfeltreffen mit Donald Trump Mitte des Jahres 2018, lachte mir der charmante Diplomat, der für die Beziehungen zu den amerikanischen Medien zuständig ist, ins Gesicht und sagte nur: »Träumen Sie weiter!«

Doch statt zu träumen, schaute ich mir die Realität außerhalb der Lügenfassaden der Hauptstadt an, und zwar an Orten, die mir das Regime nicht zeigen wollte. Ich stieß auf Nordkoreaner, die Kim Jong-un kennengelernt hatten, nicht persönlich, aber durch seine Politik, Nordkoreaner, die seine Staatsführung am eigenen Leib erfahren und es geschafft hatten, ihr zu entfliehen.

In den Jahren, in denen ich über Nordkorea berichtete, habe ich sehr viele, wahrscheinlich Hunderte Menschen getroffen, die dem Kim-Staat den Rücken gekehrt hatten. Sie werden oft als »Überläufer« bezeichnet, aber mir widerstrebt diese Bezeichnung. Sie suggeriert, dass sie mit ihrer Flucht vor dem Regime eine Art Verrat begangen hätten. Ich nenne sie lieber »Gerettete« oder »Geflüchtete«.

Es wird zunehmend schwerer, Menschen zu finden, die bereit sind, offen zu reden. Dies liegt auch daran, dass der Flüchtlingsstrom seit Kim Jong-uns Herrschaft schwächer geworden ist, was einerseits an stärkerer Bewachung der Grenze, andererseits aber am steigenden Lebensstandard im Land liegt. Ein weiterer Grund ist, dass die Flüchtlinge zunehmend erwarten, für ihre Aussagen mit Geld entlohnt zu werden, was für mich aufgrund meiner journalistischen Grundsätze tabu ist.

Über Organisationen, die Nordkoreaner bei der Flucht oder bei der Ankunft in Südkorea unterstützen, gelang es mir dann doch, mit Dutzenden Personen in Kontakt zu kommen, die auch ohne Geld zu reden bereit waren: Funktionäre und Händler, denen es in Pjöngjang gutgegangen war, Menschen aus den Grenzregionen, die ihren Lebensunterhalt auf den Märkten verdient hatten, und solche, die für nichtige Vergehen in den grausamen Gefängnissen des Regimes geschmachtet hatten.

Ich traf auch Menschen, die anfangs geglaubt hatten, dass dieser junge Führer positive Veränderungen einleiten würde; es gab sogar einige, die immer noch stolz darauf waren, dass er ein Atomwaffenprogramm auf die Beine gestellt hatte, wie es Nordkoreas reicherer Nachbarstaat nicht vorweisen konnte.

Einige traf ich nach ihrem Arbeitstag am Stadtrand von Seoul, oft in einem einfachen Grillrestaurant. Mit anderen sprach ich am Ufer des Mekong oder saß mit ihnen zusammen in schäbigen Hotelzimmern in Laos und Thailand auf dem Fußboden, wo sie auf ihrer gefährlichen Flucht Zwischenstation machten.

Am riskantesten waren die Begegnungen mit Flüchtlingen im Norden Chinas. China betrachtet Menschen, die Nordkorea den Rücken gekehrt haben, als Wirtschaftsmigranten, das heißt, sie werden bei Entdeckung zurückgeschickt und vom Regime schwer bestraft. Trotzdem erzählten sie mir in den Wohnungen, in denen sie Unterschlupf gefunden hatten, tapfer ihre Geschichte.

Aus Hunderten Stunden Interviews, die ich in acht Ländern führte, setzte ich das Puzzle zusammen, das Kim Jong-un heißt.

Was ich erfuhr, verspricht keine rosige Zukunft für die fünfundzwanzig Millionen Menschen, die immer noch in Nordkorea gefangen sind.

Teil 1

Lehrjahre

Kapitel 1
Die Anfänge

»Der hoheitsvolle Genosse Kim Jong-un, vom Himmel geboren und empfangen von Paektu.«
Rodong Sinmun, 20. Dezember 2011

Wŏnsan ist ein Paradies auf Erden – oder zumindest eines in Nordkorea.
In einem Land mit zerklüfteten Bergen und steinigen Böden, sibirischen Frösten und Sturzfluten ist das Küstengebiet um Wŏnsan eine der wenigen reizvollen Landschaften. Hier gibt es weiße Sandstrände und einen natürlichen Hafen, der mit kleinen Inseln übersät ist. In Wŏnsan verbringen Nordkoreas obere Zehntausend den Sommer. Es ist ihre Côte d'Azur, ihr Monte Carlo.
Die Urlauber baden im Meer oder entspannen sich in den Pools ihrer Strandhäuser. Sie zutzeln das köstliche Fleisch aus den pelzigen Klauen der teuren Wollhandkrabbe, die hier heimisch ist, und löffeln den Rogen aus ihrem Inneren. Sie begeben sich zum nahe gelegenen Sijung-See, dessen 47 Grad heißer Schlamm revitalisierend wirken und Falten glätten soll, ein Jungbrunnen für erschöpfte, alte Parteikader. Insbesondere die Elite der Eliten hat ein Faible für diese Region: die Familie Kim, die seit mehr als siebzig Jahren die Geschicke Nordkoreas bestimmt.

Hierher kam 1945 auch ein junger antiimperialistischer Kämpfer mit dem Kampfnamen Kim Il-sung, als er in seine Heimat zurückkehrte, nachdem Japan im Zweiten Weltkrieg besiegt und von der Halbinsel vertrieben worden war.

Hier wuchs Kim Jong-il im Verborgenen auf, bei Kriegsende gerade einmal vier Jahre alt, während sich sein Vater an die Spitze des neu gegründeten Nordkorea manövrierte. Dieser Teil der Halbinsel wurde von der Sowjetunion und China unterstützt, die südliche Hälfte von den Vereinigten Staaten.

Und hier war es auch, wo ein kleiner Junge namens Kim Jong-un lange Sommer im Müßiggang verbrachte, an den Stränden herumtollte und in einem Bananenboot über die Wellen flitzte.

Als er am 8. Januar 1984 zur Welt kam – eine Jahreszahl, die dank des Romanciers George Orwell in der übrigen Welt für immer mit Unterdrückung und Dystopie in Verbindung gebracht werden sollte –, regierte der Großvater des Jungen die Demokratische Volksrepublik Korea seit sechsunddreißig Jahren. Er war der Große Führer, die Sonne der Nation und der »stets siegreiche hervorragende General Kim Il-sung«.

Der Vater des Jungen, ein sonderbarer Mann mit gedrungener Figur, ein Filmfan, dessen große Leidenschaft dem Kino galt und der kurz vor seinem zweiundvierzigsten Geburtstag stand, war zum Erben des Regimes bestimmt worden, womit er diesem die zweifelhafte Ehre verlieh, zur ersten kommunistischen Dynastie der Welt zu werden. Er bereitete sich darauf vor, der Geliebte Führer zu werden, der Glorreiche General, der vom Himmel Geborene, der Leitstern des 21. Jahrhunderts.

Wie sein Vater hielt er sich gern in Wŏnsan auf. Genauso der kleine Junge, der eines Tages in die Fußstapfen der beiden treten sollte. In seiner Kindheit und Jugend reiste Kim Jong-un im Sommer aus Pjöngjang und später von einer Schweizer Schule kommend hierher. Viele Jahre danach, als er mit seinem persönlichen Vergnügungspark prahlen wollte, holte er einen exzentrischen amerikanischen Basketballspieler zu Bootstouren und Partys nach Wŏnsan – es waren wilde Partys. Noch später sollte ein exzentrischer amerikanischer Immobilienmagnat, der es zum Präsidenten gebracht hatte, »die großartigen Strände« Wŏnsans loben und sie als perfekten Ort für den Bau von Eigentumswohnungen bezeichnen.

Das Kim-Regime teilte die Naturschönheiten Wŏnsans mit ausgewählten Ausländern, um den Mythos vom »sozialistischen Paradies« Nordkorea zu pflegen. Die Stadt selbst war nicht besonders attraktiv. Im amerikanischen Bombenhagel des Koreakriegs war sie gänzlich zerstört und dann im eintönigen sowjetischen Stil wieder aufgebaut worden. Rote Schilder mit der Aufschrift »Lang lebe der Große Führer Genosse Kim Il-sung« und überdimensionale Werbeplakate für einen Totalitarismus, den die Bevölkerung ohnehin über sich ergehen lassen musste, krönten die grauen Betonbauten im Zentrum.

Die Hauptattraktion war stets der unberührte Strand von Songdowon. In den 1980er-Jahren, als Kim Jong-un hier am Strand spielte, war Wŏnsan einer der wichtigsten Orte für kommunistische Zusammenkünfte. Ein Pfadfindercamp zog 1985 Gruppen aus der Sowjetunion und der DDR an, und die staatlichen Medien veröffentlichten Fotos von glücklichen Kindern, die aus der ganzen Welt herbeiströmten, um den Sommer in Wŏnsan zu verbringen.[2]

Die Realität jedoch sah schon damals, als die Sowjetunion noch existierte und ihren asiatischen Klientelstaat stützte, ganz anders aus.

Als der Agraringenieur Lee U-hong, ein in Japan aufgewachsener Koreaner, 1983 nach Wŏnsan kam, um an der Landwirtschaftsschule zu unterrichten, sah er eine Gruppe junger Frauen alles über einen berühmten Baum lernen, der Goldkiefer genannt wurde. Lee hielt sie anfangs für Schülerinnen, doch wie sich herausstellte, waren es Studentinnen – sie sahen nur viel jünger aus, was auf Mangelernährung zurückzuführen war.[3]

Eines Tages ging er zum Strand, um sich die berühmte Weinrose von Wŏnsan anzusehen, konnte aber keine finden. Ein Einheimischer erklärte ihm, die Kinder litten derartig Hunger, dass sie die Blumen pflückten, um ihren Samen zu essen.

Lee sah nichts von den fortschrittlichen Landwirtschaftsmethoden oder den mit Maschinen ausgestatteten Agrarbetrieben, mit denen sich die Regierung und ihre Vertreter brüsteten – stattdessen fand er Tausende Menschen, die Reis und Getreide mit der Hand ernteten.[4] Für das Kim-Regime galt es, einen Nationalmythos aufrechtzuerhalten.

Als 1984 Überschwemmungen Südkorea verwüsteten, schickte der Norden Lebensmittelhilfen von Wŏnsan aus. Der Hafen befindet sich nur knapp 130 Kilometer nördlich der entmilitarisierten Zone, des vier Kilometer breiten Niemandslandes, das seit dem Ende des Koreakriegs 1953 die Halbinsel teilt.

Acht Monate nach der Geburt Kim Jong-uns, als die Nordkoreaner selbst unter schwerer Nahrungsmittelknappheit litten, wurden in Wŏnsan Säcke mit der Aufschrift »Hilfsgüter für südkoreanische Flutopfer« und dem Symbol des nordkoreanischen Roten Kreuzes verschifft.

»Da dies das erste glückliche Ereignis seit unserer 40-jährigen Trennung war, herrschte große Begeisterung bei der Verladung«, berichtete 1984 die *Rodong Sinmun*, das Sprachrohr der herrschenden nordkoreanischen Partei der Arbeit. »Auf dem breiten Kai hallten frohe Abschiedsgrüße ... Der ganze Hafen war ein einziges Bild familiärer Liebe.«

Kim Jong-un bekam von alledem natürlich nichts mit. Er führte ein unbekümmertes Leben in der Abgeschiedenheit eines der Familienanwesen in Pjöngjang oder in der Residenz am Strand von Wŏnsan, die so groß war, dass die Kim-Kinder mit einem elektrischen Golfwägelchen darin umherfuhren.[5]

In den 1990er-Jahren, als die nordkoreanischen Kinder Samen aufklaubten, schlemmte Kim Jong-un Sushi und sah sich Actionfilme an. Er begeisterte sich für Basketball und besuchte den Vergnügungspark Disneyland bei Paris.

Bis zu seinem fünfundzwanzigsten Geburtstag 2009 lebte er hinter dem Vorhang des unzugänglichsten Regimes der Welt. Als er dann der Elite des Landes offiziell als Nachfolger seines Vaters vorgestellt wurde, entstand in Wŏnsan das erste offizielle Foto von ihm. Es zeigt ihn in einem schwarzen Mao-Anzug zusammen mit seinem Vater, seinem Bruder und seiner Schwester sowie zwei weiteren Männern unter einem Baum stehend. Es wurde nur ein- oder zweimal im nordkoreanischen Fernsehen gezeigt und ist sehr grobkörnig.

Wŏnsan blieb ein enorm wichtiger Ort für Kim Jong-un. Nachdem er Staatsoberhaupt geworden war, finanzierte er die Errichtung eines riesigen Freizeitparks in Wŏnsan, vielleicht um sich die Sorglosigkeit und die Vergnügungen seiner Jugend in Erinnerung zu rufen. Inzwischen gibt es in der Stadt auch ein Aquarium, durch das ein Tunnel führt, ein Spiegelkabinett wie auf einem Jahrmarkt und den Songdowon-Wasserpark, einen weitläufigen Komplex mit Hallen- und Freibädern samt einer verschlungenen Wasserrutsche – das Bild des sozialistischen Paradieses im Zeitalter der Themenparks.

Kim Jong-un besuchte das Projekt schon bald nach seinem Aufstieg zum »Geliebten und Verehrten Obersten Führer« im Jahr 2011. Bekleidet mit einem weißen Hemd, in der Höhe des

Herzens eine rote Anstecknadel mit den Porträts seines Vaters und seines Großvaters, beugte er sich über die Wasserrutsche. Breit lächelnd gab er seiner Freude darüber Ausdruck, dass Nordkorea ganz aus eigener Kraft einen Wasserpark habe errichten können.

Von den Sprungtürmen aus konnten die Kinder die bunten Sonnenschirme am Strand und die Tretboote in der Bucht sehen. Sommer in Wŏnsan, das sei »der ungewohnte Anblick von Schülern, die mit bunten Schwimmreifen am Sandstrand stehen, und lachender Großeltern, die Hand in Hand mit ihren Enkelkindern herumhüpfen und auf das Meer hinausschauen«, berichteten die staatlichen Medien.

Diese Einrichtungen sind für das Proletariat vorgesehen. Für die Angehörigen der Führerdynastie gibt es ganz andere.

Auf dem riesigen Anwesen der Familie Kim stehen luxuriöse Strandvillen und geräumige Gästehäuser, weitläufig verteilt und von Bäumen abgeschirmt, um Privatsphäre zu schaffen. Diskretion ist für die Elite von höchster Bedeutung. Auf dem Gelände befindet sich ferner ein großes Hallenbad; Becken auf Schuten, die vor der Küste dümpeln, ermöglichen der Familie, gefahrlos im Meerwasser zu baden. Ein überdachtes Hafenbecken beherbergt die Jachten der Familie und über ein Dutzend Jetskis. Es gibt ein Basketballfeld und einen Hubschrauberlandeplatz. Und Kim Jong-un hat es auch nicht weit zu einem kleinen Flugplatz, sodass er das Urlaubsrefugium seiner Familie bequem mit seinem Privatflugzeug erreichen kann.

Die Familie teilt ihren Spielplatz mit der Elite, die sie an der Macht hält. Das Staatsschutzministerium, die erbarmungslose Behörde, die Lager für politische Gefangene unterhält, besitzt hier ein Sommerhaus am Strand. Ebenso das Büro 39, die Abteilung des Zentralkomitees, die insbesondere die Aufgabe hat,

Geld für die Kasse der Familie Kim einzutreiben. Da das alles hier durch ihre Arbeit finanziert wird, ist es nur gerecht, wenn man sie auch an deren Früchten teilhaben lässt.[6]

Einen ungewöhnlichen Anblick – ungewöhnlich insofern, als man ihn in keinem der westlichen Disneylands findet, die mit harmloserem Feuerwerk auskommen – bietet die Raketenabschussbasis an der Küste von Wŏnsan. Kim Jong-un hat hier seit seiner Machtübernahme den Knopf für den Start Dutzender Raketen gedrückt und großen Artilleriemanövern beigewohnt.

Einmal sah er zu, wie seine Waffenexperten mit neuen 300-Millimeter-Raketenwerfern eine Insel unmittelbar vor der Küste pulverisierten. Bei anderer Gelegenheit musste er nicht einmal auf den Komfort seiner Strandresidenz verzichten. Seine Waffeningenieure rollten ihm eine Rakete auf einer mobilen Abschussbasis direkt vors Haus, sodass er den Start Richtung Japan grinsend vom Schreibtisch aus verfolgen konnte.

Hier, an seinem Privatstrand, veranstaltete Kim Jong-un 2014 auch eine Schwimmübung für die höchsten Kommandeure der Marine. Die Männer, sämtlich im Pensionsalter, tauschten ihre weißen Uniformen und Mützen gegen Badehosen, liefen ins Meer und schwammen fast fünf Kilometer weit, als gälte es, eine Schlacht zu schlagen.

Es war ein merkwürdiges Bild. Der neue Führer, der gerade erst dreißig geworden war, saß am Strand hinter einem Tisch und beobachtete durch ein Fernglas, wie sich Männer, die doppelt so alt und deutlich schlanker waren als er, auf seine Anweisung hin in die Fluten stürzten. Ein Jungspund ohne militärische Meriten zeigte den altgedienten Kadern, wer der Boss war. Dafür gab es keinen besseren Ort als seine höchsteigene Domäne in Wŏnsan.

Der Anspruch der Familie Kim auf die Führerschaft in Nordkorea hat seinen Ursprung in den 1930er-Jahren, als sich Kim Il-sung in der im Norden Chinas gelegenen Region Mandschurei als antijapanischer Partisan einen Namen machte.

Kim Il-sung, der ursprünglich Kim Song-ju hieß, wurde am 15. April 1912, demselben Tag, an dem die *Titanic* einen Eisberg rammte und sank, am Stadtrand von Pjöngjang geboren. Damals war die Stadt ein Zentrum des Christentums und wurde gar als Jerusalem des Ostens bezeichnet. Kim Il-sungs Familie war protestantisch, und einer seiner Großväter war Pastor.

Das kaiserliche Japan hatte Korea zwei Jahre vor Kim Il-sungs Geburt annektiert und führte sich als brutale Besatzungsmacht auf. Die Familie Kim floh in den 1920er-Jahren in die Mandschurei, um sich den japanischen Kolonialisten zu entziehen. Hier startete die Rebellion gegen die japanische Okkupation, und Kim – er nahm Anfang der 1930er-Jahre den Namen Il-sung an, was so viel bedeutet wie »die Sonne werden« – entwickelte sich zum antiimperialistischen Anführer.

In seinen offiziellen Erinnerungen stilisierte Kim den Kampf mit blumigen Worten. »Der Feind verglich uns mit ›einem Tropfen im Meer‹, aber hinter uns stand ein Meer von Menschen mit unerschöpflicher Stärke«, schrieb er. »Wir konnten den unerbittlichen Feind, der bis zu den Zähnen bewaffnet war, schlagen ... weil wir ein mächtiges Bollwerk namens Volk und das grenzenlose Meer in Gestalt der Massen hatten.«[7]

In der offiziellen Geschichtsschreibung Nordkoreas werden Kims Leistungen stark übertrieben dargestellt. Er wird als Herz des Widerstands zu einer Zeit geschildert, in der er noch chinesische und koreanische Generäle über sich hatte, und es wird behauptet, die Partisanenbewegung wäre ohne ihn zusammengebrochen. Obwohl nur ein Rädchen in der Maschinerie des Widerstands, beanspruchte Kim das Verdienst an der Niederlage Japans im Zweiten Weltkrieg ganz allein für sich.

Im Gegensatz zum offiziellen Narrativ verließ Kim Il-sung irgendwann seinen Stützpunkt in der Mandschurei und ging mit einer Frau, die er 1940 heiratete, in die Sowjetunion. Kim Jong-suk war vermutlich erst fünfzehn Jahre alt und arbeitete als Näherin, als Kim Il-sung sie 1935 kennenlernte.

Im Jahr 1942 – auch dies nach offiziellen Quellen, in Wirklichkeit war es 1941 – gebar sie ihren ersten Sohn Kim Jong-il in einem Militärlager bei Chabarowsk im fernen Osten der Sowjetunion.

Nach dem Ende des Pazifikkriegs 1945 und der Befreiung Koreas von den japanischen Besatzern war das Schicksal der Halbinsel ungewiss. Seit fast vierzehn Jahrhunderten hatte sie als ein Land existiert, aber die Vereinigten Staaten und die Sowjetunion, die Sieger im Pazifikkrieg, beschlossen, die Halbinsel unter sich aufzuteilen – ohne dass sie es für notwendig befanden, die Koreaner zu fragen, was sie denn wollten.

Ein junger Oberst der US-Armee namens Dean Rusk, der später amerikanischer Außenminister werden sollte, und ein weiterer Offizier, der zukünftige Vier-Sterne-General Charles Bonesteel, nahmen einfach eine Landkarte von *National Geographic,* zogen eine Linie quer über die koreanische Halbinsel entlang des 38. Breitengrads und schlugen vor, dass die Amerikaner die südliche Hälfte und die Sowjets den nördlichen Teil kontrollierten. Zu ihrer Überraschung stimmte Moskau zu.

Es sollte eine temporäre Lösung sein, sie hatte aber viel länger Bestand, als Rusk und Bonesteel je vermutet oder beabsichtigt hatten. Nach dem blutigen Koreakrieg von 1950 bis 1953 wurde diese Grenze mit der entmilitarisierten Zone zementiert – sie besteht jetzt bereits seit sieben Jahrzehnten.

Die Sowjets mussten einen Führer in ihrem neuen Klientelstaat in der nördlichen Hälfte des Landes einsetzen, einem gebirgigen Territorium von etwa 120 000 Quadratkilometern, ungefähr so groß wie Griechenland.

Kim Il-sung war bereit, diese Aufgabe zu übernehmen. Während seiner Zeit im Militärlager bei Chabarowsk hatte er seine sowjetischen Gönner genügend beeindruckt, um erwarten zu dürfen, eine tragende Rolle im neuen nordkoreanischen Regime zu spielen. Aber die Sowjets stellten ihn sich nicht als Führer des Landes vor. Sie betrachteten seine Ambitionen mit Skepsis. Stalin wollte nicht, dass er sich eine eigene, von den sowjetischen Okkupationstruppen unabhängige Machtbasis schuf.[8]

So wurde Kim Il-sung keineswegs mit Jubelrufen empfangen, als er am 19. September 1945 in einer sowjetischen Armeeuniform auf dem Kriegsschiff *Pugatschow* nach Korea zurückkehrte, das in Wŏnsan anlegte. Er durfte nicht einmal am siegreichen Einzug der sowjetischen Truppen in Pjöngjang teilnehmen, nachdem sie die letzten verbliebenen japanischen Besatzer vertrieben hatten.

Der von Moskau bevorzugte Kandidat für die Führung des neuen Klientelstaats war ein Nationalist namens Cho Man-sik, ein 62-jähriger presbyterianischer Konvertit, der eine gewaltlose, von Gandhi und Tolstoi inspirierte Reformbewegung angeführt hatte. Er entsprach nicht unbedingt den Idealvorstellungen der Sowjets – sie misstrauten seinen Verbindungen zu den Japanern –, aber er trat für Bildung und wirtschaftliche Entwicklung ein, um Korea in eine leuchtende und unabhängige Zukunft zu führen.[9]

Doch Kim Il-sung ließ sich nicht aufhalten. Bald schon brachte er sich für die Führerrolle im neuen Nordkorea in Stellung, unter anderem indem er seine sowjetischen Schutzherren zu feuchtfröhlichen Banketten mit Prostituierten einlud.

Tatsächlich gelang es ihm auf diese Weise, sein Ansehen bei den sowjetischen Generälen zu erhöhen. Nicht einmal einen Monat nach seiner Rückkehr hielt Kim Il-sung auf einer Kundgebung in Pjöngjang eine von Vertretern Moskaus geschriebene Rede. Als er das Podium betrat, ertönte es aus der Menge: »Lang lebe Kommandeur Kim Il-sung.« Die Leute hatten ehrfurchterregende Geschichten über diesen herausragenden Partisanenführer und seine wagemutigen Heldentaten in der Mandschurei gehört.

Der Mann auf der Bühne entsprach jedoch keineswegs dem Bild in ihren Köpfen. Sie hatten einen grauhaarigen Veteranen, eine charismatische Gestalt erwartet. Stattdessen stand da ein Mann, der viel jünger aussah als die dreiunddreißig Jahre, die er zählte, in einem marineblauen Anzug, der eine Nummer zu klein und offensichtlich geliehen war.

Noch schlimmer war, dass er nach sechsundzwanzig Jahren im Exil nicht mehr besonders gut Koreanisch sprach. Das bisschen Bildung, über das er verfügte, hatte er sich auf Chinesisch angeeignet. Er stammelte sich durch die schwülstige, von Vertretern der sowjetischen Besatzungsmacht verfasste Rede voller kommunistischer, unbeholfen ins Koreanische übertragener Phrasen. Ebenso unangenehm wirkte seine »quäkende, flache Stimme«, wie Cho Man-siks Sekretär später berichtete.[10]

Ein Beobachter meinte, er habe »einen Haarschnitt wie ein chinesischer Kellner« gehabt und ausgesehen wie »ein dicker Lieferjunge einer chinesischen Garküche«. Andere bezeichneten ihn als Hochstapler oder Handlanger der Sowjets.[11]

Kim Il-sung war alles andere als eine Erfolgsnummer.

Aber er hatte Glück und bekam noch eine zweite Chance. Stalins Leute mussten feststellen, dass der Pazifist Cho weder Kommunist noch leicht zu dirigieren war. Auf irritierende Weise beanspruchte er Unabhängigkeit als Führer des Landes. Plötzlich sah der farblose Kim Il-sung wie ein nützlicher, formbarer Anwärter aus.

Cho wurde bald verhaftet und verschwand von der Bildfläche, und Moskau entschied sich für den ambitionierten jungen Bewerber als seinen Mann in Korea. Sie bugsierten ihn die Karriereleiter hinauf, bis die sowjetische Besatzung offiziell beendet wurde. Am 9. September 1948 wurde die Gründung der Demokratischen Volksrepublik Korea erklärt und Kim Il-sung als ihr Führer eingesetzt.

Kaum war er ernannt worden, schuf Kim einen Personenkult, der Stalins Anstrengungen auf diesem Gebiet als amateurhaft erscheinen ließ. Nach einem Jahr legte er sich den Titel »Großer Führer« zu. Es tauchten Statuen von ihm auf, und die Geschichte Nordkoreas wurde umgeschrieben.

Die missratene Rede von 1945 wurde in Kim Il-sungs offizieller Biografie als faszinierender Augenblick geschildert. Die Leute »konnten den Blick nicht von [seiner] stattlichen Gestalt wenden« und jubelten aus »grenzenloser Liebe und Hochachtung vor ihrem großen Führer«.[12]

Kim Il-sung stellte in Windeseile eine Koreanische Volksarmee unter Führung seiner alten Kameraden aus der Zeit des antijapanischen Kampfes auf die Beine. Darüber hinaus arbeitete er einen Plan für die Übernahme Südkoreas aus und versuchte, Stalin bei einem Treffen in Moskau im März 1949 von der Unterstützung einer militärischen Invasion mit dem Ziel der Wiedervereinigung zu überzeugen. Stalin aber erteilte ihm eine Abfuhr – er wollte keinen Krieg mit der Atommacht USA – und beschied, Nordkorea solle nur bei einem Angriff Militär einsetzen.

Doch Kim und seine Generäle beobachteten voller Neid, wie im selben Jahr die chinesischen Kommunisten den nationalistischen Führer Chiang Kai-shek und seine Kuomintang vertrieben. Und so bedrängte er Stalin weiterhin, sich den Süden vorzuknöpfen, vor allem nachdem die Vereinigten Staaten im selben Jahr sämtliche Kampftruppen aus Südkorea abgezogen und damit diesen Teil der Halbinsel schutzlos zurückgelassen hatten.

Ein Jahr nachdem Kim Il-sung für einen Krieg geworben hatte, gab Stalin schließlich nach und billigte die Invasion grundsätzlich, jedoch nur wenn Mao Zedong in China ebenfalls zustimmte. Im Mai 1950 fuhr Kim nach Peking und versuchte, Mao zu überzeugen, aber den chinesischen Führer interessierten vor allem Chiang und seine Nationalisten in Taiwan. Erst als Stalin ihn bedrängte, lenkte er schließlich ein.[13]

Kim Il-sung nutzte seine Chance. In den frühen Stunden des 25. Juni 1950 rollten einhundertfünfzig aus sowjetischer Produktion stammende T-34-Panzer der nordkoreanischen Volksarmee über die Demarkationslinie in den Süden. Sieben Divisionen donnerten auf Seoul zu, gefolgt von nordkoreanischer Infanterie.

Die Nordkoreaner nahmen das gesamte Land bis auf ein Gebiet um die südliche Stadt Busan ein. Alles deutete auf einen raschen Sieg hin.

General Douglas MacArthur, Befehlshaber der amerikanischen Streitkräfte in Japan, wurde von der Invasion völlig überrascht, reagierte jedoch umgehend. Im September landeten seine Truppen bei Incheon westlich von Seoul auf dem Wattenmeer und drängten die Invasoren aus dem Norden zurück. China erkannte die brenzlige Lage und entsandte Truppen zur Unterstützung Nordkoreas.

Nach sechs Monaten war die nordkoreanische Armee wieder auf ihren Ausgangspunkt, den 38. Breitengrad, zurückgeworfen. In den folgenden zweieinhalb Jahren traten beide Seiten auf der Stelle und kamen keinen Schritt voran.

Die Vereinigten Staaten gaben sich durchaus große Mühe, den

toten Punkt zu überwinden. Nur fünf Jahre nach der unvorstellbaren Verwüstung von Hiroshima und Nagasaki brachte MacArthur ernstlich den Gedanken auf, eine Atombombe gegen Nordkorea einzusetzen.

Die Idee wurde zwar rasch verworfen, aber die Vereinigten Staaten verfolgten mit dem Einsatz konventioneller Bomben dann buchstäblich die Strategie der verbrannten Erde und ließen insgesamt über 635 000 Tonnen Sprengstoff – im gesamten Pazifikkrieg waren 503 000 Tonnen eingesetzt worden – auf das Land herabregnen.[14] Allein 200 000 Bomben gingen in Pjöngjang nieder – eine pro Einwohner der Hauptstadt.

Laut Curtis LeMay, Chef des amerikanischen strategischen Luftkommandos, brannten die Amerikaner »sämtliche Städte in Nordkorea nieder«. Als ihnen die urbanen Ziele ausgingen, zerstörten ihre Bomber Kraftwerke und Bewässerungswehre, überfluteten Ackerland und vernichteten die Ernte. Die Luftwaffe beklagte sich, bald nichts mehr zum Bombardieren zu haben.[15] Laut einer sowjetischen Bestandsaufnahme nach dem Krieg waren 85 Prozent aller Bauwerke im Norden zerstört.

Historikern zufolge starben in dem Krieg fast drei Millionen Koreaner, wurden verwundet oder vermisst – zehn Prozent der Bevölkerung auf der Halbinsel. LeMay schätzte, dass etwa zwei Millionen der Toten auf den Norden entfielen.[16] Etwa 37 000 amerikanische Soldaten fielen im Kampf.

Nach all der Zerstörung und lange nachdem klar war, dass weder der von China und der Sowjetunion unterstützte Norden noch der Süden, hinter dem die USA standen, einen klaren Sieg erringen konnte, vereinbarten beide Seiten einen Waffenstillstand. Am 27. Juli 1953 endeten die Kämpfe. Da jedoch nie ein Friedensvertrag geschlossen wurde, ist der Krieg bis heute offiziell nicht beendet.

Kim Il-sungs Regime schob die Schuld an dem Konflikt einer von den Amerikanern unterstützten Invasion aus dem Süden zu, eine Lüge, die bis heute in Nordkorea verbreitet wird. Und es erklärte sich zum Sieger.

In Nordkorea wird die kriegerische Auseinandersetzung als »Siegreicher vaterländischer Befreiungskrieg« bezeichnet. Ihm ist auch ein Museum in Pjöngjang gewidmet, wo die Wrackteile abgeschossener amerikanischer Kriegsflugzeuge sorgfältig aufbewahrt werden. Es dient dazu, die Erinnerungen an die erbitterten Kämpfe aufrechtzuerhalten, die Bevölkerung in einem permanenten Alarmzustand zu halten und um die Familie Kim zu scharen.

Unmittelbar nach dem Krieg festigte Kim Il-sung seine Vormachtstellung in dem zerschlagenen Land, indem er ein riesiges, von den Verbündeten Nordkoreas finanziertes Wiederaufbauprogramm auflegte. Außerdem eliminierte er eine Reihe altgedienter Militärführer und Mitglieder der Partei der Arbeit, denen er die Schuld am Verlust von Bauwerken und Menschenleben gab, und säuberte die Partei von verbliebenen Gegnern.

Unterdessen verstärkten seine Agitatoren ihre Bemühungen, ihn als allseits geliebten Führer aufzubauen. Selbst den Sowjets, denen Personenkult keineswegs fremd war, ging die Art und Weise, in der Kim Il-sung die Verehrung seines Volks erzwang, zu weit. In einer sowjetischen Depesche von 1955 aus Nordkorea nach Moskau hieß es, unter älteren Mitgliedern der Partei der Arbeit herrsche »eine ungesunde Atmosphäre der Speichelleckerei und Unterwürfigkeit gegenüber Kim Il-sung«.[17] Damals nahm selbst die Sowjetunion Abstand von einer solchen Weise der Vergötterung. Stalin war gestorben, und Nikita Chruschtschow hatte in einer geheimen Rede die Verehrung, die sein Vorgänger für sich beansprucht hatte, angeprangert.

Der neue nordkoreanische Führer machte sich nun auch daran zu beweisen, dass er weder eine chinesische noch eine sowjetische Marionette war. So stellte er sich als großer Denker dar, der an der Spitze eines unabhängigen, blockfreien Staates stand.[18]

Er zimmerte ein ideologisches Konzept namens *Juche* zusammen (gesprochen: Juu-tschei), was so viel wie »Eigenständigkeit« bedeutet.

Der zentrale Gedanke war, dass Nordkorea völlig autark sei und seine sämtlichen Errungenschaften von der »eigenen Nation« hervorgebracht seien, womit praktischerweise die totale Abhängigkeit von seinen kommunistischen Gönnern ausgeblendet wurde. Allerdings hatte Nordkorea in der Außen- und Verteidigungspolitik tatsächlich ein gewisses Maß an Eigenständigkeit erreicht.

Die Juche wurde in den 1970er-Jahren als politischer Grundsatz in die Verfassung aufgenommen. Brian Myers, Professor für internationale Studien in Südkorea, hat wiederholt darauf hingewiesen, das Konzept sei so inhaltsarm, dass der Eintrag für den Juche-Turm, ein Gebäude in Pjöngjang, in einer nordkoreanischen Enzyklopädie doppelt so lang sei wie der Eintrag für diesen ideologischen Grundpfeiler.

Dennoch war die Wirtschaft des Landes bis Mitte der 1970er-Jahre der im Süden überlegen. Der Grund dafür lag unter anderem darin, dass der Norden über den Löwenanteil an Rohstoffen verfügte, sodass Kim Il-sung nur die Schwerindustrie und den Bergbausektor, die die japanischen Besatzer entwickelt hatten, wieder aufbauen musste. Hinzu kamen die Zuwendungen der Sowjetunion an ihren Klientelstaat und die Mobilisierung der Arbeiterschaft im sozialistischen Stil. Südkorea hingegen musste nach dem Krieg bei null anfangen.

Als Kim Il-sung in seinen Sechzigern war, dachte er über sein

Vermächtnis nach – und darüber, wie er gewährleisten konnte, dass die von ihm installierte Diktatur weiterbestehen würde. Während in der Sowjetunion und China neue Staatsführer aus dem Apparat ihrer jeweiligen Kommunistischen Partei rekrutiert wurden, wollte Kim Il-sung die Macht in der Familie halten. Eine Zeitlang spielte er mit dem Gedanken, seinen jüngeren Bruder zu krönen. Zum Entsetzen mancher beschloss er jedoch, seinen ältesten Sohn als Nachfolger zu bestimmen.

Doch zunächst musste an ein paar Stellschrauben im System gedreht werden.

In der Ausgabe des »Nordkoreanischen Wörterbuchs der politischen Begriffe« von 1970 heißt es, die Erbfolge sei »eine reaktionäre Gepflogenheit ausbeuterischer Gesellschaften«. In späteren Veröffentlichungen wurde dies still und heimlich gestrichen.[19] Die staatlichen Medien sprachen jetzt vom »Parteizentrum«, ein Ausdruck, der sich indirekt auf Kim Jong-il bezog, ohne seinen Namen explizit zu nennen. Damit begann Kim Jong-ils Aufstieg in der Parteihierarchie.

Schon früh erkannten die Alliierten Nordkoreas, was Kim Il-sung vorhatte. Der ostdeutsche Botschafter in Pjöngjang telegrafierte 1974 an das Außenministerium der DDR, bei Zusammenkünften der Partei der Arbeit würden die Leute im ganzen Land aufgefordert, »Kim Jong-il Treue zu schwören … für den Fall, dass Kim Il-sung etwas Schwerwiegendes zustößt«. An den Mauern von Regierungsgebäuden tauchten Porträts von Kim Jong-il auf, dazu Losungen von ihm über die Wiedervereinigung oder den sozialistischen Aufbau, berichtete der Botschafter.

In offiziellen Verlautbarungen wurde Kim Il-sung als wohlwollender, väterlicher Mensch dargestellt. Fotos und Gemälde zeigten ihn jovial lachend im Kreis von Kindern. Dieselbe freundliche Herrscherfassade sollte fünfzig Jahre später ein Comeback feiern, wenn Kim Jong-un, von seinem Großvater inspiriert, in die Rolle des lächelnden Diktators schlüpfen würde.

Kim Il-sungs erste Frau und sein ältester Sohn wurden nun erstmals an höchster Stelle präsentiert und mit ihm zusammen zu einer Art nordkoreanischer Heiliger Dreifaltigkeit stilisiert. Auf manchen Fotos war zu sehen, wie Kim Jong-il Propagandisten und Filmproduzenten unterwies. »In seinen Gesprächen mit Bürgern der DVRK zeigt er bereits die Pose, die gewöhnlich Kim Il-sung vorbehalten ist«, schrieb der DDR-Botschafter. »Diese Beobachtung bestätigt unsere frühere Annahme: Kim Il-sungs ältester Sohn wird systematisch zu seinem Nachfolger aufgebaut.«[20]

Auf dem 6. Kongress der Partei der Arbeit im Jahr 1980 in Pjöngjang wurde die Sache offiziell gemacht. Der jüngere Kim erhielt mit einem Schlag hohe Posten in den drei Hauptorganen der Partei – im Präsidium des Politbüros, in der Zentralen Militärkommission und im Parteisekretariat. So kam es zu der einmaligen Situation, dass die drei wichtigsten Gremien der Arbeiterpartei eine Doppelspitze hatten.[21] Kim Il-sung präsentierte Kim Jong-il als seinen Erben und erklärte, sein Sohn werde gewährleisten, dass die revolutionäre Aufgabe »von einer Generation nach der anderen« kontinuierlich weiterverfolgt werde.

Kim Jong-il übernahm zunehmend Verantwortung in der Partei und begleitete seinen Vater bei seinen »Anleitungen vor Ort«, zu denen er durchs Land reiste. Dabei erscheinen Nordkoreas wohlwollende und allwissende Führer irgendwo unangekündigt und lehren Bauern, wie sie am besten ihre Nutzpflanzen anbauen, und Fabrikdirektoren, wie man am besten Stahl produziert. Auf Fotos sieht man, wie die Empfänger dieser klugen Ratschläge pflichtbewusst jedes Wort in kleine Notizbücher eintragen.

1983 machte Kim Jong-il seine nach westlicher Kenntnis erste Auslandsreise ohne seinen Vater: Er besichtigte Fabriken im aufstrebenden China. Es war einer von einer Handvoll Besuchen, die der Geliebte Führer über die Jahre in China unternahm, und sie dienten den Plänen Pekings, Nordkorea dazu zu ermuntern, sich nach seinem Vorbild auf den Weg wirtschaftlicher Transformationen ohne Demokratisierung zu begeben.

»Durch seine dreißigjährige unermüdliche revolutionäre Tätigkeit leitete er eine neue Ära des Wohlstands ein«, heißt es in einem offiziellen nordkoreanischen Bericht über Kim Jong-ils Leben, der kurz nach seinem Amtsantritt veröffentlicht wurde.[22]

Doch der Unterschied zwischen dem zurückhaltenden Kim Jong-il und seinem geselligen Vater hätte nicht größer sein können. Kim Il-sung war als furchtloser Partisanenkämpfer vergöttert worden, der die Verantwortung im Kampf gegen die imperialistischen Japaner übernommen hatte. Kim Jong-il hingegen besaß so gut wie keine militärische Erfahrung. Er war ein Filmliebhaber, ein stark dem Alkohol zusprechender Playboy mit Haartolle, der seinen wichtigsten Beitrag zur Entwicklung der Nation bisher als Regisseur in Form von Filmen abgeliefert hatte.

Dennoch wurde er 1991 zum Obersten Befehlshaber der Koreanischen Volksarmee erklärt. Für die Etablierung der Nachfolge war das kein besonders günstiger Zeitpunkt. Die Berliner Mauer war gefallen. Nur zwei Tage nach seiner Ernennung brach die Sowjetunion zusammen. Der kommunistische Block, der das nordkoreanische Regime unterstützt hatte, existierte nicht mehr, weder wirtschaftlich noch ideologisch.

Um unter diesen schwierigen Umständen die Erbnachfolge durchzusetzen, erfand das Regime eine fantastische Geschichte über die Herkunft Kim Jong-ils, die sich stark an die koreanische Mythologie und das Christentum anlehnte. Er war nicht einfach deshalb zum neuen Führer bestimmt, weil er von seinem Vater dazu ernannt worden war, sondern weil er über Gottesgnadentum verfügte. Offiziell war er nun nicht mehr in einem Partisanenlager in Chabarowsk zur Welt gekommen, sondern auf dem Paektu, jenem sagenumwobenen Vulkan an der Grenze zu China, der in der koreanischen Kultur einen prominenten Platz einnimmt. Er gilt als Geburtsort Tanguns, des mythischen Vaters des koreanischen Volkes, halb Bär, halb Gottheit. Der Mythos verlieh dem Volk einen himmlischen Ursprung, und so war auch Kim Jong-il ein Himmelsgeborener.

Die nordkoreanischen Propagandisten machten hier jedoch nicht Halt. Sie erklärten, Kim Jong-il habe in einer Holzhütte das Licht der Welt erblickt, während am Himmel ein einzelner heller Stern leuchtete. Immerhin gingen sie nicht so weit, aus der Hütte eine Krippe und seine Mutter zu einer Jungfrau zu machen. Doch sicherheitshalber fügten sie noch einen doppelten Regenbogen hinzu, der plötzlich über dem Berg erschienen sei. Damit war der Mythos des Paektu-Stammbaums perfekt.

Kim Jong-il hatte schon seit Ende der 1960er-Jahre dafür gesorgt, dass sich das Paektu-Geschlecht weiter verzweigte. Er hatte ein beträchtliches Ensemble von Ehefrauen und Geliebten – und Kindern – vorzuweisen.

1966 hatte Kim Jong-il eine Frau mit der passenden revolutionären Ahnentafel geheiratet, die sein Vater ausgesucht hatte. Dem Vernehmen nach bekamen die beiden 1968 eine Tochter. Die Ehe hielt nicht, die beiden ließen sich 1969 scheiden. Die Frau aber genoss noch Jahre später hohes Ansehen, war fünfzehn Jahre lang Mitglied der Obersten Volksversammlung und danach noch fast zwanzig Jahre Direktorin der wichtigsten pädagogischen Hochschule, sodass ihre Laufbahn noch in die Ära Kim Jong-uns hineinreichte.

Kim Jong-il begann nun ein Verhältnis mit einer berühmten

Schauspielerin namens Song Hye-rim, die er als Filmregisseur entdeckt hatte. Sie war älter als er, verheiratet und hatte mindestens ein Kind; er bestand darauf, dass sie sich von ihrem Ehemann scheiden ließ. Er brachte sie in einer seiner Villen in Pjöngjang unter, und 1971 gebar sie ihren gemeinsamen Sohn Kim Jong-nam. Kim Jong-il war überglücklich. Im traditionell konfuzianischen Korea werden männliche Nachfahren als Erben hoch geschätzt, da sie den Familiennamen weitertragen und den Stammbaum fortsetzen. Die Beziehung und das uneheliche Kind wurden bis etwa 1975 vor Kim Il-sung geheim gehalten.

Als Kim Jong-nam drei Jahre alt war, ermahnte der Große Führer seinen Sohn, wieder zu heiraten. Unfähig, die Existenz seiner Geliebten und ihres gemeinsamen Kindes zu offenbaren, folgte Kim Jong-il der Anweisung seines Vaters und heiratete die Frau, die offiziell als seine einzige Ehefrau gelten sollte. Mit ihr hatte er zwei Kinder, zwei Mädchen.

Es dauerte nicht lange, da fiel Kim Jong-il eine schöne junge Tänzerin mit dem Namen Ko Yong-hui auf, die Koreanerin, aber in Japan geboren war. Sie hatten drei Kinder zusammen: zwei Jungen, die 1981 und 1984 geboren wurden und die sie Jong-chol und Jong-un nannten; 1988 folgte ein Mädchen, das den Namen Yo-jong erhielt.

Es gibt einige Unsicherheiten über Kim Jong-uns wahres Geburtsjahr, laut manchen Quellen ist es 1983. Manche vermuteten, sein offizielles Geburtsdatum sei auf 1982 geschoben worden, um eine Parallele zu seinem 1912 geborenen Großvater und zu seinem Vater herzustellen, dessen Geburtsdatum von 1941 auf 1942 verlegt worden war.

Kim Jong-uns Tante Ko Yong-suk lachte, als ich sie nach dem Geburtsdatum ihres Neffen fragte. Es war fast zwanzig Jahre her, dass sie vor dem nordkoreanischen Regime geflohen war, aber sie war sich ganz sicher, dass Kim Jong-un 1984 geboren wurde. Sie hatte im Monat davor selbst einen Sohn zur Welt gebracht und stets beiden Kindern gemeinsam die Windeln gewechselt.

Die Tante hütete alle Kinder. Ihre Schwester, Kim Jong-ils Konkubine, kümmerte sich um den designierten nächsten nordkoreanischen Führer, als er sich in der Partei hocharbeitete.

Ko und ihr Mann lebten auf einem Gelände mit mehreren Häusern in Pjöngjang – darunter eins für sie und eins für Kim Jong-il – mit einer schwer bewachten Außenmauer, die um den ganzen Komplex verlief. Eine weitere Mauer war um Kim Jong-ils Haus gezogen, das riesig war, wie sie mir sagten, und über ein eigenes Theater und ein großes Spielzimmer für die Kinder verfügte.

Trotz der luxuriösen Umgebung führten die Kinder ein relativ abgeschiedenes Leben. Sie spielten mit ihren Cousinen und Vettern oder blieben bei ihrem Vater, wenn er zu Hause war.

Andere Kinder gab es hier keine. Der zutiefst paranoide Kim Jong-il hielt seine Familien voneinander fern, sodass die Kinder aufwuchsen, ohne ihre Halbgeschwister oder sonst jemanden in ihrem Alter kennenzulernen. Selbst als er sie in die Schweiz schickte, wählte er zwei verschiedene Schulen für sie aus. Jongnam ging nach Genf, die anderen drei Kinder nach Bern.

Unterdessen führte Kim Jong-il weiterhin die »Abteilung für Öffentlichkeit und Information«, das Propaganda- und Agitationsministerium, betätigte sich als Filmregisseur und schrieb seiner offiziellen Biografie zufolge sechs Opern. Auch tauchte er nach wie vor an der Seite seines Vaters auf und verteilte bei den Vor-Ort-Anleitungen Perlen der Weisheit über alles Mögliche, von landwirtschaftlichen Methoden bis hin zu Militärtaktiken.

Dann kam der Tag, für den schon alles vorbereitet war: Am 8. Juli 1994 starb Kim Il-sung nach einem schweren Herzinfarkt.

Sein Tod wurde vierunddreißig Stunden geheim gehalten, in denen das Regime die letzten Vorkehrungen für die Bestätigung des Nachfolgers traf.[23] Erst dann verkündete Radio Pjöngjang die Nachricht: »Das Große Herz hat aufgehört zu schlagen.«

In einer siebenseitigen Verlautbarung erklärte die Zentrale Koreanische Nachrichtenagentur, Kim werde als ein Mensch in Erinnerung bleiben, der »aus nichts etwas schaffen konnte … Er verwandelte unser Land, in dem jahrhundertelang Rückständigkeit und Armut geherrscht hatten, in eine mächtige sozialistische Nation, die unabhängig, autark und voller Selbstvertrauen ist.«[24]

Obwohl sich das Regime ein Vierteljahrhundert auf diesen Augenblick vorbereitet hatte, kam Kim Il-sungs Tod einem Erdbeben gleich. Das um einen Personenkult herum aufgebaute System hatte sein Zentrum verloren. Jetzt musste geschehen, was es noch in keinem anderen kommunistischen Regime gegeben hatte: Die Führung musste vom Vater auf den Sohn übertragen werden.

Kim Jong-il trat in eine dreijährige Trauerperiode ein, nicht etwa weil er besonders schmerzerfüllt gewesen wäre, sondern weil sich das Land in einem katastrophalen Zustand befand und er unbedingt eine Schuldzuschreibung vermeiden wollte.

Als Ergebnis einer jahrzehntelangen Misswirtschaft durch das Kim-Regime war eine verheerende Hungersnot ausgebrochen. Während des Kalten Krieges hatte es kaum Anreize gegeben, um den kargen Boden des Landes urbar zu machen, die Sowjetunion und China lieferten ja Lebensmittel. Als diese Lieferungen eingestellt wurden, verfügte Nordkorea nicht über genügend landwirtschaftlich nutzbare Flächen und auch nicht über die benötigte Energie für chemische Düngemittel, um ausreichend Nahrungsmittel anzubauen.

Dieses politische Desaster fiel mit einer Reihe von Naturkatastrophen zusammen. Überschwemmungen und Dürren Mitte der 1990er-Jahre vernichteten die ohnehin geringen Ernteerträge. Niemand weiß genau, wie viele Menschen damals starben. Manche Beobachter sprechen von einer halben Million, andere meinen, es könnten sogar zwei Millionen gewesen sein.

In dieser Zeit nahm die Zahl der Kinder, die auf der Straße lebten, weil ihre Eltern gestorben waren oder sie ausgesetzt hatten, sprunghaft zu. Seltsamerweise wurden sie als »Blumenschmetterlinge« bezeichnet, als ob sie herumschwirrten, um nach Nektar zu suchen. In Wirklichkeit stahlen sie alles von Kanaldeckeln bis zu Drahtresten, um sich irgendwie durchzuschlagen.

Viele derjenigen, die überlebten, waren zu Skeletten abgemagert. Sie hatten einzelne Getreidekörner aus Kuhfladen herausgelöst und Ratten verspeist. Manche hatten Unvorstellbares erdulden müssen, waren sogar zu Kannibalen geworden, um eine Zeit zu überstehen, die in Nordkorea euphemistisch als der »beschwerliche Marsch« bezeichnet wird. So hatte man Kim Il-sungs Kampf in der Mandschurei genannt, und nun griff man darauf zurück, um den Eindruck zu vermitteln, es handle sich um eine weitere gewaltige Schlacht für das Vaterland.

Die Hungersnot lockerte den Griff, mit dem das Regime die Bevölkerung umklammerte, wie kein anderes Ereignis zuvor. Es wurden keine rationierten Lebensmittel mehr verteilt, die Menschen waren nun ganz auf sich selbst angewiesen. Die Bewohner des kommunistischen Landes wurden aus Not gleichsam zu Kapitalisten – und die Behörden mussten es hinnehmen, weil der Staat nichts mehr hatte, was er ihnen hätte geben können.

Pak Hyon-yong, ein junger Mann, der zur Zeit der Hungersnot in Hamhŭng nördlich von Wŏnsan lebte, musste mit ansehen, wie sein jüngerer Bruder vor seinen Augen verhungerte. Danach die Kinder seiner älteren Schwester, dann seine Schwester selbst. Als ihm klarwurde, dass er der Nächste sein würde, stellte er Nudeln aus »Maisreis« her, einem armseligen nordkoreanischen Ersatz für Reis, der in Wahrheit aus getrockneten Maiskörnern besteht. Er aß ein wenig davon, verkaufte aber den Rest und erwarb mit dem erbärmlichen Gewinn weiteren Maisreis für die Ration des folgenden Tages.

»Immer wieder kam die Polizei vorbei und wollte mir klarmachen, dass ich mich nicht dem Kapitalismus unterwerfen solle. Der Geliebte Führer werde unseren Nahrungsmangel beseitigen«, erzählte mir Pak in der nordchinesischen Stadt Yanji, wo er nach seiner Flucht aus Nordkorea untergetaucht war.[25] Doch das tat der Geliebte Führer nicht.

Die Hungersnot in Nordkorea fiel fast genau mit Kim Jong-ils Aufstieg zur Macht zusammen, sodass seine Person für immer mit extremer Not in Verbindung gebracht wurde. Bis heute erinnern sich aus Nordkorea geflohene Menschen meist mit Zuneigung an Kim Il-sung; sie kannten noch eine Zeit, als Nordkorea wirklich stark und wohlhabend war, nicht nur in der Darstellung der staatlichen Medien. Zu Kim Jong-il gibt es eine solche Zuneigung hingegen nicht. Die Nordkoreaner fragten sich: Wenn er sich so sehr um uns sorgt, warum verhungern wir dann?

Als der »beschwerliche Marsch« vorbei war und Nordkorea zu einem Zustand des nagenden Hungers und der Mangelernährung zurückkehrte, investierte Kim Jong-il seine Kräfte in das Militär. Nach dem Motto »das Militär zuerst« leitete er eine neue Politik ein und setzte die Streitkräfte in der Hierarchie an die höchste Stelle. Die Partei der Arbeit stellte sich unter die Parole »Das Militär ist die Partei, das Volk und die Nation«.[26]

Einem klammen Regime, das seine Armee stärken will, bietet keine Waffe mehr fürs Geld als eine Atombombe. Im Laufe der

Jahre hatte Nordkorea all seine Energie und Mittel in ein geheimes Atomprogramm geworfen. Mit dem ersten Atomtest des Landes deckte Kim Jong-il es 2006 mit einem Schlag auf.

Zu diesem Zeitpunkt war der Führer, inzwischen vierundsechzig Jahre alt, sichtlich krank. Der einst füllige Mann war jetzt von hagerer Gestalt, und seine Haut wirkte fahl. Mitte August 2008 erlitt er einen Schlaganfall.

Er erholte sich zwar, doch als er schließlich wieder in der Öffentlichkeit auftrat, wirkte er geschwächt. Er sah kleiner und dünner aus, und seine linke Körperhälfte schien gelähmt zu sein.

Man begann, darüber zu spekulieren, wer dem Führer nachfolgen würde. Nach den Regeln der traditionellen koreanischen Erbfolge hätte es Kim Jong-nam sein müssen.

Viele sagten später, der Erstgeborene habe den Anspruch auf die Krone aufgrund eines peinlichen Vorfalls im Jahr 2001 verloren.

Damals kam heraus, dass Kim Jong-nam mit einem gefälschten dominikanischen Pass unter dem Namen Pang Xiong – chinesisch für »Dicker Bär« – mit seiner Frau und seinem kleinen Sohn nach Japan gereist war. Er wolle, erklärte er den japanischen Behörden, mit seiner Familie ins Disneyland von Tokio. Danach flog er nach Macau bei Hongkong, das zum chinesischen Territorium gehört, wo er dann bis zum Ende seines Lebens seinen Wohnsitz hatte. Es wurde nie geklärt, ob er ins Exil gezwungen worden war oder seiner Heimat freiwillig den Rücken gekehrt hatte.

Tatsächlich war er schon viele Jahre zuvor in Ungnade gefallen. Die Frage der Erbfolge hatte eher mit mütterlichen Ambitionen als mit der Eignung der Söhne zu tun.

Kim Jong-nams Mutter lebte seit 1974 mehr oder weniger ständig in Moskau, als Kim Jong-il die Beziehung zu seiner nächsten »Ehefrau« begann. Als sie nach Pjöngjang zurückkehrte, war sie oft launisch und litt unter Migräne oder Stimmungsschwankungen, die das ganze Haus in Mitleidenschaft zogen. Hinzu kam, dass sie aufgrund ihrer Erziehung ehrgeizig war und sich eine eigene Karriere wünschte, nicht das Leben einer traditionellen Hausfrau. Mit der Rolle der unterwürfigen, pflichtbewussten Ehefrau mochte sich die Schauspielerin nicht abfinden.

Die Mutter von Kim Jong-un hingegen stand stets an der Seite Kim Jong-ils. Als seine Lieblingsgemahlin säte sie hinter den Kulissen die Saat für den Führungswechsel. Ihr Einfluss wurde überall sichtbar, etwa darin, dass plötzlich Zeichentrickfilme mit »Donald Duck« und »Tom und Jerry« auf Koreanisch im Fernsehen auftauchten, und zwar genau zu der Zeit, als ihre Kinder in dem Alter waren, in dem man solche Filme mag.[27]

Etwa zur selben Zeit bekam Kim Jong-il einen Tobsuchtsanfall, als er herausfand, dass sich Kim Jong-nam, damals etwa zwanzig Jahre alt, in Bars der Hauptstadt betrunken hatte. Wegen dieses Verstoßes gegen seine Regeln stellte er die ganze Familie seines Sohnes für einen Monat unter Hausarrest, sorgte dafür, dass sie keine Lebensmittel geschickt bekamen und sie selbst das Haus putzen mussten. Er drohte sogar, sie in ein Arbeitslager zu schicken, in dem politische Gefangene als Bergarbeiter eingesetzt wurden.

Zudem galt Kim Jong-nam als uneheliches Kind, weil seine Mutter vor der Verbindung mit Kim Jong-il verheiratet gewesen war.

King Jong-nams Cousine, die bei ihm wohnte, sah überall den Einfluss der »anderen Frau« und bildete sich ein, diese sei schuld, weil sie Kim Jong-il aufforderte, seinem ältesten Sohn mehr Freiheiten zu erlauben – und ihn dann verpetzte, wenn er diese Freiheiten genoss.[28]

Außerdem spekulierte man in Seoul, der südkoreanischen Hauptstadt, in der ständig Theorien über Nordkorea kursierten, dass Kim Jong-uns ehrgeizige und berechnende Mutter Kim Jongnams Reiseplan an die japanischen Behörden hatte durchsickern lassen, damit sie ihn abfingen und sein Ruf geschädigt wurde.[29]

Somit würden ihre Kinder die Nächsten in der Thronfolge sein – sofern man über einige unangenehme Tatsachen hinwegsah. Auch sie war nicht gesetzlich mit Kim Jong-il verheiratet, weshalb ihre Söhne streng genommen ebenfalls unehelich waren; sie war in Japan geboren, dem Land »imperialistischer Aggression«; und ihre Schwester hatte sich abgesetzt.

Ihr ältester Sohn Kim Jong-chol war laut seinen Klassenkameraden in der Schweiz ein stiller, introvertierter Schüler gewesen. Kenji Fujimoto, der japanische Sushi-Koch, der jahrelang Fisch für die königliche Familie geschnippelt hatte, glaubte, der Junge habe keinerlei Ambitionen gezeigt. Jedenfalls schien er unter einer Art hormoneller Störung zu leiden, sodass Kim Jong-il meinte, er sei »wie ein kleines Mädchen« und für die Führung nicht geeignet.[30]

Fujimoto mutmaßte in einem Interview, dass Kim Jong-il seinen dritten Sohn Kim Jong-un zu seinem Nachfolger salben würde. Wie sich zeigte, hatte er recht.

Kapitel 2
Leben mit den Imperialisten

> *»Genosse Kim Il-sung erzählte seinen Nachbarn:*
> *Die Japse sind Bastarde, die Koreaner entführen.*
> *Ihre Brut besteht aus ebensolchen Bastarden.*
> *Wir sollten uns ganz still unter sie mischen, und wenn sie*
> *etwas sagen, sie gemeinsam angreifen und niederschlagen.«*
> Aus einer Biografie über Kim Il-sungs Vater[31]

Der sechsjährige Kim Jong-un stand am Billardtisch im Spielzimmer der Königsfamilie in Sinchon südlich von Pjöngjang. Gemeinsam mit seinem älteren Bruder wartete er auf seinen Vater, der eine Besprechung mit wichtigen Persönlichkeiten abhielt, darunter ihr Onkel Jang Song-thaek. Die Jungs steckten in Kinderuniformen mit Goldknöpfen und roten Paspeln. Sie trugen runde Militärmützen, und auf den Schulterklappen prangten goldene Sterne. Man hatte sie als kleine Generäle herausgeputzt.

Beim Eintritt ihres Vaters standen sie stramm und salutierten mit ernstem Ausdruck auf ihren pausbäckigen Gesichtern. Kim Jong-il war entzückt und wollte seine Jungs sofort den Würdenträgern und dem Personal vorführen, bevor sie in das Speisezimmer nebenan wechselten. Alle reihten sich zur Begrüßung der kleinen Prinzen auf.

Kenji Fujimoto, der von Japan nach Nordkorea gekommen war, um als Sushi-Koch in den königlichen Küchen zu arbeiten, stand ganz am Ende. Je näher ihm die Prinzen kamen, desto mulmiger wurde ihm; mit jedem Schritt klopfte sein Herz stärker.

Kim Jong-chol war als Erster bei ihm. Fujimoto streckte ihm die Hand entgegen, und der Achtjährige schlug kräftig ein. Daraufhin wollte Fujimoto auch dem Jüngeren die Hand reichen. Der aber reagierte nicht so wohlerzogen.

Statt Fujimotos Hand zu ergreifen, starrte ihn Kim Jong-un nur mit »stechendem Blick« an, als wollte er sagen: »Du abscheulicher Japaner!« Abgesehen davon, dass es ihm unangenehm war, als Einundvierzigjähriger von einem Kind mit Blicken durchbohrt zu werden, bekam der Koch auch einen tiefen Schreck. Nach ein paar peinlichen Sekunden, die Fujimoto wie eine Ewigkeit vorkamen, rettete Kim Jong-il die Situation.

»Das ist Herr Fujimoto«, sagte Kim Jong-il, worauf »Prinz Jong-un« sich schließlich dazu herabließ, ihm die Hand zu reichen, wenn auch ohne Begeisterung. Dem Koch schien es, als kenne der Junge den Namen. Möglicherweise hatten die Jungs sein Sushi gegessen und gehört, dass es ein »Herr Fujimoto aus Japan« zubereitet hatte.

Der Koch fragte sich aber auch, ob der Junge vielleicht das »antiimperialistische« Denken verinnerlicht hatte, das einen wesentlichen Bestandteil der nordkoreanischen Ideologie darstellte. Aber vielleicht hatte ihn einfach auch nur Fujimotos Äußeres irritiert – der Koch pflegte ein etwas exzentrisches Erscheinungsbild.

Im Jahr 1982 steckte Fujimoto nach einer gescheiterten Ehe in der Krise. So kam es, dass er auf eine Annonce in einer japanischen Zeitung antwortete, in der ein Sushi-Koch für Nordkorea gesucht wurde. Da Japans Wirtschaft damals boomte, war dies eine ziemlich ungewöhnliche Karriereentscheidung. Banker mit Lamborghinis blätterten, ohne mit der Wimper zu zucken, Hunderte Dollar für rohen Fisch auf den Tisch. In Nordkorea dagegen herrschten völlig andere Verhältnisse.

Fujimoto bekam die Stelle, und so reiste er nach Nordkorea. Am Ende filetierte er fünfzehn Jahre lang Fischhäppchen für Kim Jong-il. Dabei begegnete er regelmäßig auch Kim Jong-un, zunächst noch als Kind, später als Teenager.

Als sich 2010 abzeichnete, dass Kim Jong-un der nächste Führer Nordkoreas werden sollte, wurde Fujimoto ganz unerwartet zur Quelle für Erkenntnisse über den neuen Staatschef. Eine noch merkwürdigere Auskunftsperson sollte sich erst viel später in der skurrilen Gestalt eines gepiercten und tätowierten amerikanischen Basketballspielers finden.

Fujimoto ging 1982 – da war Kim Jong-un noch nicht geboren – nach Nordkorea und blieb zunächst für ein Jahr. 1987 kehrte er in das Land zurück, diesmal blieb er bis 2001. Fujimoto wohnte in einem abgeschirmten Gebäudekomplex des Parteisekretariats in Pjöngjang, wo auch die Partei der Arbeit Koreas ihren Sitz hatte und sich eine von Kim Jong-ils Residenzen befand.

Kim Jong-il ließ sich von dem japanischen Koch exquisite Mahlzeiten servieren: gegrillten Fasan, Haifischflossensuppe, nach russischer Art gegrillte Ziege, gedünstete Schildkröte, Brathähnchen, Schweinefilet und Schweizer Raclettekäse auf Kartoffeln. Die königliche Familie aß nur Reis, der aus einer ganz bestimmten Region des Landes stammte. Arbeiterinnen wählten dort jedes Korn einzeln aus, sodass der Familie Kim nur makelloser Reis von einheitlicher Größe vorgesetzt wurde.[32]

Einmal in der Woche stand Sushi auf dem Speiseplan. Fujimoto bereitete öfter Hummer-Sashimi mit Wasabi-Sojasauce oder Nigiri aus fettem Thunfisch zu, auch Gelbschwanzmakrele, Aal und

Kaviar brachte er auf den Tisch. Barsch mochte Kim Jong-il am liebsten.

Dank seiner Rolle im innersten Zirkel der Familie kam Fujimoto häufig auch zu den anderen königlichen Residenzen, darunter auch zum Strandpalast in Wŏnsan. Er fuhr mit Kim Jong-il Jetski und im Westen des Landes nahe der Grenze zu China Motorrad – Kim Jong-il auf einer PS-starken Honda, Fujimoto auf einer schwächer motorisierten Yamaha. Dann wieder begleitete er Kim Jong-il zur Entenjagd aufs Land und reiste in seinem Luxuszug oder in seinem Mercedes-Konvoi.

Und Fujimoto verbrachte viel Zeit mit den Kindern.

Kim Jong-un verlebte eine einsame Kindheit, eingesperrt in die Residenzen in Pjöngjang, unterrichtet von Privatlehrern, im Sommer allein in Wŏnsan. Er und Jong-chol hatten keine Freunde, sie spielten nicht einmal mit ihrem Halbbruder Jong-nam, der ganz für sich ein ebenso abgeschottetes Leben führte; ihre Schwester war zu klein, um eine Spielgefährtin für sie abzugeben.

Kein Wunder, dass sie sofort die Chance nutzten, wenn jemand von außen in ihren Kreis trat. Auch ein Prinz, dem es an nichts fehlt, wünscht sich Freunde.

Ich wollte mehr darüber erfahren, wie Kim Jong-un als kleiner Junge gewesen war, und stieg in den Hochgeschwindigkeitszug von Tokio nach Sakudaira, einer kleinen Stadt in den Japanischen Alpen, wo Fujimoto lebte – der Name war natürlich ein Pseudonym. Das sei zu seinem Schutz nötig, erklärte er mir.

Ich hatte Fotos von Fujimoto gesehen, wusste also, dass er sich tarnte, um nicht erkannt zu werden. Doch ich war überrascht, als ich aus dem Bahnhof trat und er vor mir stand: Er trug eine schwarze Bandana mit einem weißen Totenkopfmotiv, eine Sonnenbrille mit violetten Gläsern, eine klobige Armbanduhr und einen mit Glitzersteinen besetzten quadratischen Ring. Das sah mehr nach Rapperprotz als nach der Aufmachung eines Menschen aus, der keine Aufmerksamkeit erregen möchte.

Bei unserem ersten Treffen im Separee eines chinesischen Restaurants überreichte mir Fujimoto seine Visitenkarte. Auf der einen Seite befand sich ein Foto, auf dem er von Kim Jong-un umarmt wird, auf der anderen Seite stand: »Rufen Sie mich an, wenn Sie über Nordkorea reden wollen.« Er hatte ein Klemmbrett mit Ausschnitten aus japanischen Zeitungen über seinen jüngsten Besuch in Pjöngjang und einige Fotoausdrucke in DIN-A4-Größe dabei. Da nur wenige Menschen außerhalb Nordkoreas jemals mit dem jungen nordkoreanischen Führer in Kontakt gekommen waren, galt Fujimoto gewissermaßen als »Kimologe«.

»Er war ein wenig einsam«, erzählte mir Fujimoto beim Essen in der verschlafenen Stadt. »Ich wurde eine Art Spielkamerad für ihn, wir freundeten uns an.«

Die Beschäftigung von Fujimoto im königlichen Haushalt offenbarte einen inneren Widerspruch im Regime. Nordkorea definierte sich nicht nur durch die Feindschaft zu den Vereinigten Staaten und die Ablehnung ihrer Vision einer demokratischen Weltordnung, sondern auch durch seinen Hass auf Japan.

Korea hatte in der ersten Hälfte des 20. Jahrhunderts schwer unter der Kolonialherrschaft des imperialistischen Japan gelitten. Japan hatte damals eine aggressive Expansionspolitik in Asien verfolgt, militärische Erfolge über China und Russland errungen und die Kontrolle über die gesamte koreanische Halbinsel übernommen. 1905 hatte Japan Korea zu seinem Protektorat erklärt und 1910 die Halbinsel formell annektiert. Damit begann eine 35-jährige, auf vielfache Weise brutale Kolonialherrschaft. In der Endphase dieser Periode wurden die Koreaner gezwungen, japanische Namen anzunehmen und in der Schule und am Arbeitsplatz Japanisch zu sprechen. Bei Ausbruch des Zweiten

Weltkriegs mussten Männer Zwangsarbeit in japanischen Fabriken leisten. Zehntausende koreanische Mädchen und Frauen, die sogenannten »Trostfrauen«, wurden in Bordellen für japanische Soldaten wie Sklavinnen gehalten.

Nach der Niederlage 1945 musste Japan die Kontrolle über die Halbinsel an die Sieger übergeben. Bis zum heutigen Tag sitzen die Erinnerungen an diese Zeit in beiden Teilen Koreas sehr tief.

Die Familie Kim legitimierte ihre Herrschaft mit der Legende von Kim Il-sungs Heldentaten im Kampf gegen den Imperialismus und die Japaner, für die »General Kim Il-sung die meistgehasste Person unter den dreißig Millionen Koreanern« war, wie der amerikanische Journalist David Halberstam in seiner Biografie von 1948 beifällig bemerkte.[33]

Auch Jahrzehnte nach der Niederlage Japans hielt es das nordkoreanische Regime für durchaus nützlich, diesen Hass immer wieder aufs Neue zu schüren. Dazu gehörten auch provokative Racheakte. In den 1970er- und 1980er-Jahren entführten nordkoreanische Spione Dutzende japanische Staatsbürger. Sie lauerten ihnen an Stränden und in Parks der japanischen Westküste auf und zerrten sie in Boote.

In Nordkorea angekommen, wurden die Gefangenen von Handlangern des Regimes psychisch gebrochen. Nach erfolgreicher Gehirnwäsche setzte man sie als Spione oder Sprachlehrer ein.[34]

Die japanische Regierung nennt offiziell die Zahl von siebzehn nach Nordkorea entführten Staatsbürgern – dreizehn gibt Nordkorea zu. Der berühmteste Fall ist der von Megumi Yokota, einer Dreizehnjährigen, die 1977 auf dem Nachhauseweg von der Schule entführt wurde. Nordkorea erlaubte 2002 fünf der Entführten die Rückkehr, acht andere, darunter Megumi, sollen in Nordkorea verstorben sein.

Auch heute noch dämonisiert Nordkorea Japan regelmäßig in den staatlichen Medien, die häufig über »japanische Reaktionäre« herziehen oder drohen, das Land »in ein atomares Flammenmeer« zu verwandeln.

Doch ein wichtiges Detail verschweigt die Staatspropaganda konsequent: Kim Jong-un hat eine starke persönliche Verbindung zu Japan – seine über alles geliebte Mutter kam dort zur Welt.

1929, als die koreanische Halbinsel unter der japanischen Kolonialherrschaft stand, zog ein junger Mann namens Ko Kyon-taek, der 16-jährige Sohn eines Seemanns, von der koreanischen Insel Jeju nach Osaka in Japan, wo es bereits eine blühende koreanische Gemeinde gab.

Er ließ sich im Stadtbezirk Ikuno im Zentrum von Osaka nieder, in dem auch heute noch viele Menschen mit koreanischen Wurzeln leben. Dort arbeitete er in einer Nähfabrik des Unternehmens Hirota Saihojo, das damals gerade seine Produktion von Herrenhemden auf Uniformen und Zelte umstellte.

Nach dem Ende des Krieges, als sich Japan mit großem Nachdruck bemühte, eine moderne und demokratische Nation zu werden, gründete der inzwischen verheiratete Ko eine Familie. Das erste Kind war ein Junge, und am 26. Juni 1952 kam eine Tochter hinzu, die sie Yong-hui nannten.

Yong-hui besuchte die Grundschule in Osaka unter ihrem japanischen Namen Hime Takada. Sie spielte gern Theater, sonntags sang sie im Kirchenchor. Vier Jahre nach ihr kam noch ein Schwesterchen zur Welt, Yong-suk.

Nach dem Ende des Koreakriegs bekam ihr Vater Schwierigkeiten mit der Polizei. Man munkelte, er unterhalte eine illegale Bootsverbindung zwischen Osaka und Jeju, und es hieß, er solle aus Japan ausgewiesen werden. Angeblich war Ko zudem ein großer Frauenheld und soll mehrere Kinder mit verschiedenen

Geliebten gehabt haben. Irgendwann wuchs ihm das alles über den Kopf, und er beschloss, sich aus Japan abzusetzen.[35]

Dabei kam es ihm sehr zupass, dass Nordkorea Ende der 1950er-Jahre ethnische Koreaner zur Rückkehr aus Japan ermunterte. Dass fast alle diese Koreaner aus dem Süden stammten, kümmerte die Behörden damals wenig. Die japanische Regierung unterstützte das Vorhaben, konnte sie doch auf diese Weise die koreanischstämmige Bevölkerung in ihrem Land verringern.

Nordkorea, so wurde den potenziellen Migranten erzählt, sei ein sozialistisches Paradies auf Erden – ein Land, das seinen Bewohnern kostenlos Wohnung, Ausbildung und Gesundheitsversorgung biete, dazu einen garantierten Arbeitsplatz. Und natürlich seien Koreaner dort nicht der Diskriminierung ausgesetzt, die sie in Japan erdulden müssten.

Hinzu kam, dass die Wirtschaft Nordkoreas damals in besserer Verfassung war als die des Südens, wo Rhee Syng-man herrschte, ein beinharter Konservativer, der als Marionette der USA galt.

Zwischen 1959 und 1965 folgten mehr als 93 000 Menschen den Versprechungen von Kims Regime und kehrten Japan den Rücken.

Auch die Familie Ko ließ sich überzeugen. Yong-hui war zehn Jahre alt, als sie an Bord des 99. Repatriierungsschiffs ging, das für die tausend Kilometer lange Überfahrt von Japan nach Nordkorea bereitgestellt wurde. In Chongjin, der Hafenstadt an der Ostküste Nordkoreas, gingen sie an Land. Das war sehr weit von der südkoreanischen Insel Jeju entfernt, von der die Familie stammte.

Diese »Heimkehr« bedeutete für viele der Koreaner, die aus Japan kamen, einem Land, das sich nach dem Krieg rasant zu einer Wirtschaftsmacht entwickelte, eine bittere Enttäuschung.

Manche nahmen sich das Leben, als sie feststellten, wie sehr sie getäuscht worden waren.

In der Darstellung Pjöngjangs entwickelte sich das Leben der Rückkehrer natürlich überaus positiv. Das nordkoreanische Magazin *Korea im Bild* stellte 1972 in seiner Dezemberausgabe Ko, seine Frau und seine Kinder unter dem Titel »Meine überglückliche Familie« vor.[36]

Das Foto zeigt die Familie in ihrem wunderbaren neuen Heim. Ko blickt stehend auf seine Frau und die zwei Mädchen herab, die lächelnd an einem Tisch sitzen, die Großmutter hält das Baby. Alle tragen schöne Kleider und sind vergnügt. Der Raum ist gut ausgestattet, auch ein großes Radio fehlt nicht, zu jener Zeit sicherlich der ultimative Luxus.

Ko Kyon-taek berichtet in dem Artikel von den Problemen und der Diskriminierung, die ihm widerfuhren, als er 1929 nach Japan ging. Damit sei es zu Ende gewesen, als er nach Nordkorea kam. »Wir sind nun die glücklichste Familie der Welt«, zitiert ihn die Zeitschrift. In dem Artikel wird auch erwähnt, dass seine älteste Tochter, Ko Yong-hui, in das renommierte Künstlerensemble Mansudae aufgenommen und von Kim Il-sung mit einem Orden ausgezeichnet worden sei.

Im folgenden Jahr bestieg besagte Ko Yong-hui ein Schiff nach Japan. Im Sommer 1973 ging sie dort mit fünfunddreißig anderen Tänzerinnen des Mansudae-Ensembles auf eine zwei Monate dauernde Tournee, die sie nach Tokio, Nagoya, Hiroshima, Fukuoka sowie an ihren Geburtsort Osaka führte. Insgesamt absolvierten die Tänzerinnen sechzig Aufführungen.

Doch Kos Identität wurde zu diesem Zeitpunkt bereits verschleiert. Die nordkoreafreundliche japanische Zeitung *Choson Sinbo*, die vor allem von im Land lebenden Koreanern gelesen wurde, verwendete in Berichten über die Tournee für sie stets den Namen Ryu Il-suk. Sie war die Haupttänzerin der Darbietung eines patriotischen Lieds mit dem Titel »Azaleen des Mutterlands«. In der Zeitung hieß es, sie sei der Star der Truppe, doch man könne leider kein Interview mit ihr bekommen, weil ihre Mittänzerinnen sie so abschirmten.

Wieder zurück in Nordkorea, erhielten die schönen Tänzerinnen des Mansudae-Ensembles oft Einladungen zu den feuchtfröhlichen Partys von Kim Jong-il, wo sie vor den Männern seines Hofstaats auftraten.

Kim Jong-il war hingerissen von Ko Yong-hui und lud sie bei solchen Partys ein, den Platz an seiner Seite einzunehmen, wie sich eine andere Tänzerin der Truppe später erinnerte. »Kim Jong-il fand solchen Gefallen an ihr, dass er oft die Proben besuchte, um ihr zuzuschauen«, schrieb die Tänzerin in ihren Erinnerungen, die sie nach ihrer Flucht veröffentlichte.[37] Ko erschien immer seltener zum Training, und bald munkelte man im Ensemble, dass sie mit Kim Jong-il liiert sei und ein Kind von ihm bekommen habe.

Ko Yong-hui »heiratete« schließlich 1975 Kim Jong-il – so jedenfalls beschrieb es später ihre Schwester, obwohl die Verbindung nicht offiziell gewesen zu sein scheint. Auf jeden Fall aber verbesserte die Beziehung deutlich den Status ihrer Familie in Nordkorea. Ihr Vater wurde Direktor der Souvenirfabrik Mangyongdae in Pjöngjang, wo er lebte, bis er 1999 86-jährig starb.

Auch Fujimoto lernte Ko Yong-hui kennen. Sie sei sehr schön gewesen, bemerkte er, so schön wie Sayuri Yoshinaga und Setsuko Hara, zwei damals populäre japanische Filmschauspielerinnen. Der Vergleich hätte dem nordkoreanischen Führer, dem Filmfanatiker, sicherlich gefallen.

Doch Ko Yong-hui war mehr als bloß eine Schönheit, mit der sich der Führer schmückte. Sie saß oft bis spät in die Nacht mit

Kim über Papieren und äußerte ihre Meinung dazu. Einer Anekdote zufolge soll sich Ko einmal schützend vor Kim Jong-il geworfen haben, als ein betrunkener Bodyguard mit seiner Pistole auf ihn zielte. Sie war in Japan zur Welt gekommen, doch sie erwies sich als wahre Patriotin, treu ergeben nicht nur Nordkorea, sondern auch ihrem mächtigen Ehemann.

Die zweite Begegnung Fujimotos mit den Jungs verlief besser als die erste. Sie befanden sich immer noch in der Residenz von Sinchon, alle waren im großen Garten versammelt. Fujimoto ließ ihren Drachen steigen, die Jungen waren begeistert.

»O wie schön. Fujimoto hat es geschafft, dass der Drache fliegt«, sagte Ko Yong-hui zu ihren Söhnen. Auch Kim Jong-un freute sich, das Eis war gebrochen. Ungefähr einen Monat später wurde Fujimoto gefragt, ob er nicht der »Spielgefährte« der Jungen werden wolle.

Er war höchst überrascht, schließlich war er ein erwachsener Mann. Aber er konnte unmöglich nein sagen. Er fragte sich, ob es etwas damit zu tun habe, dass er Ausländer war und irgendwie exotisch auf die Jungs wirkte. Sie bewunderten seine Schuhe, ein Paar Nike Air Max, Anfang der 1990er-Jahre so ziemlich das Coolste, was man haben konnte. Kim Jong-un wollte wissen, ob sie echt seien – offenbar kannte er viele, die nachgemachte Markenprodukte trugen. Fujimoto versicherte ihm, dass er keinesfalls mit gefälschten Sneakers herumlaufen würde.

Aber wahrscheinlich brachte der Kontakt mit Fujimoto den beiden einfach nur Spaß. Schließlich hatten sie nur wenig andere Möglichkeiten in der Isolation des königlichen Hofes.

Wann immer sich eine Gelegenheit bot, nahm Fujimoto nun Ko Yong-hui und die beiden »Prinzen« zum Seebarsch-Angeln in einem von Kim Jong-ils Privatbooten mit. Jedes Mal, wenn Fujimoto einen Fisch an der Angel hatte, verlangte Kim Jong-un, damals noch in der Grundschule, die Rute zu halten, und rief dann fröhlich: »Ich habe einen gefangen!«

Von einer Reise nach Japan mit ihrer Mutter kamen die beiden Jungs 1991 begeistert zurück. Mit falschen brasilianischen Pässen ausgestattet, war Ko Yong-hui mit ihren Söhnen nach Tokio geflogen. Obwohl Japan als Erzfeind Nordkoreas galt, lebte dort immer noch eine beträchtliche Anzahl Koreaner.

Während das Regime zu Hause den Japanhass schürte, ging Ko Yong-hui in Ginza, einem exklusiven Viertel im Zentrum von Tokio, shoppen und ließ sich die Haare von Leuten frisieren, die in Pjöngjang als »imperialistische Aggressoren« angeprangert wurden. Sie spendierte ihren Jungs auch einen Besuch im Disneyland von Tokio. Besonders begeistert waren sie von einem 3-D-Spielgerät mit beweglichen Sitzen. Ko ließ Erkundigungen einholen, was so etwas kosten würde.

Sie wollte sogleich eins für ihre Kinder kaufen und nach Nordkorea mitnehmen, erzählte mir Fujimoto. Doch der Preis erwies sich selbst für die nordkoreanische Königsfamilie als zu hoch. Noch Jahre später schwärmte man in der Familie von diesem Ausflug, erinnerte sich an die einzelnen Attraktionen und diskutierte, welche am meisten Spaß gemacht hatte.

Die Jungen schienen auch etwas Japanisch zu lernen. Kim Jong-un erklärte Fujimoto, er fände es merkwürdig, dass sich die Japaner zu unterschiedlichen Tageszeiten verschieden grüßten – guten Morgen, guten Tag, guten Abend –, während Koreaner nur einen Gruß kannten.

Eines Tages bat Kim Jong-un Fujimoto, ihm das japanische Schriftzeichen für »Welle« zu zeigen. Der Junge hatte chinesische Schriftzeichen gelernt, die sowohl den japanischen als auch den koreanischen zugrunde liegen, und er wollte wissen, ob das Zeichen in beiden Sprachen dasselbe war. Fujimoto fragte sich, wer den Jungen Japanisch beibrachte.

Als die königliche Entourage sich wieder einmal in der Residenz am Strand von Wŏnsan aufhielt, bat Kim Jong-un zwei junge Frauen, zwei bestimmte japanische Lieder für Fujimoto zu singen. Es handelte sich um populäre Stücke, die Gefühle von Sehnsucht zum Ausdruck brachten – eines über ein Mädchen, das von Fremden aus seiner Heimatstadt Yokohama entführt wurde, und ein anderes über eine Krähenmutter, die verzweifelt nach ihrem Jungen rief.

Später fragte sich Fujimoto, ob die beiden Frauen vielleicht aus Japan entführt worden waren. Wurden die beiden Königskinder vielleicht von Megumi Yokota unterrichtet, dem gekidnappten Teenager? Sie musste damals Ende zwanzig gewesen sein, und man konnte sich gut vorstellen, dass eine junge Frau, die ihrer Familie entrissen worden war, solche Lieder sang.

Ein anderes Mal zeichnete Kim Jong-un den Juche-Turm, einen Obelisken mit einer roten Flamme an der Spitze, das Wahrzeichen im Zentrum von Pjöngjang, das die nordkoreanische Staatsphilosophie der Juche oder »Selbstständigkeit« versinnbildlicht. Kim Jong-un erkundigte sich bei dieser Gelegenheit nach dem Tokioturm, einer in den 1950er-Jahren errichteten rot-weißen Stahlkonstruktion nach dem Vorbild des Eiffelturms, die in Japan als Symbol des Wiederaufbaus gilt.

Schließlich bat Kim Jong-un Fujimoto, für ihn den Tokioturm zu zeichnen; das Bild gefiel ihm, und er verwahrte es mit seiner eigenen Zeichnung in einer Mappe. Fujimoto fühlte sich geschmeichelt. Er kam dem Jungen näher – und das Wohlwollen des Kindes zu haben, festigte seinen Status in Kims Entourage.

Kim Jong-un erwärmte sich allmählich für seinen älteren Freund und öffnete sich zusehends. Der Junge war ein großer

Basketballfan, und Fujimoto brachte von einer Reise nach Japan geeignetes Klebeband mit, mit dem man in einer Turnhalle ein Spielfeld markieren konnte. Eines Tages schenkte Kim Jong-un Fujimoto ein Foto von Ri Myong Hun, Nordkoreas berühmtestem Basketballspieler. Ri war sagenhafte 2,35 Meter groß und spielte als Center in Nordkoreas Nationalmannschaft. In den 1990ern spekulierte man gelegentlich, Ri – nach seinem großen Vorbild, Michael Jordan, auch Michael Ri genannt – werde eines Tages noch in der amerikanischen NBA spielen. Tatsächlich reiste er nach Kanada und wurde von den Talentsuchern etlicher Teams gescoutet, aber weiter gedieh die Sache nicht. Ein amerikanisches Gesetz, das Handelsbeziehungen mit feindlichen Staaten untersagte, verhinderte den Wechsel in die NBA.

Zurück in Nordkorea, nahm der Basketballer eine bedeutende Rolle im Leben des jungen Kim ein. Auf Aufnahmen von Kim Jong-ils Beerdigung im Jahr 2011 ist im Hintergrund auch Ris alle überragende Gestalt zu sehen. Und er war dabei, als einige Jahre später Dennis Rodman nach Nordkorea kam und sich als Basketball-Diplomat versuchte.

Doch auch wenn Fujimoto nun fast schon zur königlichen Familie gehörte, Kim Jong-un wahrte immer einen gewissen Abstand. Während Jong-chol den Sushi-Koch mit einem koreanischen Ehrentitel anredete, der in etwa der Bezeichnung »Herr« entspricht, nannte ihn Kim Jong-un umstandslos »Fujimoto«.

Wäre Kim Jong-un ein anderes Kind oder, genauer, ein anderes reiches Kind gewesen, man würde diese Episoden als normales Verhalten eines verwöhnten Görs abtun. Doch da es so wenige Informationen über ihn gibt, kommt solchen Geschichten eine übergroße Bedeutung zu. Geheimdienstleute und Experten zerlegen all diese Anekdoten, um Charakterschwächen zu entdecken und herauszufinden, welche Einflüsse seine Entwicklung geprägt haben. So spitzten sie die Ohren, als Fujimoto beschrieb, wie Kim Jong-un sich einmal seiner Mutter widersetzte und nicht wie geheißen am Tisch sitzen bleiben wollte, bis alle mit dem Essen fertig waren. »Lass uns gehen, älterer Bruder«, sagte er zu Jongchol, worauf beide hinausrannten.

Ein andermal, Kim Jong-un war ungefähr zehn Jahre alt, war der junge Prinz völlig außer sich über seine Tante Ko Yong-suk, die ihn »kleiner Bruder« genannt hatte.

»Behandle mich nicht wie ein Kind!«, brüllte er. Irgendwann hatte Fujimoto den Einfall, Kim Jong-un Genosse General zu nennen, und das gefiel dem Jungen. »Bald nannten ihn alle Genosse General«, erzählte mir Fujimoto bei einer unserer Begegnungen und kicherte vergnügt. »Ich bin also so etwas wie sein Patenonkel.«

Was er dabei nicht erwähnte: Kim Jong-un war nicht der Erste, der Genosse General genannt wurde. Ein Jahrzehnt zuvor war Kim Jong-nam, der erstgeborene Sohn von Kim Jong-il, damals im selben Alter, so genannt worden. Doch der Wind hatte sich gedreht, inzwischen wurde der dritte Sohn als Erbe gehätschelt.

Ohne Zweifel wuchs Kim Jong-un im Bewusstsein auf, etwas Besonderes zu sein. Fujimoto erinnert sich noch an die Feier zum achten Geburtstag von Genosse General Jong-un, die im Festsaal des königlichen Anwesens von Wŏnsan veranstaltet wurde. Als Geburtstagsgäste waren hauptsächlich hochrangige Würdenträger, keine Kinder, gekommen.

Man hatte Kim Jong-un in einen schwarzen Anzug mit Fliege gesteckt und ihm einen Blumenstrauß in die Hand gedrückt. Er schien sich nicht sonderlich wohlzufühlen. Als der Koch seinen Platz an der Tafel einnahm, lag dort neben der gedruckten Speisekarte noch ein Blatt mit dem Text eines Liedes, das den Titel »Schritte« trug.

Nachdem man Trinksprüche und Glückwünsche auf den Jungen ausgebracht hatte, trat das Pochonbo Electric Orchestra, damals Nordkoreas beliebteste Band, mit dem Lied auf. Es war nicht schwer mitzusingen, und alle fielen ein.

Trapp trapp trapp
Die festen Schritte unseres Generals Kim
Sie verbreiten den Geist des Februar
Trapp trapp trapp immer weiter vorwärts ...
Der glorreichen Zukunft entgegen
Trapp trapp trapp mit festem Schritt und Tritt.

Kim Jong-il hatte am 16. Februar Geburtstag, und das wurde jedes Jahr groß gefeiert. Die Botschaft war unmissverständlich: Kim Jong-ils Nachfolger, der nächste General Kim, sollte das Land in die Zukunft führen.

Von diesem Tag an begegneten die höchsten Würdenträger des Staates Kim Jong-un nur noch mit demütigen Kratzfüßen oder salutierten vor ihm, erzählten mir seine Tante und sein Onkel. Der Junge hatte gar keine Chance, wie ein normales Kind aufzuwachsen, so wie sich alle um ihn herum verhielten. Und er gewöhnte sich schnell daran, Befehle zu erteilen.

Als Junge hatte sich Kim Jong-un für alle Arten von Maschinen begeistert, insbesondere liebte er Modellflugzeuge und Spielzeugschiffe. Er wollte immer herausfinden, wie sie angetrieben wurden. Schon im Alter von acht oder neun, als er noch in Pjöngjang lebte, blieb Kim Jong-un oft die ganze Nacht auf und stellte alle möglichen Experimente mit seinem Spielzeugpark an – und wenn er mal etwas nicht herausfand, verlangte er, dass man einen Experten herbeischaffte, und sei es in den frühen Morgenstunden. Wenn er Fragen hatte oder etwas nicht richtig funktionierte, ließ er einen Schiffsingenieur kommen, der es ihm erklärte, ganz gleich wie spät es war, erzählte mir seine Tante.

Für sie enthüllte sich darin ein Aspekt seiner Persönlichkeit, die zwei Seiten hatte: Einerseits konnte er sich unglaublich gut konzentrieren, aber auf der anderen Seite tendierte er dazu, sich in eine Idee zu verbeißen und sie zu weit zu treiben. Sie bezeichnete ihn nicht als »obsessiv«, aber im Grunde war es das, was sie meinte. Jedenfalls wollte er auch noch später, als er in Bern lebte, dass seine Tante und sein Onkel ihm Modellflugzeuge kauften oder mit ihm in einen Park gingen, wo Modellbaufans ihre kleinen Maschinen fliegen ließen. Diese Leidenschaft blieb ihm bis ins Erwachsenenleben erhalten.

Kim Jong-un schien dies einige Jahre später zu bestätigen, als er offiziell zum Kronprinzen geworden war. Er beschrieb einem Offizier, wie er sich als Kind hinter dem Haus eine Startbahn angelegt und dort mit seinen Flugzeugen gespielt hatte. Der Offizier sah darin nach der offiziellen Version der Ereignisse einen weiteren Beweis für die einzigartigen Führungsqualitäten Kim Jong-uns.[38]

Es erklärt auch, dass er später Pilot wurde und selbst flog, ja sogar ein neues Flugfeld in Wŏnsan anlegen ließ, um auch in der Nähe seiner Sommerresidenz landen zu können. Wenn Geheimdienste heute Satellitenbilder auswerten, um herauszufinden, ob Nordkorea mal wieder einen Raketenstart vorbereitet, dann halten sie auch Ausschau, ob nicht irgendwo in der Nähe Kim Jong-uns persönliches Flugzeug steht.

Während Kim Jong-uns Jugend erlebte das Land eine Hungertragödie, doch dem Großen Nachfolger fehlte es an nichts. Wahrscheinlich hat er nie persönlich seine Untertanen leiden sehen. Er wuchs in einer Welt auf, in der sich alles um ihn drehte. Er hatte nicht nur eigens ihm zugeteilte Freunde wie Fujimoto, sondern auch Lehrer und Trainer, Köche, Leibwächter und Fahrer.

Er wuchs mit dem Gefühl absoluter Einzigartigkeit auf, er wurde sozusagen in Selbstvertrauen getränkt, während er in Wahrheit völlig abhängig von einer Armee von Dienern, Speichelleckern und Privatlehrern war.

Alle Kinder von Kim Jong-il wuchsen innerhalb der Mauern seiner Residenzen mit viereinhalb Meter hohen Eisentoren auf, wenn sie sich nicht gerade im Strandpalast von Wŏnsan aufhielten; hier herrschte überall der reine Luxus. Es gab Fernsehgeräte von Sony, Computer und Videokonsolen, auf denen sie Super Mario spielen konnten. In jedem Haus standen Flipperautomaten und Yamaha- und Steinway-Flügel.

Die Kinder hatten riesige Spielzimmer, gefüllt mit mehr Spielsachen, als man sie in jedem europäischen Spielzeugladen findet. Es gab Berge von Lego und Playmobil, so viele Puzzles, dass sie kein Mensch je zusammensetzen konnte, und Plastikpistolen mit erstaunlich realistisch wirkender Munition. Jedes nur denkbare vierrädrige Spielzeug war vertreten, aber Kim Jong-un besaß auch ein echtes Fahrzeug und ein echtes Gewehr: ein Auto, das sein Vater so umbauen ließ, dass es der kleine Junge im Alter von sieben Jahren selbst fahren konnte, und eine Pistole der Marke Colt Kaliber .45, die er mit elf Jahren an der Hüfte trug.

In den Häusern befanden sich große, schallisolierte Kinos, die zur Verbesserung der Akustik mit Holz getäfelt waren und deren schwarze Seidenvorhänge sich öffneten, wenn das Licht ausging. Die Kinder konnten in den weichen Sesseln sitzen und sich »Ben Hur«, »Dracula« oder James-Bond-Filme anschauen.

In den Küchen gab es Kuchen und französisches Gebäck, geräucherten Lachs und Pasteten, tropische Früchte wie Mangos und Melonen. Kim Jong-un und seine Geschwister besaßen eigens für sie geschneiderte Kleider aus britischen Stoffen, die in großen Samsonite-Koffern eingeflogen wurden. Sie putzten sich die Zähne mit importierter Colgate-Zahncreme.

Die Gärten waren so groß, dass man sie Parks nannte, mit künstlichen Wasserfällen, die sich in künstlich angelegte Seen ergossen. Die Kinder kurvten auf Golfwägelchen und Mopeds zwischen Käfigen herum, in denen Bären und Affen gehalten wurden. In einigen Residenzen gab es große Schwimmbecken, in anderen Schießanlagen in Hallen und im Freien.[39]

Kim Jong-un verbrachte seine Tage damit, Fujimotos Whitney-Houston-CDs auf dessen Walkman zu hören oder Basketball in den Sporthallen der offiziellen Residenzen zu spielen – oft mit Kindern, die eigens zu seiner Unterhaltung herbeigeschafft wurden.

Kim Jong-un konnte endlos Basketballspiele analysieren, sagte Fujimoto. Er kommentierte die Stärken und Schwächen sämtlicher Spieler, sprach Anerkennung aus, wenn jemand gut gespielt hatte, und schimpfte, wenn jemand seiner Meinung nach versagt hatte. »Er besaß ein gutes Urteilsvermögen und argumentierte sehr klar; er wusste, wann er jemanden zu loben, wann zu kritisieren hatte«, erinnerte sich der Koch.

Wenn Kim Jong-un davon erzählte, wie er mal wieder jemanden abgekanzelt hatte, trat stets ein Lächeln auf sein Gesicht. Er schien die Kunst des Befehlens zu üben, und er genoss die Angst, die seine absolute Autorität bei anderen hervorrief.

Kapitel 3
Inkognito in der Schweiz

»*Ich habe seit meiner Kindheit eine enge Bindung zu Flugzeugen und Kriegsschiffen.*«
Kim Jong-un, aus »Anecdotes of Kim Jong-Un's Life«

Kim Jong-un war noch sehr Kind, als er im Sommer 1996 nach Bern, in die Hauptstadt der Schweiz, aufbrach, um dort wie sein älterer Bruder Kim Jong-chol die Schule zu besuchen. Der Zwölfjährige hatte einen Topfhaarschnitt und zeigte bereits den Ansatz jenes Doppelkinns, das später stärker hervortreten sollte.

Er kam in eine Postkartenstadt, die eher wie eine verschlafene Idylle denn wie eine kosmopolitische Hauptstadt wirkte. Bern war berühmt für seinen Glockenturm, die Zytglogge, wie die Einheimischen sagen, die einer Legende nach einen jungen Patentamtsangestellten namens Albert Einstein neunzig Jahre zuvor zu seiner Relativitätstheorie angeregt hatte. An einem Abend im Jahr 1905 blickte Einstein bei der Straßenbahnfahrt von der Arbeit nach Hause auf die Uhr zurück, die sich immer weiter von ihm entfernte, und fragte sich, was passieren würde, wenn er sich mit Lichtgeschwindigkeit bewegte. Der Gedanke brachte ihn dazu, das Geheimnis der »Raumzeit« zu lösen, das ihn seit Jahren beschäftigte.

Kim Jong-un, der vom hungergeschüttelten Nordkorea in eines der reichsten Länder Europas kam, machte nun ebenfalls seine Entdeckungen.

Im August kam »Mission Impossible« in die Kinos, bald darauf »Trainspotting«. Die Spitzencomputer liefen mit dem Betriebssystem MS-DOS, und man speicherte seine Daten auf Floppy Disks. In Atlanta gingen die Olympischen Sommerspiele zu Ende. Bill Clinton stand im Wahlkampf für eine zweite Amtsperiode als Präsident der Vereinigten Staaten. Ebenfalls im August erschien der Fantasy-Roman »A Game of Thrones« von George R. R. Martin.

Der nordkoreanische Prinzling, der stets in seinem eingehegten Kosmos gelebt hatte, landete plötzlich in der irdischen Welt. Er befand sich nicht zum ersten Mal im Ausland, er hatte bereits Europa und Japan bereist, aber es war das erste Mal, dass er ein Leben ohne die Entourage des nordkoreanischen Königshofs führte.

Er zog zu seiner Tante mütterlicherseits, Ko Yong-suk, und ihrem Mann Ri Gang in Liebefeld, einem typischen Vorort am Stadtrand von Bern. Sein älterer Bruder lebte schon seit zwei Jahren dort.

»Es war ein einfaches Haus, und wir verhielten uns wie alle anderen Familien dort auch. Ich war die Ersatzmutter für die beiden«, erzählte mir Kims Tante, als ich sie fast zwanzig Jahre später in den Vereinigten Staaten ausfindig gemacht hatte. »Ihre Freunde schauten vorbei, und ich machte ihnen etwas zu essen. Es war eine ganz normale Kindheit mit Geburtstagspartys und Geschenken und anderen Kindern, die zum Spielen kamen.«

Zu Hause sprachen sie Koreanisch und aßen koreanische Gerichte, und die Freunde der beiden Jungs wussten nicht, dass *Imo* – wie die beiden Brüder Yong-suk nannten – das koreanische Wort für »Tante« und nicht für »Mama« war.

Das Leben in Europa gefiel ihnen, auch dass sie über Geld verfügten. Fotos in ihren Familienalben zeigen, wie der künftige Führer Nordkoreas an der französischen Riviera im Mittelmeer schwimmt, in Italien im Freien speist, in den Schweizer Alpen Ski fährt oder das Disneyland bei Paris besucht – nicht zum ersten Mal, denn seine Mutter hatte ihn ein paar Jahre zuvor schon dorthin mitgenommen.

Sie machten in einem Luxushotel in Interlaken Urlaub, dem piekfeinen Ferienort bei Bern, der als Tor zum Jungfraujoch berühmt ist und einen riesigen Freizeitpark hat. Kim Jong-un besuchte zweimal das Olympische Museum in Lausanne, die Stadt in der das Internationale Olympische Komitee seinen Sitz hat. Besonders faszinierte den Jungen mit seiner Begeisterung für Maschinen die Möglichkeit, dass man sich hier ein Video über einen Sportler oder ein Sportereignis auswählen konnte und ein Roboter es dann aus dem Archiv im Keller holte.

Es war eine Zeit, als die Digitalisierung gerade erst begonnen hatte, und der Roboter beeindruckte den Jungen, der in seinem Zimmer oft stundenlang mit Flugzeugen und Schiffen spielte, ungemein. Zwei Jahrzehnte später, als er den Präsidenten des Internationalen Olympischen Komitees in Pjöngjang empfing, fragte er ihn, ob der Roboter noch existiere. Es gab ihn längst nicht mehr.[40]

Alle Mitglieder der in der Schweiz lebenden Familie Kim hatten sich sorgfältig eine neue Identität zurechtgebastelt, um zu verbergen, wer sie wirklich waren. Ri war bei der nordkoreanischen Botschaft als Fahrer registriert und hatte den Namen Pak Nam-chol angenommen; Pak ist nach Kim einer der verbreitetsten koreanischen Familiennamen. Ko hielt sich an die koreanische Tradition, nach der Ehefrauen ihren Mädchennamen behalten, und zeigte mir Dokumente, die sie als Chong Yong-hye auswiesen.

Kim Jong-chol nannte sich Pak-chol, Kim Jong-un war nun Pak-un. Aber die Decknamen waren nicht neu. Sie tauchten erstmals 1991 als Mitglieder der ständigen nordkoreanischen Vertretung bei den Vereinten Nationen in Genf auf, und als solche ermöglichten ihnen ihre Diplomatenpässe, sich frei in Europa zu bewegen.

Das Foto, das den Schweizer Behörden geschickt wurde, zeigt einen jungen pausbäckigen Kim Jong-un mit aufgebauschtem Haar, offenbar eine Dauerwelle, wie es auch bei Kim Jong-nam der Fall war, als er in die Schweiz ging. Offensichtlich wollten sie nicht allzu sehr auffallen. Kim Jong-un trägt eine marineblaue Veloursjacke mit Reißverschluss, Top-Siebziger-Jahre-Mode, allerdings mitten in den Neunzigern.

Kim Jong-un alias Pak-un verfügte noch über einen weiteren Pass, mit dem er durch Europa fahren konnte. Der 1996 ausgestellte brasilianische Ausweis diente vielleicht dazu zu reisen, ohne als Nordkoreaner identifiziert zu werden. Er weist ihn als Josef Pwag aus – wahrscheinlich die Übertragung des Namens Pak ins Portugiesische.

Nordkoreaner mit Diplomatenpässen können zwar Grenzen überschreiten, aber unbemerkt bleibt das selten. Nordkorea galt und gilt bis heute als Schurkenstaat mit der Ambition, sein Atomarsenal zu erweitern. Zudem waren Nordkoreaner eine Seltenheit, ja sogar eine Sensation. Eine gewöhnliche brasilianische Familie asiatischer Herkunft auf Urlaub in Europa hingegen ließ nirgendwo die Alarmglocken schrillen, schließlich lebten in keinem anderen südamerikanischen Land so viele Koreaner wie in Brasilien.

Dem brasilianischen Pass zufolge war der Teenager mit der Haartolle, den man auf dem wenig schmeichelhaften Foto sieht und der unschwer als der junge Kim Jong-un zu erkennen ist, am

1. Februar 1983 in São Paulo geboren. Als seine Eltern sind Ricardo und Marcela Pwag aufgeführt.[41]

Ricardo Pwag war ein Nordkoreaner, der häufig extravagante Reisen in Europa unternahm, erster Klasse mit Swiss Air flog und sich in Luxushotels in Bern, Genf und Zürich aufhielt. Offenbar hatte er den Auftrag, Immobilien für die nordkoreanische Elite zu erwerben. Vermutlich handelte es sich bei ihm um Kim Jong-uns Onkel Jang Song-thaek.

Liebefeld besteht vornehmlich aus Betonklötzen im Stil der 1970er-Jahre und sieht nicht gerade wie ein Alpendorf aus. Damit ist es Pjöngjang mit seiner brutalistischen Architektur nicht unähnlich. Hier war Kim Jong-uns Zuhause während seiner Zeit in der Schweiz.

Das nordkoreanische Regime hatte sechs Wohnungen für die Familie und einige andere nordkoreanische Amtsträger erworben, die in der Schweizer Hauptstadt lebten, und dafür vier Millionen Franken gezahlt, damals mehr als sieben Millionen Euro. Die Familie verfügte über drei Autos mit Diplomatenkennzeichen und abgedunkelten Fenstern, die in der Tiefgarage standen.

Kim Jong-un ging wie sein älterer Bruder auf die Internationale Schule von Bern, eine Privatschule, in der in Englisch unterrichtet wurde und die von Diplomatenkindern und anderen Ausländern besucht wurde. Das Schulgeld belief sich auf über 20 000 Dollar pro Jahr.

Die Schule war nur fünf Autominuten von der nordkoreanischen Botschaft entfernt, die bis heute in einem großen Gebäude in einer normalen Wohnstraße jenseits des Flusses, der Pourtalèsstraße, untergebracht ist. Es ist eine wohlhabende Gegend, in der viele Botschaften ihren Sitz haben.

Niemand fand etwas dabei, wenn Kim Jong-un, der manchmal das Schul-T-Shirt mit der Schweizer Flagge und einem Bären trug, dem Symbol der Hauptstadt, von einem Chauffeur zur Schule gebracht wurde. Das war für Diplomatenkinder nichts Ungewöhnliches.

Das Institut mit Schülern aus etwa vierzig Ländern rühmt sich, die »ideale Lage in einem neutralen Land« zu haben. Tatsächlich war die Schweiz, bekannt für ihre Diskretion in allen Bereichen, von Bankkonten bis zu Schulen für Diktatorensprösslinge, ein guter Ort für die verschlossenen Nordkoreaner.

Als bekannt wurde, dass Kim Jong-un der Nachfolger Kim Jong-ils werden sollte, wurde viel durcheinandergeworfen, sodass über ihn bald Dinge kursierten, die eigentlich auf seinen Bruder zutrafen. Klassenkameraden erzählten, der Nordkoreaner sei introvertiert gewesen, habe aber relativ flüssig Englisch gesprochen, doch später stellte sich heraus, dass sie Pak-chol und nicht Pak-un gemeint hatten.

Für beide galt, dass sie ein Faible für den Actionstar Jean-Claude Van Damme hatten. Und wie es ein merkwürdiger, erst sehr viel später bedeutsam werdender Zufall wollte, trat Van Damme in einem Hollywood-Film mit dem Titel »Double Team« neben einem gewissen Basketballer namens Dennis Rodman auf. Der Film kam 1997 während Kim Jong-uns Aufenthalt in der Schweiz heraus.

Kim Jong-chol gelang es sogar, den belgischen Filmstar in eine Hausarbeit einzubauen. »In der idealen Welt, wie ich sie mir vorstelle, wären Waffen und Atombomben verboten«, schrieb er im Rahmen eines Unterrichtsprojekts an der Schule. »Mithilfe des Hollywood-Stars Jean-Claude Van Damme würde ich alle Terroristen vernichten. Alle wären glücklich: kein Krieg mehr, kein Sterben, keine Tränen mehr.«

Wie ein guter nordkoreanischer Sozialist oder vielleicht einfach aus einem jugendlichen Idealismus heraus fuhr der Autor fort, dass jeder über dieselbe Menge an Geld verfügen sollte. »Nur in meiner idealen Welt können die Menschen frei sein und ein wirklich glückliches Leben führen«, endete er.[42]

Die Wohnung, in der die Familie lebte, war bescheidener als das, was Kim Jong-un von zu Hause gewohnt war, aber er konnte hier ein relativ normales Leben führen. Und er konnte sich seiner Lieblingsbeschäftigung widmen: Basketball. Das Interesse an diesem Sport hatte seine Mutter in ihm geweckt. In einem alten Spruch heißt es, viele koreanische Mütter im Norden wie im Süden sagten zu ihren Kindern: Wenn du Basketball spielst, wirst du größer werden.

Kim Jong-un war als Kind eher klein – auch sein Vater war nicht groß, nur etwas mehr als 1,60 Meter, und er trug bekanntermaßen Plateauschuhe, um dies auszugleichen –, und so ermutigte Ko Yong-hui ihren Sohn, Basketball zu spielen. Vielleicht stimmte die alte Geschichte ja. Schließlich wurde er 1,73 Meter groß, wer weiß, vielleicht hat es tatsächlich ein wenig geholfen.

Ko Yong-hui freute sich, dass ihr Sohn Gefallen an dem Sport fand, sie hoffte, es würde seinen Kopf frei machen und seine kindliche Vorliebe für Flugzeuge und Maschinen eindämmen. Doch bald bemerkten seine Mutter und seine Tante, dass auch Basketball zu einer Sucht geworden war, die auf Kosten des Lernens ging: Der Junge schlief mit seinem Basketball im Bett. Seine Mutter kam regelmäßig nach Bern und schalt ihren Sohn, er spiele zu viel und lerne zu wenig.

Bei diesen Reisen verwendete sie einen Pass mit dem Namen Chong Il-son, dem zufolge sie seit 1987 der ständigen nordkoreanischen Vertretung bei den Vereinten Nationen in Genf angehörte. Aber die Schweizer wussten, wer sie war. Schließlich traf sie mit einer russischen Iljuschin Il-62 mit den Insignien von Air Koryo, der nordkoreanischen staatlichen Fluggesellschaft, ein. Das

Flugzeug mit der Hecknummer P882 war nordkoreanischen VIPs vorbehalten und sogar mit einer komplett eingerichteten Schlafkabine ausgestattet.

Unter den wachsamen Augen des Schweizer Geheimdienstes wurden alle möglichen Koffer und Waren ein- oder ausgeladen. Die Beamten beobachteten Ko Yong-hui genau und zeichneten alles auf, von den Shopping-Ausflügen in der Züricher Bahnhofstraße, einer der exklusivsten Einkaufsmeilen der Welt, bis zu ihren Aufenthalten in den nobelsten Kliniken am Genfer See.

Sie wussten auch, wer ihre Kinder waren, und nannten Kim Jong-chol den »langen Dünnen« und Kim Jong-un den »kleinen Dicken«. Aber die neue Bundesanwältin der Schweizer Eidgenossenschaft, Carla Del Ponte (später Chefanklägerin des Internationalen Strafgerichtshofs für die Kriegsverbrechen im ehemaligen Jugoslawien sowie für den Völkermord in Ruanda), hatte den Schweizer Behörden die Überwachung der Kinder verboten. In der diskreten Schweiz sollten sie einfach nur Kinder sein – auch wenn ihr Vater einer der weltweit schlimmsten Tyrannen war.

Wenn Kims Mutter nach Bern kam, brachte sie Hefte mit den tausend chinesischen Schriftzeichen mit, die die Grundlage der meisten koreanischen Wörter bilden. Sie hatte sie selbst geschrieben und fotokopiert, damit die Kinder ihre koreanischen Sprachkenntnisse nicht verloren. Die Söhne sollten sich fünf bis sechs Seiten davon einprägen, eine Form von Hausaufgaben, mit der koreanische Kinder auf der ganzen Welt drangsaliert werden.

Ko Yong-hui war, was wir heute als Tigermutter bezeichnen würden. Sie investierte viel Energie in die Bildung ihrer Kinder und sah ihre Hefte und Hausaufgaben durch, auch wenn sie noch so spät abends in die Wohnung zurückkehrte.

Für Kim Jong-un aber waren andere Dinge wichtiger.

Kim Jong-un sah sich selbst gewiss über allen anderen in seiner Umgebung stehend, seit er im Alter von acht Jahren zum Nachfolger seines Vaters bestimmt worden war; dennoch wusste er, dass er seinen Eltern gehorchen musste. Er gab seiner Mutter keine Widerworte, stürmte jedoch oft beleidigt davon oder verweigerte das Abendessen. Schon damals war er unbeherrscht und intolerant. »Er ist ein Sturkopf«, sagte seine Tante. »Er will immer seinen Willen durchsetzen.«

Wie nicht anders zu erwarten, freute sich Kim Jong-un, wenn der Sommer nahte und das Schuljahr zu Ende ging, sodass er nach Hause fliegen konnte, wo er nicht lernen musste und es nur Basketball und den Strand gab.

1998 wurde Kim Jong-uns Welt auf den Kopf gestellt. Bei seiner Mutter war Brustkrebs im fortgeschrittenen Stadium festgestellt worden, und sie unterzog sich einer intensiven medizinischen Behandlung in Frankreich. Ihre Prognose war nicht gut.

Die Krankheit konnte auch das Ende für Kim Jong-uns Zieheltern bedeuten. Ihre Verbindung zum Regime, die Beziehung, die sie in diese privilegierte Position gehievt hatte, wurde mit jedem Tag schwächer. So beschlossen sie, die ihnen Anvertrauten zu verlassen und in die Freiheit zu entkommen.

Am Sonntag, dem 17. Mai, setzten Kim Jong-uns Tante und sein Onkel nach Einbruch der Dunkelheit ihre drei Kinder in ein Taxi und fuhren zur US-Botschaft. Nur der Älteste, mit vierzehn Jahren genauso alt wie Kim Jong-un, wusste, was geplant war.

In der Botschaft erklärten sie, sie seien Nordkoreaner, Ko sei die Schwägerin des Führers, und beantragten Asyl in den Vereinigten Staaten. Zu diesem Zeitpunkt wusste die US-Regierung noch nicht, wer Kim Jong-un war, und darum erwähnten sie diesen Teil der Geschichte zunächst nicht.

Am nächsten Morgen informierten die Amerikaner als Erstes den Schweizer Geheimdienst über die Überläufer, und gemeinsam beschloss man, sich unwissend zu stellen, sollte die nordkoreanische Botschaft nach dem Verbleib der Familie forschen.

Den ganzen Montag über blieb die Familie in der Botschaft und beantwortete Fragen. Am folgenden Tag wurden sie in einen Kleinbus geladen, der sie nach vierstündiger Fahrt über die Grenze nach Deutschland zum Stützpunkt der US-Luftwaffe in Ramstein brachte. Etwa zwei Monate lang wurden sie dort vom Geheimdienst ausgequetscht.

Die Vernehmer wollten ihnen all ihre »Geheimnisse« entlocken, aber Ri Gang, Kim Jong-uns Onkel, erklärte, sie wüssten nichts über die Militäroperationen Nordkoreas und könnten nur über das Leben der Herrscherfamilie berichten. »Wir haben uns nur um die Kinder gekümmert und ihnen beim Lernen geholfen«, erzählte er auch mir. Die Verwandten Kims erhielten Asyl in den Vereinigten Staaten, eröffneten wie viele koreanische Immigranten eine chemische Reinigung und sahen zu, wie ihre Kinder in der neuen Umgebung gediehen.

Ich spürte das Paar auf und verbrachte ein Wochenende mit ihm. Wir sprachen über ihren Neffen, den sie einst als ihren Sohn ausgegeben hatten. Ich besuchte ihren Laden und kehrte dann zu ihrem Haus in der Vorstadt zurück, das fast genauso aussah wie die anderen in der Straße. Der Rasen war fein säuberlich gemäht, in der Einfahrt standen zwei Autos.

Als wir zusammen auf ihrer dick gepolsterten schwarzen Sofagarnitur saßen, zeigte ein südkoreanischer Fernsehsender, wie ihr früheres Mündel mit seinen Kumpanen den Start einer Rakete feierte. Die Nachrichtensprecherin erging sich in finstern Worten über den jungen nordkoreanischen Führer. »Nie sagen sie etwas Gutes über ihn«, brummte Ri.

Ich fragte die beiden, warum sie übergelaufen seien. Sie hätten nach einer medizinischen Behandlung für Kim Jong-uns Mutter gesucht und gehört, dass die Therapien in den Vereinigten Staaten die besten weltweit seien. Sie seien bereit gewesen, alles zu tun, um ihr zu helfen.

Ri fügte noch hinzu, sie hätten auch geglaubt, falls sie die US-Regierung überzeugen könnten, Ko Yong-hui ins Land zu lassen, hätte dies vielleicht dazu beigetragen, das Verhältnis zwischen Washington und Pjöngjang zu verbessern. Ri erinnerte an Präsident Nixons »Pingpong-Diplomatie« gegenüber China, die eine neue Ära der Beziehungen zwischen den zuvor feindlichen Ländern eingeläutet hätte.

Die Zeit ihrer Flucht war die bislang entspannteste Periode zwischen den USA und Nordkorea gewesen. Die Regierung Clinton hatte ein Atomabkommen mit Nordkorea geschlossen, und der Präsident hatte seinen Verteidigungsminister William Perry nach Pjöngjang geschickt, um Kim Jong-il einen Brief zu überreichen.

Damit wurde eine Reihe von Treffen in Gang gesetzt, und es kam zu einem seltenen Anblick: Der Stellvertreter Kim Jong-ils traf als Sondergesandter in Washington ein. Er trug seine Uniform mit zahllosen Ehrenabzeichen an der Brust und die unverwechselbare Schirmmütze mit dem überdimensionierten Teller und dem roten Stern. So betrat der Vizemarschall das Oval Office und posierte für Fotos mit Präsident Clinton.

Deshalb war die Vorstellung, dass ein Mitglied eines immer noch als feindlich geltenden Regimes zu einer medizinischen Behandlung in die Vereinigten Staaten reisen könne, gar nicht so abwegig. Doch Ko Yong-huis Antrag auf ein Visum wurde abgelehnt. Wie es schien, würde nicht so rasch Tauwetter eintreten.

Aber ich konnte nicht glauben, dass dies die ganze Geschichte war. Ris und Kos Platz im inneren Zirkel des nordkoreanischen

Regimes war vollständig von ihrer Beziehung zu Kim Jong-uns Mutter abhängig gewesen. Ihr bevorstehender Tod und die Tatsache, dass ihre Söhne größer und unabhängiger wurden, hätte ihre Position in Gefahr gebracht.

Nach Jahren des Reisens und Lebens in Europa muss dem Paar wie Zehntausenden anderen Nordkoreanern, die in den vergangenen Jahren einen Blick in die Außenwelt hatten erhaschen können, klargeworden sein, dass ihr Land nicht die ideale Gesellschaft war, wie man es ihnen immer vorgegaukelt hatte. In der südkoreanischen Presse, die zugegebenermaßen auch kein lupenreines Verhältnis zur Wahrheit hat, hieß es, sie hätten in den Vereinigten Staaten Asyl beantragt, weil sie sich Sorgen machten, was mit ihnen geschehen würde, wenn Kos Schwester oder Kim Jong-il starben.

Kim Jong-uns Mutter lebte noch sechs weitere Jahre. Sie starb 2004 in einem Pariser Krankenhaus, während sein Vater Schlaganfällen und vielerlei Gebrechen trotzend bis 2011 durchhielt.

Als Kim Jong-un im Herbst 1998 nach Bern zurückkehrte, ging er nicht mehr in die private internationale Schule, sondern besuchte die öffentliche Schule in seinem Viertel Liebefeld Steinhölzli. So musste er nicht erklären, warum er nun andere »Eltern« hatte.

Die Schule lag keine vierhundert Meter von dem Haus entfernt, in dem die Nordkoreaner lebten, es waren nur fünf Minuten zu Fuß dorthin, einfach eine Betontreppe hinunter, an einem Supermarkt und anderen Geschäften vorbei und um einen Kreisverkehr herum.

Die Schule hatte damals lediglich zweihundert Schüler in neun Klassen. Das Bildungsministerium bevorzugte viele kleine Schulen, um den jungen Menschen weite Wege zu ersparen. Der Unterricht begann um halb acht und wurde mittags für zwei Stunden unterbrochen, damit die Kinder zu Hause essen konnten. Selbst in den 1990er-Jahren rechnete man noch damit, dass die Mütter zu Hause auf ihre Kinder warteten.

Um 14 Uhr kehrten die Kinder für drei weitere Unterrichtsstunden zurück, außer mittwochs, da hatten sie nachmittags frei. In dieser Zeit machen die Kinder in der Schweiz Arztbesuche oder dergleichen, oder sie spielen – wie wahrscheinlich in Kim Jong-uns Fall – Basketball.

Der Schulkomplex besteht aus zwei- und dreistöckigen funktionalen Gebäuden. In einem Garten bauen die Schüler Mais, Stangenbohnen und Erdbeeren an. In der Schulbibliothek stehen Bücher über Picasso und Peter den Großen in deutscher Sprache, aber auch Bücher in englischer Sprache. In der Holzwerkstatt sind Werkzeuge und Schraubstöcke säuberlich aufgereiht, Kunstwerke der Schüler schmücken das Foyer und große Tafeln. Es ist eine durch und durch normale Schule.

Neben den Schulgebäuden befindet sich ein großes Feld mit Kunstrasen. Am Tag meines Besuchs spielte dort eine Gruppe Kinder mit unterschiedlichem Migrationshintergrund zusammen Fußball. Am Rand vergnügten sich zwei arabisch sprechende Jungen mit einem ferngesteuerten Rennauto. Einer lenkte das Gefährt, der andere sprintete hinterher.

Als 2009 bekannt wurde, dass Kim Jong-un die Nachfolge seines Vaters antreten würde, besuchten Schwärme von Journalisten die Schule und versuchten, von seinen ehemaligen Lehrern etwas über den angehenden Diktator in Erfahrung zu bringen.

Ein japanischer Reporter machte eine Aufnahme von Kim Jong-uns Klassenfoto, das in einem Flur hing, und veröffentlichte es im Juli 2009 in seiner Zeitung. Daraufhin wurde es von der Wand genommen, und kein Journalist durfte das Schulgelände mehr betreten.

Das Foto ist leicht im Internet zu finden. Es zeigt Schüler im typischen Kleidungsstil der 1990er-Jahre mit Chambray-Hemden und Sweatshirts in Übergröße unter einem Baum im Schulhof. Kim Jong-un steht in einem grau-blauen Trainingsanzug mit roten Paspeln und dem Schriftzug Nike am Ärmel in der Mitte der hinteren Reihe und blickt ernst in die Kamera.

Ein anderes, um dieselbe Zeit entstandenes Foto zeigt ihn mit einem Lächeln im Gesicht. Er trägt eine silberne Halskette über seinem schwarzen T-Shirt und sieht aus wie ein typischer Teenager. Auf einer weiteren Aufnahme sieht man einen leichten Flaum über seiner Oberlippe und ein paar Pickel auf der Wange.

Trotz der Versuche der Schule, sich die Journalisten vom Leib zu halten, sahen sich die Behörden gezwungen, eine Pressekonferenz in einem Klassenzimmer abzuhalten, weil das Interesse einfach zu groß war. Ueli Studer, Vorsitzender der Schulkommission der Gemeinde Köniz, zu der Liebefeld gehört, bestätigte, von August 1998 bis zum Herbst 2000 habe ein Junge aus Nordkorea die Schule besucht. Er sei als Sohn eines Angestellten der Botschaft eingeschrieben gewesen, sagte Studer und fügte hinzu, dies sei nicht ungewöhnlich gewesen, da auch andere ausländische Diplomaten ihre Kinder in diese Schule schickten.

»Der Schüler galt als gut integriert, fleißig und ehrgeizig«, fuhr Studer fort. »Sein Hobby war Basketball.« Mehr, so betonte er abschließend, habe man nicht dazu zu sagen. Bis heute sind das die einzigen Details, die die Schule preisgegeben hat.

Die Lehrer lernten die Eltern des Jungen nicht kennen. Stattdessen kamen verschiedene Nordkoreaner zu den Elternabenden, entschuldigten sich und erklärten, die Eltern des Jungen sprächen kein Deutsch, erinnerte sich der damalige Schuldirektor Peter Burri.[43]

Kim Jong-un begann seine Schullaufbahn in einer »Willkommensklasse« für Kinder, die kein Deutsch sprachen. Er wurde zwar in Deutsch unterrichtet, jedoch in langsamem Tempo und mit einfacheren Übungen.

Als der Junge an der Schule in Liebefeld eingeschrieben wurde, war etwa ein Viertel der Schüler nicht Schweizer Nationalität, daher kannten sich die Behörden im Umgang mit Kindern aus, die keine der Schweizer Sprachen beherrschten. Kim Jong-un erhielt zudem privaten Deutschunterricht außerhalb der Schule.

Um mehr darüber zu erfahren, was der junge Nordkoreaner in der Schule lernte, stieg ich eines Tages in einen Bus nach Köniz und suchte das Gemeindebüro auf. Marisa Vifian, Vorsitzende der Könizer Schulbehörde, zog einen großen weißen Ordner hervor, in dem sich die Lehrpläne der 1990er-Jahre befanden. Darin waren die üblichen Fächer aufgelistet – Deutsch, Mathematik, Naturwissenschaften, Gesundheit, Fremdsprachen, Musik, Kunst und Sport –, aber auch Unterrichtseinheiten wie »Die Welt, in der wir leben«, in denen es um die Weltreligionen und -kulturen ging. Die Kinder werden nach ihren Fähigkeiten den Klassen zugeordnet, nicht nach ihrem Alter. Man wolle sichergehen und behalte ein Kind daher lieber ein Jahr in einer niedrigeren Klasse, damit es gute Leistungen bringen könne, erklärte mir Vifian. Nach Beendigung der vorbereitenden Willkommensklasse besuchte Kim Jong-un die reguläre sechste Klasse.

João Micaelo, ein damals vierzehnjähriger Sohn portugiesischer Einwanderer, erinnerte sich noch deutlich daran, wie der asiatische Junge in Trainingsanzug und Nike-Sneakers in die 6A kam, die aus zweiundzwanzig Schülern bestand. Die Kinder saßen bereits an ihren Tischen, als der Neue hereingeführt und ihnen als Pak-un vorgestellt wurde, der Sohn nordkoreanischer

Diplomaten. Neben Micaelo war der Platz noch frei, und so setzte sich der Junge, der sich einfach Un nannte, dorthin.

Die beiden freundeten sich rasch an, nicht nur weil sie nebeneinandersaßen, sondern auch weil sie beide nicht besonders am Unterricht interessiert waren. Als die Klasse in zwei Züge geteilt wurde, kamen die beiden in die Gruppe mit den weniger lernfreudigen Schülern.[44] Kim Jong-un wurde oft verlegen, wenn er aufgerufen wurde und eine Frage beantworten sollte – gar nicht mal weil er die Antwort nicht wusste, sondern weil es ihm schwerfiel, sich auszudrücken. So half ihm Micaelo bei den Hausaufgaben in Deutsch, während der Neuankömmling seinem neuen Freund in Mathematik zur Seite stand.

Micaelo meinte, Kim sei ein stiller Junge gewesen, aber auch sehr entschieden und er habe gut argumentieren können. »Er war ehrgeizig, aber nicht streitsüchtig«, sagte er.[45]

Andere Mitschüler hingegen erinnern sich daran, dass der Neue oft aggressiv wurde, wenn er sich nicht verständlich machen konnte. Während der Unterricht auf Hochdeutsch stattfand, unterhielt man sich in der Familie oder unter Freunden auf Schwyzerdütsch. Für einen Nichtmuttersprachler ist dieser Dialekt eine völlig fremde Sprache. Für Kim Jong-un, der es hasste, wenn er nichts verstand, war das frustrierend. »Er trat uns ans Schienbein und spuckte uns sogar an«, erzählte mir eine ehemalige Klassenkameradin.[46]

Zu den Sprachproblemen kam noch hinzu, dass die Schüler Kim Jong-un als sonderbaren Außenseiter wahrnahmen, nicht zuletzt weil er stets einen Trainingsanzug trug und niemals Jeans, wie damals bei Teenagern üblich. In Nordkorea sind Jeans ein Symbol für die verachteten Kapitalisten.

Ein Mitschüler erzählte mir, er habe einen Trainingsanzug von Adidas mit den drei Streifen und die neuesten Air Jordans von

Nike getragen. Die anderen Kinder in der Schule konnten von solchen Schuhen nur träumen, sagte Nikola Kovacevic, der nach der Schule oft mit Kim Basketball spielte; er schätzte, damals hätten solche Nikes in der Schweiz mehr als 200 Dollar gekostet.[47]

In den höheren Klassen konnte Kim Jong-un immerhin so gut Deutsch, dass er im Unterricht mitkam. Selbst das Mädchen, das von ihm getreten und bespuckt wurde, räumte ein, dass er mit der Zeit »auftaute« und umgänglicher wurde.

Doch er blieb introvertiert. Es fiel ihm schwer, komplizierte Gedanken auf Deutsch auszudrücken, und so neigte er dazu, sie für sich zu behalten, meinte Micaelo.[48]

Kim Jong-un schloss die siebte und achte Klasse ab und blieb noch eine Zeitlang in der neunten Klasse, bestätigte mir das Schulamt. Seine Noten waren nicht besonders gut, und dass er im ersten Jahr 75 und im zweiten 105 Fehltage hatte, war in dieser Hinsicht sicher nicht hilfreich.[49]

Der Lehrplan sah auch gesellschaftliche und soziale Themen vor, die Kim eine ziemlich andere Weltsicht vermittelt haben dürften als jene, die er von zu Hause kannte. »Im Allgemeinen lernen die Kinder hier, einander zu respektieren«, erklärte mir Godi Huber, die für die Gemeinde Köniz arbeitet, während ich die Lehrpläne durchblätterte. »Sie lernen, Konflikte friedlich zu lösen und harmonisch zusammenzuleben. Das sind unsere Werte.«

In Kim Jong-uns Schulzeit gehörten zu den durchgenommenen Themen auch die Menschenrechte, die Frauenrechte und die Demokratie als Regierungsform. Eine Einheit trug sogar den Titel »Glück, Leid, Leben und Tod«.

Die Schüler erfuhren etwas über Martin Luther King, Nelson Mandela und Mahatma Gandhi. Ein besonderer Schwerpunkt lag auf der »interkulturellen Erziehung«, erzählte mir Huber. Die

Themen dabei waren kulturelle Vielfalt, verschiedene religiöse, ethnische und soziale Gruppen, die Rechte der Menschen und die Solidarität mit den Benachteiligten.

Man weiß nicht, was in diesen Unterrichtsstunden in Kim Jong-un vor sich ging. All diese Rechte existierten ja nicht in Nordkorea. Aber das war für Kim vielleicht nicht so irritierend, wie man vermuten könnte, da er kaum mit Nordkoreanern in Kontakt gekommen war, vor allem nicht jenseits der sorgfältig choreografierten Veranstaltungen, bei denen zufrieden lächelnde Landsleute auftraten. Kim konnte sich womöglich sagen, dass man in seinem Land all diese schönen Ideale nicht brauchte, weil alle Bewohner unter der Führung seines Vaters sehr glücklich waren.

Der jugendliche Kim lernte weiterhin, dass sich die französische Bevölkerung erhoben und die Bastille gestürmt hatte, was schließlich zur Hinrichtung von König und Königin führte. In der Schweiz nehmen alle Schüler die Französische Revolution als Beispiel dafür durch, wie sich eine Gesellschaft verändern kann.

Und Kim Jong-uns Klasse erfuhr auch, dass die Französische Revolution zu einem nicht geringen Teil deshalb ausbrach, weil die Bevölkerung unzufrieden damit war, dass der Lebensstandard, der sich bereits verbessert hatte, nicht weiter stieg. Dass es eine destabilisierende Wirkung hat, wenn steigende Erwartungen der Bevölkerung nicht erfüllt werden, ist unter Politikwissenschaftlern unumstritten.

Ob sich der Große Nachfolger an diese Unterrichtsstunden erinnert? Seit der Machtübernahme Kim Jong-uns im Jahr 2011 hat sich das Leben für viele Nordkoreaner verbessert. Sie verfügen über mehr Freiheit, mit einem eigenen Unternehmen Geld zu verdienen, und wer genug Geld hat, kann sich Cappuccino, Inlineskates und Smartphones kaufen.

In dem angeblichen sozialistischen Paradies gibt es jetzt deutliche Unterschiede im Lebensstandard. Es existiert bereits eine sehr schmale Schicht von Superreichen. Werden die übrigen 99 Prozent, das Äquivalent der Bürger und Bauern in der Zeit der Französischen Revolution, zornig werden über diese Kluft und sogar etwas dagegen unternehmen? Werden sie ihrem Ärger Luft machen, wenn sich die geringfügigen Verbesserungen ihres Lebensstandards nicht fortsetzen?

Die Lehren aus der Französischen Revolution und das Schicksal Ludwigs XVI. verheißen nichts Gutes für Kim und seine Kreise.

Über solche Dinge wie historische Parallelen machte sich der Schüler freilich keine Sorgen. Er widmete sich vor allem dem Basketballspielen.

Jeden Nachmittag um 17 Uhr, wenn die Schulglocke läutete, ging Kim Jong-un zu dem Basketball-Court an seiner Schule oder zum Lerbermatt-Gymnasium, das nur zehn Minuten entfernt lag. Häufig wurde er dabei von seinem Bruder Kim Jong-chol und einem älteren Nordkoreaner begleitet, der als ihr Leibwächter fungierte.

Simon Lutstorf, damals Schüler am Lerbermatt-Gymnasium, spielte zwischen 1998 und 2001 oft mehrmals in der Woche mit den beiden Basketball, nicht selten bis acht Uhr abends. Er dachte, der asiatische Schüler komme irgendwie von der thailändischen Botschaft, die sich in der Nähe befand.

Kim Jong-un trug immer die gleichen Sportsachen: ein echtes Trikot der Chicago Bulls mit der Nummer 23 von Michael Jordan, die dazugehörigen Shorts sowie seine Air Jordans. Auch sein Ball war erstklassig: ein Spalding mit dem offiziellen Logo der amerikanischen Profiliga NBA.

Auf dem Platz zeigte sich Kims kämpferische Seite. Er konnte aggressiv sein und große Sprüche klopfen.⁵⁰ Beim Spiel war er sehr ernst, lachte oder redete fast nie und konzentrierte sich voll und ganz auf das Match. Wenn es schlecht für ihn lief, fluchte er und schlug sogar manchmal den Kopf an die Wand.

Hin und wieder begleiteten Kim Jong-un ein paar Erwachsene, die Campingstühle neben dem Feld aufstellten, eifrig den Spielstand notierten und klatschten, wenn Kim einen Korb warf. Für Lutstorf war das alles »echt bizarr«. »Es war offensichtlich, dass dieser Typ, von dem wir jetzt wissen, dass es Kim war, etwas Besonderes darstellte«, erzählte er. Kim Jong-un spielte auch auf seiner PlayStation Basketball. »Seine ganze Welt bestand nur aus Basketball«, meinte Micaelo.⁵¹ Er fuhr sogar nach Paris, um sich ein Freundschaftsspiel der NBA anzusehen, und besaß Fotos, auf denen er neben Toni Kukoc von den Chicago Bulls und Kobe Bryant von den Los Angeles Lakers stand.⁵²

Nur wenige von Kim Jong-uns engsten Freunden in Bern besuchten ihn zu Hause. Dort sei es karg gewesen, ohne Bilder an den Wänden, berichten sie. Draußen aber hing ein Basketballkorb, und die jungen Leute spielten oft, wobei sie manchmal mehr Lärm machten, als es den Nachbarn recht sein konnte.

In der Wohnung traf Micaelo Kim Jong-uns »Eltern«, seinen älteren Bruder und seine jüngere Schwester Kim Yo-jong, die in der Schweiz den Namen Pak Mi-hyang trug. Sie konnten sich aber kaum verständigen, da die Koreaner nicht Deutsch sprachen und Micaelo nicht Englisch oder Koreanisch.

Dennoch kam Micaelo oft zum Mittagessen mit, und dann gab es manchmal, von einem Koch zubereitet, »Hähnchen mit komischen süß-sauren Saucen«. Ein Essen, das gar nicht nach dem Geschmack des portugiesischen Schülers war.

Hin und wieder fuhren sie mit dem abgedunkelten nordkoreanischen Kleinbus zu einem Schwimmbad in der Nähe, wobei sie viel lachten. Marco Imhof, ein anderer Klassenkamerad, der Kim ebenfalls von Zeit zu Zeit besuchte, bemerkte, dass der Junge zu Hause ganz anders war und gelegentlich Temperament zeigte. Einmal bekamen die beiden Spaghetti vorgesetzt, die aber kalt waren, woraufhin Kim den Koch »scharf angegangen« sei, erzählt Imhof, der sich erinnerte, wie ihn die Maßregelung überrascht hatte.[53]

Kim Jong-un besaß Sachen, von denen seine Freunde nur träumen konnten: einen Minidisc-Player, der in den Jahren vor dem Aufkommen des iPods der letzte Schrei war, oder eine PlayStation von Sony, außerdem unzählige Filme, die noch nicht in den Kinos liefen. Sie schauten sich gern Actionstreifen an, vor allem solche mit Jackie Chan oder den neuesten James Bond.

Kim war nun in einem Alter, in dem Teenager gerne mal über die Stränge schlagen, doch er war kein Partylöwe oder angehender Playboy. Er nahm nicht an Schullagern teil, ging nicht auf Feten oder in Discos, und er rührte keinen Alkohol an.

Kim Jong-un »vermied jeglichen Kontakt zu Mädchen«, berichtete eine ehemalige Klassenkameradin und fügte hinzu, dass sie sich nie richtig mit ihm unterhalten habe. »Er war ein Einzelgänger und erzählte nie etwas aus seinem Privatleben … Wenn er mit jemandem zusammen war, dann mit Marco Imhof und João Micaelo.«[54]

Diesen Freunden erzählte er von Nordkorea und seinen Aktivitäten in den Sommerferien. Er zeigte ihnen Fotos vom Strand in Wŏnsan und vom Jetskifahren. Einmal, als er und Micaelo im Wohnzimmer herumhingen, stand Kim auf und kehrte mit einem Foto von sich und einem älteren Mann zurück. Der Mann in der Wohnung sei nicht sein Vater, eröffnete Kim seinem Freund. Sein wirklicher Vater sei der Mann auf dem Foto: Kim Jong-il, der Führer Nordkoreas.

Micaelo glaubte, sein Freund rede Unsinn, und erwiderte scherzhaft: »Klar, dein Vater ist der Präsident.« Aber Kim Jong-un lachte nur und beharrte, er sei wirklich der Sohn Kim Jong-ils. Schließlich ließen sie das Thema fallen.

Um Ostern 2001, nur ein paar Monate vor dem Ende der neunten Klasse, erzählte Kim unvermittelt seinem Freund, sein Vater habe ihn nach Nordkorea zurückgerufen und er werde bald abreisen.[55] Eine Erklärung dafür lieferte er nicht.

Kims andere Freunde wurden nicht informiert. Der Junge kam einfach eines Tages nicht mehr zur Schule. Und auch die Lehrer sagten, sie hätten keine Ahnung, was mit ihm geschehen sei.

Pak-un war einfach weg.

Kapitel 4
Das kleine Einmaleins der Diktatur

»*Ich bin fest entschlossen, noch eifriger zu lernen, ich gelobe Treue und werde dem General, dessen größte Sorge der Kampfbereitschaft der Armee gilt, einen Teil seiner Last abnehmen.*«
Kim Jong-un 2006, aus »Anecdotes of Kim Jong-un's Life«

Wieder zu Hause, bereitete sich Kim Jong-un darauf vor, seinem älteren Bruder auf die Kim-Il-sung-Militärakademie zu folgen, Nordkoreas Pendant zu West Point, der berühmten US-amerikanischen Kaderschmiede. Das entsprach dem Plan ihrer Mutter, die auf diese Weise den Anspruch ihrer Söhne auf die Nachfolge untermauern wollte.

Kim Jong-uns Mutter war zweifellos eine ehrgeizige Frau. Es gibt nur sehr wenige Fotos, die sie gemeinsam mit ihrem Sohn zeigen. Auf einem beugt sie sich über den Jungen, den sie ihren »Morgensternkönig« nannte. Er ist ungefähr sechs Jahre alt, trägt eine Generalsuniform mit vier Sternen auf den Schulterklappen und ist mit Ausmalbildern beschäftigt.

Kim Jong-un trat 2002 in die nach seinem Großvater benannte Militärakademie ein und studierte militärische Führung nach den Prinzipien der Juche. Deren Grundidee besteht in der Überzeugung, dass sich Korea ohne fremde Hilfe allein verteidigen kann – ein für die Staatsideologie wichtiges Prinzip, das allerdings jeder realen Grundlage entbehrte. Nordkoreas Wohl und Wehe hing vollkommen von China ab.

Es war ein entscheidendes Jahr sowohl für den Thronerben wie für das Regime. Vor allem markierte es ein neues Kapitel in den Beziehungen zwischen Nordkorea und den Vereinigten Staaten – und kein gutes. In seiner Rede zur Lage der Nation am Anfang des Jahres bezeichnete George W. Bush Nordkorea als Teil der »Achse des Bösen«. Bush erklärte, Nordkorea sei neben dem Iran und dem Irak im Begriff, »sich zu bewaffnen, um den Frieden der Welt zu bedrohen. ... Alle Nationen sollen wissen: Amerika wird das Notwendige tun, um die Sicherheit seiner Nation zu gewährleisten.«

Nur gut zwei Wochen nach dieser Rede wurde Kim Jong-il nach offiziellen Angaben sechzig. Sein Geburtstag wurde in Nordkorea stets mit großem Pomp begangen, doch diesmal betrieb man noch etwas mehr Aufwand als gewöhnlich. In der koreanischen Kultur ist der 60. Geburtstag eines Mannes ein wichtiges Ereignis, hat er damit doch einmal den sechzigjährigen Zyklus des Tierkreises durchlaufen.

Im Mai 2002 starb Kim Jong-ils ehemalige Geliebte, die Mutter von Kim Jong-nam, in Moskau. Zusammen mit seinem runden Geburtstag dürfte das Kim Jong-il an seine eigene Sterblichkeit erinnert haben. Jedenfalls gab es Anzeichen, dass er die Nachfolge vorbereitete.

Zunächst einmal wurde dem Land eine neue »Mutter der Nation« vorgestellt, ein Titel, den die Propaganda bisher Kim Jong-ils Mutter vorbehalten hatte. Die Koreanische Volksarmee veröffentlichte eine sechzehnseitige Schrift mit dem Titel »Unsere hochgeschätzte Mutter steht treu zu unserem geliebten Oberkommandeur und ist die Treueste unter den Treuen«. Lieder über »unsere hochgeschätzte Mutter« begannen den Äther zu füllen.[56]

Ko Yong-hui wurde nicht direkt erwähnt, aber die Kader waren in der Lage, zwischen den Zeilen zu lesen. Ihre Beförderung zur Mutter der Nation war ein frühes Anzeichen, dass einer ihrer Söhne zum Nachfolger aufgebaut wurde.

Die Bemühungen dazu waren also schon vor Kim Jong-nams unglücklicher Reise ins Disneyland von Tokio, die ihn schließlich bis ins Exil geführt hatte, im Gange, auch wenn Ko diesen Umstand zu nutzen wusste, um die Sache ihrer Söhne zu befördern.

Ko Yong-hui wusste, dass sie sich beeilen musste, wenn sie etwas für ihre Söhne tun wollte. Sie litt an Brustkrebs, und ihre Zeit war begrenzt.

Unterdessen ging Kim Jong-un offiziellen Verlautbarungen zufolge voll und ganz in seinem Studium auf. Glaubt man den nordkoreanischen Medien, so war der junge Mann als Militärstratege ein solches Naturtalent, dass er weit öfter seine Ausbilder belehrte, als dass er von ihnen lernte. Eines nachts, er war gerade einmal zwanzig, soll er um zwei Uhr hohen Offizieren »Ratschläge« erteilt haben. Freundliche Hinweise, er müsse sich zur Ruhe begeben, wies er unwirsch zurück. Die Anekdote ist aufschlussreich – auch Kim Il-sung soll stets bis in die frühen Morgenstunden hinein gearbeitet haben. Die unmissverständliche Botschaft lautete: Kim Jong-un ist der natürliche Erbe seines Großvaters.

Anstatt sich schlafen zu legen, nahm Kim einen Stift, zeichnete ein Bild des Paektu und schrieb darunter: »Der heilige Berg der Revolution.« Daraufhin, so die offiziell verbreitete Version, ordnete er an, die Zeichnung als Umschlagmotiv für ein militärisches Lehrbuch über den »antijapanischen Revolutionskrieg« zu verwenden.

Vielleicht enthält die Geschichte auch ein Körnchen Wahrheit, aber höchstwahrscheinlich ist sie von den staatlichen Schreiberlingen kräftig aufgeblasen worden. Die anwesenden Offiziere »waren tief bewegt, dass er das Erbe des Berges Paektu in seiner reinsten Form im Blut hatte«, hieß es in dem offiziellen Bericht.[57]

In der koreanischen Kultur besitzt die Reinheit der Erbfolge große Bedeutung. Mit der Behauptung, das »Erbe des Berges Paektu« zu verkörpern, übertrug die Familie Kim die mit dieser Reinheit verknüpften Wertvorstellungen auf die drei Kims. Das ist die nordkoreanische Variante des *Mayflower*-Mythos – allerdings in totalitaristischer Übersteigerung.

Kim Jong-uns Mutter starb im Mai 2004 in einem Pariser Krankenhaus. Ihr Leichnam wurde nach Pjöngjang überführt und in aller Stille beigesetzt.

In der Öffentlichkeit wurde ihre Glorifizierung als Mutter der Nation fortgesetzt. Ob diese Vorbereitung der Nachfolge Kim Jong-chol oder Kim Jong-un galt, war zu diesem Zeitpunkt nicht zu erkennen. Zwar schien Kim Jong-un schon im Alter von acht Jahren zum Nachfolger gesalbt worden zu sein, aber Kim Jong-il hielt sich weiterhin alle Optionen offen, indem er beide Jungen förderte.

Während Kim Jong-un noch studierte, bewährte sich Kim Jong-chol in der Abteilung für Organisation und Leitung, der mächtigsten Parteigliederung Nordkoreas. Sie führt die Aufsicht über die Arbeiterpartei, das Kabinett und das Komitee für Staatsangelegenheiten. Dort hatte auch Kim Jong-il 1964 seine politische Laufbahn begonnen.

Doch zu Beginn des Jahres 2006 spekulierte man in der südkoreanischen Presse, dass Kim Jong-chol womöglich nicht über die nötigen Führungsqualitäten verfügte. Vielleicht zum Beweis dafür, dass der Kampf um die Nachfolge geklärt war – wenn es je einen gegeben hatte –, kursierten Bilder von Kim Jong-chol bei einer Deutschlandtournee seines Idols Eric Clapton. Kim Jongchol spielte seit frühester Kindheit Gitarre und besaß zu Hause in Pjöngjang auch eine E-Gitarre samt Verstärker.

Japanische Fernsehteams filmten ihn in Frankfurt, Berlin, Leipzig und Stuttgart, umringt von Bodyguards und in Begleitung einer Frau seines Alters. Er hatte lockere Stirnfransen über dem runden Gesicht und trug ein T-Shirt, manchmal auch eine Lederjacke. Von der Aufmerksamkeit der Medien schien er nicht begeistert.

Nichts davon drang natürlich bis nach Nordkorea durch. Die meisten Nordkoreaner wussten nicht einmal, dass der Geliebte Führer einen Sohn hatte, geschweige denn dass dieser die Griffe zu »Wonderful Tonight« beherrschte.

Unterdessen machte der 22-jährige Kim Jong-un seinen Abschluss – mit Auszeichnung, versteht sich.

Die Graduiertenfeier fand am 24. Dezember 2006 statt, einem wichtigen Tag in Nordkorea. Es war der 15. Jahrestag von Kim Jong-ils Ernennung zum Oberkommandierenden der Nordkoreanischen Volksarmee und zugleich der 89. Geburtstag seiner Mutter. Das nordkoreanische Regime lässt keine noch so geringe Gelegenheit aus, den Personenkult zu untermauern.

Kims Dissertation trug den Titel »Eine Simulation zur Verbesserung der Genauigkeit militärischer Einsatzkarten durch das Global Positioning System (GPS)«. Kim Jong-il billigte offenbar das hochtechnische Thema der Arbeit, von der er sagte, sie reflektiere »die großen militärstrategischen Theorien«, die von ihm und seinem Vater Kim Il-sung entwickelt worden seien.

Ob er nun eine solche Dissertation tatsächlich verfasst hat oder nicht, Kim Jong-un erhielt ein Abzeichen und eine Urkunde, die ihn zum besten Studenten der Eliteakademie erklärte. Er nutzte die Gelegenheit der Feier, um die Größe seines Vaters zu preisen.

»Beim Studium der von Juche geleiteten militärischen Ideen des Oberkommandierenden und der Kunst der Kriegsführung ging mir mit Freuden auf, was für ein militärisches Genie unser General ist«, erklärte Kim Jong-un den versammelten Offizieren der Volksarmee an diesem Tag.

Kim Jong-un sprach seinem Vater Anerkennung für die Formulierung militärischer Ideen von beispielloser Kühnheit aus und schwor, noch ohne offiziell als Nachfolger angekündigt worden zu sein: »[Ich] gelobe Treue und werde dem General, dessen größte Sorge der Kampfbereitschaft der Armee gilt, einen Teil seiner Last abnehmen.«

Ich folge hier der Darstellung dieses Ereignisses in einem 2017 erschienenen Büchlein mit dem Titel »Anecdotes of Kim Jong-un's Life«. Es wurde laut Vorwort veröffentlicht, um dem »gewaltigen internationalen Interesse« am dritten Kim nachzukommen.

Das Buch behauptete, innerhalb von zehn Tagen seien 67,4 Millionen Artikel auf Englisch über Kim Jong-un erschienen – 230 000 pro Stunde, ein Weltrekord in der Mediengeschichte. »Keinem anderen Politiker der Welt wurde je solche Aufmerksamkeit zuteil«, heißt es dort. Diese Zahl ist natürlich eine typische nordkoreanische Übertreibung, und das Buch lässt auch unerwähnt, dass die Aufmerksamkeit, soweit sie überhaupt vorhanden war, hauptsächlich Kim Jong-uns haltlosen Drohungen sowie der Brutalität seiner Amtsführung zu verdanken war, keineswegs jedoch der Bewunderung für den jungen Staatsführer.

Die Vorbereitungen für die Nachfolge traten im Sommer 2008 in eine neue Phase der Dringlichkeit, nachdem Kim Jong-il einen Schlaganfall erlitten hatte. Er fiel ins Koma und befand sich in einem bedenklichen Zustand, als der französische Hirnspezialist François-Xavier Roux in Pjöngjang eintraf.

Die Nordkoreaner hatten Roux, den Leiter der neurochirurgischen Abteilung der Pariser Klinik Sainte-Anne, schon 1993 zu Hilfe gerufen, nachdem der Geliebte Führer beim Sturz von einem Pferd eine Kopfverletzung erlitten hatte. Wie sie gerade auf ihn gekommen waren, war dem Arzt nie mitgeteilt worden. Nun, 2008, flogen sie Roux unter größter Geheimhaltung mit einem ganzen Team von Ärzten ein, um, wie es hieß, einen unbekannten Patienten zu behandeln. Es stellte sich heraus, dass es sich um Kim Jong-il persönlich handelte, der in »höchster Lebensgefahr« schwebte.[58]

Bald war klar, warum die Nordkoreaner einen ausländischen Spezialisten herbeigeholt hatten: Niemand wollte eine Entscheidung über den Geliebten Führer treffen, bei der es womöglich um Leben und Tod ging. Man vertraute auf jemanden, der »emotional unbeteiligt« war. Am Krankenbett seines Vaters traf der Arzt auch auf dessen jüngsten Sohn Kim Jong-un. Doch es war für ihn »sehr schwierig«, sich einen Eindruck von seiner Persönlichkeit zu verschaffen, denn »er sprach mit niemandem« vom Ärzteteam, berichtete Roux.[59]

Der französische Arzt wiederholte seinen Besuch im September und Oktober desselben Jahres. Es bestehe ein hohes Risiko für weitere Schlaganfälle, stellte er fest.

Die Zeit arbeitete gegen Kim Jong-il.

Keine fünf Monate später informierte Kim Jong-il die Führungsspitzen von Militär und Staatsapparat, dass er Kim Jong-un zu seinem Nachfolger ernennen werde. Er machte sich nicht einmal die Mühe, die Farce zu wiederholen, die sein Vater 1980 aufgeführt hatte, nämlich eine Versammlung der Partei der Arbeit einzuberufen, um es so aussehen zu lassen, als hätten die Apparatschiks in der Angelegenheit etwas zu sagen. Kim Jong-il reichte einfach das Zepter an seinen Sohn weiter.

Am 8. Januar 2009, Kim Jong-uns 25. Geburtstag, informierte Kim Jong-il die Spitzen der Partei, dass er seinen Jüngsten zum Nachfolger auserkoren hatte.

Von da aus wurde die Neuigkeit über die Hierarchieleiter immer weiter nach unten gereicht, bis sie auch bei Genossen wie Thae Yong-ho ankam. Thae arbeitete in der europäischen Abteilung des Außenministeriums in Pjöngjang, eines großen Gebäudes am Kim-Il-sung-Platz im Zentrum der Hauptstadt; im Vorjahr hatte er noch einen Posten in der nordkoreanischen Botschaft von London innegehabt.

Nun wurde seine »Zelle« der Partei zu einer Sitzung einberufen. Über diese Zellen hatten die Kims Nordkorea nun schon seit mehr als sieben Jahrzehnten fest im Griff. Die Gruppe traf wie geheißen zusammen und erhielt die Nachricht, dass Kim Jong-il seinen Sohn, den Genossen General, zum Nachfolger bestimmt hatte. Es gehe um Kontinuität, sagte man ihnen, eine Botschaft, die laut Thae in der seiner Erinnerung nach ansonsten sehr unaufgeregt verlaufenden Zusammenkunft nachdrücklich und öfter wiederholt wurde.

»Niemand stellte diese Entscheidung jemals infrage«, sagte mir Thae einige Jahre später in Seoul. »In Nordkorea lehrt man uns von Kindesbeinen an, dass die Revolution von Generation zu Generation weitergeführt werden muss.«

Vor dieser Zeit wussten selbst relativ hochrangige Personen wie Thae nahezu nichts über die Königsfamilie Nordkoreas. Bei seinen Aufenthalten in Europa hatte er erfahren, dass Kim Jong-ils Kinder in der Schweiz zur Schule gingen, aber er hatte keine Ahnung, wie viele Kinder es waren oder wie sie hießen.

Die Verbreitung der Neuigkeit unter der Bevölkerung erfolgte langsam und indirekt, nahezu konspirativ, besonders in den als »feindselig« geltenden Gebieten im Norden. Das Leben war dort härter und die Loyalität zum Regime entsprechend brüchiger.

Es begann damit, dass man 2009 im Radio des Öfteren das Lied »Schritte« spielte, jenes Lied, das der japanische Sushi-Koch schon mehr als ein Jahrzehnt zuvor in der Abgeschiedenheit der königlichen Residenzen gehört hatte. Nun lernten auch gewöhnliche koreanische Bürger den schmissig-martialischen Song im sowjetischen Stil mit seinem »Trapp trapp trapp«-Refrain kennen.

»Es machte Spaß, es gemeinsam zu singen«, erzählte mir Min-ah, eine junge nordkoreanische Mutter aus der Grenzstadt Hoeryŏng im Norden. Wir trafen uns unweit ihrer neuen Wohnung am Stadtrand von Seoul, wo sie mir von der Zeit erzählte, in der sie in ihrer Nachbarschaftsgruppe, der untersten Ebene der gegenseitigen Bespitzelung in diesem Polizeistaat, das Lied lernte und erfuhr, dass die Herrschaft der Kims nun in die dritte Generation ging.

Das Lied wurde im Fernsehen und Radio gespielt und von sämtlichen Nachbarschaftsgruppen und Parteizellen gesungen. Es wurde auch in das kleine Heft aufgenommen, das jeder Soldat bei sich führte. Nordkoreaner, die im Ausland Geld für das Regime verdienten, hörten das Lied bei ihren wöchentlichen Ideologieschulungen.

»Wir mussten ›Schritte‹ auswendig lernen, und man sagte uns, der Genosse Führer sei einfach großartig«, erzählte mir jemand, der ebenfalls aus Hoeryŏng stammte und den ich Herrn Kang nenne. Vor seiner Flucht aus den Klauen des Kim-Regimes war er Drogendealer gewesen.

»Wir hatten gehört, dass er die Nachfolge von Kim Jong-il antreten würde, aber wir wussten nichts über ihn. Wir hatten keine Ahnung, wie er aussah oder wie alt er war. Nur eins wussten wir: dass er einfach großartig war.«

Auch Südkorea entging die Bedeutung des Liedes nicht. In einem Büro am Stadtrand von Seoul saß ein südkoreanischer Geheimdienstanalytiker, dessen Aufgabe es war, die Sendungen von Korean Central Television, dem einzigen, staatlich gesteuerten Fernsehsender Nordkoreas, auszuwerten. Es zeigte Kim Jong-il irgendwo auf dem Land bei einem Konzert, umgeben von seinen engsten Vertrauten, darunter seine Schwester und deren einflussreicher Ehemann sowie der Propagandachef.

Mit einem Mal schienen im Vordergrund des Bildes Buchstaben auf: »Schritte«. Der Chor begann zu singen. Dem Geheimdienstler ging ein Licht auf: Nordkoreas Nachfolgeproblem war gelöst worden.[60]

Die südkoreanischen Geheimdienste wussten so gut wie nichts über Kim Jong-un. Noch 2009 schrieben sie seinen Namen falsch und konnten sein Alter nur schätzen. »Alles, was Kim Jong-un betrifft, ist in Dunkelheit gehüllt. Wir haben kein Foto von ihm, wir wissen nicht, wann er geboren wurde oder welche Position er bekleidet«, schrieb eine südkoreanische Zeitung damals.

Als die CIA in den USA spitzkriegte, dass er zum Nachfolger auserkoren war, wurden sofort Überlegungen angestellt, wie man ihn beeinflussen könnte. Amerikanische Geheimdienstler nahmen Kontakt zu Eric Clapton auf und fragten an, ob er nicht ein Konzert in Nordkorea geben könne, da sie wussten, dass die Kim-Brüder große Fans des britischen Gitarristen waren. Clapton war nicht abgeneigt, doch die Sache verlief im Sande. Eine andere Idee der Geheimdienstler war, einen ehemaligen Spieler der Chicago Bulls als Mittelsmann zu nutzen. Der Name Dennis Rodman kam auf. Auch diese Idee wurde nicht weiterverfolgt, zumindest nicht unter Führung der CIA.

Innerhalb Nordkoreas war Kim Jong-uns jugendliches Alter allerdings ein Problem. Die politischen und sozialen Beziehungen sind im Norden und Süden der Halbinsel immer noch stark vom Konfuzianismus geprägt, nach dessen hierarchischem Denken dem Alter große Ehrfurcht entgegengebracht wird. Kim Jong-un aber war erst fünfundzwanzig Jahre alt, ein Jungspund in einem politischen Umfeld, das von mächtigen Greisen, den Kampfgenossen seines Großvaters, geprägt war.

Außerdem gab es noch keinen Mythos, der sich um Kim Jong-un rankte. Das nordkoreanische Regime hatte die Leistungen von Kim Il-sung ins Unermessliche gesteigert und aus ihm den legendären antiimperialistischen großen Helden des Partisanenkampfs, den triumphalen Sieger über die Japaner gemacht. Und für Kim Jong-il hatte man die Geschichte vom hellen Stern und doppelten Regenbogen über dem Paektu ersonnen.

Kim Il-sung benötigte ein Vierteljahrhundert, um seine Machtstellung zu sichern. Seine absolute Herrschaft wurde erst 1972 offiziell, als eine Verfassung mit der Position des »Obersten Führers« angenommen wurde. Die nächsten zwanzig Jahre verbrachte er damit, seinem Sohn den Weg zu seiner Nachfolge zu ebnen.

Kim Jong-il wurde in den 1970er-Jahren durch die verschiedenen Ränge der Partei bis in die Spitze geschoben, ab 1974 galt er als Kronprinz. Auf dem 6. Kongress der Partei der Arbeit im Jahr 1980 wurde er offiziell als der designierte Nachfolger seines Vaters eingeführt. Als Kim Il-sung 1994 starb, hatte das Regime genug Zeit gehabt, sich an die Vorstellung zu gewöhnen, dass sein Sohn, damals im respektablen Alter von zweiundfünfzig Jahren, das Land übernehmen und das Paektu-Erbe antreten würde.

Kim Jong-il hingegen hatte noch nicht einmal begonnen, das System darauf vorzubereiten, dass sein Sohn nun das Familiengeschäft übernehmen würde. Der war in einem Alter, in dem gewöhnliche Nordkoreaner zunächst einmal ihren Wehrdienst abzuleisten haben. Doch Kims Schlaganfall hatte alle Zukunftspläne über den Haufen geworfen, und der Führer trieb seinen inneren Zirkel an, neue Lösungen zu finden.

Seit 2009 wurde Kim Jong-un im Eilverfahren durch eine Reihe immer höherer ziviler und militärischer Positionen bugsiert, und das einflussreiche Ministerium für Propaganda und Agitation machte sich daran, einen Personenkult um ihn aufzubauen.

Nun begannen die Nordkoreaner vom »Genossen Führer« zu hören, und die Medien kündigten eine »historische Zeit des Übergangs« an. Gleich danach wurde der Name Kim Jong-un ins Spiel gebracht. Überall tauchten Plakate mit dem Konterfei von Genosse Kim Jong-un auf, dem jüngsten Spross am Stammbaum des Paektu, und priesen ihn als »Ruhm unseres Volkes«.[61]

In der offiziellen Darstellung wurde er als »strahlender Genosse« und »junger General« beschrieben, ein »Morgenstern, der über der ganzen Nation leuchtet«. Das Regime versorgte sämtliche Einheiten seiner Volksarmee mit einem Traktat, das den Titel »Lehrmaterial über die Größe des geschätzten Genossen General Kim Jong-un« trug.

Zu den dort aufgeführten angeblichen Großtaten gehörte auch, dass Kim Jong-un im zarten Alter von drei Jahren in der Lage gewesen sein soll, mit einer Pistole eine Glühbirne auf hundert Meter Entfernung zu treffen. In anderen Versionen dieser Geschichte heißt es, er habe innerhalb von zehn Sekunden zehnmal ins Schwarze getroffen. Im Alter von acht Jahren soll er einen Lastwagen gesteuert haben, der mit 120 Stundenkilometern dahindonnerte. Und natürlich wusste er schon damals einfach alles über das Militär, ob es die Landstreitkräfte, die Marine oder die Luftwaffe betraf. Selbst für nordkoreanische Verhältnisse war das ziemlich starker Tobak.

Im Jahr 2009 wurde die nordkoreanische Verfassung überarbeitet. Die Macht des Staatsführers wurde ausgeweitet, und als Aufgabe der Armee wurde definiert, »den Kern der Revolution« zu schützen – im Klartext: die Kim-Familie. Kim Jong-un erhielt Berichten zufolge einen Sitz in der Nationalen Verteidigungskommission. Die Nordkoreanische Volksarmee hieß von nun an nicht mehr »bewaffnete Streitkräfte Kim Jong-il«, sondern »bewaffnete Streitkräfte Kim Jong-un«.[62] Aus dem Kind, das wenig Interesse an der Schule gezeigt hatte, war das »Genie der Genies« geworden.

Kim Jong-uns Treueschwur gegenüber den Generälen, die Fackel der Revolution weiterzutragen, wurde in einer Schrift an sämtliche Einheiten der Nordkoreanischen Volksarmee verteilt.

Unterdessen wurde auch die Verklärung von Kims Mutter weitergetrieben. Das staatliche Fernsehen brachte eine fast anderthalbstündige Dokumentation über sie: »Die Mutter unseres großartigen Korea, in dem die Armee an erster Stelle steht«. Sie zeigte Fotos und Filmmaterial von Ko Yong-hui als treue Anhängerin des Regimes während der Staatstrauer für Kim Il-sung im Jahr 1994. Und sie zeigte sie als Begleiterin von Kim Jong-il bei seinen Vor-Ort-Anweisungen in der Armee, in Fabriken und Kultureinrichtungen in den 1990er-Jahren, Filmmaterial, das zu jener Zeit, in der die jeweilige »First Lady« stets unsichtbar blieb, niemand zu sehen bekommen hatte.[63]

In einer Aufnahme hält Ko eine Rede zu ihrem 50. Geburtstag. »Der General sagte einmal zu mir: ›Du musst den Leuten erzählen, wie schwer diese letzten sieben Jahre für mich waren‹«; damit bezog sie sich auf die sieben Jahre, die seit dem Tod von Kim Il-sung vergangen waren und in denen das Land von einer Hungersnot heimgesucht worden war. »Ich habe persönlich erlebt, wie entbehrungsreich diese sieben Jahre für den unvergleichlichen Großen General waren«, fuhr sie mit einem einfältigen Lächeln fort.

So furchtbar entbehrungsreich waren sie allerdings nicht – jedenfalls nicht für die Familie Kim. Kim Jong-il gönnte sich Kaviar und Hummer, während seine Landsleute verhungerten. In zwei dieser Hungerjahre war er in der ganzen Welt der größte Konsument von Hennessy Paradis Cognac – er gab fast eine Million Dollar pro Jahr für den Import der Spirituose aus.

Doch die Propagandisten hatten eine andere Geschichte zu erzählen, sie mussten dem Prinzling Legitimität verschaffen.

Daher die Dokumentarsendung. Sie hatte eine klare Botschaft: Ko Yong-hui war die neue »Große Mutter der Nation«, die Nachfolgerin der hochverehrten Mütter von Kim Il-sung und Kim Jong-il. So war es die natürlichste Sache der Welt, dass ihr Sohn, durch dessen Adern das reine Blut des Paektu floss, der nächste Führer Nordkoreas wurde.[64]

Bei den obligatorischen wöchentlichen Zusammenkünften zur Volkserziehung wurden den Menschen im ganzen Land die unglaublichsten Heldengeschichten über das Junggenie eingetrichtert. Sie hörten von seinen frühen Schießkünsten und wie geschickt er in einem Alter, in dem die meisten Kinder mühsam Lesen und Schreiben lernen, Pferde ritt und Autos steuerte.

»Es war schwer, das alles zu glauben – wir lachten einfach darüber. Auf Kinder hat es vielleicht gewirkt, auf Erwachsene nicht«, erzählte mir Herr Kang, der Drogendealer. »Aber wenn man es infrage stellte, war man so gut wie tot.«

Manche Lobeshymnen auf den neuen Führer waren derart überzogen, dass sie selbst in diesem totalitären Staat nicht durchgingen. In einer offiziell verbreiteten Biografie mit dem Titel »Die Kindheit des geliebten und verehrten Führers Kim Jong-un« wurde nicht nur behauptet, er habe das absolute Gehör, sondern auch, dass er schon im Alter von sechs Jahren die wildesten Pferde geritten und mit neun Jahren einen europäischen Schnellboot-

Rekordhalter gleich zweimal geschlagen habe. Dabei habe der Junge ein Rennboot mit 200 Stundenkilometern gesteuert, hieß es. Das war so unglaubhaft, dass das Buch zurückgezogen wurde, nachdem hinter vorgehaltener Hand Kritik laut geworden war, es »verzerre und übertreibe« die frühen Jahre des Führers. Der Text wurde überarbeitet, um ihn etwas glaubwürdiger zu machen.[65]

Schwerer wog ein großer Fehler des Regimes, sein wohl schlimmster bislang. Er geschah ohne Not und erschütterte das System bis in seine Grundfesten.

Am 30. November 2009, einem Sonntag, wurde ohne jede Vorwarnung der nordkoreanische Won abgewertet. Die Nachricht verbreitete sich durch die Parteihierarchie bis ganz nach unten – zuerst wurden die Parteispitzen in Pjöngjang eingeweiht, zuletzt die einfachen Leute in der Provinz.

Das nordkoreanische Bargeld, das die Menschen überall im Land in den Sparstrumpf gesteckt hatten, wurde über Nacht nahezu wertlos. Den Bürgern wurde eine Woche Zeit gegeben, maximal 100 000 Won, was etwa 30 Dollar oder einem Zentnersack Reis entsprach, in 1000 neue Won umzutauschen.[66]

Chaos und Panik breiteten sich im Land aus. Die Eliten in Pjöngjang, die als Erste davon erfahren hatten, beeilten sich, ihre Won in ausländische Währung umzutauschen oder so viel wie möglich auszugeben, bevor die Reform griff – für Essen, Kleidung, egal was.

Alle anderen hatten das Nachsehen. Die Ersparnisse der Familien, die sich geschunden hatten, um in die dünne Mittelschicht aufzusteigen, lösten sich über Nacht in nichts auf.

Herr Hong gehörte zu jenen, die ihren kümmerlich entlohnten staatlichen Job gegen einen lukrativeren getauscht hatten, mit dem sie wenigstens ihren Lebensunterhalt bestreiten konnten. Er hatte als Grenzbeamter unweit der nordkoreanischen Stadt

Hyesan gearbeitet und sich dort nebenbei als Geldübermittler betätigt. Unter Ausnutzung seiner Verbindungen auf beiden Seiten der Grenze schmuggelte er Bargeld nach Nordkorea.

Das war eine hochsubversive, aber weitverbreitete Tätigkeit in der Grenzregion. Viele Nordkoreaner, denen die Flucht nach Südkorea oder China gelungen war, wollten ihren im Land verbliebenen Verwandten helfen. Durch unermüdlichen Fleiß war es Herrn Hong gelungen, für seine Familie ein hübsches Sümmchen auf die hohe Kante zu legen. Er hatte genügend Geld gespart, um sich drei respektable Häuser kaufen zu können.

Er war in der Lage, für sich, seine Frau und seine Tochter im Grundschulalter jeden Tag Fleisch und Fisch zu kaufen, manchmal für mehr als eine Mahlzeit. Sie besaßen all die Segnungen des Wohlstands, die Kim Il-sung lange Zeit zuvor versprochen hatte – auch wenn der Große Führer sie an die Realisierung eines idealen kommunistischen Staates geknüpft hatte und nicht gerade an Devisenschmuggel über den Grenzfluss.

Doch die Währungsreform machte alle Ersparnisse von Herrn Hong wertlos, der bescheidene Wohlstand der Familie löste sich in nichts auf. Ungezählten anderen Nordkoreanern, die heimlich kapitalistische Geschäfte betrieben, ging es nicht anders. Dies war ein Wendepunkt im Denken von Herrn Hong und seinen Nachbarn über die Führer des Landes. Zum ersten Mal wurde ihm bewusst, dass ihn das System betrog.

Er schilderte den Aufruhr, den die Währungsreform in seiner Heimatstadt auslöste, und dass sie für ihn das Fass zum Überlaufen brachte. »Ich hatte wirklich geglaubt, dass Kim sich um die Menschen sorgte, aber als die Währungsreform kam und ich meine gesamten Ersparnisse verlor, wusste ich, dass ich mich getäuscht hatte«, erzählte mir Herr Hong in der heruntergekommenen Schlafstadt am Rande Seouls, wo er seit Ende 2015 lebte.

Als der Wert des nordkoreanischen Won auf dem Schwarzmarkt ins Bodenlose stürzte, verbot das Regime die Verwendung ausländischer Währung und führte strenge Regeln dafür ein, wann Märkte öffnen und welche Waren angeboten werden durften.

Es half nichts. Die Inflation schoss in den Himmel, die Nahrungsmittelkrise verschärfte sich, im ganzen Land verhungerten Menschen. Manche erlitten durch den Schock, alles verloren zu haben, einen Herzinfarkt, andere nahmen sich das Leben.[67] Das Regime, das weitere Verwerfungen der Märkte, ja vielleicht Unruhen fürchtete, erhöhte die erlaubte Umtauschmenge in neue Won erst auf 300 000, dann auf 500 000 Won. Für manche Beschäftigte wurden die Löhne angehoben, oder man bot ihnen an, sie auf die alte Weise auszuzahlen.[68]

Hinter der Abwertung schien die Absicht zu stehen, einen Schlag gegen die privaten Märkte zu führen, die sich nach der Hungersnot ausgebreitet hatten, und den zunehmenden ökonomischen Einfluss der Devisenhändler zu beschneiden. Die Maßnahme löschte jedoch die Ersparnisse aller aus – von den dicken Fischen abgesehen, die ihr Geld längst in ausländischer Währung angelegt hatten.

Nordkoreanischen Quellen zufolge ging die Aktion von Kim Jong-un selbst aus und war Teil seiner Bemühungen, sich auf der politischen Bühne Geltung zu verschaffen.

Ob das nun stimmt oder nicht, die Verantwortung für das Fiasko übernahm Kim Jong-un selbstverständlich nicht, zumindest nicht öffentlich. Das blieb Pak Nam-gi überlassen, einem 77-jährigen Technokraten, dem Chef der Planungs- und Finanzabteilung der Partei der Arbeit. Im Januar 2010 verlor Pak seinen Posten. Im März wurde ihm wegen »Sabotage der Staatswirtschaft« der Prozess gemacht, bald darauf wurde er in Pjöngjang hingerichtet.[69] Das Debakel verlangte ein Opfer.

Das System bemühte sich nicht nur, Kim Jong-un von aller Schuld frei zu halten, es versuchte ihn auch als Retter in der Not darzustellen. Das Zentralkomitee der Partei sprach Ende 2009 jedem Haushalt 500 Won der neuen Währung zu, eine »Entschädigungsleistung von General Kim«, wie es hieß. Bei all diesen Versuchen, sich das Wohlwollen der Bürger zu erkaufen – das Klima schien nicht optimal zu sein für einen komplizierten Machtwechsel. Angesichts des sich ständig verschlechternden Gesundheitszustands von Kim Jong-il blieb dem Regime jedoch keine Wahl.

Vor dem Hintergrund der ökonomischen Turbulenzen und der Unzufriedenheit, die unter der Oberfläche brodelte, sollte Kim Jong-un sich als Nächstes Meriten auf militärischem Gebiet verdienen. Die Tyrannen der Welt wissen, dass es bei Problemen im Innern nichts Besseres gibt als einen militärischen Sieg gegen ein anderes Land.

Der Prinzling gilt als der Stratege hinter der Versenkung der südkoreanischen Korvette *Cheonan* Ende März 2010. Das Kriegsschiff wurde während einer Routinepatrouille unweit der Seegrenze zwischen Nord- und Südkorea, in einem Gebiet, in dem es zuvor schon zu Zwischenfällen gekommen war, von einem Torpedo getroffen. Dabei kamen sechsundvierzig südkoreanische Seeleute ums Leben. Es war einer der blutigsten Zwischenfälle seit dem Ende des Koreakriegs 1953.

Eine internationale Untersuchung des Angriffs kam zu dem Schluss, die einzige plausible Erklärung für den Verlust des Schiffes sei, dass der Torpedo von einem nordkoreanischen U-Boot abgefeuert wurde.

Südkoreanische Analytiker gingen davon aus, dass Kim Jong-un hinter dem Angriff steckte. Offenbar wollte er damit Eindruck schinden bei den koreanischen Generälen.[70] Zwar besaß er den erwähnten Abschluss der Militärakademie Kim Il-sung, aber er verfügte über keinerlei konkrete Kampferfahrung. In einem Land, in dem unter seinem Vater das Militär an oberster Stelle gestanden und die Armee Vorrang vor allem anderen gehabt hatte, war diese aber unabdingbar.

Ein weiteres wichtiges Übergangsritual fand im August statt, als Kim Jong-un seinen Vater auf einer Chinareise begleitete. Offensichtlich wollte Kim Jong-il ihn den langjährigen Schutzherren in Peking formell vorstellen. Gerüchten zufolge besuchten sie bei dieser Reise auch den Nordosten Chinas, wo Kim Il-sung seine ersten Erfahrungen im Kampf gegen die Japaner gesammelt hatte.

Nachdem die Propagandamaschine auf Hochtouren den Mythos des Paektu-Stammbaums verbreitet hatte und er formell bei den chinesischen Genossen eingeführt und die *Cheonan* versenkt war, verfügte Kim Jong-un offensichtlich über sämtliche Qualifikationen, die er für seine Beförderung brauchte. Am 27. September 2010 wurde er zum Vier-Sterne-General der Nordkoreanischen Volksarmee ernannt, was »der Welt die Macht der schlagkräftigen Revolutionsarmee des Paektu vor Augen führt«, wie sein Vater bei diesem Anlass sagte.[71]

Das war an einem Montag. Am nächsten Tag berief das Regime nach vierundvierzig Jahren erstmals die Delegierten der Partei der Arbeit zu einem Parteitag ein. Plakate in Pjöngjang stimmten die Kader darauf ein, »den Parteitag der koreanischen Partei der Arbeit als vielversprechendes Ereignis willkommen zu heißen, das für immer in der Geschichte unserer Partei und unseres Landes leuchten wird!« *Rodong Sinmun*, das offizielle Parteiorgan, verkündete, der Parteitag werde »als bedeutsame Zusammenkunft in der Geschichte der ehrwürdigen Partei der Arbeit leuchten«.

Auf diesem Parteitag wurde Kim Jong-un zum zweiten Vorsitzenden des zentralen Militärausschusses gewählt und zum Mitglied des Zentralkomitees der Partei ernannt. Damit nahm er eine herausragende Stellung in zwei der Gremien ein, die die Macht des Regimes sicherten – kein schlechter Start für einen 26-Jährigen.

Am Freitag veröffentlichte das Regime zum ersten Mal ein offizielles Foto, auf dem auch Kim Jong-un zu sehen war, und zwar auf der Titelseite des *Rodong Sinmun* – in Farbe. Es zeigte Kim Jong-il in der ersten Reihe in seinem typischen olivgrünen Overall, umgeben von hochrangigen Persönlichkeiten, sämtliche Generäle mit ordensgeschmückter Brust. Mit dabei war aber eben auch der junge Kim Jong-un, als Einziger im schwarzen Mao-Anzug, mit seiner markanten Pompadour-Frisur. Es war nicht zu übersehen: Die Aufmachung erinnerte an den jungen Kim Il-sung.

Das Ausland sah seine Vermutung bestätigt: Der Nachfolger, von dem man bereits viel gemunkelt hatte, war ins Scheinwerferlicht gerückt worden.

Eine Bestätigung, sofern es ihrer überhaupt noch bedurfte, kam weniger als zwei Wochen später, als Kim Jong-un an der Seite seines Vaters bei den Feierlichkeiten zum 65. Jahrestag der Gründung der Arbeiterpartei.

Die Gruppe zeigte sich auf dem Balkon der Großen Studienhalle des Volkes, einer riesigen Bibliothek am Kim-Il-sung-Platz in Pjöngjang. Kim Jong-un stand näher bei seinem Vater als die Offiziere in ihren Uniformen und die hochrangigen Parteisoldaten, wahrte aber zugleich eine gewisse respektvolle Distanz. Er applaudierte an den dafür vorgesehenen Stellen, nahm die Parade ansonsten aber mehr oder weniger ausdruckslos ab. Der leuchtende Fixpunkt der Veranstaltung war immer noch sein Vater.

Kim Jong-il schien hinfälliger denn je, er hinkte und hatte offenbar selbst beim Applaudieren Mühe, seine linke Hand zu bewegen. Ihm blieb noch etwas mehr als ein Jahr Lebenszeit.

Einige der Männer, die auf dem Balkon beisammenstanden, sollten bald von der Bildfläche verschwinden. Ri Yong-ho, Generalstabschef der Koreanischen Volksarmee, der eine Lobrede auf das nordkoreanische System hielt, sollte binnen zwei Jahren einer Säuberungswelle zum Opfer fallen. Auch der Mann im schwarzen Anzug und mit der dunklen Brille, Kim Jong-uns Onkel Jang Song-thaek, wurde auf brutale Weise beseitigt.

Das Regime konzentrierte sich darauf, den Gedanken der Erbfolge in der dritten Generation zu zementieren. Jeder, der dies auch nur andeutungsweise infrage zu stellen wagte oder eine mögliche Konkurrenz für den jungen Führer darstellte, wurde eliminiert.

Selbst Marx und Lenin, deren Porträts jahrzehntelang über dem Platz geschwebt hatten, verschwanden bald in der Versenkung.

Das Szenario des 65. Jahrestags bot allerdings ein Bild kommunistischer Geschlossenheit. Tausende Soldaten paradierten über den Platz und skandierten aus voller Kehle Segenswünsche für das Regime.

Von diesem Tag an sah man Kim Jong-il nur selten ohne Kim Jong-un an seiner Seite. Er begleitete seinen Vater bei einer Besichtigungstour durch neu errichtete Wohnungen in der Hauptstadt. Lächelnd applaudierten die beiden dem Akkordeonspiel von Bewohnern und schenkten ihnen zur Feier des Tages Reiswein aus. Er war dabei, wenn Kim Jong-il auf der Baustelle eines Kraftwerks seine Vor-Ort-Anweisungen erteilte. Und gemeinsam mit seinem Vater wohnte er Anfang 2011 einer Aufführung der Synthesizer-Band des Sing- und Tanzensembles der Luftwaffe bei. Sie spielten eingängige Nummern, darunter Stücke mit Titeln wie »Wo bist du, Geliebter General?« und »Wir werden ein Schild am Himmel sein«.

Unterdessen gingen auf der anderen Seite der Erdhalbkugel Dinge vor sich, die den Kims zweifellos den Schreck in die Glieder fahren ließen. Ende 2010 wurde im Nahen Osten autokratischen Dynastien reihenweise ein Ende bereitet.

In Tunesien gingen die Menschen wegen der wirtschaftlichen Ungleichheit auf die Straße. Im Januar 2011 wurde die Regierung gestürzt, und die Protestwelle erfasste die ganze Region. Viele Tausende forderten auf dem Tahrir-Platz in Kairo den Rücktritt von Präsident Hosni Mubarak, dem autoritären Herrscher, der sich anschickte, die Macht an seinen Sohn Gamal weiterzugeben.

Im darauffolgenden Monat trat Mubarak zurück. Der Arabische Frühling hatte inzwischen auch Libyen erfasst, wo Muammar al-Gaddafi, der das Land mehr als vier Jahrzehnte mit eiserner Hand regiert hatte, seinen zweiten Sohn Saif al-Islam zum Kronprinzen aufbaute.

Monat für Monat geriet ein weiterer autoritärer Staatschef in Bedrängnis. Im März war Syrien an der Reihe. Demonstranten forderten von Baschar al-Assad, Erbe der Präsidentschaft seines Vaters, die Freilassung politischer Gefangener, was einen brutalen, langjährigen und immer noch andauernden Bürgerkrieg auslöste.

Man kann nur darüber spekulieren, mit welchem Entsetzen diese Ereignisse von den Eliten in Pjöngjang verfolgt wurden. Die allgemeine Bevölkerung hat davon wahrscheinlich nur wenig mitbekommen. Zwar verschafften sich immer mehr Nordkoreaner Zugang zu verbotenen ausländischen Medien, aber internationale Nachrichten interessierten die wenigsten. Die meisten begnügten sich damit, ihrem harten Alltag durch verbotene Actionfilme und Seifenopern wenigstens zeitweise zu entfliehen.

Das Regime aber war angesichts der reihenweise stürzenden Autokraten sicherlich zutiefst beunruhigt.

Die Vorbereitungen für die Nachfolge wurden verstärkt. In den Medien fiel der Name Kim Jong-un jetzt immer öfter, gewöhnlich zusammen mit dem Ehrentitel »Geliebter und Respektierter Genosse General«. Berichten zufolge verfügten die Behörden, dass von nun an kein neugeborener Junge mehr Jong-un genannt werden durfte, und wer diesen relativ häufigen Namen bereits trug, der auf den zwei chinesischen Schriftzeichen für »Reinheit« und »Freundlichkeit« beruht, musste ihn ändern.

In den Schulen wurde Kim Jong-un nun Gegenstand des Lehrplans. Im Ideologieunterricht lernten die Schüler, dass Kim Jong-un der Enkel von Kim Il-sung war.

Hyon, der zu dieser Zeit sechzehn Jahre alt war und eine Schule in Hyesan an der nordkoreanischen Grenze zu China besuchte, konnte sich noch gut daran erinnern, dass die Lehrer ihnen die außergewöhnliche Kindheit Kim Jong-uns schilderten. Es erschien ihm geradezu lächerlich, dass Kim Jong-un schon mit drei Jahren ein Auto gesteuert haben sollte. Bedeutsame Ereignisse der Revolution mussten in einem besonderen Notizheft festgehalten werden. Und natürlich hatte er das Lied »Schritte« auswendig zu lernen.

Es erschienen Regierungsvertreter in seiner Schule, und man rief die Schüler auf dem Pausenhof zusammen, um ihnen Vorträge über Kim Jong-un zu halten. Alle wurden angehalten, dabei immer wieder »Lang soll er leben!« zu rufen, wie es auch schon bei den beiden vorherigen Kims bei jeder Gelegenheit üblich gewesen war.

In Hyesan kursierte die Anekdote, Kim Il-sung habe einst Kim Jong-un gebeten, ihm einen Apfel zu bringen. Daraufhin habe sich Kim Jong-un eine Schaufel geben lassen, um für seinen

Großvater gleich den ganzen Apfelbaum auszugraben. Dies sollte auf grobschlächtige Weise verdeutlichen, dass man sich für den Großen Führer immer und bei jeder Gelegenheit rückhaltlos ins Zeug legen musste.

Der junge Hyon fragte sich damals, ob die Geschichte nicht von der mächtigen Geheimpolizei in die Welt gesetzt worden war, damit sie sich von allein verbreitete. Das war weitaus wirksamer, als daraus eine Titelgeschichte in der Zeitung zu machen. Es war sozusagen die nordkoreanische Variante eines viralen Hits.

Als Kim Jong-un dann tatsächlich ans Ruder kam, erschien diese Regelung der Nachfolge längst als die natürlichste Sache der Welt und der unvermeidliche Lauf der Dinge.

Teil 2

Konsolidierung

Kapitel 5
Ein dritter Kim am Ruder

»*Die ganze Armee sollte Kim Jong-un absolutes Vertrauen entgegenbringen, ihm folgen und sich in menschliche Gewehre und Bomben verwandeln, um ihn unter Aufopferung des eigenen Lebens zu verteidigen.*«
Rodong Sinmun, 1. Januar 2012

Der junge Mann hatte allen Grund, ernst zu sein. Sein Vater war gestorben. Kim Jong-un war nun der Führer des totalitären Staates, den seine Familie mehr oder weniger erfunden hatte. Er trat in das wichtigste Jahr seines Lebens ein, das Jahr, das zeigen würde, ob er fähig war, das Land im Griff zu halten, oder ob das brutale, anachronistische System zusammenbrechen würde.

Er musste seine Autorität über Menschen sichern, die länger für den Staat gearbeitet hatten, als er auf der Welt war, und ein Volk beherrschen, das seit Jahrzehnten von der Außenwelt abgeschnitten war. Und er musste der internationalen Gemeinschaft beweisen, dass er entgegen ihren Erwartungen und gar nicht so selten auch entgegen ihren Hoffnungen nicht versagte.

Die erste Aufgabe bestand darin, den Personenkult auf Hochtouren zu bringen.

Am 17. Dezember 2011 hatte Kim Jong-il infolge »hoher psychischer und physischer Belastungen« einen schweren Herzanfall erlitten. Er war gerade im Zug unterwegs gewesen, um im Norden des Landes wieder einmal eine seiner Anleitungen zu erteilen, wie die altbekannte und erfahrene Nachrichtensprecherin Ri Chuan-hee zwei Tage später mit zitternder Stimme in einer mittäglichen Sondersendung im Fernsehen berichtete.

Unter Tränen hatte sie 1994 Kim Il-sungs Tod bekanntgegeben. Und so wie damals versicherte sie auch jetzt ihren Zuschauern, dass sich die Nordkoreaner keine Sorgen machen müssten. Sie hätten ja Kim Jong-un, den »Großen Nachfolger für die revolutionäre Sache«, der sie nun anführen werde.

Der 27-Jährige sei bereits »Führer der Partei, des Militärs und des Volkes« und der junge Spross werde das von seinem Großvater fast sieben Jahrzehnte zuvor aufgestellte revolutionäre Glaubensbekenntnis »vorbildhaft erfüllen und vollenden«, hieß es weiter.

Die Nachricht ging um die Welt. Nordkorea galt nun als unberechenbarer denn je. Das Regime trat in eine Phase großer Ungewissheit ein: der Übergang in eine dritte Generation vorgeblich sozialistischer, ausgesprochen totalitärer und definitiv nicht erprobter Macht.

Südkorea versetzte seine Streitkräfte in höchste Alarmbereitschaft, Japan aktivierte einen Notfallplan. Das Weiße Haus war nervös und hielt engen Kontakt zu seinen beiden Verbündeten vor Nordkoreas Haustür.

In Nordkorea war die Propaganda längst vorbereitet. Die alten Funktionäre standen bei Fuß. Alle notwendigen Maßnahmen für die Nachfolge wurden getroffen, wenn auch in Eile.

Es war an der Zeit, dass Kim Jong-un vortrat und seinen Part übernahm.

Die erste und wichtigste Rolle war die des vom Kummer erschütterten Erben. Kim Jong-un sorgte dafür, dass die Nordkoreaner in ihm die natürliche Fortsetzung einer Erbreihe sahen, die in den vorhergehenden sechs Jahrzehnten ihre Herrscher gestellt hatte. Wie sein Vater siebzehn Jahre zuvor demonstrierte er jetzt die aschfahle Trauer, die er in der gesamten Bevölkerung zu sehen erwartete.

Kim Jong-un begab sich zum Kumsusan-Palast, dem großen fünfstöckigen Mausoleum im Norden Pjöngjangs mit einer Fläche von 35 000 Quadratmetern, in dem siebzehn Jahre zuvor sein Großvater feierlich aufgebahrt worden war.

Ursprünglich war das Gebäude als Kim Il-sungs offizielle Residenz gedacht gewesen, dann aber zu seiner Gedenkstätte umgewandelt worden, laut Gerüchten für 900 Millionen Dollar, und das auf dem Höhepunkt der Hungersnot. Die Priorität des Regimes bestand eben nicht darin, sein Volk zu ernähren, sondern dem Hauptverantwortlichen für die Misswirtschaft seinen Tribut zu zollen.

Kim Il-sungs einbalsamierter Leichnam wurde in dem Mausoleum in einem Glaskasten zur Schau gestellt und übte noch im Tod eine geradezu unheimliche Macht aus. Tagtäglich fuhren unzählige Nordkoreaner auf langen Rollsteigen, wie man sie von Flughäfen kennt, in Sonntagskleidung in das massive Gebäude. Darunter waren auch zahlreiche ausländische Besucher. Sie an dem toten Führer vorbeizuschleusen, so als würden sie ihm ihren Respekt erweisen, half bei der Aufrechterhaltung der Lüge, der Große Führer genieße international hohes Ansehen.

Bei meinen Exkursionen auf den Rollsteigen studierte ich stets voller Faszination die Gesichter der Nordkoreaner, die mir entgegenkamen. Während sie an mir vorbeischwebten, fragte ich mich, was dieser Ort für sie bedeutete. Vielleicht waren sie schockiert über die Verschwendung, die für einen Leichnam getrieben wurde, womöglich aber auch tief bewegt vom Anblick des Mannes, den man ihnen ein Leben lang als Halbgott dargestellt hatte. Viele weinten. Für andere war der Besuch eine Gelegenheit, ihre beste Kleidung anzulegen und einen Tag lang die Fron des Alltags hinter sich zu lassen.

Jetzt wurde auch Kim Jong-il hier aufgebahrt.

Beim Eintritt in das Mausoleum führten Kim Jong-un und seine Schwester Kim Yo-jong die schwarz gekleideten höheren Funktionäre an, die ihrem toten Vater die letzte Ehre erweisen wollten. Die Geschwister wischten sich Tränen aus den Augen.

Ihr Vater lag in seiner wohlbekannten Reißverschlussjacke auf einem Podest, der Kopf ruhte auf einer Kissenrolle, und sein Körper war von der Brust an mit einem roten Tuch bedeckt. Um die Bahre standen die roten Begonien, die pünktlich zu seinem Geburtstag blühten und den Namen Kimjongilia trugen. In Nordkorea wurde selbst Mutter Natur gezwungen, den Mythos der glorreichen Kims zu untermauern. Der öffentliche Abschied erfolgte elf Tage nach dem Tod Kim Jong-ils.

Kim Jong-un schickte seinen Vater auf die letzte Reise. Der schier endlose schwarze Trauerzug begab sich auf den vierzig Kilometer langen Rundweg durch die weißen Straßen von Pjöngjang – es schneite heftig, ein Zeichen, dass auch »der Himmel trauerte«, wie es später in den Fernsehnachrichten heißen würde.

Zwei amerikanische Limousinen, zwei große Lincoln Continental, bildeten die Spitze des Trauerzugs. Auf dem Dach des einen war Kim Jong-ils Porträt installiert worden, breiter und höher als der Wagen selbst, der andere trug seinen Sarg, eingehüllt in die Fahne der Partei der Arbeit mit den traditionellen Symbolen Hammer, Sichel und Kalligrafiepinsel als Zeichen der Gelehrsamkeit.

Acht Männer flankierten den Leichenwagen, der sich nun langsam über den Kim-Il-sung-Platz bewegte. Vorn rechts ging Kim Jong-un, er umfasste dabei den Seitenspiegel, als müsse er sich in seiner Trauer an irgendetwas klammern oder vielleicht auch als Zeichen dafür, dass er so lange wie möglich seinen geliebten Vater festhalten wollte. Sein Gesichtsausdruck war düster wie das Grau seines Mantels. Von den anderen Söhnen Kim Il-sungs war nichts zu sehen, weder von Kim Jong-uns älterem Halbbruder Kim Jong-nam noch von Kim Jong-chol.

Stattdessen befand sich Jang Song-thaek unter den acht Männern, Kim Jong-uns Onkel, ein jovialer Mensch, der eine wichtige Rolle für die Wirtschaftsbeziehungen Nordkoreas zu China spielte. Dank seiner Ehe mit Kim Jong-ils Schwester Kim Kyong-hui gehörte er zum inneren Zirkel des Regimes. Er und seine Frau waren im Jahr zuvor ins Politbüro aufgestiegen, und zwar bei derselben Sitzung, in der Kim Jong-un zum Thronfolger erklärt wurde.

Die Straßen waren von Trauernden gesäumt, die wehklagten und sich an die Brust schlugen, immer wieder in Tränen ausbrachen und zu Boden sanken. Auf Außenstehende wirkte das äußerst melodramatisch – ein Gemisch aus koreanischer Seifenoper, lateinamerikanischer Telenovela und einer kräftigen Prise Groteske.

Nordkoreanern muss man nicht erklären, dass sie ihre Führer auf diese Art zu betrauern haben. Sie wissen, was von ihnen erwartet wird. Gewiss will niemand von einer Kamera dabei ertappt werden, wie er weniger leidenschaftlich weint als die Landsleute um ihn herum. Aber ein Teil dieser Trauer war zweifellos echt. Fast alle Nordkoreaner kennen es nicht anders, sie sind dazu erzogen worden, die Kims wie Götter zu verehren. Und manche sind wirklich gläubig.

In den Tagen nach Kim Jong-ils Tod brachten die Medien immer wieder Bilder und Meldungen von der tiefen öffentlichen Trauer als Zeichen dafür, wie sehr die Menschen ihren Führer liebten. »Die Klagelaute der Menschen, die unter Tränen den Leichenwagen begrüßten und verabschiedeten, erschütterten das Land«, berichtete die offizielle Nachrichtenagentur. Eine Welle der Trauer ging durch Nordkorea. Soldaten, Schulkinder, Regierungsbeamte, sie alle versammelten sich an Denkmälern, um Kim Jong-il ihren Respekt zu erweisen und ungehemmt zu schluchzen, schwarze Tücher zu schwenken und sich auf den schneebedeckten Boden zu werfen. Kim Jong-un habe warme Getränke und medizinische Versorgung für die in der Kälte Trauernden angeordnet, hieß es in den Medien.

Nach der Beerdigung nahm Kim Jong-un eine Militärparade vor dem Kumsusan-Palast ab, wo die koreanische Volksarmee dem jungen neuen Führer ihre Treue schwor. Die Soldaten verpflichteten sich, zu Gewehren und Bomben zu werden, um ihn zu schützen und die Feinde Nordkoreas zu vernichten, sollten sie es wagen, »auch nur 0,001 Millimeter in seinen unantastbaren Luftraum, sein Territorium oder seine Hoheitsgewässer vorzudringen«. Kim Jong-il hatte eine dreijährige Trauerzeit ausgerufen, die er dazu nutzte, seine Machtposition zu festigen und die Hungersnot durchzustehen.

Dem Großen Nachfolger war indes keine Eingewöhnungsphase vergönnt. Der Mann, der nun als der »Geliebte und Respektierte« Genosse Kim Jong-un bezeichnet wurde, beeilte sich, »Sorge in Stärke zu verwandeln«, wie die Nachrichtensprecherin Ri es ausdrückte. Vom ersten Augenblick an widmete er all seine Zeit und Energie seinem Machterhalt. Dafür musste er sich eine Basis schaffen mit Menschen, die ihm persönlich Loyalität schuldeten, nicht seinem Vater.[72]

Es war ein Leichtes, sich über den neuen jungen Führer lustig zu machen, und entsprechend wurde er bald zum Gegenstand zahlreicher Witze.

Den Anreiz dazu boten vor allem seine karikaturhafte Erscheinung mit dem seltsamen Fade-Haarschnitt, sein rasch zunehmender Leibesumfang und sein Faible für Kleidung, wie sie nur noch in den letzten verbliebenen kommunistischen Staaten Mode ist.

Die Fotos des geschäftigen Diktators, die in den Medien erschienen, wirkten wie vom Satiremagazin *Onion* produziert. Mal lugte er aus einem Panzer, das lächelnde Gesicht umrahmt von einer schwarzen Panzerhaube. Oder der lustige Diktator überwachte die Produktion eines großen Fasses Schmierfett. Das Gleitmittel war für Maschinen bestimmt, aber welche Art Witze das Foto produzierte, kann man sich denken.

Kim Jong-un gab sich selbst eine Vielzahl gewundener und wohlklingender Titel – bald waren Hunderte Attribute beisammen, die jede Schattierung von Größenwahn auszudrücken vermochten. Einige entstammten der üblichen kommunistischen Nomenklatur wie beispielsweise »Erster Sekretär der Partei der Arbeit«. (Seinen Vater ernannte er posthum zum ewigen Generalsekretär.) Eher durchschnittlich, aber bar jeder realen Bedeutung waren »Vorsitzender der zentralen Militärkommission« oder »Erster Vorsitzender der Nationalen Verteidigungskommission«.

Andere wiederum waren reinste Übertreibung, zum Beispiel »Unbesiegbarer und triumphreicher General«. Er war der »Hüter der Gerechtigkeit«, die »Höchste Inkarnation der Liebe«, der »Entschlusskräftige und Edelmütige Führer«. Und natürlich ging mit Kim stets auch die Sonne auf: »Leitender Sonnenstrahl«, »Sonne der Revolution«, »Sonne des Sozialismus«, »Helle Sonne des 21. Jahrhunderts« und »Sonne der Menschheit«. Keine Ehrenbezeichnung war zu groß für den neuen Führer.

Auch die Geschichten in den nordkoreanischen Medien wurden immer fantastischer. So berichtete die *Korean Central News Agency*, die staatliche Nachrichtenagentur des Regimes, Wissenschaftler hätten die Höhle eines Einhorns entdeckt. Die Geschichte fand umgehend virale Verbreitung. Auf der ganzen Welt amüsierten sich die Menschen über diese Mär, die selbst nach nordkoreanischen Maßstäben abstrus war.

Wie sich herausstellte, handelte es sich hier um einen Übersetzungsfehler. In dem Bericht ging es in Wirklichkeit um ein mythisches Wesen in einem alten koreanischen Reich – vergleichbar mit dem Ungeheuer von Loch Ness. Doch die alberne Version wurde hartnäckig weiterverbreitet.

Zwei Mal berichteten die staatlichen Medien, dass der Große Nachfolger »durch hohen Schnee« auf den Paektu gestiegen sei, jenen mythischen Gipfel, auf den er sein göttliches Recht zur Führung des Landes zurückführt. Als Beweis zeigten die Zeitungen den übergewichtigen Mann auf dem über 2700 Meter hohen Berg – bekleidet mit einem langen Wollmantel, der wohl besser für Paraden in Pjöngjang geeignet war, und in schwarzen Lederschuhen. So großartig war der Führer, dass er nicht einmal eine Wanderausrüstung brauchte, um Berge zu erklimmen.

Natürlich zeigte sich Kim Jong-un bewegt von der Kraft des schneebedeckten Vulkans. In ihrem unverkennbaren Stil berichtete *Rodong Sinmun*, der »majestätische Geist des Paektu« habe sich in den Augen des »begabten großartigen Menschen« widergespiegelt und er sehe in dem Berg »eine mächtige sozialistische Nation, die sich dynamisch und voller Kraft fortentwickelt und die kein noch so tosender unflätiger Wind auf dem Planeten ins Wanken bringt«.

Auch außerhalb des Landes beflügelten Geschichten über ihn bald die Fantasie vieler. In China erhielt er schon bald den Spitznamen »Kim Dickerchen der Dritte« – trotz verdächtig später Versuche der chinesischen Zensoren, die Verbreitung im Internet doch noch zu unterbinden.

Es gab das völlig aus der Luft gegriffene Gerücht, er habe seine Geliebte, die Leadsängerin einer der bekanntesten nordkoreanischen Mädchenbands, hinrichten lassen, weil sie mit anderen Bandmitgliedern lesbische Pornofilme produziert und verkauft hätte. Doch dann stellte sich heraus, dass sie nicht nur am Leben, sondern auch Kim Jong-uns wichtigste Gesandte während einer Zeit war, in der neue kulturelle Initiativen entstanden. Dann hieß es wieder, er habe 3,5 Millionen Dollar für Reizwäsche ausgegeben, die für seinen Harem bestimmt war. Nichts weist darauf hin, dass er – im Unterschied zu seinem Vater – einen solchen unterhielt.

Und als Kim Jong-un 2014 sechs Wochen lang nicht in der Öffentlichkeit zu sehen war und dann mit einem Gehstock wieder auftauchte, hieß es, er habe eine solche Vorliebe für Emmentaler Käse, eine Folge seiner Zeit in der Schweiz, dass seine Knöchel nachgäben. Wahrscheinlicher aber war, dass er Gicht hatte, eine Form entzündlicher Arthritis, die einst als »Krankheit der Könige« galt, weil sie durch einen zügellosen Lebensstil verursacht wird. Der wahre Grund für Kims Verschwinden aus der Öffentlichkeit ist nach wie vor unbekannt.

Selbst normalerweise sachliche Blätter wie der *New Yorker* und der *Economist* konnten sich des Spotts nicht enthalten. Ersterer stellte Kim Jong-un auf dem Titelblatt als Baby dar, das mit Plastikraketen spielte, Letzterer ließ aus seiner seltsamen Haartolle eine atomare Wolke aufsteigen. Kim Jong-un hatte wirklich einen wackligen Start. Sein erster Versuch, militärische Stärke zu zeigen, scheiterte kläglich. Die Spötter, die sein Scheitern prophezeiten, schienen recht zu behalten.

Er herrschte erst vier Monate über Nordkorea, als sich das Regime auf die Feierlichkeiten zum 100. Geburtstag des »Ewigen Präsidenten« Kim Il-sung am 15. April 2012 vorbereitete. Noch achtzehn Jahre nach seinem Tod wurde Kim Il-sungs Geburtstag als Tag der Sonne gefeiert, der höchste Feiertag in Nordkorea. Es ist der Tag der Militärparaden und Feuerwerke, der Tag, an dem sich alle vor Statuen und anderen Denkmälern tief vor der nie endenden Großartigkeit des verstorbenen Führers verneigen.

Der Jahrestag aber war auch eine Gelegenheit für den jungen Diktator, den Mythos des Paektu-Stammbaums zu bekräftigen und sein göttliches Recht auf die Führung Nordkoreas zu bestätigen. Er sah dafür zwei Wochen prächtiger Feierlichkeiten vor.

Und er wollte sie mit einem großen Knall einleiten.

Am 13. April startete das koreanische Komitee für Weltraumtechnologie einen nach eigener Aussage zivilen Satelliten ins All. Er hieß Kwangmyŏngsŏng-3 (Goldstern 3), ein verheißungsvoller Name, da jeder Nordkoreaner wusste, dass ein solcher Stern genau an dem Tag am Himmel über dem Paektu erschienen war, als Kim Jong-un geboren wurde.

Das Komitee hatte den Start bereits Monate zuvor angekündigt. Zu diesem Zeitpunkt war die Tinte auf dem Leap-day-Abkommen noch nicht getrocknet, das Washington und Pjöngjang am 29. Februar unterzeichnet hatten. Darin hatte sich Nordkorea bereit erklärt, im Gegenzug für Lebensmittelhilfen keine Raketen mehr abzuschießen und keine Atomtests mehr durchzuführen.

Die Vereinigten Staaten und andere Länder hatten das Kim-Regime vor dem Start gewarnt, da sie in dem Flugobjekt eine kaum verhohlene Tarnung für eine Langstreckenrakete sahen.

Aber die staatlichen Medien beharrten darauf, dass Pjöngjang nur sein Hoheitsrecht auf die friedliche Nutzung des Weltraums ausübe. Journalisten aus der ganzen Welt reisten zum Stützpunkt, und kurz nach Einbruch der Dämmerung hob die Rakete ab. Sie flog lediglich neunzig Sekunden lang, bevor sie zwischen der koreanischen Halbinsel und Japan ins Meer stürzte.

Angesichts all des Tamtams um das Ereignis und der Tatsache, dass die internationalen Medien darüber berichteten, konnte das Regime den Fehlschlag schwer unter den Teppich kehren. Die Schreiberlinge Kims informierten knapp, der Satellit habe »die vorgesehene Umlaufbahn nicht erreicht«, Wissenschaftler würden dem Problem nachgehen.

Schon diese schlichte Meldung über das Unbestreitbare war ein Bruch mit der Vergangenheit. Kim Jong-il hatte es nie zugegeben, wenn etwas schiefgelaufen war, Kim Jong-un aber gestand nun ein Scheitern ein. Dies war ein erster Hinweis darauf, dass er zwar in mancher Hinsicht in die Fußstapfen seines Vaters treten, aber auch einiges anders machen würde. Er ging offener mit den Schwächen Nordkoreas um und scheute sich auch nicht zu sagen, was getan werden musste, um ihnen abzuhelfen.

Bald hatte Kim dann doch Grund zu jubeln. Die Wissenschaftler lösten das Problem, und noch vor Jahresende brachten sie einen Satelliten in eine Umlaufbahn – ein ziemlich nutzloses Ding, aber es flog immerhin.

Kim Jong-un wollte sich in seiner Anfangszeit keinen Schnitzer erlauben, der sein Image ein für alle Mal prägen würde. Zwei Tage nach der Demütigung durch den gescheiterten Satellitenstart trat der Große Nachfolger in Pjöngjang auf den Balkon, der auf den nach seinem Großvater benannten Platz führte. Es war derselbe Balkon, auf dem er keine achtzehn Monate zuvor mit seinem Vater eine riesige Militärparade abgenommen und seinen offiziellen Einstand vor der Welt gegeben hatte.

Jetzt hielt er hier eine Rede. Vieles davon war das übliche Getöse über den »Endsieg«, den das »mächtige Militär« gegen die

Imperialisten erringen werde. Aber die Ansprache war für sich genommen schon ein Ereignis. Kim Jong-il hatte in seiner gesamten siebzehnjährigen Amtszeit nur einmal in der Öffentlichkeit gesprochen und auch da nur einen einzigen Satz. »Ruhm und Ehre den heldenhaften Soldaten der koreanischen Volksarmee!«, hatte er bei einer Militärparade 1992 gesagt.

Dieser junge Mann aber sprach nur wenige Monate nach seiner Machtübernahme, vor sich sieben Mikrofone, zwanzig Minuten lang zu seinem Volk. Er wirkte alles andere als nervös bei diesem ersten öffentlichen Auftritt als Führer, sondern vielmehr entspannt. Er scherzte und lachte sogar mit seiner Entourage.

Schon hier zeigte sich, wie sehr sich der junge Führer von seinem Vater unterschied. Und doch war vieles auch vertraut. Nordkoreaner, die ihn sahen, fühlten sich an Kim Il-sung, ihren ewigen Präsidenten, erinnert. Kims Stimme klang sogar wie die seines Großvaters, und er trug auch den für den Staatsgründer typischen Mao-Anzug, dazu die obligatorische rote Anstecknadel mit dessen Porträt.

Flankiert von Generälen und anderen wichtigen Persönlichkeiten sah Kim Jong-un zu, wie Zehntausende Soldaten über den Platz marschierten und riesige Porträts seines Großvaters und seines Vaters hochhielten. Er salutierte vor seinen Vorgängern, während die Soldaten mit scharfer Stimme seinen Namen skandierten. Jetzt galt die Show ihm.

Sosehr er ein Geschenk für Comedians und Karikaturisten sein mochte, Kim Jong-un ist es nicht einfach durch Glück, Zufall oder günstige Umstände gelungen, entgegen allen Erwartungen die Kontrolle über sein Regime zu behalten.

Seit seinen ersten Tagen als Machthaber wägt er jeden Schritt sorgfältig ab, um sein einziges Ziel zu erreichen: der stets siegreiche, mit eisernem Willen ausgestattete Befehlshaber Nordkoreas zu bleiben, als den ihn seine Propagandisten zeichnen.

Im Ausland neigte man dazu, Kim Jong-uns Macht herunterzuspielen und zu behaupten, er sei bloß die Repräsentationsfigur der alten Garde, die hinter den Kulissen die Strippen ziehe. Allem Anschein nach erhielt der Große Nachfolger in seinen ersten Jahren tatsächlich Orientierungshilfen. Seine Tante Kim Kyong-hui war seine wichtigste Ratgeberin. Sie hatte ihrem Bruder Kim Jong-il sehr nahegestanden und war eine zentrale Säule in seinem Regime gewesen. Sie hatte entscheidend dazu beigetragen, dass ihr Neffe die Ausbildung und Unterstützung bekam, die er zu seiner Machtausübung benötigte. Und sie kümmerte sich auch darum, dass das Vermögen der Familie gut geschützt war.

Ihr Mann Jang Song-thaek, einer der Sargträger, war der »Kontrollturm«, der die laufenden Geschäfte des Regimes überwachte. Er entschied, welche Botschaften zu Kim Jong-un vordrangen und mit welcher Priorität, und er gab ihnen seinen eigenen Dreh, wenn er sie ihm mitteilte.[73]

Ein dritter Ratgeber war Choe Ryong-hae, damals Leiter des Politbüros der koreanischen Volksarmee, das für die politische Bildung im Militär zuständig ist. Das war eine Schlüsselrolle, die ihm sowohl innerhalb der Armee als auch in der Partei Autorität verlieh.

Dieses Triumvirat unterstützte und leitete den jungen Führer in der Anfangszeit, aber das Regime verlangt einen Obersten Führer. Kim Jong-un hatte die absolute Macht inne. Dies sollte sich schon bald am Schicksal dieser drei engsten Berater zeigen.[74]

In der Phase der Konsolidierung seiner Macht wandte sich Kim Jong-un bewusst nach innen und verzichtete auf Pilgerreisen nach Moskau und Peking, wie sie sein Vater und sein Großvater unternommen hatten. Und er sorgte dafür, dass auch sonst niemand das Land verließ. Er schloss sofort die Grenzen, um einen Exodus zu verhindern. Niemand sollte daran zweifeln, dass er das Land eisern im Griff hatte. Er stoppte den Informationsfluss von außen und spürte mithilfe modernster Technologie Leute auf, die es wagten, sich südkoreanische Filme anzusehen oder chinesische Popsongs zu hören.

Kim Jong-un injizierte der Gesellschaft eine neue Dosis Terror und erreichte damit, dass alle in beständiger Angst lebten. Die einfache Bevölkerung erlebte eine neue Dimension der Repression, und der Teil der Elite, der zu viel Macht angehäuft hatte, musste fürchten, in die entlegensten Winkel des Landes ins Exil geschickt zu werden oder Schlimmeres.

Kim benötigte eine Gruppe von Unterstützern, die selbst ein ureigenes Interesse an seinem Erfolg hatten, und so machte er sich daran herauszufinden, wen er behalten und wen er eliminieren sollte. Er befreite sich von potenziellen Rivalen und ließ seinen Onkel und schließlich auch seinen Halbbruder in brutaler Weise umbringen, um deutlich zu machen, dass sein Ehrgeiz keine Grenzen kannte.

Auf wirtschaftlichem Gebiet ließ er mehr Freiheiten zu. Ausgeprägt kapitalistisch organisierte Verkaufsmärkte wurden zu einem zentralen Element im Leben der meisten Menschen. Sie sollten der Bevölkerung das Gefühl geben, dass sich ihr Lebensstandard verbesserte.

Dies verschaffte ihm den Freiraum, alle Ressourcen des Regimes in die Entwicklung des Raketen- und Atomwaffenprogramms zu stecken und es mit atemberaubendem Tempo und größtmöglichem Erfolg voranzutreiben. So wollte er dem Erzfeind des Kim-Regimes, den Vereinigten Staaten von Amerika, glaubhaft vermitteln, dass sein Land eine wirkliche Bedrohung für die USA darstellte.

Selbst hinter seiner lächerlich wirkenden äußeren Erscheinung steckte Absicht.

Während andere Diktatoren ihren Alterungsprozess und damit ihre Sterblichkeit zu verbergen suchten – man denke nur daran, dass sich Saddam Hussein und Muammar al-Gaddafi die Haare färben ließen –, tat Kim Jong-un das Gegenteil. Der junge Autokrat stellte sich als Reinkarnation seines Großvaters dar. Sein Haarschnitt entsprach der Mode der 1940er-Jahre in der Sowjetunion, und er humpelte. Seine leicht kollernde Stimme erinnerte an die seines Großvaters. Außerdem hatte er sich eine raue Sprechweise angewöhnt, als würde er zwei Schachteln Zigaretten am Tag rauchen. Am bemerkenswertesten aber war, dass er von einem öffentlichen Auftritt bis zum nächsten zuzunehmen schien.

Im Sommer trug er die gleichen weißen kurzärmligen Hemden wie einst sein Großvater. Im Winter zeigte er sich mit den gleichen riesengroßen Fellmützen. Selbst die altmodische quadratische Brille schien aus dessen Epoche zu stammen. Sein ganzes Erscheinungsbild konnte man als klassischen Kim-Il-sung-Stil bezeichnen, der die Nordkoreaner an die guten alten Zeiten erinnern sollte.

Und die Mimikry tat ihre Wirkung. Als Hyon, der bereits erwähnte Schüler aus Hyesan, zum ersten Mal den neuen Führer sah, die beachtliche Leibesfülle eingehüllt in einen Mao-Anzug und mit seinem ungewöhnlichen Haarschopf, fielen ihm sofort sein Geschichtsunterricht und Erzählungen seiner Familie aus der goldenen Zeit unter Kim Il-sung ein. »Für mich erschien die Zeit Kim Il-sungs als eine Epoche, in der die Nordkoreaner ein besseres Leben führten, und ich glaube, vielen meiner Landsleute ging es genauso«, erzählte mir Hyon.

»So wie sich Südkoreaner liebevoll an Park Chung-hee erinnern, dachten Nordkoreaner voller Zuneigung an Kim Il-sung zurück, denn während seiner Herrschaft lebten die Nordkoreaner besser als die Südkoreaner«, erklärte er.

Aber Kim Jong-un arbeitete nicht nur an seinem Erscheinungsbild. Kim Il-sung war eine große Persönlichkeit gewesen und hatte sich mit Charisma ein Regime geschaffen, in dessen Zentrum er stand, und zwar nur er. Kim Jong-il hatte da nicht mithalten können. Er lebte bekanntermaßen zurückgezogen und hatte eine unnahbare, fast schon menschenscheue Persönlichkeit.

Kim Jong-un schien ganz der Enkel seines Großvaters zu sein. Er genoss das Bad in der Menge, ging raus und mitten unter seine Untertanen. Ihre Stimmen brauchte er natürlich nicht – der Führer Nordkoreas wird stets mit 100 Prozent Zustimmung bei 100 Prozent Wahlbeteiligung in die Oberste Volksversammlung gewählt –, aber er wollte auch Begeisterung erzeugen. Zur Aufrechterhaltung dieses Mythos wurden Fotos von ihm in Umlauf gebracht, die nicht nur zeigen, wie ihm das Volk seine Liebe entgegenbringt, sondern auch, wie sehr er das Volk liebt.

Kim Jong-un tat alles, um sich in Zeitungen und auf Fernsehbildschirmen als Mann des Volkes zu präsentieren. Wo immer er auftauchte, ob in Schulen, Waisenhäusern oder Kliniken, ließ er sich anfassen, lächelte breit und umarmte alle, von den Kindern bis zu den Alten. Bei einer Vor-Ort-Anleitung auf einem Bauernhof tätschelte er sogar einmal ein Zicklein.

In den Medien berichteten endlos viele angeblich nach dem Zufallsprinzip ausgewählte Bürger, was sie von ihrem neuen Führer hielten. Beschäftigte aus allen möglichen Bereichen, seien es Lebensmittel- oder Pharmafabriken, wurden zitiert, die ihm ihre Treue schworen und ihn als die »ewig unzerstörbare geistige Stütze des koreanischen Volkes« bezeichneten.

Eine Frau konnte ihre Bewunderung für ihn nicht zurückhalten: »Ich bin davon überzeugt, dass er der Herr über unser

Schicksal ist«, sagte sie im Fernsehen. »Solange er unter uns ist, müssen wir nichts fürchten.«

Die Staatsmedien lobten Kims Debüt überschwänglich, und anfangs setzten viele Menschen große Hoffnungen in ihn. Familien erhielten zur Feier des Führungswechsels auf einmal Rationen an Fisch und sogar Fleisch, an sich schon eine Rarität, die für nordkoreanische Verhältnisse geradezu dekadent waren. Es waren Geschenke des Großen Nachfolgers an das Volk. Optimismus breitete sich aus.

Min-ah war nur ein paar Jahre jünger als der neue Führer, und zu dieser Zeit, 2012, verlief ihr Leben relativ gut. Nach nordkoreanischen Maßstäben war sie sogar wohlhabend. Sie lebte in Hoeryŏng, einem geschäftigen Handelsplatz an der Grenze zu China, und ihr Mann war Lastwagenfahrer; ein lukrativer Job, der es ihm ermöglichte, sich nebenbei als Schmuggler zu betätigen. Die beiden besaßen ein Haus mit einem kleinen Garten und bekamen bald ein Baby. Als das kleine Mädchen in den Kindergarten kam, hatten sie genug Geld, um die Erzieher zu bestechen, sie gut zu behandeln. Sie gehörten der neuen Mittelschicht Nordkoreas an.

Dennoch hoffte Min-ah, der Aufstieg Kim Jong-uns sei Vorbote einer neuen Ära für Nordkorea – eines Zeitalters besserer Beziehungen zu China, das Nordkorea zwar tolerierte, aber nicht gerade in die Arme schloss, aber auch zum übrigen Ausland. Einer Ära wirtschaftlicher Blüte, in der Nordkoreaner vielleicht ein wenig von dem Wohlstand und den Freiheiten genießen würden, die sie aus den heimlich geschauten südkoreanischen Filmen kannten.

Aber es verbesserte sich nichts. Im Gegenteil, das Leben wurde in mancherlei Hinsicht sogar schlimmer. Die Grenze zu China wurde schärfer bewacht, sodass es schwieriger wurde, Güter über den Fluss zu schmuggeln. Folglich stiegen die Preise, für

Waschpulver beispielsweise zuerst auf das Doppelte, dann auf das Dreifache.

Enttäuschung machte sich breit. Min-ahs Mann riss im Kreis enger Freunde Witze über den neuen Halbgott. Wenn Kim Jong-un Führer sein kann, dann kann ich es auch, spotteten sie. Im Polizeistaat Nordkorea galten solche Worte als aufrührerisch, wer denunziert wurde, landete mit hoher Wahrscheinlichkeit in einem Lager.

»Jeder wusste, dass Kim Jong-il und Kim Jong-un Lügner waren. Wir waren uns im Klaren darüber, dass alles, was wir in den Nachrichten hörten, gelogen war, aber es ist unmöglich, etwas zu sagen, wenn man unter so strenger Beobachtung steht«, erklärte mir Min-ah ein paar Jahre später, als sie mit ihrem Mann und ihren zwei kleinen Töchtern nach Südkorea geflohen war. »Es reicht, dass jemand in besoffenem Zustand sagt, Kim Jong-un ist ein Hurensohn, und man sieht ihn nie mehr wieder.«

Kim Jong-uns Machtübernahme war gelungen, aber noch hatte er nicht bewiesen, dass er aus der heruntergekommenen Kleptokratie, die er geerbt hatte, eine Erfolgsgeschichte machen konnte.

Kapitel 6
Das Ende der mageren Jahre

»Wir müssen die wertvollen Samen, die der Genosse Kim
Jong-il ausgesät hat, großziehen, um einen wirtschaftlich
mächtigen Staat zu errichten, das Leben der Menschen
zu verbessern und es zu wunderbarer Blüte zu führen.«
Kim Jong-un, 15. April 2012

Kim Jong-il war zweiundfünfzig Jahre alt, als er die Führung Nordkoreas übernahm. Das Land befand sich in einer schwierigen Phase, die Sowjetunion war zusammengebrochen, eine Hungerkrise drohte außer Kontrolle zu geraten. Mit der ohnehin maroden Wirtschaft ging es weiter bergab.

Der Staatsführer in zweiter Generation wollte in dieser unberechenbaren Lage keine Risiken eingehen. So setzte er den von seinem Vater eingeschlagenen Kurs entschlossen fort und hoffte, dass die Propaganda und die allgegenwärtige Überwachung ihn schon retten würden. Und tatsächlich, trotz aller Widrigkeiten hielt sich Kim im Sattel, das Familienunternehmen regierte das Land siebzehn Jahre lang weiter. Man kann es als seine größte Leistung bezeichnen, überhaupt so lange durchgehalten zu haben.

Einfach nur durchhalten war für seinen Sohn allerdings keine Option. Kim Jong-un war gerade einmal siebenundzwanzig Jahre alt, als er diesen Staat erbte. Theoretisch konnte er für viele Jahrzehnte regieren. Daher musste er auch viel mehr vorweisen als sein Vater, um seine Herrschaft zu rechtfertigen. Wenn er sich die Unterstützung des Regimes und der ziemlich ungerechten Gesellschaft, die es erschaffen hatte, sichern wollte, musste er zeigen, dass sich Nordkorea zum Besseren entwickelte. Er musste den Menschen das Gefühl geben, dass es in ihrem persönlichen Leben bergauf ging.

Dennoch startete er keinen großen, umfassenden Plan nach dem Muster der chinesischen Reform- und Öffnungspolitik oder der sowjetischen Perestroika, um substanzielles wirtschaftliches Wachstum zu generieren. Er begnügte sich damit, die restriktiven Regeln ein wenig zu lockern, und hörte einfach damit auf, die kleinen Unternehmer zu schikanieren.

Kleine unternehmerische Initiativen wurden nun geduldet, teilweise sogar gefördert. Die Behörden ließen Leute gewähren, die versuchten, sich über Wasser zu halten, indem sie Reiskekse verkauften, Friseurdienstleistungen anboten oder DVD-Player aus China einführten, dem Land, über das 90 Prozent des nordkoreanischen Handels lief. Bauern konnten einen kleinen Teil ihrer Ernte behalten und in Eigenregie verkaufen. Von umfassenden Reformen des Währungssystems nahm man Abstand, um nicht die zarten Kräfte des Marktes zu behindern, die vielleicht genug Wachstum erzeugten, um die Bevölkerung zufriedenzustellen.

Die Nordkoreaner »werden nie mehr den Gürtel enger schnallen müssen«, erklärte der Große Nachfolger in seiner ersten öffentlichen Rede anlässlich des 100. Geburtstags seines Großvaters. Kim Jong-un versprach der erschöpften Bevölkerung nicht weniger, als dass sie bald in der Lage sein werde, »im Sozialismus nach Herzenslust Wohlstand und Wachstum zu genießen«. Das waren kühne Worte und ein riskantes Versprechen angesichts der notorisch desolaten Wirtschaft.

Während andere asiatische Länder in den 1980er- und 1990er-Jahren einen Boom erlebt hatten, war die nordkoreanische Wirtschaft irgendwo zwischen dem viktorianischen Zeitalter und den schlimmsten Tagen der Stalinära steckengeblieben.

China trat der Welthandelsorganisation bei. Das kommunistische Vietnam trieb seine *Doi Moi* genannte Erneuerungspolitik voran, die immer mehr private Unternehmen erlaubte. Und Südkorea gelang in kürzester Zeit der Sprung in die Liga der reichsten Länder der Welt.

Unterdessen wurden in Nordkorea weiterhin die Felder mit Ochsen bestellt. Lastwagen fuhren mit Holzgas, nicht mit Benzin. Fabriken standen immer wieder still, mal durch Stromausfall, mal mangels Material. Im Jahr 2005 betrug das Bruttoinlandsprodukt pro Kopf in Nordkorea 550 Dollar – sechsunddreißigmal weniger als in Südkorea. In den Wirtschaftsstatistiken der Vereinten Nationen wurde Nordkorea zwischen Mali und Usbekistan geführt, Südkorea konnte sich mit Portugal und Bahrain messen.

Nordkoreas ökonomische Probleme stammten aus der Zeit der Teilung der Halbinsel im Jahr 1945, die ein fundamentales Ungleichgewicht zwischen dem Norden und dem Süden mit sich gebracht hatte. Der Norden mit seinen Gebirgen ist reich an Bodenschätzen wie Kohle und wurde daher während der japanischen Kolonialzeit zum industriellen Kernland entwickelt. Dem südlichen Teil war als »Reisschüssel« die Aufgabe zugefallen, die Nahrung für die Halbinsel und teilweise auch für Japan zu liefern.

Nach der Teilung fehlte dem Süden die Industrie, dem Norden die Nahrungsgrundlage. Während der Süden, beflügelt von staatlicher Unterstützung für Unternehmen wie Samsung und Hyundai, einen beeindruckend rasanten industriellen Aufholprozess erlebte, verstärkten sich die Mängel des Nordens durch Kim Il-sungs starres Festhalten an seiner Juche-Politik, die das Regime in starke Abhängigkeit zur Sowjetunion und zu China brachte.

Der Süden öffnete sich also dem Kapitalismus, während der Norden an zentraler Planwirtschaft nach kommunistischem Muster festhielt. Der Staat stellte Nahrung, Wohnung, Kleidung, Bildung und die medizinische Versorgung zur Verfügung, die Menschen arbeiteten in staatlich gelenkten landwirtschaftlichen Betrieben und Fabriken, die besser Ausgebildeten in staatlichen Institutionen.

Dieses System funktionierte leidlich in den 1960er- und 1970er-Jahren. Nordkorea konnte damals Kohle und andere Rohstoffe gegen Lebensmittel und Konsumgüter aus China und der Sowjetunion tauschen. Doch dann verwandelte sich China in ein kapitalistisches Schwergewicht, und die Sowjetunion kollabierte. Die ohnehin marode nordkoreanische Wirtschaft geriet in eine Abwärtsspirale. Hungersnöte brachten das Land so nahe an den Rand des Zusammenbruchs wie nie zuvor.

In jener Zeit begann sich das System der zentral geplanten sozialistischen Wirtschaft aufzulösen. Das Regime, das nicht länger in der Lage war, die Bevölkerung vernünftig zu versorgen, hatte keine andere Wahl, als den Menschen zur Sicherung ihres Überlebens den Handel mit Lebensmitteln zu erlauben.

Unter Kim Jong-il sanktionierte die Regierung nun nachträglich diese aus der Not geborenen Neuerungen. Experten nannten das die »Vermarktlichung von unten«.[75]

Die inoffiziellen Märkte, die während der Hungersnot entstanden waren, wurden toleriert. Kleinverkäufer – »Grashüpfer« genannt, weil sie ihre am Straßenrand angebotenen Waren jederzeit zusammenpacken und »davonhüpfen« konnten – wurden ein vertrauter Anblick. Die Korruption blühte ebenfalls, die Menschen steckten an der Grenze Kontrolleuren und anderen Amtspersonen Geld zu, damit sie über ihre Handelsaktivitäten und ihre Schmuggelei hinwegsahen. Während die staatlich gelenkte Wirtschaft fast zum Erliegen kam, blühte die Privatwirtschaft auf.

Die Hungersnot hatte einen unregulierten, unsystematischen Kapitalismus zur Folge, der sich nur schwer unterdrücken ließ, sich nun aber beschleunigt ausbreitete.

Der Große Nachfolger begriff, dass er durch die schlichte Duldung eines eingeschränkten Kapitalismus den Menschen die Möglichkeit gab, ihr eigenes Geld zu verdienen und sich ein besseres Leben zu erarbeiten. Und für seine Regierung war das völlig kostenlos.

So wiederholte Kim Jong-un nach seiner ersten Rede 2012 immer wieder, wie wichtig es sei, den Lebensstandard zu erhöhen.

Ein Jahr später stellte er eine noch kühnere Behauptung auf. Nachdem er bereits durch eine Verfassungsänderung Nordkorea zur Atommacht erklärt hatte, überarbeitete er nun die *byungjin*-Strategie seines Großvaters. Auf einem Parteikongress der Partei der Arbeit hatte Kim Il-sung im Jahr 1962 eine Politik des »gleichzeitigen Fortschritts« verkündet, die die parallele Entwicklung von Wirtschaft und Landesverteidigung zum Ziel hatte. »Ein Gewehr in der einen und eine Sichel in der anderen Hand« lautete der damals von Kim Il-sung geprägte revolutionäre Slogan.

Fünfzig Jahre später griff Kim Jong-un diese Idee auf und verkündete seinerseits, das Regime könne sowohl die Entwicklung von Atomwaffen als auch die der Wirtschaft vorantreiben – mit anderen Worten, Nordkorea könne sowohl Raketen als auch Butter haben.

Herrn Hong, den Geldübermittler an der Grenze zu China, dessen Lebensersparnisse sich in der Währungsreform von 2009 in nichts aufgelöst hatten, überzeugten die Versprechungen des Führers nicht.

Wenn sich Kim Jong-un so sehr um die Bürger sorgte, warum aßen dann die Menschen in der Provinz immer noch Mais statt Reis, und warum verfügten sogar die einigermaßen Wohlhabenden nicht einmal über die elementarsten Hygieneartikel? »Niemand glaubte ihm, als Kim Jong-un sagte, er werde das Land stark und wohlhabend machen«, sagte mir Herr Hong. »Wie soll man stark und wohlhabend sein, wenn man noch nicht einmal Klopapier hat?«

Doch der Große Nachfolger hatte keine Wahl, er musste diesen Kurs einschlagen, wenn er an der Macht bleiben wollte. Ihm war klar, dass die Nordkoreaner, nachdem sie einmal am Kapitalismus geschnuppert und eine Ahnung von den Reichtümern bekommen hatten, die er einer heruntergekommenen kommunistischen Wirtschaft bringen konnte, nun noch mehr erwarteten. Und praktisch jeder in Nordkorea wusste, dass China viel reicher und Südkorea noch sehr, sehr viel reicher war.

Ob Kim Jong-un sich an die Lehren der Französischen Revolution erinnerte, von der er in seiner Schulzeit in der Schweiz gehört hatte? Wenn er den totalitären Staat im Griff halten und jegliche Unzufriedenheit im Keim ersticken wollte, dann musste er den Menschen das Gefühl vermitteln, dass es mit ihrem Leben aufwärts ging. Anfangs konzentrierte er sich dabei auf die korrupten Kapitalisten, die ihn an der Macht hielten, und das zeigte in den ersten Jahren durchaus Wirkung. Aber auf die Dauer würde es nicht reichen. Je mehr sich die wirtschaftlichen Ungleichheiten verschärften, desto notwendiger wurde es, auch den einfachen Menschen Hoffnung auf eine bessere Zukunft zu geben.

Eine Reform- und Öffnungspolitik chinesischen Stils, die nicht nur die wirtschaftlichen Kontrollen lockerte, sondern auch mehr

Information ins Land ließ, war keine Option für Kim. Erlaubte man der Bevölkerung den Zugang zur Wahrheit, würde sie zweifellos feststellen, dass der Große Nachfolger gar nicht so groß war. Kleinere ökonomische »Verbesserungen« – in Nordkorea spricht man nicht von »Reformen«, weil das so klingt, als sei etwas mit dem System nicht in Ordnung – stellten dagegen ein relativ geringes Risiko dar.

Also ließ Kim Jong-un zu, dass die *jangmadang* genannten Märkte blühten und gediehen.

Vom kleinsten Ort bis zu den größten Städten gibt es nun überall mindestens einen lebhaft besuchten Markt. Diese Märkte sind im ganzen Land zum Mittelpunkt des täglichen Lebens geworden. Sie werden überwiegend von Frauen betrieben, von denen nach der Heirat nicht mehr verlangt wird, in einem staatlichen Betrieb zu arbeiten. Während also die Männer in Bergwerken ohne Strom und Krankenhäusern ohne Medikamente ihre Schichten schieben, machen die Frauen richtig Geld.

Wer eine Erlaubnis hat – oder genug Geld, sich eine zu beschaffen –, kann über den Fluss Tumen nach China reisen und Reiskocher, Schuhe mit hohen Absätzen, Solarmodule, Entwurmungstabletten, bunte Hemden, Handyhüllen, Schraubenzieher und Spülbecken kaufen. Etwa 80 Prozent der Produkte, die auf nordkoreanischen Märkten angeboten werden, stammen aus China.

Wer keine Gelegenheit zum Reisen hat, macht einen Frisiersalon oder einen Fahrradladen auf, eröffnet ein Restaurant oder verkauft hausgemachte Süßigkeiten. Findige Zeitgenossen vermieten ihr Handy für Telefongespräche nach Südkorea oder ihre Wohnung für Paare, die ungestörte Zweisamkeit suchen.

Diese Märkte veränderten Nordkorea stärker als jede andere Maßnahme zuvor. Der Lebensstandard der Menschen überall im Land stieg – genau wie es Kim Jong-un versprochen hatte. Vielleicht veränderten sich die Dinge nicht so sehr, wie es dem Wunsch von Menschen wie Herrn Hong entsprochen hätte, aber immerhin ging es in die richtige Richtung. Es entwickelte sich jetzt so etwas wie eine Mittelschicht.

Es gibt inzwischen mehr als vierhundert staatlich genehmigte Märkte in Nordkorea, doppelt so viele wie bei der Übernahme des Landes durch Kim Jong-un.[76] Allein die Stadt Chongjin zählt zwanzig Märkte. Die Märkte in Sinŭiju und das »Schmugglerdorf« Hyesan, beide unweit der Grenze zu China gelegen, sowie die Märkte in der Hafenstadt Haeju sind in den vergangenen Jahren rasch und beträchtlich gewachsen.[77] Satellitenbilder zeigen im ganzen Land plötzlich neue Märkte, bereits vorhandene sind in größere, neu erbaute Hallen gezogen.

Da jeder Markt im Durchschnitt 1500 Stände hat, herrscht ein scharfer Wettbewerb um einen guten Platz. Für einen Stand an stark frequentierter Stelle musste man in Hyesan 2015 ungefähr siebenhundert Dollar hinblättern – eine astronomische Summe in Nordkorea. Doch die Nachfrage nach Verkaufsständen ist so riesig, dass selbst diese teuren Plätze im Nu vergeben sind.[78]

An jeder Straßenecke sieht man jemanden, der irgendwie Geld zu machen versucht. Die Sicherheitskräfte kassieren Schmiergelder von den Leuten, die über den Grenzfluss nach China wollen. Der sich so kommunistisch gebärdende Staatsapparat freundete sich auch mit dem entschieden kapitalistischen Gedanken der Steuer an. Wer einen Marktstand betreiben will, muss nun zehn Prozent des Wertes der verkauften Waren an die zuständige Marktverwaltung abführen. Nach Schätzungen südkoreanischer Experten nimmt der Staat damit pro Tag 15 Millionen Dollar Standgebühren ein, andere schätzen, dass der Staat fast eine Viertelmillion Dollar pro Tag durch Steuern einnimmt, die er den Standbetreibern auferlegt.[79] Jeder Markt hat einen Leiter, in der Regel ist das jemand, der einen guten Draht zu den lokalen Behörden hat. Es ist eine einflussreiche Position, aus der sich viel Geld schlagen lässt – wofür man sich bei den hohen Tieren, die einen auf diesen Posten gehievt haben, natürlich mit entsprechenden Zahlungen erkenntlich zu zeigen hat.

Mit dem Versagen der Staatswirtschaft und dem Stillstand der Industrie aufgrund von Energie- und Rohstoffmangel sind die Märkte zur Lebensader Nordkoreas geworden.

Nach südkoreanischer Beobachtung versuchen inzwischen 40 Prozent der Nordkoreaner, irgendwie auf eigene Faust Geld zu machen. Dies, so sagen die Geheimdienste, entspreche dem Grad der Vermarktlichung, den man vor dem Zusammenbruch der Sowjetunion in Ländern des Ostblocks wie Ungarn und Polen beobachten konnte.

Die Spione im Süden berichten gern von Anzeichen eines bevorstehenden Zusammenbruchs in Nordkorea. Doch in diesem Fall ist die Wirklichkeit möglicherweise bunter, als sich ihren Zahlen entnehmen lässt. Andere Untersuchungen kamen zu dem Schluss, dass inzwischen sogar mehr als 80 Prozent der Bevölkerung ihren Lebensunterhalt durch Aktivitäten auf dem freien Markt aufbessern.[80] Einst völlig vom Staat abhängig, gehören sie nun zu einer stetig wachsenden Schicht von Unternehmern.

Ein noch höherer Prozentsatz bezieht Lebensmittel von den Märkten – ungefähr 85 Prozent laut einer Untersuchung des südkoreanischen Development Institute. Mangelernährung ist nach wie vor ein großes Problem, und viele Nordkoreaner haben weiterhin Schwierigkeiten, etwas Abwechslung in ihren Speiseplan zu bringen. Nach Schätzungen der Vereinten Nationen sind 40 Prozent der Bevölkerung unterernährt, Wachstumsverzögerungen und Anämie stellen weitverbreitete Probleme dar. Doch die explosionsartige Ausbreitung der Märkte hat immerhin dazu geführt, dass die Menschen nicht mehr hungers sterben.

Nordkoreas Wirtschaft ist keineswegs ein dysfunktionales Gebilde, das sich wie einst der Sowjetblock am Rand des Zusammenbruchs dahinschleppt, sie ist vielmehr relativ stabil. Den nordkoreanischen Statistiken ist sicher nicht zu trauen, doch Beobachter von außen gehen davon aus, dass sie gewachsen ist. Südkoreas Zentralbank mit ihren stets sehr konservativen Schätzungen nimmt an, dass die nordkoreanische Wirtschaft unter Kim Jong-un ungefähr ein Prozent Wachstum im Jahr aufweist. Eine südkoreanische Denkfabrik, das Hyundai Economic Research Institute, ist der Ansicht, die Wachstumsrate könne auf sieben Prozent ansteigen.

Selbst nach der vorsichtigeren Schätzung der südkoreanischen Zentralbank hat sich die nordkoreanische Produktion mehr als verdoppelt, seit Kim Jong-un die Macht übernahm.

Für die nordkoreanischen Millennials, die während der Hungerjahre geboren wurden oder aufwuchsen – die Generation von Kim Jong-un und Jüngere –, gehörten die Märkte zum selbstverständlichen Alltag. Sie werden oft als geborene Kapitalisten oder als die *jangmadang*-Generation bezeichnet.

Hyon, der Schüler aus Hyesan, war solch ein Kapitalist der ersten Stunde und ein ehrgeiziger Vertreter dieser Generation. Er kam 1994 unweit der Grenze zu China auf die Welt, Kim Jong-un war gerade zehn Jahre alt. Hyon verschwendete nie einen Gedanken daran, zur Universität zu gehen.

Über den obligatorischen Militärdienst machte er sich auch keine Sorgen. Seine Familie hatte einen guten Draht zur Politik, er nutzte die Verbindungen seines Großvaters zur Polizei, um ein paar Dokumente zu fälschen, und entging so der Einberufung. Er wollte Geld, und er wollte Freiheit. Beides fand er buchstäblich auf der Straße.

All die Waren, die von China kamen, mussten irgendwie transportiert werden, erst über den Grenzfluss und dann zu den Hunderten von Märkten, die im ganzen Land verstreut lagen. So entwickelte sich eine emsige Logistikbranche.

Reisen innerhalb Nordkoreas waren schon immer stark kontrolliert worden, ohne Erlaubnisschein durfte niemand das Land oder auch nur seine Provinz verlassen. Auch dies diente der Überwachung der Bevölkerung und behinderte den Informationsfluss. Doch die Vorschriften wurden gelockert, zudem ist unter Kim Jong-un Bestechung leichter geworden als früher.

Dank der politischen Verbindungen seines Großvaters konnte sich Hyon die nötigen Papiere besorgen, um frei in Nordkorea herumzureisen. Und da seine Mutter nach China geflohen war, hatte er Zugang zu Devisen.

Er nutzte 1500 Dollar, die seine Mutter ihm schickte – die Früchte ihrer eigenen unternehmerischen Tätigkeit jenseits des Flusses –, um einen Lastwagen zu mieten und mit zwei Freunden ins Speditionsgewerbe einzusteigen.

Dass der private Besitz von Kraftfahrzeugen in Nordkorea nach wie vor nicht erlaubt ist, stellte kein großes Hindernis dar. Sobald irgendwo Geld zu machen ist, geht man mit den Regeln ziemlich locker um. Fahrzeuge gehören nominell staatlichen Institutionen. Doch es kommt durchaus vor, dass Leiter von staatseigenen Betrieben oder Kommandeure von Militäreinheiten gegen eine Gebühr oder einen Anteil am Gewinn auch Privatleuten ihre Fahrzeuge überlassen.

Ein Taxi oder ein Kleinbus, offiziell Eigentum einer Fabrik, wird so zu einem *servi-cha* – eine Kombination aus dem englischen »Service« und dem koreanischen Wort für »Auto« –, das zahlende

Fahrgäste transportiert, nicht nur innerhalb von Städten, sondern auch quer durchs Land. So wird der Lastwagen einer Kolchose leicht zum Lieferfahrzeug eines Markthändlers und holpert, beladen mit Importwaren oder heimischen Ernteprodukten, über die mit Schlaglöchern übersäten Straßen. Einst waren Züge das Haupttransportmittel, aber sie sind wegen der ständigen Stromknappheit langsam und wegen der veralteten Infrastruktur unzuverlässig. Daher bevorzugt man heute Lastwagen.

Da die *servi-cha* und Lastwagen offiziell als staatliche Fahrzeuge registriert sind, müssen sie nicht innerhalb eines bestimmten Gebiets bleiben. Kommen die Fahrer an eine Kontrollstelle, fragen die Posten, ob sie ihre »Hausaufgaben« gemacht haben: Das entsprechende Schmiergeld ist bereitzuhalten. Wer seine »Hausaufgaben« nicht gemacht hat, wird ein Weilchen aufgehalten, bis das erledigt ist, oder ihm wird kurzerhand die Ladung konfisziert.[81] Alle haben ein Interesse daran, dass das System reibungslos läuft.

Fahrzeuge, die bei mächtigen Institutionen wie dem Ministerium für Staatsschutz registriert sind, können besonders lukrativ eingesetzt werden, da sie auch auf weiteren Fahrten nicht an den Kontrollstellen aufgehalten werden.

Dieses neue Transportwesen wurde durch ein anderes wichtiges Hilfsmittel der globalen Logistikindustrie unterstützt, das ebenfalls bis vor noch nicht allzu langer Zeit in Nordkorea verboten war: das Mobiltelefon.

Märkte waren früher die Domäne der fliegenden Händler, die ihre Waren auf dem Rücken zu den Markthallen schleppten und dort nach Kunden Ausschau hielten. Mittlerweile braucht ein Händler nur noch ein Telefon. So kann er oder sie sich bequem mit den Groß- und Einzelhändlern auf Preis und Menge einigen und braucht dann nur noch einen Laster oder Transporter für die Lieferung zu organisieren. Früher liefen sich die Händler die Hacken ab, heute sitzen sie bequem zu Hause und erledigen ihre Geschäfte über ihr Mobiltelefon, ordern Waren und beauftragen Leute mit deren Transport.[82]

Mobiltelefone leisten auch einen Beitrag zur Preisstabilität. Heute weiß man Bescheid, wenn eine neue Reislieferung über die Grenze kommt, und sitzt die überhöhten Preise, die bei Güterknappheit verlangt werden, einfach aus.

In diesem neuen Umfeld begann Hyon, durchs Land zu fahren und Waren auszuliefern. Er kam bei Verwandten in verschiedenen Städten unter, unter anderem auch bei seiner Tante in der Hauptstadt Pjöngjang, die mit einem Offizier verheiratet war. Militärangehörige genossen viele Privilegien, doch inzwischen brachte seine Tante mehr Geld nach Hause als ihr Mann. »Durch seine Stellung konnte mein Onkel eine schützende Hand über das Geschäft meiner Tante halten. Das eigentliche Geld machen die Frauen«, sagte Hyon.

Hyons Aufgabe war, über einen Mittelsmann auf dem Land Vorräte für seine Tante zu kaufen, die auf dem Markt in Pjöngjang einen höheren Preis erzielten. So kaufte er große Mengen Bohnen auf, die er dann in kleineren Mengen auslieferte, um keinen Verdacht zu erregen.

»Ich konnte nicht einfach rausfahren und zwei Tonnen Bohnen kaufen. Bei dem Mangel, der in Nordkorea herrscht, kann man sich mit einer solchen Menge Lebensmittel nirgends sehen lassen«, erklärte mir Hyon in einem beliebten Café im Süden von Seoul, das von Reggae-Musik beschallt wurde. Er besuchte inzwischen eine Universität im Süden. Groß und sportlich – anscheinend hatte er als Kind nicht unter Mangelernährung gelitten – und mit seinem sorgfältig frisierten Haar und den weißen Turnschuhen entsprach er perfekt seiner neuen Rolle.

Mit Lebensmitteln ließen sich auf vergleichbar leichte Weise Geschäfte machen. DVD-Geräte oder dergleichen zu verkaufen, war zwar profitabler, aber auch problematischer. Geräte mit USB-Anschluss aus China waren sehr beliebt und wurden in Nordkorea für zwanzig Dollar gehandelt. Gut vernetzte Händler brachten sie waggonweise ins Land, manchmal viertausend Stück auf einmal, und verdienten damit viel Geld. »Aber man musste schon sehr gute Beziehungen haben, um mit DVD-Geräten zu handeln, das war total gegen das Gesetz«, sagte mir Hyon.

Doch ob man nun mit DVD-Geräten oder Bohnen handelte – geschäftstüchtig musste man in jedem Fall sein.

Hyon orderte also Bohnen und ließ sie an Leute liefern, die sie für ihn in Säcke abpackten. Dann beauftragte er Träger, die Säcke zum Bahnhof zu schaffen. Dort bestach er die Aufseher, ein Auge zuzudrücken, normalerweise mit drei oder vier Kilogramm Reis pro Tonne Bohnen. Und er streckte die Auslieferung, manchmal über einen Monat, sodass nicht auffiel, mit welchen Mengen er handelte. In Pjöngjang standen Teams bereit, die die Bohnen entluden und zu seiner Tante brachten.

»Natürlich muss man diese Maschinerie mit Geld schmieren«, erklärte er mir. »Aber man braucht auch Beziehungen. Ich habe hochrangige Personen bestochen, um die Waren in Pjöngjang entladen zu können.«

Seine Tante schickte ihm dann Geld und Instruktionen für den nächsten Deal, und alles begann wieder von vorne.

Hyon ergriff voller Freude die Gelegenheiten, die ihm die neuen Marktmöglichkeiten in der Wirtschaft boten. Viele andere passten sich aus reiner Not an.

Jung-a, die ebenfalls an der Grenze wohnte, war elf Jahre alt, als Kim Jong-un Führer ihres Landes wurde. Sie wurde also bereits in ein zunehmend marktorientiertes Umfeld hineingeboren. Als sie zwölf war, verließ sie ihr Vater und floh aus Nordkorea. Ihrer Mutter blieb keine Wahl, als ihr Glück auf dem freien Markt zu versuchen.

Dabei hatte sich ihre Mutter, Frau Cho, noch Hoffnungen gemacht, als Kim Jong-un an die Macht kam. »Wir dachten, er ist so jung, vielleicht wendet er die Dinge zum Besseren«, erzählte sie mir in Südkorea, wohin sie inzwischen geflohen war. Doch der Große Nachfolger half ihr nicht. »Ich war ganz auf mich allein gestellt«, sagte sie.

Jung-a musste die Schule verlassen, um für den Lebensunterhalt der Familie zu sorgen. So hat sie lediglich die Grundschule absolviert.

Mutter und Tochter unternahmen in der Pflanz- und Erntezeit mehrmals pro Woche einen dreistündigen Fußmarsch von ihrem Haus im Zentrum von Hoeryŏng ins Bergvorland, um Unkraut auf dem kleinen Acker zu jäten, den sie mit Mais bepflanzt hatten.

Ohne Frühstück zogen sie um vier Uhr in der Frühe los, und um sieben Uhr erreichten sie ihr Stückchen Land, etwa anderthalb Hektar groß. Offiziell gehörte es einem staatlichen Schweinemastbetrieb, aber dessen Direktor vermietete es in kleinen Parzellen an Leute wie Frau Cho und strich dafür ein hübsches Sümmchen ein. Frau Cho, eine kleine Frau, der man ansah, dass sie schon viel durchgemacht hatte, bezahlte dem Betriebsleiter 220 Kilo Mais im Jahr für das Fleckchen Erde. Natürlich führte der Betriebsleiter diesen Verdienst nicht an den Staat zur Finanzierung von Kim Jong-uns »sozialistischem Paradies« ab. Er verkaufte den Mais auf dem Markt, so wie alle anderen auch.

Nach der morgendlichen Arbeit erlaubten sich Frau Cho und Jung-a eine Mahlzeit, falls man davon überhaupt sprechen kann. Für gewöhnlich aßen sie Maisnudeln in einer Suppe aus gemahlenen Bohnen, und zwar kalt, um Zeit und Geld für ein Feuer zu sparen. Im Sommer kamen gelegentlich noch etwas Spinat oder eine Gurke hinzu. Dann machten sie sich wieder an die Arbeit.

Wenn sie sich etwas Besonderes gönnen wollten, aßen sie Reis, aber meistens hatten sie nur kalte Nudeln. Um acht Uhr abends machten sie sich auf den Heimweg.

Zur Erntezeit heuerten sie einen Mann mit einem Karren an, der dem Betriebsleiter der Schweinefarm seinen Anteil Mais brachte, den Rest beförderte er dann in die Stadt, wo ihn Frau Cho auf dem Markt verkaufte. Viele Leute aßen Mais – Maisnudeln, »Maisreis« oder auch bloß Suppe aus Maishülsen –, weil das bedeutend billiger war als Reis.

Mit dem Geld, das Frau Cho mit dem Mais einnahm, kaufte sie Sojabohnen, um daraus zu Hause Tofu zu machen. Sie hatte versucht, Soja auf ihrem Acker zu ziehen, doch der hatte sich als ungeeignet erwiesen.

Aus acht Pfund Bohnen, die sie für 18 000 Won auf dem Markt kaufte, konnte sie Tofu herstellen, der sich für 30 000 Won verkaufen ließ.

Jung-a fiel die Aufgabe zu, den Tofu unter die Leute zu bringen. »Ich konnte nicht mit meinen Freundinnen spielen und auch nicht zur Schule gehen«, erzählte sie mir, als ich sie und ihre Mutter in ihrer kleinen Wohnung bei Seoul besuchte. »Es war so langweilig, immer zu Hause zu sein, und ich war total neidisch, wenn ich meine Freundinnen mit ihren Schulranzen zum Mittagessen nach Hause kommen sah.«

Doch Frau Cho verfügte gar nicht über das Geld, Jung-a zur Schule zu schicken. Nordkorea brüstet sich als sozialistische Gesellschaft zwar, seinen Bewohnern kostenlos Leistungen wie Bildung zur Verfügung zu stellen, doch in der Realität hat auch dort alles seinen Preis.

Lehrer verlangen von den Schülern eine Gebühr für den Unterricht. Üblicherweise wird sie nicht in Geld, sondern in Naturalien entrichtet: Sojabohnen, Hasenfelle, alles, was der Lehrer oder die Lehrerin mit Gewinn auf dem Markt verkaufen kann.

Rein theoretisch konnten Schüler auch zur Schule gehen, wenn sie diese Gebühr nicht entrichteten, aber das nutzte ihnen wenig. Sie mussten dann in der letzten Reihe sitzen, und niemand kümmerte sich um sie. Diese Ausgrenzung führte dazu, dass sie der Schule oft ganz fernblieben.

Frau Cho hatte ein schlechtes Gewissen, weil ihre Tochter allein war und immer zu Hause sitzen musste. Schließlich kaufte sie einen Fernsehapparat. Und doch blieb es ein trauriges Leben für Jung-a.

Wenn sie sich Feuerholz und Essen besorgt hatten – mit dem Gewinn aus dem Tofu kauften sie für sich selbst billigere Nahrungsmittel –, blieben Frau Cho an einem guten Tag 5000 Won, genug, um zwei Pfund Reis zu kaufen. Wenn es wegen der Schwankungen des Bohnenpreises oder fehlender Nachfrage schlecht lief, machte sie überhaupt keinen Gewinn.

Kurz, es war sehr viel Plackerei für sehr wenig Ertrag. Bald litt Frau Cho unter solchen Rückenschmerzen, dass ihre Tochter immer öfter allein für den spärlichen Unterhalt sorgen musste. Eines Tages beschlossen Frau Cho und Jung-a, nach Südkorea zu fliehen, trotz allem, was sie darüber gehört hatten, zum Beispiel dass es ein Land voller Bettler sei, das seine Einwohner ständig mit Folter bedrohe.

Und so kam es, dass ich mit ihr in ihrer neuen Wohnung sprechen konnte. Frau Cho, nun mit der obligatorischen Dauerwelle aller Südkoreanerinnen mittleren Alters, massierte sich mit den Fäusten den Steiß und verzog vor Schmerz das Gesicht, als wir uns zur Unterhaltung auf dem Fußboden niederließen. Jung-a schlief daneben auf einem Futon. Sie war inzwischen achtzehn und hatte den ganzen Abend über gelernt. Sie versuchte, die verlorenen Schuljahre aufzuholen und doch noch einen Abschluss zu machen, um in der bildungsbesessenen südkoreanischen Gesellschaft bestehen zu können.

Selbst als sie schon in Südkorea lebten, hoffte Frau Cho immer noch, dass sich das Leben in Nordkorea verbessern werde. »Ich habe gehört, dass er im Ausland zur Schule gegangen ist, da dachte ich, er werde das Tor zur Außenwelt öffnen«, sagte sie, immer noch ein wenig wehmütig.

Doch die Nachrichten, die von dort kamen, ließen nur den Schluss zu, dass für Menschen wie sie das Leben unverändert hart war.

Tofu in Heimarbeit herzustellen und Bohnen durch das Land zu schleusen, waren Tätigkeiten, die in Nordkorea in einer Art Grauzone stattfanden. Stets drohten Schwierigkeiten wegen illegaler Beschäftigung, wenn Frau Cho oder Hyon an einer Kontrollstelle an den Falschen gerieten oder das erforderliche Schmiergeld nicht aufbrachten. Die Geschäfte, denen Herr Kang nachging, spielten sich definitiv nicht mehr in einer Grauzone ab. Sie waren eindeutig kriminell.

Er war ein Drogenkönig in Hoeryŏng, direkt am Grenzfluss zu China gelegen, im von Pjöngjang entferntesten Winkel des Landes. Dorthin wurden als politisch unzuverlässig eingestufte Personen verbannt – sofern sie Glück hatten und nicht gleich ins nächste Straflager kamen.

Wie viele Menschen an der Grenze wusste Herr Kang die Vorteile zu nutzen, die die Nähe zum boomenden China bot. Er besaß ein chinesisches Mobiltelefon und konnte auch Signale chinesischer Mobilfunkmasten empfangen. Sein Geld verdiente er damit, Familientreffen von Nord- und Südkoreanern jenseits der Grenze zu arrangieren. Und wie so viele andere betätigte er sich im Geldtransfergeschäft für Leute im Ausland, die Verwandten in Nordkorea unter die Arme greifen wollten, gegen eine saftige Gebühr, versteht sich. Eine Kommission von 30 Prozent war durchaus üblich.

Doch das riskanteste, aber lukrativste Geschäft von Herrn Kang war der Verkauf von Crystal Meth, einem Metamphetamin, das jenseits des Flusses in China sehr beliebt und auch in Nordkorea weitverbreitet war, nicht zuletzt weil es das Hungergefühl unterdrückt. Geschäftstüchtige Wissenschaftler verwandelten die Chemielaboratorien von Hamhŭng, einst ein Vorzeigeobjekt des sozialistischen Staates, in private Crystal-Küchen – Nordkoreas Äquivalent zu »Breaking Bad«.

Drogenhändlern und -produzenten drohten viele Jahre Arbeitslager, Berichten zufolge wurden die Drahtzieher größerer Drogenringe auch mit dem Tode bestraft.

Aber wenn alles glattlief, war das Geschäft weit einträglicher, als die Stechuhr in einer die halbe Zeit stillstehenden Fabrik zu betätigen, während die Ehefrau selbstgemachten Tofu oder Reiskuchen auf dem Markt verkaufte.

In den Jahren vor Kim Jong-uns Machtantritt hatte Herr Kang ein gutgehendes Geschäft aufgebaut. Seine Frau gab ihre Stelle als Lehrerin auf und stieg ebenfalls ins Drogengeschäft ein. Sie hatten ein Baby. Die Drogen verkauften sich bestens, das Geld floss, sie führten ein gutes Leben und besaßen einen japanischen Kühlschrank, ein Ledersofa aus China und zwei Fernseher, einer ein japanisches Modell. Sogar ein Hausmädchen hatten sie, das für den Gegenwert von zwei Pfund Reis am Tag kochte und putzte.

Als ihre Tochter zur Schule kam, wurde sie von den Lehrern

geradezu verwöhnt. Sie überschütteten sie mit Aufmerksamkeit und sorgten dafür, dass sie im Unterricht gut mitkam. Das Mädchen wurde besser behandelt als die Kinder hochrangiger Staatsdiener, da Herr Kang der Lehrerin 100 chinesische Yuan, etwa 15 Dollar, pro Monat gab und sie gelegentlich in teure Lokale einlud.

Als Herr Kang 2010 zum ersten Mal von Kim Jong-un hörte, machte er sich ebenfalls Hoffnungen, dass der junge Mann Nordkorea der Außenwelt öffnen würde. Das Gegenteil trat ein. Die Sicherheitsvorkehrungen entlang der Grenze wurden verschärft, der Staat machte vor der zweiten Machtübertragung die Schotten dicht.

Herrn Kangs Exportgeschäfte gestalteten sich nun schwieriger, da China den Drogenkonsum bekämpfte und der nordkoreanische Staat sich beeilte, Vorbereitungen für die Große Nachfolge zu treffen. Herr Kang passte sich an und vertrieb die Drogen, die einst nach China gegangen waren, nun allein in Nordkorea.

»Zwar versuchten die Behörden nach Kim Jong-uns Antritt, dagegen vorzugehen, aber es ist in Nordkorea unmöglich, irgendjemanden von etwas abzuhalten«, berichtete mir Herr Kang in einem Restaurant unweit seiner neuen Wohnung in Seoul. Auf dem heißen Teller zwischen uns dampften Fleisch und Kimchi. »Man findet immer jemanden, den man schmieren kann.«

Herr Kang floh 2014 nach Südkorea, er war damals zweiundvierzig Jahre alt. Als ich ihn traf, sah er aus wie jeder andere Mann mittleren Alters; er trug eine rote Outdoor-Jacke und eine schwarze Wanderhose. Er kam allerdings nicht vom Wandern. Eine Dauerwelle hielt sein Haar in Form. Zum Schweinefleisch bestellte er sich eine Flasche Branntwein – Soju, nicht den gewöhnlichen, sondern den mit der roten Verschlusskappe, den extrastarken.

Kim Jong-uns Bemühungen, gegen den Drogenhandel vorzugehen, hatten keinen Erfolg. Als Herr Kang Nordkorea verließ, nahmen seiner Schätzung nach 80 Prozent der Erwachsenen von Hoeryŏng Crystal Meth und konsumierten pro Tag insgesamt beinahe zwei Pfund der hochkonzentrierten Droge.

»Meine Kunden waren ganz normale Leute«, sagte er. »Polizisten, Wachleute, Parteimitglieder, Lehrer, Ärzte. Crystal Meth war ein beliebtes Geschenk bei Geburtstagen und zum Schulabschluss«, sagte er. Jugendliche nahmen es ebenso wie seine 67-jährige Mutter – um ihren niedrigen Blutdruck anzuheben.

Für viele Nordkoreaner wurde der Konsum von Crystal Meth zu einem wesentlichen Bestandteil des Alltags, es war eine Möglichkeit, mit der unerträglichen Langeweile und den Entbehrungen in ihrem Leben zurechtzukommen. Das ist der Grund, so Herr Kang, weshalb der Kampf gegen den Drogenkonsum aussichtslos ist.

»Es ist nun einmal so, dass es ein gutes Gefühl verschafft. Wenn ich nichts nahm, ging es mir nicht gut, ich kam gar nicht in Schwung. Ich fühlte mich dann nicht wie ein richtiger Mensch«, sagte er. »Es baut Stress ab, und es verbessert die Beziehungen zwischen Männern und Frauen«, sagte er sehr ernst.

Was Herr Kang tat, war offiziell verboten, dennoch machte er kein Geheimnis daraus. Seine Nachbarn wussten davon, auch die Polizei war im Bilde. Aber er gab sich Mühe, nicht mit seinem Reichtum zu protzen, um keine weitere Aufmerksamkeit zu erregen.

Die Polizisten ihrerseits ließen keine Gelegenheit aus, sich zu bereichern oder selbst in Rausch zu versetzen. Sie gewährten Schutz und ließen sich dafür regelmäßig mit dem Stoff versorgen. »Sie kamen in der Mittagspause in mein Haus, und natürlich nahm ich kein Geld von ihnen.« Herr Kang lachte. »Der Chef der Geheimpolizei meines Viertels wohnte praktisch bei mir. Er schaute jeden Tag vorbei.«

Auch nachdem die Grenzkontrollen verschärft worden waren, machte Herr Kang, einer der Pioniere in diesem Geschäftszweig, immer noch zwischen 3000 und 5000 Dollar im Monat – eine enorme Summe in China, ein Vermögen in Nordkorea. Und je mehr er verdiente, desto einflussreicher wurde er.

»In Nordkorea«, sagte er zu mir, »bedeutet Geld Macht.«

Kapitel 7
Lieber gefürchtet als geliebt

»*Unsere Sicherheitskräfte und unser Volk werden kein Nachsehen haben, wenn jemand es wagt, sich der einzigartigen Führerschaft Kim Jong-uns entgegenzustellen.*«
Zentrale Koreanische Nachrichtenagentur, 13. Dezember 2013

Kim Jong-un wusste, dass es nicht damit getan war, die Bevölkerung in der Marktwirtschaft schuften und sich einen etwas besseren Lebensstandard erarbeiten zu lassen. Er musste im Bewusstsein der Menschen verankern, dass sie alles verlieren konnten – und er meinte das wörtlich –, sollten sie ihm Ärger bereiten.

Er musste die Verkörperung des Diktums sein, das der italienische Politiker Niccolò Machiavelli fünf Jahrhunderte zuvor in seinem Buch »Der Fürst« dargelegt hatte: dass es viel sicherer sei, gefürchtet als geliebt zu sein.

In den ersten Jahren seiner Herrschaft riegelte Kim Jong-un das Land, das ohnehin schon abgeschottet war wie kein anderes auf der Welt, völlig ab, ließ die Posten am Fluss Yalu, der einen Teil der Grenze zu China bildet, weiter ausbauen und verstärkte die Patrouillen. Seine Maßnahmen zur Verhinderung von Fluchtversuchen waren weitaus drakonischer als die seines Vaters. Der Große Nachfolger wollte um jeden Preis verhindern, dass Informationen und Menschen über den Fluss nach China gelangten. Er war fest entschlossen, überall hart durchzugreifen, wo seine junge Herrschaft bedroht war.

Das Kim-Regime hatte sieben Jahrzehnte überlebt, indem es das gesamte Volk im eigenen Land in Gefangenschaft hielt und ihm vom Kindergarten an unablässig einbläute, es lebe in einem sozialistischen Paradies und sei das glücklichste der Welt.

Dieses Narrativ hatte Kim Il-sung erdacht, aber er wusste zweifellos, dass sich die Farce nur schwer verkaufen ließ, weshalb er zugleich einen Überwachungsstaat schuf, der jeden Aspekt im Leben aller Nordkoreaner seiner Kontrolle unterwarf, und so ist es bis heute. Beamte beobachten, wie tief sich die Leute vor den Statuen der Führer verneigen, wie aufmerksam sie bei den zwangsweise verordneten ideologischen Schulungen zuhören, wie häufig sie sich davor drücken, in der Morgendämmerung die Straße zu kehren. In diesem Polizeistaat kann jeder ein Informant sein oder zu einem gemacht werden: die Ehefrau, ein Oberst, der Gemüseverkäufer, ein Lehrer, ein Bergarbeiter, ein Kind.

Lange nach Glasnost und lange nachdem China seine Tore einen Spalt weit geöffnet hat, hält das nordkoreanische Regime immer noch an einer nahezu totalen Informationsblockade fest. Nur weil es seinen Untertanen den Zugang zur Außenwelt verweigert, kann es seine Mythen aufrechterhalten.

Um jeden zu bestrafen, der es wagt, seine Führerschaft infrage zu stellen, übernahm der Große Führer auch das berüchtigte Gulagsystem Stalins. Jeder, der von der vordiktierten Meinung abwich, landete in einem der riesigen Konzentrationslager, die in entlegenen Regionen mit meist unwirtlichem Klima errichtet worden waren – und mit ihm oftmals seine ganze Familie.

Der allumfassende Charakter der vom Regime erdachten Märchen lässt sich kaum drastisch genug darstellen. »Das ist wie eine Religion«, sagte Dr. Yang, ein Arzt aus der nordkoreanischen Grenzstadt Hyesan. »Von Geburt an wird einem eingetrichtert, dass die Angehörigen der Familie Kim Götter sind und man ihnen absoluten Gehorsam schuldet. Es ist eine Terrorherrschaft. Die Familie Kim hält die Leute durch Terror in einem ständigen Angstzustand.«

In jedem Haus, jeder Schule, jedem Krankenhaus, jedem öffentlichen Gebäude und in jedem U-Bahn-Waggon müssen gerahmte Fotos von Kim Il-sung und Kim Jong-il hängen, die tagtäglich mit einem speziellen, in einer eigenen Schachtel aufbewahrten Tuch gereinigt werden. Plakate und Anschlagtafeln in allen Städten, ja sogar in die Berghänge eingemeißelte Botschaften rühmen die Größe des Kim-Regimes.

Jeder Fernsehkanal gibt treu die verordnete Propaganda wieder. Die Kinos zeigen nur nordkoreanische Filme mit einprägsamen Titeln wie »Nation und Schicksal«. In jedem Haushalt hängt an der Wand ein Radio, das nie ausgeschaltet werden und auf dem man nie den Sender wechseln kann. Schlägt man eine nordkoreanische Zeitung auf, findet man unzählige Geschichten über die Genialität und Mildtätigkeit Kim Jong-uns. Dem universellen Epos Nordkoreas zufolge gibt es nichts, was der Hervorragende Genosse nicht weiß. Er erteilt Ratschläge über die Aufzucht von Welsen und über Viehhaltung, er gibt Tipps in Gärtnereien und Baumschulen, auf Baustellen und Werften. Er prüft Produktlinien für Schuhe, Gesichtscreme und Bohnenpaste und gewährt auf Schritt und Tritt weisen Rat. Überall redet er mit, ob in der Musik, Architektur oder im Sport. Er ist ein militärisches Genie, dem sich der Fortschritt im Atom- und Raketenprogramm verdankt, und er befehligt Manöver zu Wasser und zu Land.

Eine andere Sicht als seine einzunehmen, ist nicht möglich. Und abgesehen von einer Handvoll Privilegierter, die von Kim

Jong-un explizit die Erlaubnis erhalten, hat niemand Internetzugang. Handys sind nicht mit der Außenwelt verbunden. Eine Alternativpresse existiert nicht. Nirgendwo sieht man Graffiti. Dissidenten scheint es nicht zu geben.

Das Regime indoktriniert die Menschen von Kindesbeinen an. Bei einer Reise nach Pjöngjang besuchte ich einen Kindergarten mit einem Schild über der Eingangstür, auf dem stand: »Danke, Respektierter General Kim Jong-un«. In den Räumen hingen Bilder von Waschbärsoldaten mit Panzerfäusten und Matrosenentchen mit Maschinengewehren. Die Kleinen posierten mit Kalaschnikows aus Plastik vor den ausländischen Fotoreportern.

Min-ahs Tochter ging noch in den Kindergarten, als sie zum ersten Mal von Kim Jong-un hörte. Damals war sie vier Jahre alt. Die Kinder erhielten Süßigkeiten, man zeigte ihnen eine Aufnahme des neuen Führers und erzählte ihnen, was für ein wunderbarer Mensch er sei. An eine Sache kann sie sich noch gut erinnern. »Sein Gesicht war fett wie ein Schweinskopf«, erzählte sie mir ein paar Jahre später, als sie in Seoul in Sicherheit lebte.

Während sich Kim Jong-un noch in seine Führerschaft eingewöhnte, wies das Bildungsministerium bereits alle Schulen an, ein neues, ausschließlich ihm gewidmetes Fach einzuführen. Abgesehen vom Unterricht über seinen Vater, seinen Großvater und seine Großmutter enthielt der Lehrplan nun auch noch 81 Stunden, in denen es ausschließlich um Kim Jong-un ging.[83] Im Fach Geschichte hörten die Schüler von amerikanischen Soldaten, die im Koreakrieg Babys mit Bajonetten aufgespießt hätten, und im Fach Wirtschaft erfuhren sie, dass Nordkorea dank der Juche-Philosophie unabhängig sei.

Außerhalb der Schule wurden diese Botschaften Kindern im Alter zwischen neun und fünfzehn Jahren bei den Jungen Pionieren eingebläut, die Teilnahme war selbstverständlich Pflicht.

Die Aufnahme bei den Jungen Pionieren gilt vielen als der bedeutsamste Augenblick im Leben eines Kindes. Sie wird oft mit einem Jubiläum des Regimes wie dem Geburtstag Kim Il-sungs oder dem Gründungstag des Staates verknüpft und in einer Zeremonie an der Schule gefeiert. Die Eltern sind anwesend, und die Kinder bekommen meist ein hübsch verpacktes Geschenk, zum Beispiel einen Füller oder eine Schultasche. Die Nordkoreaner feiern ihren eigenen Geburtstag nicht, nur den ihres Führers, und für viele Kinder ist dies das einzige Ereignis überhaupt, zu dem sie etwas geschenkt bekommen.[84]

Man-bok war in seinem zweiten Studienjahr an der Universität, als sein Kurs erfuhr, dass Kim Jong-un der nächste Führer des Landes sein würde. Seit seiner Zeit im Kindergarten, über die ganze Schulzeit hinweg, während des Militärdienstes und seit Beginn seines naturwissenschaftlichen Studiums hatten Kim Il-sung und Kim Jong-il über seine Lernfortschritte gewacht. An seiner Universität mussten sich die Studenten jeden Tag einer 90-minütigen ideologischen Schulung unterziehen. Wieder und wieder wurde ihnen die glorreiche Geschichte der nordkoreanischen Revolution unter der Führung Kim Il-sungs und der Mithilfe seiner Frau Kim Jong-suk erzählt. Und diese Revolution sollte nun von Kim Jong-un weitergeführt werden.

Man-bok hatte die Nase voll davon; er wollte seine Studien betreiben und nichts von diesen vorgeblichen Genossen mehr hören. Er hatte genug von diesem »doppelten Denken«.

Dann, kurz nach jener Ankündigung, sah er zum ersten Mal den Thronfolger im Fernsehen: ein pausbäckiges Kind in seinem Alter, umgeben von alten Generälen, die ihn mit einem respektvollen koreanischen Wort für »Spross« ansprachen.

Dem Studenten erschien das wie ein Witz. »Meine engsten Freunde und ich nannten ihn einen Drecksack«, erzählte er mir.

»Alle denken das, aber sagen darf man es nur unter Freunden oder gegenüber den Eltern, und auch dann nur, wenn man weiß, dass sie derselben Meinung sind.«

Aber es war kein Witz. King Jong-un stieg auf, das System hatte seinen Führer der dritten Generation hervorgebracht. Angesichts seines jugendlichen Alters war zu erwarten, dass man lange mit ihm zu tun haben würde.

Unterdessen wurden seine Landsleute nun über das Genie aller Genies aufgeklärt, ob beim obligatorischen Militärdienst, in Fabriken, Bergwerken und Ämtern, bei Treffen des Frauenverbands oder in den Nachbarschaftsgruppen.

Um seinen Anspruch auf die Führung zu untermauern, ließ Kim Jong-un 2013 Nordkoreas zehn Gebote überarbeiten. Fast vierzig Jahre zuvor hatte Kim Il-Sung »Zehn Prinzipien zur Verwirklichung der Einheit« aufgestellt, um den Personenkult fest zu verankern.

In jedem dieser Grundsätze kommt der Name des Führers vor, und sie alle erwähnen seine absolute Autorität sowie die Notwendigkeit, bedingungslos an die Gebote zu glauben. Prinzip Nummer eins verlangt, »das Denken des Großen Führers Genosse Kim Il-sung als die eigene Überzeugung anzunehmen und seine Anweisungen zum eigenen Bekenntnis zu machen«. Laut Prinzip Nummer vier ist die »hohe Verehrung des Großen Führers Genosse Kim Il-sung die edelste Pflicht der revolutionären Kämpfer, die dem Großen Führer auf immer treu ergeben sind«.

Kim Jong-un kam nach seiner Machtübernahme offenbar zu dem Schluss, dass der Katalog einer Aktualisierung bedurfte. Er sollte nun auch die Verehrung für seinen Vater Kim Jong-il enthalten und seine eigene Rolle im System einbeziehen. »Der Große Genosse Kim Il-sung und Genosse Kim Jong-il sind außergewöhnliche Patrioten, große Revolutionäre und liebende Väter des Volkes. Sie gaben alles für ihr Vaterland, die Revolution und das Volk«, heißt es nun zu Beginn der revidierten Fassung.

Aber Kim Jong-un scheute sich, seinen eigenen Namen hinzuzufügen oder zu bestimmen, dass jeder ein Porträt von ihm zu Hause aufzuhängen habe. Darum bemüht, es nicht zu weit zu treiben, konzentrierte er sich darauf, seinen Vater emporzuheben, freilich in der Hoffnung, auf diese Weise auch seine Legitimität als Spross dieses gloriosen Systems zu erhöhen.

Jeder Nordkoreaner muss die zehn Prinzipien auswendig lernen und sie jederzeit auf Verlangen herunterbeten können.

Die aktualisierten Prinzipien werden ihnen bei den ideologischen Schulungen eingehämmert, die zweimal in der Woche in ihren Nachbarschaftsgruppen oder am Arbeitsplatz stattfinden. Bei diesen Pflichtveranstaltungen müssen sie die jüngsten Schilderungen der Größe des Führers und der Freveltaten der Vereinigten Staaten über sich ergehen lassen. Hier erfuhren sie auch zum ersten Mal von den erstaunlichen Heldentaten des Genossen General Kim Jong-un im Jahre 2009.

Jeden Samstag, manchmal auch öfter, müssen Nordkoreaner Sitzungen zur Selbstkritik beiwohnen. Dabei werden sie aufgefordert, ihre Fehlleistungen der vergangenen Woche zu bekennen. Oft geben sie auch die Fehlleistungen der Menschen in ihrer Umgebung preis. Meist handelt es sich um eine mechanische Übung, in der man beweist, dass man die herrschende Ideologie internalisiert hat: Die Teilnehmer schildern zum Beispiel, dass sie im Dienste des Großen Nachfolgers noch härter hätten arbeiten können, etwa bis ihnen die Finger bluteten oder sie in Ohnmacht fielen. Aber diese Sitzungen bieten auch die Gelegenheit, Rivalen anzuschwärzen oder sich an einem lästigen Nachbarn zu rächen.

Selbst die Frisuren werden in Nordkorea streng kontrolliert. Es ist Frauen verboten, sich die Haare zu färben, allerdings sind bei verheirateten Frauen Dauerwellen durchaus üblich. Im Ausland erzählte man sich, Kim Jong-un habe kurz nach seiner Machtübernahme angeordnet, alle Männer hätten sich eine Schmalzlocke zuzulegen wie er.

Das stimmte nicht, wohl aber dass die Männer in Nordkorea einen Kurzhaarschnitt tragen müssen. Eine Reihe empfohlener Stile schmückt die Wände von Friseurläden, darunter, ja, auch mehrere mit extrem kurz geschnittenen Seiten und einer sehr hohen Haartolle. Dieser Schnitt ist nicht Pflicht, aber ein cleverer Nordkoreaner weiß, dass er dadurch bestens seine Treue zum Führer unter Beweis stellen kann.

Auch wer ins Ausland geschickt wird, um dort Geld für das Regime zu verdienen, bleibt nicht von den Schulungen und der Selbstkritik verschont. Im Gegenteil, da diese Leute einen Blick in die reale Welt werfen können, gibt sich das Regime große Mühe, sie von anderen ideologischen Einflüssen abzuschotten.

»Man sagte uns, Kim Jong-un arbeite enorm viel für das Wohl der Partei, des Landes und des Volkes«, erklärte mir Herr Song, Bauarbeiter in Russland, der dem nordkoreanischen Regime und ein wenig auch sich selbst Devisen verschaffte, nachdem Kim Jong-il gestorben war. »Er habe dies und das getan und arbeite so schwer für uns alle. Das war einfach Unsinn. Jeder, der seinen Militärdienst abgeleistet hatte, fand es lächerlich zu behaupten, ein Kind sei in der Lage, mit einem Gewehr umzugehen, wenn es noch nicht einmal über das Armaturenbrett eines Autos hinausschauen kann«, meinte er. Aber so etwas durfte er damals natürlich nicht laut sagen.

Wer in Nordkorea laut ruft, dass der Kaiser keine Kleider anhat, lebt nicht mehr lange. Aber fast jeder weiß es, denn die Abschottung des einst hermetisch abgeriegelten Landes ist brüchig geworden. Trotz größter Anstrengungen ist das Regime nicht in der Lage, den Rest der Welt vollständig auszublenden.

Nach der Hungersnot kamen über die chinesische Grenze Nahrungsmittel und Kleidung ins Land und mit ihnen auch Informationen. Menschen, die über den Fluss ins Nachbarland gelangt waren, erzählten nach ihrer Rückkehr, was sie gesehen hatten: Dort auf der anderen Seite hätten die Leute einen solchen Überfluss, dass sie nicht einmal alles aufessen würden, was auf den Tisch kam, und Hunde würden besser ernährt als die Menschen in Nordkorea.

Nach und nach trafen immer detailliertere Berichte ein.

Händler schmuggeln längst USB-Sticks und SD-Karten nach Nordkorea, nicht selten vergraben in Reissäcken oder unter Lagen von Batterien. Anschließend werden sie unter dem Ladentisch verkauft. Die kleinen Speichergeräte lassen sich leicht vor den Behörden verbergen und werden oft an Freunde weitergegeben.

Aktivisten in Südkorea versuchen, dies zu unterstützen, indem sie Sticks in große Ballons stecken, die sie über die Grenze fliegen lassen, wenn der Wind günstig steht, oder sie füllen Flaschen damit, die sie bei geeigneter Strömung den Flüssen übergeben. Auf den meisten befinden sich Actionfilme und rührselige Seifenopern, auf manchen Literatur und Enzyklopädien. Andere wiederum enthalten peppige südkoreanische Popsongs, einige auch Pornos.

All diese Inhalte werden von den informationshungrigen Nordkoreanern förmlich aufgesogen.

»Wenn man auf den Markt geht, fragt man die Verkäufer: ›Habt ihr heute etwas Köstliches?‹, oder ›Habt ihr gutes Bier?‹«, erklärte mir Frau Kwon, die früher in der im Norden gelegenen Stadt Hoeyrŏng gelebt hatte. »Dann sagt man: ›Okay, einmal vollmachen bitte.‹ Das bedeutet, dass man einen Stick möchte, auf dem viele Filme gespeichert sind.«

DVD-Abspielgeräte mit USB-Anschluss sind auf den Märkten heiß begehrt. Kleine tragbare DVD-Spieler, als »Notels« bezeichnet – eine Kombination aus »Notebook« und »Television« –, sind besonders beliebt. Sie verfügen über ein DVD-Laufwerk und USB- und SD-Anschlüsse sowie einen eingebauten Fernseh- und Rundfunkempfänger und können über eine Autobatterie betrieben werden. Sie kosten um die fünfzig Dollar, und man kann davon ausgehen, dass zumindest in den Städten jeder Zweite im Besitz eines solchen Gerätes ist.[85]

Wenn Frau Kwon zum Markt ging, nahm sie manchmal alte USB-Sticks zum Tauschen mit oder kaufte einfach einen neuen. Ein 16-Gigabyte-Stick kostete weniger als zwei Dollar und enthielt einen Riesenschatz an Informationen von außen.

»Es gefiel mir, ihre Häuser zu sehen, wie sie lebten, alles«, erzählte sie mir, und dass ihr besonders »My Name is Kim Samsoon« gefallen habe, eine alte Liebeskomödie, in deren Mittelpunkt eine pummelige, unbekümmert daherplappernde Frau steht. Sie schwärmt für einen Arzt, den sie für sich gewinnen kann, aber dann wieder verliert. »Es war wie ein Märchen«, sagte Frau Kwon. »Natürlich wollte ich auch so leben wie die Leute in der Serie, das war mein Traum, und auch nach Südkorea zu gehen.«

Sie führt zwar keine märchenhafte Existenz im Süden – sie hat nur eine kleine Wohnung in einer Satellitenstadt von Seoul –, aber der Funke, der übersprang, kam von jenen kleinen Einblicken in die Welt da draußen.

Die Kühlschränke, Sofas, Fernseher, Autos, überhaupt all das, was es in den Filmen zu sehen gibt, untergraben einen der zentralen Mythen der Propaganda aus Pjöngjang: dass Südkorea ein bettelarmes und verzweifeltes Land sei und die Nordkoreaner ein glücklicheres Leben führten.

Noch das kleinste Detail in diesen Filmen und Serien konnte Menschen, die nichts anderes kannten als das, was die Staatsmedien lieferten, stark beeinflussen. Das kleinste Detail konnte die größten Lügen aufdecken.

Auch der Umgang der Südkoreaner miteinander kann erhellend sein. Jungen Nordkoreanern, vor allem Frauen, fiel auf, dass man im Süden meist höflich zueinander war und eine Sprache verwendete, die Respekt zum Ausdruck brachte. Sie stand in krassem Gegensatz zu der herablassenden Art gegenüber Jüngeren und Frauen, wie sie im Norden üblich war.

Jung-a, die nicht in die Schule gehen konnte, weil sie selbstgemachten Tofu verkaufen musste, erinnerte sich noch, wie überrascht sie war, als sie sich einen Film mit dem Titel »Ninja Assassin« ansah, der sich auf einem auf dem Markt erstandenen Stick befand. Der actionlastige, zum großen Teil blutige Kampfkunstfilm war eine amerikanische Produktion, doch die Hauptrolle spielte ein muskulöser südkoreanischer Popstar namens Rain. Der Film öffnete ihr die Augen.

»In Nordkorea lernten wir in der Schule, dass Südkoreaner anders aussähen als wir«, erzählte sie. »Aber dieser Film zeigte, dass sie genauso aussahen wie wir und auch genauso sprachen.«

Vor allem aber gefielen ihr die südkoreanischen Popsongs. »Die nordkoreanischen Lieder klingen alle gleich, und der Text ist immer ernst und schwer. Ich kannte nur Lieder über Kim Il-sung, die Generäle und den Patriotismus«, sagte sie. »Und dann hörte ich plötzlich diese Songs, die auch auf Koreanisch gesungen wurden, aber völlig anders klangen.«

Diese Art von Informationen hätten sich in ganz Nordkorea verbreitet und den Glauben an den Führer der dritten Generation unterminiert, erklärte mir Dr. Yang, ein etwas ruppiger Mann in den Vierzigern, während einer Arbeitspause in einem Krankenhaus in Seoul.

»Die Leute versprechen sich gar nichts von diesem jungen Führer«, sagte er. »Ich denke, über 70 Prozent der Nordkoreaner sind nicht zufrieden mit dem Regime von Kim Jong-un. Sie wissen, dass er nichts auf dem Kasten hat.«

Auch in Nordkorea hatte Dr. Yang schon als Arzt gearbeitet, in einem großen Krankenhaus in der Provinz. Aber es gab keine Medikamente, und er verdiente praktisch nichts – 3500 Won im Monat, nicht einmal genug, um zwei Pfund Reis zu kaufen. So betätigte er sich als Schmuggler. Er pflückte in den Bergen Heilkräuter und verkaufte sie in China. Nordkoreanische Ärzte kennen sich gut aus mit Heilkräutern, da ihnen keine Pharmazeutika zur Verfügung stehen, weshalb sie notgedrungen solche »Kräuterurlaube« machen. Vom Erlös kaufte er Haushaltsgeräte wie Reiskocher, tragbare DVD-Player und LCD-Monitore und schleuste sie nach Nordkorea ein.

Bei dieser Tätigkeit blieb ihm nicht verborgen, was hinter der Propaganda des Regimes steckte. »Man erklärte uns, der Grund für unsere Armut seien Sanktionen«, sagte er. »Aber ich wohnte in der Nähe der Grenze, und so wusste ich, dass sich Nordkorea deshalb nicht weiterentwickelte, weil man nichts dafür bekam, wenn man härter arbeitete. Man arbeitete einfach für nichts, so oder so.«

Warum aber hält sich das System, wo doch so viele Nordkoreaner Kenntnisse über die Außenwelt haben und wissen, dass das Regime sie belügt? Die Antwort liegt in der beispiellosen Brutalität des Regimes, das bei dem geringsten Anzeichen von Unzufriedenheit gnadenlos schwerste Strafen verhängt.

Um glaubhaft zu machen, dass er bestens für die Führungsaufgabe geeignet ist, hält Kim Jong-un zudem geflissentlich am politischen Kastensystem Nordkoreas fest, das seine treuen Anhänger belohnt, während jeder, der es wagt, es infrage zu stellen, bitter dafür büßen muss. Dieses Kastensystem ist ebenfalls ein Erbe seines Großvaters.

Kim Il-sung übernahm bei der Konzeption seines Idealstaats feudale Elemente der Joseon-Dynastie, die bis beinahe 1900 fünf Jahrhunderte lang über Korea geherrscht hatte. Dazu gehörte unter anderem das Prinzip der Sippenhaft. Aufgrund dieses Systems können auch heute noch bis zu drei Generationen einer ganzen Familie wegen des Vergehens eines Einzigen inhaftiert werden, manchmal sogar lebenslänglich.[86]

Aus der Joseon-Zeit entlieh Kim Il-sung auch das charakteristische *songbun*-System, das die Bevölkerung in fünfundfünfzig Kategorien einteilt. Diese wiederum werden drei Klassen zugeordnet: loyal, schwankend, feindlich gesinnt.

Bis heute genießt der loyale Teil alle Vorteile. Er stellt die zehn bis 15 Prozent der Bevölkerung, die politisch dem System voll und ganz ergeben sind und das größte Interesse an seinem Fortbestand haben. Sie dürfen in Pjöngjang wohnen und erhalten mehr Bildung, unter anderem auch die Möglichkeit, die Kim-Il-sung-Universität zu besuchen. Sie bekommen die besten Jobs und werden bei Anträgen für die Aufnahme in die Partei bevorzugt. Ihnen werden die besseren Wohnungen zugeschanzt, sie tragen bessere Kleidung, bekommen bessere und mehr Lebensmittel und haben leichteren Zugang zu Ärzten, die auch wirklich über Medikamente verfügen.

Ganz unten stehen jene, denen eine feindliche Gesinnung attestiert wird: Leute, die mit den Japanern kollaboriert haben, Christen, Skeptiker. Sie machen etwa 40 Prozent der Bevölkerung aus und werden im Allgemeinen in die unwirtliche Bergregion im Norden verbannt, wo der Winter hart und die Nahrungsversorgung selbst nach nordkoreanischen Maßstäben miserabel ist.

Diese »Unerwünschten« haben praktisch keine Aufstiegschancen in der Gesellschaft. Ihr Leben spielt sich in landwirtschaftlichen Kollektiven und Fabriken ab – was seit Jahrzehnten nichts anderes bedeutet, als dass sie tagtäglich einen harten Überlebenskampf führen müssen.

Zwischen den Loyalen und den feindlich Gesinnten steht die Klasse der Schwankenden. Es sind die normalen Menschen, die etwa die Hälfte der Bevölkerung bilden. Sie leben in einer Art Schwebezustand, ohne jede Chance, eine höhere Schule zu besuchen oder einen Ausbildungsberuf zu ergreifen. Wenn sie Glück haben, können sie sich während des Militärdienstes eine gute Stellung sichern, die ihnen ermöglicht, sich zu einem etwas besseren Lebensstandard hochzuarbeiten.[87]

Jemand, der mit einem schlechten *songbun* geboren wird, hat keine Gelegenheit, in der sozialen Hierarchie aufzusteigen. Die Menschen aus einer der höheren Kategorien aber können durchaus abstürzen, wenn sie auch nur den geringsten Fehler begehen.

Mithilfe dieses Systems und der ständigen Bedrohung, sozial herabgestuft zu werden, kann sich Kim Jong-un an der Macht halten. Als Mitglied der loyalen Klasse mit einer Wohnung in Pjöngjang und einer Anstellung in einer staatlichen Institution kann man durchaus etwas von seinem Verdienst auf die Seite legen, um seine Kinder auf die Universität zu schicken. Da überlegt man es sich gut, bevor man offen infrage stellt, ob der Führer wirklich schon mit fünf Jahren Auto fahren konnte, oder kritisiert, dass Unsummen für Atomwaffen ausgegeben werden statt für Krankenhäuser und Schulen. Es gibt immer jemanden, der einen genau beobachtet und Bericht erstattet, wenn man sich dem Regime nicht genügend ergeben zeigt.

Dies beginnt schon an der Basis, in der *inminban* oder Volksgruppe. Jedes Viertel ist in Gruppen von dreißig bis vierzig Haushalten aufgeteilt, jeweils angeführt von einer Frau mittleren Alters, die ihre Nase in alles steckt. Ihre Aufgabe besteht darin, genau im Auge zu behalten, was die Leute in den ihr zugewiesenen Haushalten vorhaben. Die Nordkoreaner sagen oft, die Leiterin ihrer Nachbarschaftsgruppe müsse wissen, über wie viele Essstäbchen und Löffel jedes Haus verfüge.[88]

Sie registriert auch Besucher, die über Nacht bleiben – keiner darf bei einem Freund oder einem Verwandten wohnen, ohne es vorher den Behörden gemeldet zu haben. Häufig führt sie zusammen mit der lokalen Polizei mitten in der Nacht Razzien durch, um zu kontrollieren, ob nicht etwa verbotene Gäste da sind oder sich Bewohner wie Man-bok oder Jung-a südkoreanische Filme ansehen. Sie inspiziert alle vom Staat ausgegebenen Radios, um sich zu vergewissern, dass sie nicht auf einen anderen als den Staatssender umgestellt wurden. Sie überprüft Handys auf verbotene Musik oder Fotos von der Welt außerhalb Nordkoreas.

Darüber hinaus ermutigt sie die Nachbarn auch zum Denunziantentum. Vielleicht wird in einer Familie oft weißer Reis und Fleisch gegessen, da fragt man sich natürlich, warum sie sich das leisten kann. Woanders flackert spät abends der blaue Lichtschein eines Fernsehers hinter den Vorhängen, obwohl die staatlichen Programme schon lange nicht mehr senden – was wird da bloß geschaut? Hat jemand eine Liebesbeziehung, die Leiterin der Nachbarschaft wird es herausfinden. Das ist in Nordkorea keine Kleinigkeit, denn das Verhalten insbesondere von Frauen, die vor- oder außerehelichen Sex haben, wird missbilligt. Das Vergehen des Paares wird ihren Chefs gemeldet, und beide müssen sich in einer Selbstkritiksitzung dem demütigenden Urteil ihrer Nachbarn aussetzen.[89]

In Nordkorea wird jeder Aspekt des Lebens seiner Bewohner überwacht, jeder Regelverstoß gemeldet und die geringste Abweichung vom System bestraft. Dieses System ist allgegenwärtig und führt dazu, dass sich die Menschen niemals ein Unbehagen am Regime anmerken lassen.

Die Nachbarschaftsführerin muss Vergehen melden, um ihrerseits auf gutem Fuß mit den höheren Instanzen zu stehen, insbesondere mit den beiden wichtigsten Geheimdiensten.

Das Ministerium für Volkssicherheit führt regelmäßig Kontrollen durch und betreibt Arbeitslager für diejenigen, denen »normale« Verbrechen wie Überfälle, Diebstahl, Drogenhandel und Mord vorgeworfen werden. Die koreanische Bezeichnung für diese Gefangenenlager lautet: »ein Ort, an dem durch Erziehung ein guter Mensch entsteht«. Immerhin handelt es sich dabei um zeitlich begrenzte Haftstrafen, sodass die Gefangenen hoffen dürfen, eines Tages entlassen zu werden.

Das Ministerium für Staatsschutz widmet sich hingegen den politischen und ideologischen Vergehen. Diese Behörde ist dafür verantwortlich, eine vollständige Blockade aller Informationen jenseits der staatlichen Medien aufrechtzuerhalten und zu gewährleisten, dass sich alle strikt an die Propaganda halten.

Das Ministerium untersucht politische Verbrechen – etwa Kritik am Regime oder den Versuch, sich seiner Umklammerung zu entziehen – und unterhält ein Netz unvorstellbar brutaler Gefangenenlager für diejenigen, die falscher politischer Gedanken und politischer Fehltritte bezichtigt werden.

Als Kim Jong-un feststellte, dass ausländische Medieninhalte in seinem Land kursierten, stattete er die Gruppe 109, die Spezialeinheit des Sicherheitsdienstes, die das Verbot durchzusetzen hat, mit neuen Befugnissen aus. Sie hat nun die Aufgabe, im Ausland produzierte Medieninhalte aufzuspüren, vor allem solche, die auf Handys und USB-Sticks gespeichert werden, und sie zu konfiszieren. Besonders genau nimmt die Einheit die Log-Dateien von Geräten unter die Lupe, um herauszufinden, ob es Datentransfers gegeben hat.

Wer mit unerlaubten Inhalten erwischt wird, muss damit rechnen, verhaftet und verhört zu werden. Manche können sich durch Bestechung mit Geld oder auch nur Zigaretten retten, doch in jedem Fall wird das fragliche Gerät konfisziert. Viele Nordkoreaner glauben allerdings auch, dass Polizeibeamte gezielt nach ausländischen Medien auf Handys oder bei spätabendlichen Hausdurchsuchungen suchen, um mit dem Weiterverkauf ihre eigene miserable Bezahlung aufzubessern.

Als Kim Jong-un 2012, ein Jahr nach seiner Machtübernahme, das nordkoreanische Strafgesetzbuch überarbeiten ließ, sorgte er dafür, dass ein Abschnitt für den Konsum ausländischer Medien hinzugefügt wurde. Dieser gilt seither als subversiv, und es ist viel schwieriger geworden, besser gesagt teurer, sich herauszuwinden. Wer gewerblich Informationen ins Land schmuggelt, riskiert die Verurteilung zu Arbeitslager.[90] Hinzu kamen etliche weitere drakonische Bestimmungen. Es ist nun auch ein politisches Vergehen, einen nicht richtig durchdachten Wirtschaftsplan aufzustellen oder nicht die besten Sportler für wichtige Wettkämpfe auszuwählen. Nicht von der Arbeiterpartei und den Behörden genehmigte Versammlungen sind verboten, ebenso Kritik oder Äußerungen der Unzufriedenheit über den Staat, auch im privaten Kreis. Wer sich an einem Aufruhr oder einer Demonstration »mit staatsfeindlichen Zielen« beteiligt, hat eine lebenslängliche »Besserung durch Arbeit« oder die Todesstrafe zu erwarten. Bei staatsfeindlicher »Propaganda und Agitation« droht der Tod.[91]

Trotz aller Bemühungen, sich gegen »ideologische Korruption« zu wappnen, kann das Regime nicht verhindern, dass Menschen etwas von der Außenwelt mitbekommen. Man-bok, der Student der Naturwissenschaft, sah sich Kriegs-, Gangster- und nicht jugendfreie Filme an. Er hörte ausländische Nachrichten. Und er wurde immer unzufriedener. »Das Regime versuchte, uns der Gehirnwäsche zu unterziehen«, sagte er, »aber wir Jüngeren wissen, was wirklich los ist.«

Wenn ich hier von einem Strafgesetzbuch spreche, suggeriert das vielleicht, es gäbe eine strenge Rechtsstaatlichkeit in Kim Jonguns Nordkorea. Das ist nicht der Fall. Gelegentlich bemühen sich die Behörden um ein Verfahren, das den Anschein von Rechtsstaatlichkeit erweckt, aber das hat nichts mit dem zu tun, was im Ausland als ein faires Verfahren anerkannt würde. So kann von einer unabhängigen Verteidigung keine Rede sein.

Häufig bemühen sich die Behörden nicht einmal um einen solchen Anschein. Beschuldigte, die in die schlimmsten politischen Gefangenenlager gesteckt werden, wissen oft nicht, warum. Es gibt vier solche Lager, jeweils auf einem Gelände von vielen Quadratkilometern unwirtlichem Terrain in den nördlichen Regionen des Landes. Sie sind umringt von hohen Stacheldrahtzäunen, Fallgruben und Minenfeldern, verstärkt durch Wachtürme mit bewaffneten Posten.

Wer einmal in einem dieser Straflager landet, ist von der Außenwelt abgeschnitten und genießt als unwürdiger Konterrevolutionär nicht einmal mehr den geringsten Schutz irgendeines Gesetzes.[92] In den von der Geheimpolizei betriebenen Gefängnissen herrschen die unmenschlichsten Bedingungen. Viele Gefangene überleben die Haft dort nicht.

Die Gefangenen leiden ständig Hunger. Die Ernährung ist so dürftig, dass die Häftlinge Frösche oder Ratten jagen. Das ist noch das Nahrhafteste, was sie bekommen können. Sie suchen essbares Unkraut, einfach irgendetwas, um die »Suppe« anzureichern, die sie bekommen und die hauptsächlich aus Wasser und Salz besteht.

Und bei alledem müssen sie noch harte und oft auch körperlich gefährliche Arbeit verrichten, manchmal achtzehn Stunden am Tag. Mit nichts anderem ausgestattet als mit Pickel und Schaufel schürfen sie in Bergwerken, sie fällen Bäume mit Äxten und Handsägen. Für die Landarbeit stehen ihnen nur die elementarsten Werkzeuge zur Verfügung. Frauen fertigen Perücken und falsche Wimpern an oder nähen Kleidung, Produkte, die nach China und von dort aus weiter in die übrige Welt versandt werden. Gefangene, die die ihnen auferlegten Produktionsquoten nicht erreichen, müssen mit einer weiteren Reduzierung ihrer Essensrationen und Schlägen rechnen.[93]

Schwere Züchtigungen und Folterungen sind gang und gäbe, so auch die »Taubenfolter«. Die Gefangenen werden dabei mit auf dem Rücken zusammengebundenen Händen aufgehängt, sodass sich ihr Brustkorb vorwölbt. Oft müssen sie über mehrere Stunden verharren, bis sie ohnmächtig werden oder Blut spucken.

Auch die sogenannte Flugzeug- und die Motorradmethode sind üblich. Dabei werden die Gefangenen gezwungen, die Arme stundenlang seitwärts oder nach vorn auszustrecken. In der Regel brechen sie zusammen, bevor ihnen erlaubt wird, die Arme wieder herunterzunehmen.

Noch schlimmer sind die »Schwitzkästen«. Die Gefangenen werden in Holzkisten gesperrt, die so klein sind, dass man darin weder aufrecht stehen noch sich hinlegen kann. Die Folteropfer verharren in zusammengekrümmter Haltung, die Pobacken auf die Fersen gepresst. Das unterbindet die Durchblutung und führt zu massiven schwarzen Verfärbungen ihres Hinterteils. Wird der Gefangene über einen längeren Zeitraum zu dieser Haltung gezwungen, stirbt er.⁹⁴ Die Wächter sind darauf getrimmt, unbarmherzig vorzugehen; wenn sie auch nur das geringste Mitgefühl zeigen, werden sie mit hoher Wahrscheinlichkeit selbst bestraft.

Vergewaltigungen und schwere sexuelle Übergriffe sind ebenfalls Bestandteil der Bestrafung. Frauen, die nach China geflohen, aber in ihr Land zurückgeführt und ins Gefängnis gesteckt worden waren, berichten, man habe sie zur Abtreibung – nicht selten durch Schläge herbeigeführt – gezwungen oder ihr Neugeborenes vor ihren Augen getötet. Manche wurden sogar vor die Wahl gestellt, ihr Baby zu töten oder selbst getötet zu werden. Dies ist besonders häufig der Fall, wenn das Neugeborene als »unrein« erklärt wird – das heißt, wenn es einen chinesischen Vater hat.⁹⁵

Eine Untersuchungskommission der Vereinten Nationen für Menschenrechtsverletzungen in Nordkorea kam zu dem Ergebnis, dass es sich bei solchen Behandlungen der Gefangenen nicht nur um »Auswüchse des Staates« handelte, sondern um einen »elementaren Bestandteil« des totalitären Systems.

»Die Schwere, das Ausmaß und der Charakter dieser Verstöße zeugen von einem Staat, der in unserer heutigen Welt beispiellos ist«, schlussfolgerte die Kommission in ihrem Bericht von 2014. Sie empfahl, Kim Jong-un wegen Verbrechen gegen die Menschlichkeit vor den Internationalen Strafgerichtshof zu stellen.

Die zahlreichen Zeugenaussagen, die der Kommission vorlagen, stammten von Gefangenen, die die Lager überlebt hatten. Alle waren in der Zeit Kim Il-sungs und Kim Jong-ils inhaftiert worden, sie hatten später aus Nordkorea fliehen und schildern können, wie sie behandelt worden waren.

Ohne Zweifel zieht Kim Jong-un großen Nutzen aus dem repressiven System, das sein Großvater errichtet und sein Vater aufrechterhalten hat. Satellitenbilder zeigen, dass das ausgedehnte

Netz der Gefangenenlager, die sich an den Rändern von Städten oder auf riesigen Arealen in den Bergen befinden, in seiner Ära fortbesteht.

Auf den Bildern sieht man auch neue oder erweiterte Gefängniskomplexe, so etwa einen in der Nähe von Lager 14 im Zentrum des Landes, in dem politische Gefangene untergebracht sind. Auf einem etwa fünfzehn Quadratkilometer großen geschlossenen Gelände befinden sich klar erkennbar Sperranlagen, Wachstuben und Kontrollpunkte. Vor den Toren des Umerziehungslagers mit der Nummer 4 am Stadtrand von Pjöngjang ist deutlich ein Kalksteinbruch zu sehen, von dem aus die Gesteinsbrocken über ein Förderband in das Lager transportiert werden, wo Gefangene sie behauen müssen.[96]

Die Außenwelt erfährt nur sehr wenig über die Bedingungen in diesen Umerziehungs- und Konzentrationslagern unter Kim Jong-un.

In meiner Zeit als Nordkorea-Korrespondentin unter dem Führer der dritten Generation suchte ich Menschen, die nach 2011 inhaftiert worden waren. Doch selbst Aktivisten, die nordkoreanischen Flüchtlingen, darunter auch ehemaligen Gefangenen, helfen oder Experten für die Lager konnten mir niemanden nennen, der nach Kim Jong-uns Aufstieg zur Macht aus einem Lager herausgekommen wäre. Keiner meiner Gesprächspartner hatte je von einem solchen Fall gehört.

Vielleicht blieben die Häftlinge nach Verbüßung ihrer Strafe in den Gefangenenlagern. Oder es gelang ihnen einfach nicht, aus dem Gefängnis, das Nordkorea darstellt, zu entkommen. Wir wissen es schlichtweg nicht. Sicher aber ist, dass dieses Strafsystem bis heute existiert.

Als die International Bar Association, die internationale Vereinigung von Anwälten, 2017 drei bekannte Richter zu einer Anhörung über die nordkoreanischen Gefangenenlager bat, äußerte einer von ihnen, diese Gefängnisse seien genauso schlimm wie die Konzentrationslager der Nazis, vielleicht sogar schlimmer. Er wusste, wovon er sprach. Thomas Buergenthal war als Kind in Auschwitz und Sachsenhausen sowie im Ghetto von Kielce in Polen gewesen. Später arbeitete er am Internationalen Gerichtshof.

»Ich glaube, dass die Bedingungen in den [nord]koreanischen Gefangenenlagern genauso schrecklich, wenn nicht schlimmer sind als jene, die ich in meiner Jugendzeit in diesen Nazilagern erlebt habe, und die, mit denen ich in meiner langen Laufbahn auf dem Gebiet der Menschenrechte konfrontiert wurde«, sagte er, nachdem er die Aussagen ehemaliger nordkoreanischer Gefangener und Wächter gehört hatte.[97]

Wie die UN-Kommission gelangten diese Juristen zu dem Schluss, dass Kim Jong-un wegen Verbrechen gegen die Menschlichkeit vor Gericht gestellt werden müsse, weil sein Regime mithilfe von politischen Gefängnissen die Bevölkerung unterdrücke.

Viele Menschen fragen sich, warum Nordkorea noch nicht zusammengebrochen ist wie die Sowjetunion oder einen Wandel vollzogen hat wie China. Dafür gibt es mehrere Gründe.

Zum Teil liegt es daran, dass sich das Leben für viele Nordkoreaner tatsächlich verbessert hat, seit sie die Möglichkeit haben, sich auf dem Markt ihren Lebensunterhalt zu verdienen. Jemand, der früher vielleicht zweimal im Jahr Fleisch gegessen hat, kann sich das jetzt unter Umständen zweimal im Monat leisten. Ein Bauer, der seine Ernte verkauft, kann heute mit etwas Schmiergeld erreichen, dass seine Tochter in der Klasse in der ersten Reihe sitzt. Die kleinen Freiheiten, die man mit Geld erreichen kann, erscheinen den Menschen im repressiven Nordkorea vielleicht wie übergroße Veränderungen.

Einer der am häufigsten übersehenen Faktoren ist jedoch die Tatsache, dass die Familie Kim eine starke nationale Identität geschaffen und den Menschen Gründe geliefert hat, stolz auf ihr Land zu sein, wenn auch großenteils durch Vorspiegelung falscher Tatsachen. Selbst nach ihrer Flucht sagten mir Nordkoreaner, sie seien stolz auf den trotzigen Widerstand ihres Landes gegen internationale Einschüchterungsversuche und insbesondere auf seine Atomwaffen.

Der wichtigste Grund für den Stillstand aber ist die Angst. Die Strafen für Abweichler sind so hart, dass Nordkoreaner, die gegen das System sind, lieber die Flucht auf sich nehmen, als für einen Wandel von innen heraus einzutreten.

»Auch wenn man etwas weiß, sollte man es besser nicht sagen«, sagte Frau Kwon zu mir, die auf dem Markt gern Filme auf USB-Sticks kaufte. »Wer den Mund aufmacht, muss mit unabsehbaren Strafen rechnen. Deshalb ist es besser, einfach wegzugehen, statt sich für die Veränderung des Systems einzusetzen.«

Doch nur wer einen sehr starken Willen habe, wage einen Fluchtversuch, meinte sie. Und selbst wenn es ihm gelinge, müsse er befürchten, dass seine zurückgebliebenen Angehörigen bestraft würden.

Und so geht alles weiter wie bisher.

Kapitel 8

Auf Wiedersehen, Onkel

»*Der widerwärtige menschliche Abschaum Jang, schlimmer als ein Hund, hat sich himmelschreiender Verfehlungen des Verrats und Missbrauchs an dem tiefen Vertrauen und der warmen väterlichen Liebe schuldig gemacht, die ihm Partei und Führer zeigten.*«
Zentrale Koreanische Nachrichtenagentur,
13. Dezember 2013

Die gefährlichste Zeit für einen frischgebackenen Autokraten sind die ersten beiden Jahre nach der Machtübernahme: Er muss herausfinden, wer loyal und wer entbehrlich ist. In diesen beiden Jahren ist es am wahrscheinlichsten, dass jemand, der ebenfalls Anspruch auf die Macht erhebt, ihm seine Stellung streitig macht. Das ist besonders dann der Fall, wenn der neue Führer seine Anhänger von seinem Vorgänger geerbt hat.

Als Kim Jong-un sein Amt antrat, folgte er dem Vorbild seines Vaters und seines Großvaters und stellte als Erstes sicher, dass die wenigen aus der Elite des Regimes, die ihn an der Macht halten konnten, reich und glücklich waren – und noch reicher und glücklicher wurden.

Wie schon seinem Großvater und seinem Vater gelang es ihm, als Diktator zu überleben, indem er die ganze Nation mithilfe einer relativ kleinen Gruppe von Menschen kontrollierte. Schon Machiavelli hatte geraten: Kümmere dich nicht um das gewöhnliche Volk, sorge dafür, eine kleine Elite zu bereichern.

Was Kim Jong-un betreibt, kann man Cliquenherrschaft nennen; er stützt sich auf eine kleine Gruppe, die hohe Belohnungen einstreicht, während der Rest der Bevölkerung darbt.

Unter dieser Art von Diktatoren gehört Kim Jong-un laut Bruce Bueno de Mesquita, einem Politikwissenschaftler, der sich mit erfolgreichen Tyrannen beschäftigt hat, zu einer Untergruppe, die er »nimmersatte Kleptokraten« nennt. Zu diesem Club gehörten beispielsweise Ferdinand Marcos auf den Philippinen und Mobutu Sese Seko in der Demokratischen Republik Kongo, dem einstigen Zaire.

Sie wollen im Luxus leben, also plündern sie die Staatskasse, und sie sorgen dafür, dass es den Leuten, die sie an der Macht halten, ebenfalls an nichts mangelt. Diese privilegierten Eliten wissen, dass sie ihre Stellung viel eher behalten, wenn die Macht vom König auf einen Prinzen übergeht und nicht an jemanden außerhalb der Familie. Sie sind also daran interessiert, dass der Sohn die Nachfolge antritt.

Kim Jong-un machte sich unverzüglich daran zu klären, wer zur Elite seiner »Cliquen«-Regierung gehören sollte. Jeder Anfänger weiß, wie wichtig es ist, potenzielle Rivalen oder Kritiker unverzüglich auszuschalten. So hatte es Mao Zedong in China gehalten, Kim Jong-il hatte es ihm gleichgetan, und Kim Jong-un folgte dieser Tradition.

Es besteht eher das Risiko, dass man in dieser Anfangszeit zu viele Leute tötet als zu wenige, sagte mir Bueno de Mesquita, mit dem ich mich in seinem Büro an der New York University treffe. Wenn man zu viele um die Ecke bringt, dann denken die Verbleibenden, ihr Führer sei unberechenbar, und leben in Angst. Und wenn man zu wenige beseitigt? Nun, das kann man ja jederzeit ändern.

Es gibt gute Gründe, denen an der Spitze ein wenig Angst einzujagen. Im Gegensatz zur landläufigen Meinung werden die meisten Diktaturen nicht durch aufgebrachte Menschenmassen gestürzt. Die Mehrzahl der Autokraten wird von Insidern des Regimes aus dem Amt gejagt. Das größte Risiko von Diktatoren ist nicht der Kampf zwischen den Privilegierten und den Massen, sondern der Kampf innerhalb der Eliten.

»Die Dynamik autoritärer Führung bringt es mit sich, dass die überwältigende Mehrheit der Diktatoren ihre Macht an Leute innerhalb des Präsidentenpalastes verliert und nicht an das Volk vor seinen Toren«, sagt Milan Svolik von der Yale University, der dem Schicksal von 316 Diktatoren nachgegangen ist und herausfand, dass mehr als zwei Drittel von Rivalen gestürzt wurden.[98]

So verloren Führer wie Nikita Chruschtschow 1964 in der Sowjetunion und Robert Mugabe 2017 in Simbabwe die Macht: Sie wurde ihnen von ihren ehemaligen Weggefährten entzogen.

Der Auslöser für den Sturz eines Führers ist oft das Geld. Gierige Kleptokraten verlieren häufig in dem Augenblick die Macht, in dem ihre Unterstützer nicht mehr das Vertrauen haben, von ihnen weiter beschützt zu werden, sagt Bueno de Mesquita. Als Schah Reza Pahlavi krank wurde, verließen ihn seine Gefolgsleute. Ähnlich kam das philippinische Militär irgendwann zu dem Schluss, dass der alternde Ferdinand Marcos nichts mehr für es tun konnte.

Sollten sie die anfänglichen Herausforderungen jedoch meistern und die ersten zwei Jahre überstehen, dann sterben die meisten Diktatoren im Bett.

Kaum hatte Kim Jong-un also die Kontrolle über das Regime übernommen, erwies er sich als Meisterschüler von Machiavelli.

Niemand war vor ihm sicher, nicht einmal die Leute, die ihn während des Übergangs unterstützt hatten – besser gesagt: vor allem sie nicht.

Einer der Ersten, die verschwanden, war der stellvertretende Marschall Ri Yong-ho, einer der Sargträger bei Kim Jong-ils Beerdigung. Er war Vorsitzender des Generalstabs der Koreanischen Volksarmee und hatte dafür gesorgt, dass das Militär in der Phase der Machtübergabe von der zweiten an die dritte Generation loyal zu den Kims stand.

Doch das half ihm nicht. Mitte des Jahres 2012 wurde Ri öffentlich seiner Ämter enthoben – aus gesundheitlichen Gründen, wie es hieß. Südkoreas Geheimdienst wollte wissen, dass er in den Norden des Landes verbannt worden sei. Andere spekulierten, er sei hingerichtet worden. Jedenfalls ward er nicht mehr gesehen, sein Gesicht wurde aus offiziellen Fotos herausretuschiert und sein Name aus allen Dokumenten getilgt. Man sah und hörte einfach nichts mehr von ihm.

Dasselbe Schicksal erlitt General Hyon Yong-chol, der nach der Amtsenthebung von Ri die Position einnahm, die in Nordkorea der eines Verteidigungsministers entspricht. Er verschwand Anfang 2016. Berichten zufolge wurde er wegen Gehorsamsverweigerung und Verrats hingerichtet. Zu den vielen Vorwürfen, die man gegen ihn erhob, gehörte laut dem südkoreanischen Geheimdienst, dass er bei einer Rede von Kim Jong-un einschlief.

Doch er verschwand nicht still und leise, er wurde öffentlich hingerichtet, und zwar mit Luftabwehrgeschützen, die von seinem Leichnam praktisch nichts mehr übrigließen.[99] Die Amtsträger im ganzen Land dürften sich von da an in Anwesenheit ihres Führers stets hellwach präsentiert haben.

Es kam auch vor, dass geschasste Personen nach Monaten oder Jahren gedemütigt und gebrochen wieder auftauchten. Was immer in der Zwischenzeit geschehen war, von nun an waren sie treu ergebene Anhänger des Führers.

Ein Beispiel dafür ist Choe Ryong-hae, oft als »Nordkoreas Nummer zwei« bezeichnet. Er wurde seiner Ämter im engsten Führungskreis der Partei enthoben. Berichten zufolge wurde er für mehrere Monate zur Umerziehung in eine Kolchose gesteckt. Doch irgendwie wurde er dann doch wieder als vertrauenswürdig erachtet und stieg im Jahr 2016 in noch höhere Positionen auf.

Die schockierendste Säuberung erfolgte Ende 2013. Ein weiterer Sargträger wurde auf besonders drastische Weise liquidiert.

Jang Song-thaek war ein angeheirateter Onkel Kim Jong-uns. Er und Kim Jong-ils Schwester, Kim Kyong-hui, hatten sich während des Studiums an der Kim-Il-sung-Universität ineinander verliebt.[100] Der große Führer war offensichtlich nicht besonders erfreut über die Avancen des jungen Mannes, aber seine Tochter setzte sich durch und heiratete den geselligen Jang.

Die beiden wurden enge Berater von Kim Jong-il und bildeten ein Powerpaar des Regimes. Jang wurde mit der Leitung von Wirtschaftsprojekten betraut, von der Entwicklung des Kohlebergbaus bis zu großen Bauvorhaben. Er reiste oft im Auftrag des Regimes und besorgte, was für seine Bauprojekte gebraucht wurde oder was Kim Jong-il sich einfach wünschte. Scherzhaft nannte man ihn den »Kim Jong-il fürs Ausland«.[101]

Er spielte eine entscheidende Rolle in der Vorbereitungsphase von Kim Jong-uns Machtübernahme. Beim Tod von Kim Jong-il zeigte sich Onkel Jangs Platz an der Spitze des Regimes auch dadurch, dass er als einer der Sargträger direkt hinter Kim Jong-un ging. Er galt sozusagen als die graue Eminenz des Regimes (auch wenn er sich schon seit vielen Jahren die Haare färbte).

Mehrere Leute, die ihn persönlich kannten, versicherten mir, er sei eine sehr charismatische Persönlichkeit gewesen. Er soll gut ausgesehen haben, war trinkfest, spielte gerne Karten und liebte Karaoke. Zudem war er ein hervorragender Geschäftemacher, der es verstand, Menschen in seinen Bann zu ziehen.

Onkel Jang war kein Engel. Er war das, was man euphemistisch einen Schürzenjäger oder weniger freundlich einen unappetitlichen Grapscher nennen könnte. Einem der Gerüchte zufolge, die über ihn im Umlauf sind, übernahm er das »Casting« für die jungen Frauen, die für Kim Jong-ils private »Vergnügungsbrigade«, *kippumjo* genannt, infrage kamen.

Seine joviale Persönlichkeit und seine Ideen für eine Öffnung des Landes hatten ihn schon zuvor in Schwierigkeiten gebracht. Bei einer Tischgesellschaft in den 1990ern deutete er angeblich unvorsichtigerweise an, dass die Politik des Regimes angesichts der im Land herrschenden Hungersnot in die Irre gehe. Kim Jong-il soll außer sich gewesen sein und mit einem silbernen Serviettenring nach ihm geworfen haben. Jangs Frau gelang es, die Wogen zu glätten, und er selbst entschuldigte sich nicht nur beim Führer, sondern sang auch gleich ein Lied auf ihn.[102]

Als Kim Jong-il herausfand, dass Jang wilde Partys für Regierungsmitglieder veranstaltete, steckte er ihn 2004 in ein Umerziehungslager auf dem Land. Solche Gelage, bei denen der Gastgeber teure Geschenke verteilte, waren das alleinige Privileg des Führers.

Es gab weitere Probleme. Es hieß, Kim Jong-ils Schwester sei schwer alkoholkrank, 2006 beging ihre Tochter Kim-song in Paris Suizid. Sie hatte dort studiert, Berichten zufolge aber eine Überdosis Schlaftabletten genommen, als ihre Eltern ihr die Heirat mit einem ihrer Meinung nach nicht standesgemäßen Freund verboten. Ihr Zimmermädchen und ihr Chauffeur fanden die

Studentin tot in ihrer Villa auf.[103] Es liegt eine gewisse Ironie in dieser Tragödie, hatte sich Kim Il-sung doch einst mit derselben Begründung dagegen gesperrt, Jang Song-thaek als Schwiegersohn zu akzeptieren.

Jang besaß großen politischen Ehrgeiz. Während sich Kim Jong-ils Gesundheit verschlechterte, stieg er immer weiter auf. 2010 wurde er zum Vizevorsitzenden der Nationalen Verteidigungskommission ernannt, was ihn zu einer der wichtigsten Persönlichkeiten nach Kim Jong-il machte.

Er galt vielen als eine Art Regent oder Übergangsfigur während der Machtübergabe an den jungen, unerfahrenen Kim Jong-un. In seinen Adern floss zwar nicht das Blut des Paektu, doch immerhin war er mit der Schwester von Kim Jong-il verheiratet.

Im Wesentlichen war Jang für die überaus wichtigen Wirtschaftsbeziehungen zu China zuständig, Nordkoreas Nachbar und Wohltäter. Die Bedeutung des Verhältnisses der beiden Länder wurde oft mit dem chinesischen Sprichwort »Ohne Lippen frieren die Zähne« charakterisiert. Doch nun ergab sich China mit Eifer dem Kapitalismus, und die beiden Länder glichen eher Verwandten, die sich peinlich bemühen, gemeinsame Themen für einen Plausch zu finden. Immerhin blieb China nach dem Zusammenbruch der Sowjetunion die einzige ökonomische Stütze und wichtigster politischer Verbündeter Nordkoreas, und mit der 1500 Kilometer langen gemeinsamen Grenze war es auch das Haupttor Nordkoreas zur Außenwelt.

Unter der Führung von Jang hatte auch Nordkorea mit Sonderwirtschaftszonen innerhalb des eigenen Landes experimentiert, wie sie Deng Xiaoping einige Jahrzehnte zuvor in China eingeführt hatte. Sie boten dem kommunistischen Regime Gelegenheit, ein Fenster zum Kapitalismus zu öffnen und Investitionen und Handel unter streng kontrollierten Bedingungen zuzulassen.

Lief die Sache gut, konnte man die Zügel ein wenig lockern, ging sie schief, ließ sich das Experiment rasch beerdigen.

China versuchte schon mehrere Jahre, Nordkorea auf diesen Pfad zu locken. Kim Jong-il hatte sich interessiert gezeigt, als man ihn 2006 durch die südchinesische Stadt Shenzhen führte und ihm dort angesiedelte Hightech-Unternehmen vorstellte.

Doch erst Kim Jong-un kündigte die Schaffung von mehr als einem Dutzend Sonderwirtschaftszonen an, viele von ihnen entlang der Grenze zu China. Das Regime ging das Wagnis ein, ausländische Investoren anzulocken und die bürokratischen Vorschriften etwas zu lockern. Man wollte herausfinden, wie weit diese ökonomische Öffnung auch innerhalb der politischen Strukturen Nordkoreas funktionieren würde.[104]

Die Verantwortung für diese Versuche lag in der Hand von Jang. Er versäumte natürlich nicht, Gelder aus dem Kohleexport für sich persönlich abzuzweigen; für ihn war das hauptsächlich eine Gelegenheit zur persönlichen Bereicherung. Doch so wie die Dinge standen, war es für ihn einfach, sich als relativ weltoffen Regierungsvertreter darzustellen.

»Jang war ein Reformer. Er wollte das politische Umfeld genauso verändern wie das ökonomische«, sagte Ro Hui-chang, einer der Hauptverantwortlichen für die Entsendung nordkoreanischer Bauarbeiter ins Ausland, die dort Geld für das Regime verdienten.

Ro hatte schon zu Kim Jong-ils Zeiten der geschäftstüchtigen Elite Nordkoreas angehört. Er war im Nahen Osten stationiert gewesen und hatte dort die Brigaden nordkoreanischer Bauarbeiter beaufsichtigt, die Fußballstadien und Wohntürme in Kuwait und Katar errichteten. Anschließend kehrte er nach Pjöngjang zurück, und als Kim Jong-un ans Ruder kam, organisierte er den Verleih von Arbeitskräften an Russland.

Diesen lukrativen Job verdankte er den guten Beziehungen seiner Familie. Ro besuchte häufig seinen Onkel, einen Polizeichef, und hörte zu, wenn er und Jang Lieder sangen und Akkordeon spielten. Jang fand den Jungen »herzig« und ließ sich von ihm ebenfalls Onkel nennen.

Ro wuchs mit dem Wunsch auf, so zu werden wie diese beiden Onkel. »Jang war in meiner Kindheit mein großes Vorbild«, erklärte er und erzählte mir, wie fröhlich sie miteinander sangen und Tischtennis spielten. Später, als Geschäftsmann, versuchte sich Ro in Besprechungen genauso jovial zu geben wie Jang und die Menschen mit seiner guten Laune anzustecken.

Jang fand, die nordkoreanische Wirtschaft sei in den 1990er-Jahren steckengeblieben, und setzte sich für kühne Neuerungen ein, sagte Ro. Er war dafür, dem Beispiel Chinas zu folgen. Dazu bedurfte es lediglich eines Umdenkens. Ro und der Kreis um Jang griffen jede Idee auf, die versprach, Nordkoreas dahinsiechender Wirtschaft auf die Beine zu helfen.

Der Onkel wollte den rasanten Entwicklungsweg Chinas kopieren, und zwar mit Pekings Hilfe – und Geld. Er versuchte, ausländischen Investoren mehr Rechtssicherheit zu geben, um Geldgeber zu interessieren, die Gewinne machen und ins Ausland überführen wollten. Wenn er mit potenziellen chinesischen Partnern verhandelte, war es ihm peinlich, dass er ihnen nicht den geringsten Schutz für ihre Investitionen anbieten konnte, nicht einmal ein funktionierendes Rechtssystem für eventuelle Konflikte.

Doch mit solcherlei Ideen geriet Jang in Konflikt mit den konservativen Kräften in der Partei der Arbeit. Sie erklärten Kim Jong-un, Jang setze mit seinen Plänen das Überleben der Partei aufs Spiel. Er habe zu viel Macht angehäuft und verfolge eine Vision von Nordkoreas Zukunft, die zu stark von der Parteilinie abweiche. Rivalen innerhalb des Regimes flüsterten ihre Bedenken in Kim Jong-uns Ohr. War Jang nicht ein wenig zu sehr auf Schmusekurs mit China?[105]

Dieses Murren wurde zum offenen Konflikt, als Jang auf einer Reise nach China im August 2012 mit rotem Teppich und all dem Pomp empfangen wurde, der einst Kim Jong-il vorbehalten gewesen war. Ein Vorausteam hatte alles arrangiert, und Chinas Botschafter in Pjöngjang stand in Peking zur Begrüßung von Jang bereit.

Anschließend machte Jang dem chinesischen Präsidenten Hu Jintao seine Aufwartung. Auf Pressefotos, die von der chinesischen Regierung verbreitet wurden, sieht man die beiden Männer in dunklen Anzügen in der Großen Halle des Volkes sitzen. Sie diskutierten wie zwei Staatsoberhäupter über die Einrichtung von Sonderwirtschaftszonen – nur dass Jang kein Staatsoberhaupt war.

Südkoreas Regierung äußerte unterdessen wiederholt die Vermutung, dass in Nordkorea in Wahrheit Jang, nicht Kim das Sagen habe. Das war womöglich Teil der psychologischen Kriegsführung. Aber es schien zu wirken. In Kim Jong-uns Nordkorea war nur für einen charismatischen Führer Platz.

So nahe sie sich von außen gesehen standen – sie nahmen gemeinsam Militärparaden ab, schritten bei Kim Jong-ils Beisetzung nebeneinanderher –, Kim Jong-un hegte doch eine tiefe Abneigung gegen seinen Onkel und seine Tante. Er gab ihnen die Schuld daran, dass er nie seinem erhabenen Großvater, Kim Il-sung, begegnet war.

Es hätte dem jungen Despoten den Anspruch auf die Herrschaft bedeutend erleichtert, hätte es ein Foto gegeben, das ihn als Kind auf den Knien des Großvaters oder vielleicht auch mit ihm zusammen auf einem Schießstand gezeigt hätte. Das hätte seine Legitimität erheblich gestärkt.[106]

Doch ein solches Foto gab es nicht. Und Kim verzieh Jang auch nie, dass er stets seinen älteren Halbbruder Kim Jong-nam bevorzugt hatte. Jang und Kim Jong-nam hatten ähnliche Vorstellungen, wenn es um China und Wirtschaftsreformen ging, und das machte Kim Jong-un argwöhnisch.

Am Ende von Kim Jong-uns erstem Jahr an der Macht begann Jangs Stern zu verblassen. Er wurde zum Vorsitzenden einer Kommission ernannt, die Nordkorea in ein Land der Spitzensportler verwandeln sollte. Das sah wie eine Beförderung aus, war in Wirklichkeit aber eine Degradierung. Sport ist im Vergleich zu Fragen der nationalen Sicherheit eine absolut zweitrangige Angelegenheit. Anfang 2013 wurde Jang, damals offiziell noch Vizevorsitzender der Nationalen Verteidigungskommission, aus diesem Gremium ausgeschlossen.[107]

Etwa um diese Zeit empfing Kim Jong-un zum ersten Mal den amerikanischen Basketballstar Dennis Rodman. Bei einem Spiel in Pjöngjang brachte ein Kellner dem Großen Nachfolger einen großen Krug mit Cola. Kim fühlte sich in seinem roten Sessel prächtig an der Seite des »Worm«, wie Dennis Rodman genannt wird, vor sich auf dem Spielfeld die Harlem Globetrotters. Als Onkel Jang das zweifelhafte Getränk erspähte, schickte er es zurück und verlangte an seiner Stelle einen Krug Wasser, wie eine anwesende Person schilderte. Er behandelte Kim Jong-un wie ein Kind – und das in aller Öffentlichkeit.

Jangs Verbannung aus dem inneren Zirkel der Macht wurde offensichtlich, als Kim im Mai desselben Jahres an dessen Stelle einen anderen Emissär nach China schickte.

Ende 2013 hatte Jang seine Aufgabe erfüllt. Er war dem unerfahrenen Führer bei der Festigung seiner Position nützlich gewesen. Er hatte einen wertvollen Mentor und Ratgeber abgegeben. Und er hatte ihm große Dienste erwiesen, indem er das Material herbeigeschafft und die Verträge abgeschlossen hatte, die nötig waren, um große Prestigeobjekte wie neue Wohntürme und Vergnügungsparks zu errichten, die Kim Jong-un als sichtbare Zeichen des Fortschritts unter seiner Führung sehen wollte.

Doch nun war es für Jang an der Zeit zu gehen.

Schon Kim Jong-uns Vater war misstrauisch gegenüber einem seiner Onkel gewesen. Als Kim Jong-il in den 1970er-Jahren auf der Hierarchieleiter immer höher stieg, stellte er einen jüngeren Bruder von Kim Il-sung kalt, der ihm womöglich als Rivale in die Quere kommen konnte. Allerdings begnügte er sich damit, ihn auf einen unbedeutenden Posten abzuschieben.

Das reichte Kim Jong-un nicht. Jangs Entfernung sollte eine Machtdemonstration sein. Der junge Führer hatte ohne Aufhebens bereits eine ganze Reihe höherer Chargen abgesägt, aber mit der Entfernung von Jang wollte er den Apparatschiks, die ihn an der Macht hielten, eine klare Botschaft vermitteln: Passt bloß auf – niemand ist sicher in Nordkorea, nicht einmal die Mitglieder der Familie Kim.

Wenige Tage vor seinem zweiten Jahrestag als Staatsführer führte der Große Nachfolger den Vorsitz einer großen Versammlung des Politbüros der Partei. Er nahm den Platz in der Mitte der Tribüne unter dem riesigen Porträt seines Vaters ein.

Jang, im schwarzen Mao-Anzug und mit violetter Sonnenbrille, saß Kim gegenüber in der zweiten Reihe. Mitten in der Veranstaltung begann jemand aus dem Politbüro, eine lange Schmährede auf Jang zu verlesen, in der ihm vorgeworfen wurde, persönliche Macht anzustreben. Er wurde verdächtigt, die Bodenschätze des Landes zu billig an chinesische Unternehmen verkauft zu haben und zu versuchen, die Herrschaft von Kim zu untergraben, oder, wie ein nordkoreanischer Nachrichtensprecher es ausdrückte, »heimtückisch zu versuchen, eine Abspaltung in der Partei zu erzeugen, indem er Illusionen über seine Person nährte«. Mit anderen Worten, er wolle »die monolithische Führung der Partei entmannen«.

Kim Jong-un ließ sich nicht entmannen.

Das Politbüro warf Jang, dem notorischen Schürzenjäger, vor, ein »ausschweifendes und zuchtloses Leben« zu führen, »sittenwidrige Beziehungen zu mehreren Frauen« zu unterhalten und in »Luxusrestaurants« zu tafeln. Der Vorwurf des Drogenmissbrauchs und der Spielsucht fehlte ebenfalls nicht.

Nach der Aberkennung sämtlicher Titel wurde Jang aus der Partei ausgeschlossen. Zur Steigerung des Effekts erschienen zwei Uniformierte und schleppten ihn aus dem Saal.

Es war ein von langer Hand vorbereitetes Spektakel. Jang war schon Monate zuvor verhaftet und in ein spezielles Gefangenenlager gesteckt, seine beiden engsten Vertrauten kurzerhand hingerichtet worden. Zwei Wochen später zerrte man den unglücklichen Jang aus seiner Zelle und platzierte ihn in einer der vorderen Reihen des Parteitags, damit Kim Jong-uns Helfershelfer ihn vor den Augen der Öffentlichkeit und im Beisein all seiner Standesgenossen ein zweites Mal verhaften konnten.[108]

Die Bilder des gedemütigten und fortgezerrten Jang liefen im koreanischen Staatsfernsehen. Seit den 1970er-Jahren war keine Verhaftung einer führenden Persönlichkeit mehr in der Öffentlichkeit gezeigt worden. Am nächsten Tag widmete *Rodong Sinmun*, das Zentralorgan der Partei der Arbeit, seine gesamte Titelseite Jangs Verbrechen und ihrer Bestrafung. Die staatliche Nachrichtenagentur veröffentlichte eine ungewöhnlich ausführliche Anklageschrift gegen den Onkel.

Das war eine erstaunliche Offenheit für dieses sonst so verschlossene Regime, das es in der Regel vorzog, in Ungnade gefallene Kader still und heimlich zu beseitigen.

Und damit sich die Botschaft auch wirklich einpräge, befahl Kim, den Onkel vier Tage später hinzurichten. Ein militärisches Sondergericht befand, Jang habe sich der Konspiration zum Sturz von Kim Jong-un schuldig gemacht und erklärte ihn zum »Verräter für alle Zeiten«.

Als das Gericht am Ende des Prozesses, sofern man das Ganze einen Prozess nennen konnte, das Urteil verlas, wurden Jangs Verfehlungen als persönlicher Betrug an Kim Jong-un geschildert.

Jang habe »schmutzigen politischen Ehrgeiz« gezeigt. Er sei »widerwärtiger menschlicher Abschaum«, ein »Schädling der Partei, Konterrevolutionär, Spalter und ein verabscheuenswürdiger politischer Karrierist und Betrüger«. Kurz, er sei »schlimmer als ein Hund«.[109]

Die Staatspropaganda sparte an nichts, um Jang zu verdammen. Sie steigerte sich zu dramatischen Höhenflügen, wie man sie aus Shakespeare-Stücken kennt: Der Genosse habe sich »himmelschreiender Verfehlungen des Verrats« schuldig gemacht, hieß es etwa.

Als Beweis für seine Niedertracht führte das Gericht an, Jang habe bei der »Wahl« von Kim Jong-un auf einen Posten in der Zentralen Militärkommission nicht sonderlich begeistert applaudiert. Alle anderen hätten so enthusiastisch gejubelt, dass »die Kongresshalle bebte«, doch Jang habe Arroganz und Unverschämtheit an den Tag gelegt, indem er sich nur langsam erhob und lustlos in die Hände klatschte.

Die nordkoreanischen Schreiberlinge bezichtigten Jang, »im Bett der Partei anderen Träumen nachzuhängen« – Träumen einer Wirtschaftsreform mit ihm selbst, nicht Kim Jong-un an der

Spitze. Jang gehörte zum Regime, aber er wollte es in eine andere Richtung lenken.

Manche Beobachter deuteten Jangs Hinrichtung als Zeichen der Schwäche von Kim Jong-un, der sich von seinem lebensfrohen Onkel bedroht gesehen habe. Sie nahmen sie als Hinweis auf mangelnden Zusammenhalt im Regime des jungen Führers, darauf, dass es ihm schwerfiel, die alte Garde um sich zu scharen. In Wahrheit war es ein Zeichen von Stärke. Kim Jong-un bewies, dass er die absolute Kontrolle übernommen hatte, indem er seinen Onkel samt dessen Clique durch einen simplen Befehl beseitigen ließ. Damit hatte er allen demonstriert, wie ruchlos er sein konnte, und jedem im Regime, der vielleicht eigene Ideen verfolgen und eine eigene Anhängerschaft aufbauen wollte, eine klare Botschaft vermittelt.

Fast zwei Jahre war es jetzt her, dass Kim Jong-un die Macht übernommen hatte. Und er hatte wie nach dem Lehrbuch für Diktatoren entschieden, wer loyal und wer entbehrlich war. So passierte er die kritische Zweijahresgrenze mit Bravour.

Jang war weg, und seine Frau, Kim Kyong-hui, wurde nie mehr in der Öffentlichkeit gesehen. Gerüchten zufolge stand sie unter Hausarrest. Vielleicht war sie auch krank. Vielleicht verbrachte sie ihre Tage trinkend, vielleicht war sie auch schon tot.

Jangs Hinrichtung war selbst für nordkoreanische Verhältnisse ein ungewöhnliches Ereignis, nicht zuletzt weil sie so tiefe Einblicke in das Regime gewährte.

Nordkoreas Versuch, die Nachricht über den Tod von Jang kontrolliert zu veröffentlichen, verlief nicht ganz nach den Vorstellungen des Regimes. Die Weltöffentlichkeit hatte sich daran gewöhnt, immer absurdere Geschichten aus dem aberwitzigen Nordkorea zu hören, sodass diese offenbar weitgehend wahre Geschichte sogleich überspitzt wurde.

Statt ein Bild von Geschlossenheit und Kontrolle zu vermitteln, gab es den internationalen Medien Nahrung für wilde Spekulationen über den Aberwitz der Welt Kim Jong-uns. Die wildesten Gerüchte kursierten.

Das haarsträubendste war wohl, Kim Jong-un habe zugesehen, wie ein Rudel von hundertzwanzig ausgehungerten mandschurischen Jagdhunden den nackten Jang in Stücke riss. Die Geschichte erschien zuerst auf einer satirischen chinesischsprachigen Website und wurde dann nahezu wörtlich in dem in Hongkong erscheinenden Boulevardblatt *Wen Wie Po* abgedruckt.

Eine etwas seriösere Zeitung, die *Singapore Straits Times*, griff die Geschichte ebenfalls auf und brachte sie auf Englisch. Ein Kommentator spekulierte, Peking sei offensichtlich nicht glücklich damit, wie Kim den Mittler zwischen beiden Ländern beseitigt habe; anders sei es nicht zu erklären, dass ein Artikel über die Angelegenheit in Hongkong und damit in seiner Einflusssphäre erschienen sei. Dass das Sensationsblatt den Wahrheitsgehalt der Geschichte nicht weiter überprüft hatte, schien dem Kommentator gar nicht aufzufallen.

Doch nicht nur in skrupellosen Revolverblättern besteht schon seit Langem die Tendenz, einfach alles zu bringen, was mit Nordkorea zu tun hat. Dies liegt an der oft bizarren Selbstdarstellung des Regimes – man erinnere sich an die Fotos mit dem lächelnden Kim Jong-un über einem Fass Schmiermittel –, die sich mit der Bereitschaft des Publikums verbindet, beinahe alles zu glauben, was über das ebenso groteske wie blutrünstige Regime verbreitet wird.

Die Geschichte mit den hungrigen Hunden verbreitete sich unaufhaltsam. Respektable Nachrichtenagenturen griffen sie auf, obwohl sie zugeben mussten, ihren Wahrheitsgehalt nicht überprüfen zu können. Die Realität – dass er allem Anschein nach von einem Erschießungskommando hingerichtet wurde – verblasste daneben. Mit einer guten Geschichte über ein Rudel wilder Hunde konnte die Wahrheit eben nicht konkurrieren. Und Kim Jonguns Presseabteilung ist auch nicht dafür bekannt, herumzutelefonieren und Klarstellungen zu verlangen.

Doch auch wenn die plötzliche und dramatisch inszenierte Absetzung von Jang nicht ganz so spektakulär verlief, wie es die Boulevardblätter in Hongkong schilderten, sie erschütterte doch Chinas Beziehungen zu Nordkorea und das, was man die nordkoreanische Geschäftswelt nennen kann.

Dutzende, wenn nicht Hunderte von Menschen aus dem Umfeld von Jang verschwanden. Manche dürften nicht einfach nur kaltgestellt, sondern ebenfalls hingerichtet worden sein. Wer sich gerade außerhalb von Nordkorea aufhielt, ergriff die Gelegenheit zur Flucht.

Zu ihnen gehörte auch Ro. Er befand sich auf Geschäftsreise in Russland, als er von Onkel Jangs Hinrichtung erfuhr. Zeitgleich erhielt er eine Aufforderung zu einem Gespräch mit einem nordkoreanischen Sicherheitsoffizier. Er bekam kalte Füße und setzte sich ab.

Er fand den Weg nach Südkorea und begann in einem Kellerlager zwischen einem Akupunktursalon und einer Karaokebar einen Handel mit medizinischen Kräutern. Ein merkwürdiges Schicksal für einen einst mächtigen Apparatschik, aber Ro war einfach froh, mit dem Leben davongekommen zu sein.

Kapitel 9
Die Eliten von Pjönghattan

»Im ganzen Land wurde eine Vielzahl gewaltiger Gebäude errichtet, und Straßen und Dörfer haben sich in ein sozialistisches Land der Glückseligkeit verwandelt.«
Kim Jong-un, 27. April 2012

Ri Jong-ho war ein nordkoreanischer Bonze. Er speiste fürstlich, reiste, verfügte über einen Wagen mit Chauffeur, und er machte Geld, viel Geld. Für das Kim-Regime und für sich selbst.

Er führte eine Oberschichtsexistenz in Nordkorea. »Die Leute hören das nicht gern, aber mein Leben war nicht gerade anstrengend«, sagte er mir, ein Jahr nachdem er mit seiner Familie in die Vereinigten Staaten gegangen war. »Ich war reich.«

Seine Familie gehörte zu den privilegierten Kapitalisten im Zentrum des Regimes, zu denen, die unter Kim III. einen nie da gewesenen Lebensstandard genossen. Sie sind die nordkoreanische Version der *Masters of the Universe*, verheiratet mit den *Real Housewives* von Pjöngjang. Sie sind die Neureichen in einem Land der seit jeher Armen. Unter Kim Jong-un häufen sie Reichtum an wie nie zuvor.

»Für Leute, die reich werden wollen, gibt es kaum noch Regeln«, erzählte mir Ri, den ich in der Nähe von Tyson's Corner traf, einem vornehmen Pendlervorort von Washington. »Jeder Nordkoreaner verstößt gegen das Gesetz. Auch Kim Jong-un. Und weil alle es tun, schauen die Behörden weg.«

Das ist der Preis für Kim Jong-uns Cliquenherrschaft.

Der junge Führer hätte seine Rivalen vernichten können, wie er es mit Onkel Jang gemacht hatte. Aber er brauchte ein paar Unterstützer, und er musste sie bei Laune halten, indem er sie reich sein ließ.

Und so betreten sie die Bühne: die *donju*, die nordkoreanischen »Herren des Geldes«. Mit diesem Sammelbegriff wird eine Klasse von Unternehmern bezeichnet, die Kim Jong-uns Regime unterstützen und dabei reicher werden, als sie es sich in ihren wildesten Träumen ausgemalt haben. Sie sind das nordkoreanische Pendant zu den russischen Oligarchen.

Onkel Jang war der oberste Herr des Geldes, aber Ri, der Jang kannte, schnitt auch nicht schlecht ab.

Die Herren des Geldes haben Ämter in der Partei oder sind Offiziere, sie tätigen Regierungsgeschäfte im In- oder Ausland. Sie versuchen, Investoren nach Nordkorea zu locken. In ihren Reihen finden sich Beamte der Sicherheitsdienste, verheiratete Frauen, die von staatlichen Arbeitsplätzen freigestellt wurden, damit sie zu Hause kochen und Kinder aufziehen können, sowie Kaufleute, die Grenzhandel betreiben, politisch gut vernetzt sind oder über das Geld verfügen, sich gute politische Kontakte zu verschaffen.

Mit ein paar Buchhaltungstricks können diese Leute Geldmengen erwirtschaften, die vor nicht allzu langer Zeit unvorstellbar gewesen wären – Tausende, manchmal Zehntausende Dollar. Die Spitzenverdiener mit Zugang zu lukrativen Wirtschaftszweigen wie dem Bergbau können leicht Millionäre werden. Und dieses Geld fließt durch Nordkorea und schafft eine völlig unabhängige Parallelwelt – und dies unter dem wachsamen Auge des Staates.

Die kapitalistische Klasse, die nach der Hungersnot der 1990er-Jahre aufkam, nahm ihren Anfang mit normalen Menschen, die einfach versuchten, satt zu werden. Doch schon bald gesellten sich höhere Chargen der Partei und des Militärs hinzu, die aufgrund ihrer Position gewinnbringende Unternehmen gründen konnten.

Seit Kim Jong-uns Machtübernahme Ende 2011 ist ihre Zahl geradezu explodiert. Inzwischen gibt es viele Tausend Nordkoreaner, die ein finanzielles Interesse daran haben, dass Kim an der Spitze des Staates steht. Sie gehören zur aufstrebenden Mittelklasse oder entstammen den etablierten Eliten.

Ihr Vorbild ist der Große Nachfolger, der alle Vorzüge seiner Position genießt.

Laut einer Schätzung des südkoreanischen Geheimdienstes verfügt Kim Jong-un über mindestens 33 Residenzen in ganz Nordkorea, von denen 28 einen Privatbahnhof haben. Diese Paläste sind von aufwendigen Sicherungsanlagen umringt, die auf Satellitenaufnahmen deutlich zu erkennen sind. Die verschiedenen Gebäude sind durch Tunnel miteinander verbunden und beherbergen für den Fall eines Angriffs auch riesige unterirdische Bunker für den Führer und seine Familie.

Der Große Nachfolger lebt in Saus und Braus. Sein Hauptsitz im Nordosten von Pjöngjang umfasst dreizehn Quadratkilometer, läuft unter dem Namen Offizielle Residenz Nr. 15 und ist die zentrale Luxusvilla. Sie wurde nach seiner Machtübernahme sogleich umgebaut. Das riesige Schwimmbecken mit einer großen, kurvenreichen Wasserrutsche, auf der sich Kim in seiner Kindheit vergnügte, wurde wieder in Betrieb genommen, hinzu kam ein neues Hallenbad.

Manche Schätzungen taxieren die Renovierungen auf 175 Millionen Dollar, aber das lässt sich nicht verifizieren. Kim unterhielt schon damals eine ganze Abteilung von Geldbeschaffern wie Ri Jong-ho, die für die Finanzierung dieses Lebensstils sorgten.

Auf einem anderen Anwesen am Stadtrand von Pjöngjang, im Bezirk Kangdong, gibt es eine Bowlingbahn und eine Schießanlage, Pferdeställe, ein Fußballfeld und eine Pferderennbahn. Und dann ist da noch das große Areal am Strand von Wŏnsan, das Dennis Rodman als Kreuzung zwischen Disneyland und Kim Jong-uns eigenem privatem Hawaii bezeichnete.

Kim reist häufig in seinem Privatflugzeug, einer sowjetischen Iljuschin Il-62 mit einer cremefarbenen und zum Teil holzvertäfelten Kabine, nicht unähnlich der Air Force One des amerikanischen Präsidenten. Ihr offizieller Name lautet Chammae-1, also Habicht-1, nach dem Nationalvogel Nordkoreas. Im Ausland wird sie scherzhaft Air Force Un genannt. Fotos zeigen den Führer an Bord hoch über seinem Königreich in einem großen Ledersessel am Schreibtisch sitzend, darauf ein MacBook, wie er in eins seiner Telefone spricht. Dabei schnipst er die Asche seiner Zigarette in einen Kristallaschenbecher.

Wenn ihm danach ist, fliegt der Mann, der als Teenager mit Modellflugzeugen gespielt hatte, nun selbst mit einem Leichtflugzeug, das zu seiner königlichen Verfügung steht. Sein Regime rühmt sich, Flugzeuge zu bauen, die verdächtig stark der amerikanischen Cessna 172 (Skyhawk) gleichen. 2015 zeigte das nordkoreanische Fernsehen, wie Kim ein solches Kleinflugzeug begutachtet und dann unter dem Beifall von Piloten der Luftwaffe steuert. »Das von unserer Arbeiterklasse gebaute Flugzeug zeigte eine erstklassige Leistung; es war leicht zu steuern, und der Motor klang einfach wunderbar! Gut gemacht!«, lobte er die Ingenieure.

Die Herren des Geldes genießen zwar nicht ganz diesen Lebensstil, aber zweifellos ist ihr Wohlstand unter dem neuen Führer gestiegen. Und Kim Jong-un nutzt den Erfolg der neuen Unternehmer, um seine Behauptung zu untermauern, das Leben werde für alle Nordkoreaner besser.

Es ist eine symbiotische Beziehung. Dieses System hat Kim Jong-un in Nordkorea den Spitznamen *nanugi* eingetragen. Er bedeutet »die Person, die teilt«. Der Führer teilt die Last der Infrastrukturprojekte und die Gewinne daraus mit den ihm Untergebenen.

Die Herren des Geldes bekommen nun ihren »Teil« an allen nordkoreanischen Wirtschaftssektoren, von der Herstellung von Lebensmittelkonserven und Schuhen bis hin zum heimischen Tourismus und zum Kohlebergbau.

Das deutlichste Resultat dieses Deals ist die Skyline von Pjöngjang, das von ausländischen Besuchern inzwischen Pjönghattan genannt wird. In einem Potemkin'schen Dorf ist die Fassade alles. Die Unternehmer finanzieren die ambitionierten Projekte – architektonisch beeindruckende Wohntürme, schicke neue Museen und Freizeitzentren –, deren Schaffung sich Kim Jong-un dann als Verdienst anrechnet.

Die neuen Gebäude vereinigen in sich die Architektur im chinesischen Stil der 1990er-Jahre und die Bauqualität der 1980er-Jahre, stellen aber eine deutliche Verbesserung gegenüber dem vorherigen sowjetischen Brutalismus dar. In dem begehrten Gebäudekomplex in der Ryomyong-Straße, der 2016 errichtet wurde, befinden sich 3000 Wohnungen in 44 Hochhäusern, eins davon mit siebzig Etagen. Die wegen ihrer angeblich umweltfreundlichen Bauweise vorwiegend grün-weiß gehaltenen Gebäude sind in einem Stil gebaut, der nach nordkoreanischen Maßstäben als modern gilt.

Kim Jong-un feiert diese Bauprojekte, die sich an vergleichbaren Bauten in chinesischen Städten zweiter und dritter Größenordnung orientieren, als Zeichen des Fortschritts in seinem Land.

Kim Jong-un persönlich hat der Ryomyong-Straße ihren Namen gegeben. Er bedeutet in etwa »der Ort, wo die Morgendämmerung der koreanischen Revolution anbricht«; sie wurde 2017 mit außergewöhnlichem Tamtam eröffnet. Zehntausende Nordkoreaner, darunter viele in Militäruniform, versammelten sich um den Komplex, sangen im Chor und schwenkten bunte Pompons, als Kim mit seiner Mercedes-Stretchlimousine vorfuhr. Die Fahnen Nordkoreas und der Partei der Arbeit flatterten in der Aprilsonne. Eine Blaskapelle spielte auf. Bunte Ballons stiegen in einen so blauen Himmel auf, als hätte das Regime auch ihn herbeigezaubert. Im sozialistischen Paradies stimmte alles.

Der Große Nachfolger schritt über den roten Teppich zum Podium und betrachtete die Szenerie, während seine wichtigsten Wirtschaftsberater das Regime für den Bau des Komplexes priesen.

»Der Bau der Ryomyong-Straße ist wirklich ein bedeutendes und großartiges Ereignis«, sagte Premier Pak Pong-ju. »Er demonstriert das Potenzial des sozialistischen Korea, und das löst bei unseren Feinden mehr Ängste aus als die Explosion Hunderter Atombomben über ihren Köpfen.«

Dann durchschnitt der Große Nachfolger das rote Band.

Der Gebäudekomplex war offensichtlich als Belohnung für die Wissenschaftler und Ingenieure errichtet worden, die beim Atom- und Raketenprogramm Nordkoreas mitwirkten. Aus der Ferne wirkt es beeindruckend, wie sich die Hochhäuser über dem Fluss Taedong erheben. »Wie in Dubai«, sagte ein Aufpasser der Regierung an einem strahlenden Sonnentag zu mir, als wir am Südufer des Flusses standen und zu den Wolkenkratzern hinüberschauten. Ich fragte ihn, ob er schon einmal Dubai besucht habe; er war noch nicht einmal in China gewesen.

Doch bei näherer Betrachtung finden sich buchstäblich Risse in dieser Fassade. In der Changjon-Straße, Pjöngjangs Park Avenue, fielen schon nach wenigen Jahren die Fliesen von den neuen Wohngebäuden. Als ich mir eine Wohnung in der Mirae-Straße ansah, in der vorwiegend Wissenschaftler untergebracht sind und deren Besuch von den Propagandisten des Regimes vollständig durchgeplant wird, musste erst eine Frau kommen, um den Aufzug für uns einzuschalten.

In den meisten Städten sind die Wohnungen in den höheren Stockwerken wegen der Aussicht besonders beliebt. Nicht so in Pjöngjang. Hier sind die begehrtesten Wohnungen die im vierten Stock und darunter. Niemand möchte zu Fuß in die 20. Etage steigen müssen.

Die neue Unternehmerklasse war für solche Projekte von entscheidender Bedeutung. Der Staat konnte zwar die Arbeitskräfte zur Verfügung stellen, denn wofür sonst sollte die eine Million Soldaten starke Armee gut sein? Die Herren des Geldes aber wurden aufgefordert, ihre Netzwerke und ihr Kapital für die Beschaffung des Baumaterials zur Verfügung zu stellen. Dafür erhielten sie nach Abschluss der Bauarbeiten Wohnungen, die sie verkaufen konnten. Manche erhielten gleich zehn Stück, die einen Gewinn von jeweils etwa 30 000 Dollar einbrachten.[110]

Theoretisch ist Privateigentum in Nordkorea immer noch verboten, aber das hat nicht die Entstehung eines boomenden Immobilienmarkts verhindert. Manchmal geben Leute das Recht auf eine Wohnung, die ihnen vom Staat zugewiesen wurde, an andere weiter.

Folglich sind die Immobilienpreise in die Höhe geschossen, in Pjöngjang sogar teilweise um das Zehnfache. Eine gute Dreizimmerwohnung in der Hauptstadt kostet bis zu 80 000 Dollar, für eine Luxuswohnung mit drei Zimmern in einem gefragten Komplex im Stadtzentrum muss man unter Umständen 180 000 Dollar hinblättern. In einem Land, in dem das offizielle Gehalt eines Staatsbeamten bei etwa vier Dollar im Monat liegt, ist das eine unglaubliche Summe.

Ein weiterer Grund für den Immobilienboom ist das fast vollständige Fehlen eines Bankwesens. Es gibt keine Konten oder Investmentfonds, in denen die Herren des Geldes ihre Erträge gewinnbringend bunkern könnten, also stecken sie es in Betongold.

Ri Jong-hos unternehmerischer Erfolg nahm seinen Anfang Mitte der 1980-Jahre, als er für das Büro 39 arbeitete. Er beschaffte Kim Jong-il das Geld für seine Schmiergeldkasse, sodass dem Geliebten Führer nie der Cognac und das Sushi ausgingen. Damit wurde Ri eine wichtige Figur für das Regime, was ihm zu einem guten Leben verhalf.

Seine letzte Tätigkeit übte er in der chinesischen Hafenstadt Dalian aus, nicht weit entfernt von der Grenze zu Nordkorea. Er war Leiter einer Niederlassung von Taehung, einem nordkoreanischen Handels- und Schifffahrtsunternehmen, das Kohle und Meeresfrüchte exportierte und Öl importierte. Zuvor war er Präsident einer Schiffshandelsfirma und Vorsitzender der Korea Kumgan Group gewesen, eines Unternehmens, das mit Sam Pa, einem chinesischen Geschäftsmann, ein Taxiunternehmen in Pjöngjang gründete. Ri zeigte mir ein Foto, auf dem er und Pa an Bord eines Privatfliegers auf dem Weg nach Pjöngjang zu sehen waren.

Als Chef der Taehung-Niederlassung in Dalian schickte Ri Gewinne in Höhe von Millionen Dollar nach Pjöngjang, manchmal auch in chinesischen Yuan. In den ersten neun Monaten des Jahres 2014, also bis zu seiner Flucht, will Ri nach eigenen Angaben etwa zehn Millionen Dollar an das Regime überwiesen haben. Trotz der Sanktionen ist der US-Dollar nach wie vor die bevorzugte Währung für nordkoreanische Geschäftsleute, da er sich am leichtesten umtauschen lässt und fast überall als Zahlungsmittel akzeptiert wird.

Die angeblich strengen internationalen Sanktionen behinderten ihn kaum. Ris Handlanger bestachen einfach die Kapitäne, die von Dalian zum nordkoreanischen Hafen Namp'o fuhren, oder das Zugpersonal, das über die Grenze fuhr.

Onkel Jangs Niedergang Ende 2013 alarmierte viele Herren des Geldes, nicht zuletzt auch Ri. Er floh mit seiner Familie von Dalian aus nach Südkorea und von dort schließlich in die Vereinigten Staaten.

Mit seiner »Nebentätigkeit« hatte er zweifellos ordentlich Geld verdient. Die Familie führte in einem Vorort in Virginia ein komfortables Leben. Doch auch in den Vereinigten Staaten war Ri auf der Hut und hatte zunächst Bedenken, sich überhaupt mit mir zu treffen. Er wog jedes Wort sorgfältig ab. »Es gäbe viel zu erzählen, aber ich kann Ihnen nicht alles sagen. Sie verstehen das sicher.«

Gelegentlich hält er öffentliche Vorträge über das nordkoreanische Regime, vor allem aber berät er die amerikanische Regierung hinter verschlossenen Türen. Unterdessen feilen seine Kinder an ihrem Englisch und lernen eifrig, damit sie eines Tages eine amerikanische Universität besuchen können. Sie streben die Ivy League oder, falls es damit nicht klappen sollte, zumindest Georgetown an.

In den Jahren, in denen ich über Nordkorea berichtete, war der Aufstieg der Herren des Geldes deutlich zu beobachten. Niemand aber illustrierte mir die Entwicklung besser als der Manager der »Kabelwerke 26. März« im Zentrum von Pjöngjang.

Als ich seine Fabrik 2006 erstmals besuchte, traf ich einen hageren Mann in einem sommerlichen Mao-Anzug an. Eine dunkle Hose schlackerte um seine dürren Beine. Er führte mich durch die blitzsaubere Fabrik und erzählte mir von einem neuen Dezentralisierungsprogramm, das einer Handvoll Fabrikdirektoren wie ihm mehr Befugnisse bei der Auswahl des Personals und bei Geschäftsentscheidungen gebe. Dies beruhte auf dem Bemühen des Regimes, das Ausland davon zu überzeugen, dass die nordkoreanische Wirtschaft auf dem aufsteigenden Ast sei. An einer Wand hing sogar ein Anschlagbrett, auf dem der »Mitarbeiter des Monats« vorgestellt wurde und das zu noch größeren Anstrengungen anregen sollte. Dennoch fand ich seine Ausführungen nicht besonders überzeugend.

Als ich die Fabrik 2016 erneut besuchte, hatte sie immer noch denselben Geschäftsführer. Aber sein Leibesumfang hatte sich in etwa verdoppelt. Er trug einen Zweireiher und hatte die rötliche Gesichtsfarbe eines Menschen, der es gewohnt ist, gut zu essen und gut zu trinken. Angesichts der gegen Nordkorea verhängten Wirtschaftssanktionen wunderte ich mich über die großen Kartons mit Chemikalien kanadischer Herkunft in seiner Fabrik und fragte mich, welchen Nebengeschäften er wohl nachging. Er war ein gutes Beispiel für das Rätsel, das Nordkorea darstellt: Ganz offensichtlich prosperierte er innerhalb des Systems, aber wie ihm das gelang, blieb ein Geheimnis.

In Dandong, der chinesischen Grenzstadt, die als Tor zum kommerziellen Nordkorea gilt, lernte ich einen weiteren Herrn des Geldes kennen. Pak war Manager mehrerer Fabriken in China, in denen Hunderte nordkoreanische Arbeiter Halbfertigwaren herstellten, erklärte er mir. Er äußerte sich nur vage, aus Furcht, er könnte mit dem Regime in Pjöngjang Schwierigkeiten bekommen. Er erzählte mir, die Erzeugnisse gingen nach Südkorea und China, wo daraus Produkte entstünden, die allesamt ihren Weg in das globale Handelssystem fänden. Und dabei erfahre niemand, dass Nordkorea an ihrer Entstehung beteiligt sei.

Nach der Übernahme der Fabrikleitung hatte Pak eine Reihe von Veränderungen vorgenommen, um die Produktivität zu steigern und die Fabrik profitabler zu machen. Die Arbeiter hatten bis dahin eine zweistündige Mittagspause gehabt, in der sie eine einfache Mahlzeit, zum Beispiel gefüllte Teigtaschen, zu sich nahmen. Aber das reichte nicht, und so sank die Leistung am Nachmittag, weil sie zu hungrig waren, um effektiv arbeiten zu können.

»Deshalb habe ich eine Kantine eröffnet und ihnen erklärt, dass sie kostenlos so viel essen könnten, wie sie wollten, aber sie hätten dafür nur zwanzig Minuten Zeit«, erzählte er mir, während wir uns in einem chinesischen Restaurant ein gefülltes Schälchen nach dem anderen schmecken ließen. Dabei sagte er immer wieder auf Koreanisch: »Freut mich, Sie kennenzulernen«, und hob sein Glas. »Sie fanden das gut, und ich bekam eine Stunde und vierzig Minuten mehr Arbeit bei weitaus größerer Effizienz.«

Arbeiter aus Nordkorea, die einige Monate in China beschäftigt sind, bekommen rasch eine merklich rosigere Hautfarbe, weil sie dort anständig zu essen bekommen. Zwar droht in Nordkorea keine akute Hungersnot mehr, wohl aber herrscht nach wie vor Mangelernährung. Die Menschen haben es oft schwer, etwas Abwechslung in ihren Speiseplan zu bringen. »Jetzt bekommen sie bei mir drei Mahlzeiten am Tag, und die Kosten sind nichts im Vergleich zu der höheren Produktivität und dem Gewinn«, sagte Pak.

Der gesamte Profit floss nach Pjöngjang, erklärte mir Pak und ließ beim Gestikulieren seine Tissot aufblitzen. Ich hatte da so meine Zweifel, aber er gab natürlich nicht zu, dass er etwas für sich abzweigte. Später zeigte er mir Fotos auf seinem teuren südkoreanischen Samsung Galaxy.

Mir war klar, dass er mir nicht alles über seine Geschäfte in China erzählte. Er war für mich eine Art Symbolfigur der ökonomischen Freiheiten, die seit Kim Jong-uns Machtübernahme vorhanden sind.

Selbst staatliche Unternehmen arbeiten zunehmend nach Marktprinzipien. Während früher Direktoren Anweisungen von oben zu befolgen hatten, können sie heute Arbeiter einstellen und wieder entlassen, einst unvorstellbar in diesem kommunistischen Land, und ihren Betrieb so führen, wie es ihnen am profitabelsten erscheint.

Pak bestritt entschieden, ein Kapitalist zu sein, und wies die Idee, Geld für sich selbst einzustreichen, geradezu empört zurück. Dennoch sprach er gerne über seine kapitalistischen Rollenvorbilder wie Microsoft-Gründer Bill Gates und die Chefs südkoreanischer Konzerne wie Samsung und Hyundai, die Motoren der Industrialisierung des Landes in den 1960er- und 1970er-Jahren. Er habe eine Menge von ihrer Art der Unternehmensführung gelernt, meinte er.

Als Beispiele dafür nannte er »Durchsetzungsfähigkeit und die Notwendigkeit der Diversifizierung. Wir leben in einer Welt, in der immer neue Dinge auftauchen. Wer hätte gedacht, dass Nokia eines Tages pleitegehen würde? Ihr Fehler war, dass sie an ein und demselben Produkt festhielten«, sagte er.

Doch die einzige Führung, deren sie wirklich bedürften, sei die des Großen Nachfolgers. »Vor zwei Jahren versprach uns Kim Jong-un Wohlstand. Auch wir Nordkoreaner würden ein sehr gutes Leben führen.« Pak war offensichtlich bemüht, seine Loyalität zu zeigen. »Heute fällt die Ernte besser aus, und das Wirtschaftswachstum nimmt zu.«

Vieles von alledem ist zwar Wunschdenken, aber es ist auch nicht ganz falsch, wie die Zahlen der südkoreanischen Zentralbank zeigen. Die Wachstumsraten in einstelliger Höhe sind kaum mit denen anderer Entwicklungsländer zu vergleichen – China etwa erreichte in der Hochphase seines Wirtschaftsaufstiegs zweistellige Werte –, aber es reicht, um die beharrliche Behauptung des Regimes, dass das Leben besser wird, zu bestätigen.

Die zunehmend kapitalistische Wirtschaft des Landes ist heute weitaus vielfältiger und autonomer. Konzerne, die nominell staatlich sind, werden faktisch von Herren des Geldes kontrolliert und verwandeln sich in gewisser Weise in diversifizierte Konglomerate, die denen in Südkorea nicht unähnlich sind. Man erinnere sich nur an Samsung, ein Unternehmen, das als Exporteur für Obst und Trockenfisch begann, sich aber im Zeitraum von wenigen Jahrzehnten zu einem der weltweit größten Hersteller von Smartphones, Fernsehern und Computerchips entwickelte.

Air Koryo, die nordkoreanische staatliche Fluggesellschaft, unterhält heute ein Taxiunternehmen, Tankstellen sowie eine Reiseagentur und stellt außerdem Zigaretten eigener Marke und Lebensmittel in Dosen wie etwa Makrelen und Fasan her. Die Masikryong-Gruppe betreibt das Skiresort bei Wŏnsan, ein Vorzeigeobjekt von Kim Jong-un, sowie Buslinien und verkauft außerdem Mineralwasser.

Das nordkoreanische Unternehmen Naegohyang (Mein Heimatland) produzierte zunächst Premium-Zigaretten mit dem Namen »7.27«, benannt nach dem Datum der Unterzeichnung des Waffenstillstands am 27. Juli 1953, mit dem der Koreakrieg endete. In

Nordkorea wird dieses Datum als Tag des Sieges gefeiert, der dem Regime zugeschrieben wird. (Hochrangige Funktionäre fahren in schwarzen Mercedes-Limousinen, auf deren Nummernschildern die Zahl 7.27 steht.) Die Zigaretten sind teurer als importierte Marken wie Marlboro oder Rothmans, und Kim Jong-un raucht sie am liebsten.

Inzwischen stellt Naegohyang auch den Branntwein Soju und Sportprodukte wie Basket- und Fußbälle, Fußballschuhe und Sportkleidung her, die der von Adidas und Puma nachgebildet ist. Die nordkoreanischen weiblichen Cheerleader-Teams, die an den Olympischen Winterspielen 2018 in Südkorea teilnahmen, trugen Taschen von Naegohyang.

In den Regalen der Lebensmittelläden findet man Konserven mit Fisch und Pfirsichen aus nordkoreanischer Herstellung. Teilweise fördert Kim Jong-un die heimische Industrie um ihrer selbst willen, teilweise im Kampf gegen die »Importkrankheit«, wie er es nennt. Er behauptet gern, dass nordkoreanische Produkte besser seien, will aber auch die Auswirkungen der internationalen Sanktionen mildern, die den Zugang zu vielerlei Gütern von Raketenteilen bis zu Teekannen erschweren. Womöglich versucht er auch, wieder mehr Kontrolle über die Wirtschaft zu gewinnen, indem er die Privathändler preislich unterbietet. Von staatlichen Unternehmen hergestellte Produkte, die billiger sind als die Importware, in staatlichen Vertriebsstellen zu verkaufen, ist ein sicherer Weg, die Marktkonkurrenz zu verdrängen.

Beim Besuch einer Kosmetikfabrik in Sinŭiju an der Grenze zu China ließ sich Kim Jong-un sogar zu der Bemerkung hinreißen, nordkoreanische Produkte müssten so gut sein wie die französischer Marken und dazu beitragen, dass »der Traum der Frauen, schöner auszusehen«, in Erfüllung gehe.

Die Herren des Geldes betreiben auch die Bergwerke und verkaufen für das Regime Kohle und andere Rohstoffe wie Eisenerz, wobei sie einen ordentlichen Batzen vom Gewinn selbst einstreichen. Einige vermuten, dieser Anteil könne bis zu einem Drittel ausmachen.

Inzwischen gibt es auch ein boomendes Verkehrswesen, und das in einem Land, in dem die Menschen noch vor wenigen Jahren eine Reisegenehmigung brauchten, um Bezirksgrenzen zu überschreiten. Heute sieht man Taxis und Reisebusse, Kurierdienste und private Fuhrunternehmen wie das, welches Hyon in der Grenzstadt Hyesan unterhielt.

Es gibt inzwischen sogar Tourismusunternehmen, die sich an Einheimische wenden, während die Menschen früher weder das Geld noch die Gelegenheit hatten, Urlaub zu machen. Von Sinŭiju an der Westgrenze bis nach Wŏnsan und zum Kumgang-Nationalpark im Osten sieht man Nordkoreaner mit teuren Kameras, die Sehenswürdigkeiten besuchen und in Hotelrestaurants ein Mittagessen einnehmen.

All diese Firmen arbeiten nach Art einer Public-Private-Partnership, in der die Herren des Geldes die Lizenz erhalten, staatliche Unternehmen zu erweitern und die Gewinne abzusahnen, vorausgesetzt, sie geben dem Staat einen gewissen Anteil ab.

So kommt es beispielsweise vor, dass ein Unternehmer in einer staatlichen Schuhfabrik Räume anmietet. Der Leiter der Fabrik und der verantwortliche Vertreter der Partei streichen die Miete sowie zusätzliche Zahlungen ein, die als Spesenzulage bezeichnet werden, bei denen es sich in Wirklichkeit aber um eine Art Schmiergeld handelt. Der Unternehmer nutzt die Räume für sein eigenes Geschäft, stellt selbst Arbeitskräfte ein und kauft selbst Rohmaterial, um bessere Schuhe herzustellen und den Gewinn für sich zu behalten. Wenn er den Kadern, die die Fabrik leiten, besonders nahesteht und die Gewinne besonders hoch sind, kann er möglicherweise sogar staatliche Fahrzeuge nutzen oder kommt in den Genuss anderer Vorteile.[111]

Oder ein Herr des Geldes erwirbt Schürfrechte von der Zentralregierung und übernimmt dann Bergwerke, die wegen Strom- oder Gerätemangel geschlossen wurden. Er investiert in die Mine, um sie wieder in Betrieb zu nehmen. Dann stellt er Arbeitskräfte ein, die anders als in staatlichen Unternehmen einen anständigen Lohn erhalten. Außerdem besticht er ein paar Beamte und erkauft sich den Schutz lokaler Parteikader und Vertreter der Staatsanwaltschaft. Schließlich kassiert er den Rest und zahlt davon eine »Loyalitätsabgabe« von ungefähr 30 Prozent an das Regime.[112]

Die Aussicht, auf diese Weise richtig Geld zu verdienen, macht den Einstieg in die Wirtschaft weitaus attraktiver als den Eintritt in die Partei.

Einmal besuchte ich in Dandong eine Fabrik, in der dreißig Nordkoreanerinnen Kleidung für ein chinesisches Unternehmen herstellten. Der Verleih von Arbeitskräften ist eine der Haupteinnahmequellen von Kim Jong-un. Experten schätzen, dass er an die hunderttausend Menschen ins Ausland geschickt hat, die dem Regime etwa 500 Millionen Dollar pro Jahr einbringen.

Der Leiter der Fabrik, ein Nordkoreaner, der einfach nur Kim genannt werden wollte, führte mich durch den Betrieb, in dem die Frauen aufgereiht an den Maschinen saßen und schwarze Männerarbeitshosen für eine japanische Marke nähten, während der nordkoreanische Staatssender seine Propaganda hinausplärrte.

Bei einem zweistündigen Mittagessen, zu dem wir chinesischen Schnaps tranken, der nur ein wenig besser schmeckte, als sein Name – Schwarze Erde – vermuten ließ, erzählte mir der Fabrikdirektor, wie man in China Geschäfte machte und wie seine Expansionspläne aussahen.

Am lebhaftesten aber wurde er, als er über seine Tochter sprach, die zu Hause in Pjöngjang als Lehrerin arbeitete. Sie würde zu viel arbeiten und ihre Nase immer nur in Bücher stecken. Er dagegen wollte, dass sie Parteimitglied würde, damit sie in die Wirtschaft gehen und Geld machen könne. »Das ist die Zukunft«, meinte er.

Parteimitglieder verfügen bei dieser Wirtschaftsweise zwar über gewisse Vorteile, aber politische Macht ist nicht deckungsgleich mit wirtschaftlicher Macht. Manche haben jedoch politische Kontakte, genießen hohes soziales Ansehen und schlagen daraus viel Kapital. Wer politische Macht besitzt, nutzt sie, um sich den Schutz von Unternehmern mit Schmiergeldern bezahlen zu lassen. Unternehmer, die keinen politischen Einfluss haben, kaufen ihn sich einfach.

Aber ein solches System ist riskant und instabil. Alle lavieren ständig herum, um ihre Loyalität gegenüber dem Regime unter Beweis zu stellen und wirtschaftlich noch erfolgreicher zu werden. Wenn ein Kadermitglied einen Konkurrenten um seine Gewinne beneidet, kann er oder sie ihn leicht bei den Behörden wegen Korruption oder anderer Wirtschaftsvergehen anschwärzen.

An diesem Punkt spielen Geld und Beziehungen erst wirklich eine Rolle. All diese Akteure benötigen gute Kontakte zu den Geheimdiensten. Für viele Geschäftsleute kommt die Bestechung lokaler Geheimdienstvertreter einer Versicherung für den Fall gleich, dass sich ihre Geschäftsbeziehungen problematisch entwickeln. Dennoch können das Schmieren von Beamten und der Aufbau eines Netzwerks nicht immer verhindern, dass selbst ein Mann in einer Spitzenposition in Ungnade fällt. Man denke nur an Onkel Jang.

Während Leute wie Ri an der Spitze des Regimes ihren Reibach machten, gab es an der Basis viele unabhängige Akteure, die ebenfalls die Möglichkeit bekamen, reich zu werden. So stabilisierte sich das System durch die Verbreitung von Wohlstand.

»Ich habe Krabben, Shrimps und Pilze nach China und Russland verkauft«, erzählte mir Oh Yuna, eine jener Herrinnen des Geldes, die sich aus eigener Kraft emporgearbeitet hatte. Sie war dann aber doch nach Südkorea geflohen. Sie hatte Behältnisse mit je einer Tonne der begehrten Meeresfrüchte versandt, manchmal fünf Stück auf einmal. »Ich war reich«, sagte sie.

Nordkoreanische Krabben bringen in China bis zu 20 Dollar das Pfund ein, und in so einem Container befinden sich oft mehrere Tausend Kilo.

Oh Yuna hatte ihren Geschäftssitz in Rasŏn, einem Gebiet an den Grenzen zu China und Russland, wo die eisfreien Häfen Rajin und Sŏnbong zur Sonderwirtschaftszone Rasŏn zusammengefasst worden waren. Es handelte sich dabei um eines der Gebiete Nordkoreas, in denen man fast uneingeschränkt Geschäfte machen konnte.

Die Sonderwirtschaftszone war in den 1990er-Jahren von Kim Jong-uns Vater initiiert worden, aber nie richtig in Gang gekommen. Unter dem Großen Nachfolger hingegen entwickelte sie sich rasch. Das abgeschlossene Wirtschaftszentrum bietet lokalen Unternehmern viel kreative Freiheit inklusive der Nähe zu den beiden wichtigsten Handelspartnern des Landes, die die Nachfrage decken. Andererseits ermöglicht seine relative Isolation innerhalb Nordkoreas dem Regime mehr Kontrolle über die Ausbreitung des kapitalistischen Wirtschaftens.

Oh Yuna wurde zu einer Herrin des Geldes, indem sie die richtigen Kader bestach. Man könnte sagen, dass sie auf altmodische Weise reich wurde, nämlich mit dem richtigen Riecher.

»Ich verstand was von Geschäften«, sagte sie beim Mittagessen in einem italienischen Restaurant in der Nähe ihrer Wohnung am Rande von Seoul. »Ich sah immer zu, dass nur Krebse, Krabben und Fische höchster Qualität in meine Kisten kamen. Manche füllten ihre Kisten mit minderwertiger Ware und schichteten dann Fisch in Topqualität darüber. Aber so etwas gab es bei mir nicht.«

Sie hatte ihre Heimat noch nicht lang hinter sich gelassen, und dennoch wirkte sie mit ihren der neuesten Mode entsprechend zerrissenen Jeans und ihrem teuer wirkenden Mantel mit Pelzkragen, den auffällig betonten Wangenknochen und den schwarz lackierten, mit Glitzersteinen beklebten Fingernägeln ganz und gar wie die verschwendungssüchtige Südkoreanerin par excellence. Kaum dass sie nach Südkorea geflohen war, hatte sie sich eine große Wohnung und einen Mercedes gekauft. Und sie konnte es sich leisten, ihrer kleinen Tochter nachzugeben, die darauf bestand, nur französische Markenkleidung zu tragen.

Mit dem Geld, das ihre Mutter mit einem Handelsunternehmen erworben und ihr vermacht hatte, hatte Oh Yuna drei Fischerboote gekauft. Von deren Ertrag behielt sie 60 Prozent ein, den Rest bekamen die Fischer.

Sie bestach die Mitarbeiter der lokalen Behörden mit Bier und erstklassigen Krebsen. Dazu bekamen sie von ihr bündelweise chinesische Yuan, genauso die Grenzwachen und Zollbeamten, die ihr somit erlaubten, ihre Ware nach China einzuführen. Das Ganze war für alle Seiten ein Gewinn.

Sie wusste, dass das Geheimnis des geschäftlichen Erfolgs in Nordkorea Schmiergeld war, und zwar viel Schmiergeld. »Man muss alle möglichen Leute bestechen, um solche Geschäfte machen zu können«, erklärte sie mir, bevor sie den nächsten Anruf eines Geschäftspartners entgegennahm. Im Süden betreibt Oh drei Fabriken und ist ständig damit beschäftigt, neue Verträge abzuschließen oder Konflikte zu lösen.

Im Norden hatten ihr andere Dinge Kopfschmerzen bereitet. Dort war es darum gegangen, die Gunst der richtigen Funktionäre und Geheimdienstleute zu bekommen.

Doch schließlich geriet Oh doch in Konflikt mit den Behörden. Sie saß ein Jahr lang im Gefängnis, wo sie geschlagen und vergewaltigt wurde. Dann wollte man sie zur Abtreibung zwingen. Sie konnte sich jedoch freikaufen, indem sie versprach, Motorräder für die Chefs des lokalen Sicherheitsapparats zu besorgen.

Als sie ihre Geschäfte wieder aufnahm, ging sie vorsichtiger mit den Schmiergeldern um.

»Man kann nicht jeden bestechen, deshalb hielt ich mich möglichst an die Geheimdienstleute, damit niemand mir etwas anhaben konnte«, erzählte sie. »Einmal sagte mir eine Wahrsagerin, meine Mutter sei ja schon sehr begabt als Geschäftsfrau, ich aber noch mehr.«

Trotz des vielen Geldes, das sie einnahm, war Oh am Ende frustriert. Man beobachtete sie nach wie vor misstrauisch. Ihr war klar, dass die Verlautbarungen des Regimes nur aus Lügen bestanden, und sie wollte nicht, dass die Tochter, die sie nach ihrer Weigerung abzutreiben bekommen hatte, in Nordkorea aufwuchs.

»Man sagt, Nordkorea sei ein sozialistisches Land, aber als ich zur Entbindung ins Krankenhaus ging, musste ich die Gummihandschuhe, die Infusion, die Spritze und dazu noch das Essen für den Arzt und das übrige beteiligte Klinikpersonal mitbringen«, sagte sie. »Das ist kein sozialistisches Land. Alle arbeiten für das Kim-Regime.«

Kapitel 10
Millennials und moderne Zeiten

»Die Hauptstadt Pjöngjang [ist] ein Kleinod kultureller Blüte.«
Kim Jong-un beim Besuch der Mirae-Straße,
21. Oktober 2015

Innerhalb der Elite, die ihn an der Macht hielt, gab es eine spezielle Gruppe, die sich Kim Jong-un besonders warmhalten wollte: die Millennials, seine eigene Generation. Wenn sie das Gefühl hatte, unter seiner Führung zu gedeihen, dann konnten diese Leute ihn über Jahrzehnte an der Macht halten.

So kam es, dass sich der selbsternannte Herausragende Genosse anschickte, für sie ähnlich privilegierte Umstände zu schaffen, wie er sie in seinen Lehrjahren in Europa erlebt hatte. Heute findet man in Nordkorea italienische Restaurants und Sushi Bars, Pubs, die Craft Beer und Pommes frites anbieten, Freizeitparks mit Achterbahnen und anderen Attraktionen, bei denen sich einem der Magen umdreht, Volleyball- und Tennisplätze sowie Bahnen für Inlineskater. Und es gibt Taxis, deren Grundgebühr einen Dollar beträgt – ein Viertel des monatlichen Durchschnittseinkommens.

Die privilegierte Elite kann in Reitclubs nach Schweizer Vorbild eintreten, mit Plastikzäunen in Holzoptik rund um die Rennbahn und Statuen in Rosenbeeten. Im Osten von Pjöngjang kann sie sich in den Bergen des Masik-Passes beim Skilaufen vergnügen. Kim Jong-un hat hier ein Feriendomizil mit zehn Pisten und österreichischen Skiliften errichten lassen. Man kann sich italienische Ski leihen, und es gibt ein Hotel, dessen Innenausstattung eine Mischung aus Schweizer Chalet und nordkoreanischem Kitsch ist, komplett eingerichtet mit Schwimmhalle, Sauna und sogar einer Bar in einer Eishöhle.

Die Clique um Kim Jong-un kann sich heute mit Billard oder Karaoke die Zeit vertreiben. Ihre Mitglieder besuchen Yogakurse und schlürfen Cappuccino, in dessen Milchschaum mit Kakao niedliche Tiergesichter gezeichnet sind. Sie kommunizieren untereinander mit Smartphones und hängen sich Handtaschen von Christian Dior oder Gucci über den Arm.

»Manche sind Imitate, aber es gibt auch echte«, sagt Lee So-hyun, die nur ein paar Jahre jünger ist als Kim Jong-un und zu diesen oberen Zehntausend Nordkoreas gehörte.

So-hyun und ihr Bruder Hyuan-sung wurden in die Elite von Pjöngjang hineingeboren, ihr Vater ist Ri Jong-ho, der mehr als dreißig Jahre lang Geld für das Kim-Regime beschafft hat. (Er schreibt seinen Familiennamen nach wie vor auf nordkoreanische Weise, Ri, während seine Kinder die südkoreanische Version »Lee« bevorzugen.)

Sie genossen das Luxusleben in Kim Jong-uns Pjönghattan, der kosmopolitischen, vom Großen Nachfolger geschaffenen Hauptstadt innerhalb der Hauptstadt.

Die Marktorientierung hat den Lebensstandard vieler Nordkoreaner etwas angehoben, aber für niemanden hat sich das Leben so sehr verbessert wie für jene, die zum engsten Zirkel um Kim Jong-un gehören. Es ist eine Strategie der Bestechung: Das Regime hofft, dass es die Jeunesse dorée von Pjöngjang davon überzeugen kann, im Land zu bleiben, obwohl die Kinder der Reichen und Mächtigen natürlich wissen, dass das Leben jenseits ihrer Landesgrenzen viel besser ist.

Bei meinem ersten Besuch in Pjöngjang im Jahr 2005 sah ich noch Frauen, die sich streng konservativ nach kommunistischer Ästhetik kleideten. Sie bevorzugten Schwarz oder gedeckte Braun- und Grautöne, lange Röcke, unförmige Jacken und bequeme, praktische Schuhe.

Im Jahr 2018 hatte sich das Bild völlig gewandelt, zumindest in Pjöngjang. Nordkoreaner, die nur wenige Jahre jünger als Kim Jong-un waren, trugen Sachen von H&M, Zara und Uniqlo. Die Frauen wagten farbenfrohe, figurbetonte Kleidung, sparten nicht mit Schmuck und zeigten sich sogar in Highheels. Offen zur Schau gestellter Konsum ist eindeutig kein Verbrechen mehr im Sozialismus.

Junge Nordkoreaner, die Gelegenheit haben, ins Ausland zu reisen, brachten sich von dort Trainingskleidung mit, die sie in ihrer Hauptstadt nicht so leicht bekommen konnten. Dabei sind diese Millennials gar keine besonderen Fitnessfans. Sie stehen vor allem deshalb auf diese Art von Kleidung, weil das Fitnessstudio der einzige Ort ist, an dem sie ihren Körper zur Schau stellen können. »In Nordkorea wird einem ständig eingeschärft, sich dezent zu kleiden, kein Wunder, dass die Leute gern ins Fitnessstudio gehen, um ihren Körper und etwas Haut zu zeigen«, sagte mir So-hyun. So erklärt es sich, dass nun auch nordkoreanische Frauen gerne Leggins und enge Tops tragen.

Wer ins Ausland reisen konnte, bekam von Freunden stets sehr detaillierte Einkaufslisten mit. Unter Frauen war besonders die Sportbekleidungsmarke Elle populär, die Männer bevorzugten Adidas und Nike. »Alle brachten solche Sachen aus dem Ausland mit«, erzählte mir Hyuan-sung.

Bei unserer ersten Begegnung war ich mit den Geschwistern in einem schicken Einkaufszentrum unweit ihrer Wohnung in Virginia verabredet. Wir entschieden uns für ein italienisches Restaurant und aßen Nudeln und Steak auf der Terrasse. Selbst in den USA umgab sie noch eine Aura aus Privilegien und Ehrgeiz. Es verblüffte mich, wie selbstsicher sie auftraten und wie gut gekleidet sie waren, sehr gepflegt und korrekt, aber diskret, ohne jeden Protz. Sie waren beeindruckend clever und verkauften sich gut in den Medien. Sie redeten nur über Dinge, die das Ansehen ihrer Familien hoben oder ihre Chancen erhöhten, einen Platz an einer begehrten Universität zu ergattern. Sie waren eindeutig ein Leben auf der Überholspur gewohnt.

Als sie noch zur nordkoreanischen Elite gehört hatten, pendelten die Geschwister zwischen Dalian in China, wo sie studierten, und Pjönghattan hin und her, während ihr Vater Geld für das Regime einsammelte.

Wann immer sie zu Hause waren, gingen sie ins Freizeitzentrum Kum Rung, eine für die hauptstädtischen Verhältnisse moderne Einrichtung mitten in Pjöngjang. Es gibt dort Squashplätze und ein Fitnesscenter mit Laufbändern, auf denen man mit Zeichentrickfilmen von Disney unterhalten wird. Frauen stolzieren in freizügiger Yoga-Kleidung herum, auch wenn die Kurse schon lange beendet sind.

Aus demselben Grund ist auch die Schwimmhalle sehr beliebt. »Alles dreht sich um Mode«, sagte So-hyun. Manche Frauen tragen in Nordkorea sogar Bikinis, wenn auch eher dezente Modelle mit einer Art Rock als Unterteil.

Selbst Schönheitsoperationen gehören mittlerweile dazu. Doppelte Lidkorrekturen – eine relativ simple Prozedur, die asiatische Augen westlicher aussehen lässt und für junge Frauen in Südkorea beinahe so selbstverständlich ist wie das Auflegen von

Make-up – sind mittlerweile auch in der nordkoreanischen Elite ein Muss. Je nach Ansehen des Chirurgen kostet eine solche Korrektur zwischen 50 und 200 Dollar.

»Schön und attraktiv zu sein, ist ein Wettbewerbsvorteil«, erklärte mir So-hyun. Das hätte auch aus dem Munde einer ehrgeizigen einundzwanzigjährigen Südkoreanerin kommen können.

Der ultimative Beweis dafür ist Ri Sol-ju, eine hübsche, talentierte Sängerin, die aus einer Familie der Elite stammt und als Mitglied verschiedener Musikensembles wortwörtlich ein Loblied auf das Regime sang. Sie schaffte es schließlich bis ganz an die Spitze des Regimes: Sie ist Kim Jong-uns Ehefrau.

Die glamouröse junge Frau, die einen Draht zum einfachen Volk hat, ist in kürzester Zeit nicht nur zur Hoffnungsträgerin für die Millennials geworden, sondern verschafft dem Regime auch einen Hauch von Modernität. Sie ist Nordkoreas Kate Middleton – sie verjüngt die Monarchie und lässt ihren Ehemann menschlicher wirken.

Mit ihr wollte das Regime zeigen, dass Nordkorea in eine neue Ära eingetreten ist, in der die jungen Leute ihr Leben genießen und ehrgeizige Ziele haben durften – zumindest die jungen Leute aus der Oberschicht.

Ri zeigte ihr strahlendstes Lächeln, als sie Mitte 2012 zum ersten Mal öffentlich an der Seite von Kim Jong-un auftrat. Der Anlass war ein Konzert in Pjöngjang. Die beiden saßen auf leuchtend roten VIP-Polstersesseln. Kim trug seinen üblichen schwarzen Mao-Anzug, Ri, mit kurzem Haarschnitt, ein eng anliegendes, weiß abgesetztes schwarzes Kostüm. Beide trugen rote Kim-Abzeichen über dem Herzen.

Sie besuchten eine Vorstellung der Girlband Moranbong und zeigten ihre Begeisterung durch stehende Ovationen. Den Nordkoreanern, die gewohnt waren, dass bei Musikdarbietungen verhüllte Frauen und Soldaten in olivgrünen Uniformen auftraten, wurden plötzlich glamourös aufgemachte junge Frauen in engen, glitzernden Outfits präsentiert.

Die staatlichen Medien gaben den Namen der Frau an Kim Jong-uns Seite nicht preis, was wilde Spekulationen in der südkoreanischen Presse zur Folge hatte.

War es Kim Jong-uns jüngere Schwester? War es Hyon Songwol, die Frontsängerin des populären Pochonbo Electronic Orchestra, zu deren größten Hits ein Lied über »Frauen, die wie Pferde arbeiten« gehörte? Die südkoreanischen Medien waren sich weitgehend einig, dass es sich tatsächlich um Hyon handelte – und dass sie schwanger war, wollten sie auch wissen. Das erwies sich, wie so oft, als reine Fantasie (ebenso die späteren Spekulationen, Kim habe Hyon hinrichten lassen).

Es sollte nicht lange dauern, bis die wahre Geschichte ans Tageslicht kam. Einige Wochen später berichteten die staatlichen Medien von der Eröffnung des Volksparks Rungna in Pjöngjang, einer der neuen Vergnügungsstätten, die Kim in seiner »liebevollen Fürsorge« für alle Altersklassen errichten ließ. Der Volkspark liegt auf einer Insel im Fluss Taedong und bietet unter anderem ein Schwimmbad mit Wasserrutschen, ein Delfinarium und eine Minigolf-Anlage.

Kim Jong-un nahm an der Eröffnung des Volksparks in Begleitung einer Frau teil, die schlicht als Genossin Ri Sol-ju vorgestellt wurde. Alle »begrüßten sie begeistert mit einem lauten ›Hurra!‹«, hieß es im offiziellen Bericht über das Ereignis.[113]

Kim und Ri schüttelten dort auch ausländischen Diplomaten die Hand, die der Eröffnungszeremonie beiwohnten. Ein britischer Diplomat namens Barnaby Jones drehte mit Kim sogar eine Runde in einem modernen, atemberaubenden Fahrgeschäft;

Fotos zeigen ihn angeschnallt in der Sitzreihe vor dem Großen Nachfolger.

Von einer Heirat Kim Jong-uns war nie die Rede gewesen, und Ri wurde auch nicht offiziell als seine Frau bezeichnet. Aber so wie Ri in aller Öffentlichkeit am Arm des Diktators hing, war für alle ersichtlich, dass die beiden eine Beziehung hatten. Die öffentliche Anerkennung der Frau an der Seite des Führers war eine Sensation in Nordkorea. Kim Il-sungs erste Frau, die Revolutionsheldin Kim Jong-suk, wurde nach ihrem Tod 1949 verklärt, und seine zweite Frau war bereits vor ihrer Heirat eine prominente Persönlichkeit, da sie ein politisches Amt bekleidete. Kim Jong-il zeigte sich dem Volk selbstverständlich nie mit einer seiner zahlreichen Geliebten.

Der Bruch mit der Vergangenheit bestand in diesem Fall nicht nur darin, dass sich Ri der Öffentlichkeit präsentierte, sondern auch in ihrem Stil und ihrem gesamten Auftreten.

Ri sah völlig anders aus als die meisten nordkoreanischen Frauen, auch als andere Einundzwanzigjährige aus Pjöngjang. Zur Eröffnung des Volksparks trug sie ein eng geschnittenes grünschwarzes Kleid mit kurzen Ärmeln, dessen Saum über den Knien endete; sicherlich nichts Aufregendes anderswo in der Welt, aber sehr gewagt in Nordkorea und auf jeden Fall unerhört für die Partnerin eines Mannes aus der Führungsriege.

In einem Land, in dem sogar die Frauen der höchsten Kader in formloser sozialistischer Kleidung stecken, die alle gleichermaßen trist erscheinen lässt, wirkte Ri entschieden modern. Nach einiger Zeit sah man sie meist in Kostümen in leuchtenden Farben – gelegentlich sogar in einem Jackett mit roten Tupfen –, und statt der allgegenwärtigen Kim-Anstecknadel trug sie eine Perlenbrosche. Sie bevorzugte Peeptoes mit hohen Absätzen und Handtaschen im Stil von Chanel oder Dior. Sie veränderte auch öfter ihre Frisur, mal trug sie das Haar kurz, dann wieder lang. Doch ihr Verhalten fiel noch mehr aus dem Rahmen als ihr Outfit. Bei der Eröffnung des Volksparks ging sie an der Seite von Kim, lächelte und hakte sich bei ihm ein. So sah man sie Arm in Arm mit dem Führer auch in den folgenden Jahren, eine verblüffende öffentliche Zurschaustellung von Zuneigung und sozialer Gleichheit. Jedes normale Ehepaar, das so über die Straße spaziert wäre, hätte man als peinlich und sogar sittenlos empfunden.[114]

Als First Lady schien Ri einen mäßigenden Einfluss auf ihren Ehemann auszuüben – ohne seine unbegrenzte Macht anzutasten, versteht sich. An dem Tag im Volkspark blieb das Vergnügungsgerät, in dem Kim und der britische Diplomat saßen, plötzlich stehen. Die Bedienungsmannschaft sprang in Panik herbei, um das Problem zu beheben, doch der Führer war sichtlich außer sich.

Die Hilfskräfte, zitternd vor Angst, entschuldigten sich. Die Diplomaten schauten betreten. Da trat Ri auf Kim Jong-un zu und sprach ganz ruhig einige Worte mit ihm, die ihn offenbar zu besänftigen vermochten. Er regte sich ab, und alle atmeten erleichtert auf.

Ri Sol-ju war keine typische Nordkoreanerin. Vor der Heirat war sie eine hinreißende Darstellerin in einer Künstlertruppe gewesen – so wie Kims eigene Mutter.

Sie stammte aus einer jener Elite-Familien, die halfen, die Kims an der Macht zu halten. Ihr Vater diente in der Luftwaffe, und einer ihrer nahen Verwandten, vielleicht ihr Onkel, ist Ri Pyongchol, ein ehemaliger General höchsten Ranges der Luftstreitkräfte, der stets an Kims Seite zu sehen ist, wenn eine Rakete gestartet wird.

Ri ist fünf Jahre jünger als ihr Ehemann. Sie kam am 28. September 1989 zur Welt, so jedenfalls stand es in ihrem Pass, als sie in ihrer Jugend nach Japan reiste.[115]

In ihrer Kindheit in Pjöngjang trat sie im Mangyongda Children's Palace auf, einer Vorzeige-Künstlerschule, in der dick geschminkte Kinder vor ausländischen Besuchern Propagandalieder mit roboterhafter Präzision aufführen. Sie besuchte eine Schule mit Schwerpunkt Musik – auf Klassenfotos trägt sie ein orangefarbenes, traditionelles Kleid –, bevor sie zum Studium nach China ging. Das von der Kommunistischen Partei kontrollierte Nachbarland war buchstäblich die erste Wahl für ein Auslandsstudium. Dort wurden nordkoreanische Studenten nicht nur freundlich aufgenommen, es war auch die preiswerteste Möglichkeit.

Ri war viel herumgekommen, ein Privileg, das Nordkoreas Topelite vorbehalten war. Schon 2002, im Alter von zwölf Jahren, reiste sie nach Fukuoka in Japan, um am East Asian Children's Art Festival der UNESCO teilzunehmen.

Als Nordkorea 2005 ein Team zur Asian Athletics Championship in Südkorea schickte, gehörte Ri Sol-ju zur Gruppe der Cheerleader, die die eigenen Sportler anfeuern sollten. Alle trugen einheitlich schwarz-weiße Kleider und schwenkten Flaggen, die eine vereinigte koreanische Halbinsel zeigten.

Fotos jener Zeit zeigen Ri mit kurzem Haar und den runden Wangen eines Teenagers. Sie winkt lächelnd den Scharen von südkoreanischen Fotografen zu, die gekommen waren, um Fotos von Nordkoreas »Armee der Schönheiten« zu schießen, wie die Südkoreaner die nordkoreanische Cheerleader-Truppe nannten.

Sechs Tage verbrachten sie in Südkorea, feuerten ihr Team an und führten nordkoreanische Lieder wie »Der blaue Himmel meiner Heimat« auf. Man kann davon ausgehen, dass der südkoreanische Geheimdienst keinen der Nordkoreaner, die zu den Spielen angereist waren, aus den Augen ließ. Umgekehrt trugen nordkoreanische Sicherheitsbeamte dafür Sorge, dass niemand die Gelegenheit nutzte, sich abzusetzen. Aber natürlich konnten die südkoreanischen Schlapphüte damals nicht wissen, dass auch die zukünftige Frau des Führers dabei war. Ri war nur ein hübsches Gesicht unter anderen.

Nach ihrem Schulabschluss wurde Ri Sängerin beim Orchester Unhasu, einem Ensemble im westlichen Stil, das zu den bekanntesten in der nordkoreanischen Musikwelt zählt. Zu seinen Hits zählen Lieder wie »Unsere Waffen garantieren den Frieden«.

Ri gehörte bald zu den Stars der Truppe. Sie trat in hellen traditionellen Kleidern auf, die Haare hochfrisiert und mit falschen Wimpern. Zum Neujahrskonzert 2010 sang sie ein mitreißendes revolutionäres Solo: »Flamme empor, Freudenfeuer«. Im darauffolgenden Jahr, in dem Kim Jong-un Staatsführer werden sollte, erschien sie in einem glitzernden blauen Kleid auf der Bühne und sang solo das Lied »Die Schritte der Soldaten«. In der Zwischenzeit war ihr Lächeln durch teure Zahnkorrekturen perfektioniert worden.

Bei ihrem ersten Auftritt an der Seite von Kim Jong-un dürften sie viele Nordkoreaner als die schöne junge Frau aus den Propagandakonzerten wiedererkannt haben.

Irgendwann scheint sie die Aufmerksamkeit von Kim Jong-il gewonnen zu haben, der in seinen vier Ehen selbst zweimal mit einer Künstlerin verheiratet war. Er entschied, dass Ri und sein jüngster Sohn und Thronerbe heiraten und zusammen die Zukunft der Dynastie sichern sollten. »Vater schaute mich an und sagte: ›Heirate diese Frau!‹, und ich vertraute ihm«, erzählte Kim Jong-un dem südkoreanischen Präsidenten einige Jahre später bei ihrer ersten Begegnung.[116]

Als sich Kim Jong-ils Gesundheitszustand verschlechterte, schlossen Kim und Ri den Bund der Ehe. Das war ein wesentliches Element des Nachfolgeplans. Man vermutet, dass sie zwei oder drei Kinder haben, und es ist davon auszugehen, dass Kim Jong-un versucht, ihnen Führungsqualitäten anzuerziehen.

Kim und Ri waren von Anfang an die Verkörperung eines modernen Paars – der junge Diktator und seine attraktive Frau.

Am 9. September 2012 leitete Kim zum ersten Mal die Staatsfeierlichkeiten zum Gründungstag der Demokratischen Volksrepublik Korea. Aus diesem Anlass berichteten die Medien ausführlich über einen Besuch, den das Paar der Changjon-Straße abstattete, einem Komplex von Wohntürmen für die Elite, der sich in der Skyline der Stadt durch seine abgerundeten Formen auszeichnet und nachts vielfarbig angestrahlt wird.

Dort besuchten sie Pak Sung-il, dem Bericht zufolge einen Mitarbeiter des Stadtverschönerungsbüros, der mit seiner Familie in einer Fünfzimmerwohnung im zweiten Stock lebte. Es ist nicht immer leicht festzustellen, wo in Berichten der nordkoreanischen Medien die Grenze zwischen Wahrheit und Fantasie verläuft. Kim und Ri benahmen sich, als träfe sich eine Familie nach langer Trennung wieder. Der Führer nahm einen von Paks Söhnen auf den Schoß, tätschelte dessen Wange, und seine Frau tischte angeblich von ihr selbst zubereitete Speisen auf. Auf ihrem weiteren Weg durch das Gebäude wurde Kim wiederholt ein Begrüßungstrunk angeboten, und er schlug keinen aus. Bei all seiner bizarren Ideologie bleibt Nordkorea von der konfuzianischen hierarchischen Ordnung geprägt, die es vor vielen Jahrhunderten von China übernommen hat. Dazu gehört, dass Personen mit geringerem Sozialstatus stets den Höherstehenden zu Diensten sind – und niemand steht in Nordkorea höher als Kim

Jong-un. Dennoch präsentierte sich Kim mit Ri an seiner Seite völlig anders als sein Vater. Er gab sich als warmherzige Person, geradezu volkstümlich – zumindest für die Dauer eines sorgfältig inszenierten Besuchs.

Der neue Geist, der mit dem Generationswechsel Einzug hielt, machte sich auch auf andere Weise bemerkbar. Das Konzert, auf dem Ri ihren ersten öffentlichen Auftritt mit dem Führer hatte, begann wie eine traditionelle nordkoreanische Aufführung. Sie fand im Mansudae-Kunststudio in Pjöngjang statt, dem Ort vieler Jubelveranstaltungen des Regimes. Offiziere in olivgrünen Uniformen und Frauen in traditionellen schwarz-weißen Kleidern erhoben sich begeistert, als Kim Jong-un seinen Platz einnahm.

Er schüttelte reihum Hände, blickte aber ansonsten ernst in die Runde, als er seinen Ehrenplatz neben der damals noch unbekannten Frau einnahm.

Als sich der Vorhang öffnete, erschien, von Bühnenfeuerwerk eingerahmt, eine Gruppe junger Frauen in schimmernden, freizügigen Abendkleidern, die elektrische Violinen und Gitarren spielten. Die erste Nummer war das sehnsuchtsvolle Volkslied »Arirang«, das bis heute in Nord- und Südkorea gleichermaßen beliebt ist. Im Hintergrund zeigte das Bühnenbild den Paektu und das Logo der Kommunistischen Partei. Doch die Vorführung war vollkommen anders, als Nordkoreaner sie gewohnt waren. Die Gruppe spielte in rasantem, fröhlichem Tempo – die jungen Frauen rockten richtig ab, jedenfalls für nordkoreanische Verhältnisse. Und das war noch nicht alles.

Sängerinnen in glitzernden Minikleidchen und Highheels sangen nordkoreanische Propagandalieder, und dann spielten Violinistinnen in kurzen schwarzen Kleidern den Titelsong von »Rocky«, samt Solo einer Frau mit leuchtend roter E-Gitarre, die eine Art Hochzeitskleid trug.

Schließlich wurde es richtig surreal. Die Sängerinnen stimmten »It's a small world« auf Koreanisch an, und plötzlich erschienen kostümierte Figuren auf der Bühne: Pu der Bär und Tigger waren dabei, Minnie und Micky Maus, einer der sieben Zwerge und der Drache Tabaluga. Der Zwerg ließ auf seltsame Weise seine Hüften kreisen, während im Hintergrund Tom und Jerry herumhüpften. Micky amüsierte das Publikum, indem er so tat, als würde er die Musiker dirigieren. Dann spielten sie die Titelmelodie von Pu der Bär (»Er ist rund und gemütlich, so kuschlig und niedlich«), und zum Schluss gaben sie noch Frank Sinatras »My Way« zum Besten. Ein würdiges Finale – Kim Jong-un tat die Dinge entschieden auf *seine Weise*.

Auf einer meiner Reisen nach Nordkorea habe ich die privilegierte Welt von Pjönghattan näher erkundet, die Welt, in der die Elite aus der Generation von Kim Jong-un und Ri Sol-ju lebt.

Meine erste Station war ein italienisches Restaurant mit dem einfallsreichen Namen »Italienisches Restaurant« in der Mirae-Straße, der »Zukunftsstraße«. In diesem Wohnviertel sind hauptsächlich Wissenschaftler untergebracht. Zu dem Restaurant gelangte man durch eine Art Ladenzeile, in der man alles von Spirituosen bis zu Stromaggregaten kaufen konnte, Kunden waren allerdings keine zu sehen. Es gab sogar ein aufwendig gestaltetes Kaffeehaus, in dem man sich teure Mokkakreationen mit Schlagsahne servieren lassen konnte. Auch dort war niemand zu sehen.

Im Restaurant immerhin saßen ein paar Leute, und wir entschieden uns, die Pizza zu versuchen, die in einem importierten Holzofen von eigens dafür geschultem Personal zubereitet wurde. Ich unterhielt mich mit einem Nordkoreaner, der mir sagte, der Respektierte Führer wolle, dass die Bewohner Pjöngjangs die Küchen der ganzen Welt kennenlernen könnten.

Er habe seine Liebe zur Pizza wahrscheinlich bei seinem Aufenthalt in Europa als Teenager entdeckt, bemerkte ich etwas boshaft. Der Mann spitzte die Ohren und blickte mich fragend an. »Sie wissen doch bestimmt, dass er in der Schweiz zur Schule gegangen ist? Von da aus hat er Ausflüge nach Italien unternommen. Und wahrscheinlich dort Pizza gegessen.« Mein Gegenüber schwieg einen Augenblick, um das Gehörte auf sich wirken zu lassen. Dann sagte er ganz leise: »Wie ist es möglich, dass Sie mehr über unseren Führer wissen als wir?«

An einem anderen Abend ging ich in ein deutsch anmutendes Bierlokal in der Nähe des Juche-Turms auf der Südseite des Flusses Taedong, der Pjöngjang in zwei Hälften teilt. Es hatte unverputzte Backsteinwände, dunkle Holztische und bot sieben Sorten nordkoreanisches Bier vom Fass an. Wie in jeder amerikanischen Sportsbar hing ein riesiger Flachbildschirm an der Wand. Das Fernsehen brachte gerade Eiskunstlauf.

Auf der Speisekarte stand ein Premiumsteak mit Backkartoffel für 48 Dollar – so viel zahlte man in dem New Yorker Restaurant, das die bei der UN akkreditierten nordkoreanischen Diplomaten gerne besuchen, für ein Filet Mignon. Das Wiener Schnitzel wurde zum deutlich vernünftigeren Preis von 7 Dollar angeboten. Doch die meisten Nordkoreaner schienen einheimische Gerichte zu bevorzugen, allerdings konnte man die ebenfalls für 7 Dollar angebotene Schale *bibimbap* kaum als günstig bezeichnen – mehr zahlte man auch in Seoul nicht für eine solche Schüssel mit Reis, Gemüse und Fleisch.

»Wenn man sich die Abzeichen wegdenkt, könnten sie Südkoreaner sein«, sagte mein Begleiter, Mitarbeiter einer ausländischen Hilfsorganisation, der in Pjöngjang lebte. »Sie geben hier zehn bis fünfzehn Euro für eine Mahlzeit aus«, sagte er.

An diesem Abend war das Lokal voller Einheimischer, und im

Unterschied zu meinem Besuch in einer Kneipe im Jahr 2005 sah ich keine Trennwände mehr zwischen den einzelnen Tischen. Bei meinem Eintritt verstummten auch nicht die Gespräche wie damals. Ich wurde praktisch nicht beachtet. Alle tranken fröhlich lachend weiter, niemand schien es zu interessieren, dass mitten unter ihnen jemand aus dem Westen saß. Doch etwas vom alten Pjöngjang war geblieben: Irgendwann fiel der Strom aus, und alle warteten geduldig im Dunkeln, bis er wieder da war.

An einem anderen Abend nahmen wir unsere Aufpasser in ein Grillrestaurant in dem frisch aus dem Boden gestampften Hochhauskomplex namens Morgenröte mit. Er war noch so neu, dass der Fahrer unseres Kleinbusses eine Weile nach der Zufahrt und unsere Aufpasser dann noch einmal so lange nach dem Lokal suchen mussten.

Dieses Restaurant war nicht so voll wie das Bierlokal, aber auch hier gab es Grüppchen von Nordkoreanern, die das vor ihren Augen am Tisch gegrillte Fleisch genossen. Hier ging es auf traditionell nordkoreanische Weise etwas diskreter zu. Ein Paar zog den Bambusvorhang vor seinem Separee zu, als wir eintraten.

Die Kellnerin empfahl uns ein Fleischgericht für umgerechnet fünfzig Dollar pro Person. Offensichtlich war sie geschult worden, immer zu versuchen, das teuerste Produkt an den Mann zu bringen. Wir entschieden uns für etwas Preiswerteres und tranken Bier und Soju dazu.

Auf keiner meiner Reisen durch Nordkorea hat ein Aufseher je ein Getränk abgeschlagen. In all den Jahren habe ich Nordkoreaner viele Gläser Soju trinken sehen – Nordkoreaner in Nordkorea, Nordkoreaner, die im Ausland arbeiteten, und Nordkoreaner in Südkorea. Es ist für sie eine Bewältigungsstrategie, es ist ihre Methode, um wenigstens eine Zeitlang zu vergessen, was sie erdulden müssen.

Ebenso wenig lassen sich Nordkoreaner – und natürlich auch nicht die Elite in Pjöngjang und im Ausland – eine Chance auf rotes Fleisch entgehen. Selbst für die oberen Zehntausend ist es ein seltener und teurer Genuss.

Gegenüber dem Eingang des Grillrestaurants im Morgenröte-Komplex befindet sich ein Edelsupermarkt mit sündhaft teurer Importware wie norwegischem Lachs, französischem Käse und Schweizer Müsli. Als ich ihn an einem Samstagabend um acht Uhr besuchte, war er menschenleer. Bewohner des Viertels sagten mir, sie sähen nur sporadisch Kundschaft dort. Der Supermarkt scheint eher Propagandazwecken als dem Verkauf zu dienen. Aber es gibt ihn. Und er ist nicht das einzige Prestigeobjekt.

Es gibt Anzeichen eines vermehrten Kaffeekonsums, der in einem Land der Teetrinker eher eine gewisse Kultiviertheit anzeigen soll, als dass er das Bedürfnis nach einem Koffeinkick zum Ausdruck brächte. Im Freizeitpark Kum Rung mit seinen Laufbändern und Yogakursen befindet sich ein trendiges Café, dessen Ambiente einem entsprechenden Etablissement in Seoul oder Peking in nichts nachsteht. Der Chefbarista hat sein Handwerk sogar in China gelernt.

Ein Eismokka kostet neun Dollar – ein gesalzener Preis in der ganzen Welt, erst recht aber in einem der ärmsten Länder der Erde. Für einen einfachen Espresso muss man die nahezu astronomische Summe von vier Dollar hinlegen, grotesk, wenn man bedenkt, dass ein beträchtlicher Teil der Bevölkerung an Mangelernährung leidet.

Die Kaffeehäuser bringen nicht viel ein, meint Andray Abrahamian. Er führt in Nordkorea Kurse in Wirtschaft für die NGO Choson Exchange durch, die ihren Sitz in Singapur hat. Es fehlt schlicht an Kundschaft, die Kaffee schätzt und bereit ist, solche Preise zu bezahlen.

»Das ist einfach ein Statussymbol für Leute, die zeigen wollen, dass sie auf der Höhe der Zeit sind und kosmopolitisch denken«, sagte er. Abrahamian, ein Brite, der ausgezeichnet Koreanisch spricht und schon fast dreißigmal im Land war, hat eine Reihe von Unternehmern beraten, darunter auch die Betreiberin des Kaffeehauses Kum Rung.

Doch es gibt auch Anzeichen für die Entstehung einer echten, wenn auch noch sehr überschaubaren Konsumentenschicht.

Die Lebensmittelabteilung des Warenhauses Kwangbok war bei meinem Besuch gerappelt voll. Die Kunden stapelten aus der Ukraine importierte Süßigkeiten und japanische Mayonnaise in ihre Körbe, die bedeutend teurer waren als entsprechende einheimische Produkte, die ebenfalls angeboten wurden. Fünfliterflaschen Soju waren für 2,60 Dollar zu haben.

Auf den *jangmadang*-Märkten in der Hauptstadt konnte man auch große Flachbildfernseher und die besten Staubsauger aus europäischer Produktion erwerben – sofern man gerade ein paar Tausend Dollar für dergleichen übrig hatte.

Mehr als zehn Prozent der Nordkoreaner besitzen mittlerweile ein Smartphone. Manche halten sich Hunde als Haustiere, ein ungeheurer Luxus in einem Land, dessen Bewohner sich noch wenige Jahre zuvor schwertaten, ihre Familie satt zu bekommen.

Eine konsumorientierte Lebenshaltung kann man in Abstufungen im ganzen Land beobachten, aber nirgends ist sie so ausgeprägt wie in der Hauptstadt. »Auch wenn man keinen tollen Job hat, ist es immer noch ein Privileg, in Pjöngjang zu wohnen«, sagte mir So-hyun. »Ich bin mir sicher, dass viele Leute neidisch auf uns waren.«

Kang Nara wohnte zwar nicht in der Hauptstadt, aber ihr ging es nicht schlecht in Chŏngjin, der drittgrößten Stadt Nordkoreas.

Nach hiesigen Maßstäben kann das, was sich hier dank des Hafens und der Nähe zu China und Russland entwickelt hat, durchaus als Fortschritt gelten.

»Wir konnten alles kaufen, was wir brauchten«, sagte sie, fügte aber dann noch, ihren Vater betreffend, hinzu: »Er hatte Neider, andere wollten ihm etwas von seiner Arbeit wegnehmen.« Ihr Vater war ein Finanzjongleur in der Baubranche, einem boomenden Sektor mit viel Geld.

Kang Nara besuchte eine musische Schule, in der ihre musikalische und schauspielerische Begabung gefördert wurde, darüber hinaus erhielt sie private Gesangsstunden. »Natürlich gab es an meiner Schule auch ein paar arme Kinder, aber mit denen habe ich mich nicht abgegeben«, erzählte sie mir.

Sie wohnte in einem großen, freistehenden Haus im Zentrum von Chŏngjin, in dem sie und ihre beiden Schwestern jeweils ein eigenes Zimmer hatten. In Nordkorea bereiten viele Menschen ihre Mahlzeiten noch über offenem Feuer zu, doch Naras Familie hatte einen Gaskocher und eine Mikrowelle. Natürlich besaßen sie auch einen Kühlschrank und eine Waschmaschine – keiner musste seine Wäsche im Fluss waschen.

Von ihrem Vater bekam sie ein Taschengeld von 400 Dollar im Monat, das Hundertfache dessen, was ein Arbeiter in einer staatlichen Fabrik oder ein einfacher Beamter verdiente. Nicht schlecht für einen Teenager.

Das Geld gab sie für Kleidung und Lippenbalsam mit Glitzerpulver aus China aus, für Parfüm aus Frankreich, für Handyhüllen und Sticker, um sie zu schmücken. Sie hatte eine Baseballkappe mit einem Nike-Logo. Auch wenn sie den Namen Nike nicht einmal kannte, es galt eben als cool. All das fand sie auf einem Markt der Stadt.

In ihrer Freizeit besuchte Nara mit ihren Freundinnen die Skatebahn von Chŏngjin, die 2013, im zweiten Jahr von Kim Jong-uns Herrschaft, eröffnet hatte. Skaten war voll im Trend, und Kinder reicher Eltern wie Nara hatten ihre eigenen Inliner.

»Wir hängten sie uns an den Schnürsenkeln über die Schulter, wenn wir zur Skaterbahn gingen. Es war ein Statussymbol, ein Zeichen, dass wir Geld hatten«, erzählte sie mir. Sie hatte ihre pinkfarbenen Inliner, Helm, Knie- und Ellbogenschützer auf dem Markt für ungefähr 30 Dollar erstanden. Sie zuckte mit den Schultern. »Für arme Kinder undenkbar.« Sie mussten sich mit den billigen, schlechten Inlinern zum Ausleihen zufriedengeben – sofern sie sich wenigstens das leisten konnten.

Die Abende verbrachten Nara und ihre Freunde auf den Märkten, wo es inzwischen eine Reihe ausländischer Restaurants gab. Sie konnten dort Pekingente essen oder *okonomiyaki*, einen dicken, schmackhaften japanischen Pfannkuchen, der meist mit Nudeln und Schweinefleisch gefüllt war. Es eröffneten ständig neue Lokale, in denen man protzen und sich amüsieren konnte.

Oft verabredeten sich Nara und ihre Freunde per SMS in der privat betriebenen Tischtennishalle. Hier zu sein, war cool, sagte sie. Es gab einen Tresen mit Barhockern, und die Teenager konnten Bier und Snacks kaufen. »Natürlich gingen wir nicht dorthin, um Tischtennis zu spielen. Wir wollten dort mit den Jungs abhängen«, sagte Nara. »Wenn mich einer ansprach, schaute ich immer zuerst nach seinem Telefon. An Typen, die ein altes mit Tasten hatten, war ich nicht interessiert.« Ein Junge hingegen, der ein nordkoreanisches Arirang-Handy sein Eigen nennen konnte, für das man 400 Dollar hinblättern musste, hatte durchaus Chancen.

»Schuhe und Handys waren die großen Statussymbole. Wer sich ein Smartphone leisten konnte, kam aus einer reichen Familie«, sagte mir Nara.

»Und dann waren da noch die Klamotten. Wer nordkoreanische Sachen trug, war out. Wir interessierten uns nur für Jungs, die was Ausländisches trugen.« »Ausländisch« bedeutete zumeist »chinesisch«. Im Westen werden chinesische Sachen vielleicht als billig und minderwertig betrachtet, aber in Nordkorea gilt chinesische Kleidung als Zeichen von Wohlstand und Weltläufigkeit.

Reiche Kinder hatten ein gutes Leben in Kim Jong-uns Nordkorea. Dafür sorgte das reichste Kind von allen.

Kapitel 11
Ballspiele mit dem Erzfeind

»Dennis Rodman betrat die Versammlungshalle und verbeugte sich vor Kim Jong-un, der ihn herzlich begrüßte und neben sich Platz nehmen ließ.«
Zentrale Koreanische Nachrichtenagentur,
28. Februar 2013

Ein Autokrat ist oft gesellschaftlich isoliert. Kim Jong-un hat seinen Bruder und seine Schwester, durch Blutsverwandtschaft mit ihm verbunden, und eine Ehefrau, die ihm sein Vater vermittelt hat. Und dann gibt es noch die speichelleckenden Höflinge, die ihm äußerst zugetan sind, ihm versichern, er sei der Beste, und ihn stets gewinnen lassen. Aber mögen diese Menschen ihn? Oder fürchten sie nur um ihr Leben?

Doch auch der größte Mangel an menschlichen Beziehungen kann nicht wirklich erklären, warum Kim sich einen Mann zum Freund erwählte, der 2013 die Bühne betrat: den 2,01 Meter großen ehemaligen Chicago-Bull-Basketballer und B-Promi Dennis Rodman.

In jenem Jahr trat der einstige NBA-Star die erste von drei Reisen nach Nordkorea an, bei denen er und seine Entourage den Führer nicht nur trafen, sondern auch Partys mit ihm feierten.

Ein Land, in dem Konformität und Verschlossenheit die entscheidenden Tugenden für jeden sind, der einfach überleben will, hieß einen entschiedenen Nonkonformisten und Selbstdarsteller willkommen.

Für das außenpolitische Establishment in Washington, die Experten und Politiker mit hohen Universitätsabschlüssen und großen Sprachkenntnissen, die diesen Schurkenstaat ihr ganzes Berufsleben lang analysiert hatten, war das äußerst irritierend. Sie wollten möglichst viel über das bedrohliche, geheimnisvolle Land in Erfahrung bringen, aber keinesfalls jemanden um Auskünfte bitten, der ganz sicher kein Experte war, jemanden, den sie als alternden Sportler betrachteten, süchtig nach Aufmerksamkeit.

»Wir sind nicht wirklich dicke miteinander, aber uns verbindet eine Freundschaft, in der es nicht um Politik geht, sondern um Sport«, erklärte Rodman wenige Jahre später über die Zeit, die er mit seinem »Freund fürs Leben«, wie er Kim nannte, verbracht hatte. Das Urteil des Basketballers: »Für mich war er ein ganz normaler Typ.«[117]

Die Reisen kamen zustande, weil Kim Jong-un ein großer Fan der Bulls war. Als er 1996 in die Schweiz ging, hatten sie soeben die NBA-Meisterschaft gewonnen. Den Titel als wertvollster Spieler gewann zwar Michael Jordan, aber Rodman mit seinem enormen Talent, sich Rebounds zu schnappen, wurde eine wichtige Rolle dabei zugesprochen. Die Bulls mit Jordan und Rodman sollten auch aus den nächsten beiden Meisterschaften als Sieger hervorgehen.

Als im Jahr 2000 Madeleine Albright Pjöngjang besuchte, brachte sie Kim Jong-il einen von Jordan signierten Wilson-Basketball als Geschenk mit. Ich habe ihn mehrmals gesehen, er liegt in einer Vitrine im Museum für Völkerfreundschaft nördlich der

Hauptstadt. Das Museum besteht aus zwei Palästen, die als so ehrwürdig betrachtet werden, dass Besucher Überzüge über ihre Schuhe streifen müssen und ihnen mit einem Gebläse der Staub aus den Kleidern gepustet wird.

Tatsächlich war in höheren Kreisen in Washington überlegt worden, einen Spieler der Chicago Bulls zum neuen Führer Nordkoreas zu entsenden. Als sich 2009 abzeichnete, dass Kim Jong-un wohl der Nachfolger seines Vaters werden würde, diskutierte man in der CIA heftig darüber. Doch dann verlief die Angelegenheit im Sande.

Im Jahr 2012, nicht lange nach der Machtübernahme Kim Jong-uns und noch bevor ein Amerikaner Gelegenheit bekam, ihn kennenzulernen, lud Barack Obama Nordkorea-Experten ins Oval Office, um ihren Rat zu hören, wie er mit dem neuen Führer umgehen solle.

Der Ökonom Marcus Noland, der sich intensiv mit der nordkoreanischen Hungersnot befasst hatte, schlug dem Präsidenten vor, Steve Kerr zu schicken, um einen unkonventionellen diplomatischen Vorstoß zu machen. Kerr hatte in den Neunzigern bei den Chicago Bulls gespielt. Außerdem hatte er einen Teil seiner Kindheit zusammen mit seinem Vater, einem Professor, im Nahen Osten verbracht, sodass er Erfahrungen mit schwierigen Ländern hatte.

Noland legte Obama nahe, die Begeisterung des neuen nordkoreanischen Führers für die Bulls zu nutzen. Er empfahl ihm, Kerr, inzwischen Sportkommentator und Trainer, darum zu bitten, nach Pjöngjang zu reisen. Vielleicht würde er mit Kim ein paar Körbe werfen. Auch wenn sonst nichts dabei herauskäme, zumindest würden Obamas Berater, die Kerr begleiten sollten, den neuen Führer aus nächster Nähe beobachten können.

»Es war eine ziemlich verrückte Idee, aber immerhin besser, als

Rodman zu schicken«, meinte Noland. Aber auch sie verschwand in der Versenkung.

In New York hatte ein Team junger, flippiger Fernsehproduzenten von Vice Media dieselbe Idee. Sie wollten eine Serie über Nordkorea bringen und zu diesem Zweck den Führer kennenlernen. Was lag da näher, als seine Liebe zu den Chicago Bulls dafür zu nutzen?

Das Team von Vice Media trat an Jordans Agentur heran, aber man kam zu keinem Ergebnis, und es zeichnete sich ab, dass nichts daraus werden würde. Allerdings hatte das Vice-Team gegenüber nordkoreanischen Diplomaten in New York bereits den Namen Michael Jordan fallenlassen, und die Nordkoreaner hatten angebissen. So erklärte Vice ihnen schließlich, der Profisportler, der für alle Zeiten mit seinen Air Jordans in Verbindung gebracht werden würde, hätte Flugangst. Diese Ausrede stieß gerade in Nordkorea auf Verständnis, da Kim Jong-il bekanntermaßen ungern in ein Flugzeug gestiegen war.

Und so trat man an Rodman heran. Der weltberühmte Spieler mit dem Spitznamen »Worm« war bekannt für ungewöhnliche Aktionen. So war er 1996 in einem Hochzeitskleid, mit Schleier und weißen Handschuhen in einer Pferdekutsche durch die Straßen des Big Apple gefahren, um »die Stadt New York zu heiraten«. Wie zufällig erschien zum selben Zeitpunkt seine Biografie »Der Abräumer«. Neun Jahre später unternahm er eine weitere denkwürdige Reise, dieses Mal zu seinem eigenen Begräbnis, und zwar in einem von schwarz gekleideten Schönheiten eskortierten Leichenwagen. Wie Lazarus entstieg er einem Sarg, der rundherum mit dem Logo eines Online-Casinos beklebt war.

Rodman war nicht nur ein exzentrischer Mensch, offenbar konnte man ihn auch buchen. Nach dem Ende seiner Basketballkarriere warb er für Glücksspiele im Internet und beteiligte sich als Kandidat an verschiedenen Reality-TV-Shows, unter anderem bei »Celebrity Apprentice«, moderiert von Donald J. Trump.

War Rodman vielleicht an einer bescheiden bezahlten Mission in Basketballdiplomatie interessiert? Ja, war er.

Das Vice-Team informierte die in New York akkreditierten nordkoreanischen Diplomaten darüber, dass sie einen Spieler der Chicago Bulls für die Mission gewonnen hatten, und bald erreichte die erfreuliche Nachricht auch die Spitze der Hierarchieleiter in Pjöngjang. Das Regime gab grünes Licht.

Erst zu diesem Zeitpunkt bemerkten die Nordkoreaner, dass Vice kein normaler Nachrichtensender war und das Personal aus tätowierten Millennials bestand, die die etablierten Medien aufmischen wollten.

Doch jetzt konnten sie nicht mehr zurück. Der Große Nachfolger erwartete einen Basketballstar. Also verlangten sie wenigstens ein Treffen mit Funktionären von HBO, die die Vice-Show gekauft hatte, um ein paar Dinge klarzustellen.

Im HBO-Büro in Manhattan erzählten sie der Vizepräsidentin des Senders, Nina Rosenstein, wie gut ihnen die Serie »Homeland« gefiele. Hm, erwiderte Rosenstein, das laufe aber auf Showtime, einem Konkurrenzsender. Dann fragte sie ihre Besucher, ob sie »Game of Thrones« gesehen hätten. Sie schauten sie fragend an. Am Ende verließen sie das Haus mit einem großen Stapel DVDs.

Offenbar fühlten sich die Nordkoreaner hinreichend beruhigt, sodass die Vorbereitungen für den Besuch fortgesetzt werden konnten. Dennis Rodman und seine Betreuer flogen am 26. Februar 2013 von Peking nach Pjöngjang, begleitet von drei Mitgliedern der Harlem Globetrotters, einem Mannschaftsmanager und der Crew von Vice News. Die Globetrotters reisten auf Wunsch des Nachrichtensenders mit, weil sie aufgrund ihrer witzigen Aktionen auf dem Spielfeld einfach die »natürlichsten Botschafter des Basketballs« waren.[118]

Es sollte ein beispielloser Trip werden.

Das dämmerte auch Rodman, als er am Flughafen von Pjöngjang von einem Haufen Journalisten und einem Autokorso empfangen wurde. Das war schon etwas ganz anderes als der Kongress für Zahnärzte, bei dem er in der Woche zuvor Autogramme gegeben hatte.

»Es hatte sich schon lange niemand mehr für ihn interessiert, und so war er erstaunt und begeistert, als er feststellte, wie viel Aufmerksamkeit ihm hier entgegengebracht wurde«, sagte Jason Mojica, stellvertretender Produzent und treibende Kraft der ganzen Aktion. Dann realisierten sie langsam, dass sie, sollten sie tatsächlich Kim Jong-un treffen, die ersten Amerikaner sein würden, die ihn kennenlernten.

»Er dachte, er sei wieder von Bedeutung. Er hatte schon Dollarzeichen in den Augen«, erzählte mir Mojica, als ich in Brooklyn mit ihm zusammensaß, um die Reise Revue passieren zu lassen.

Rodman gestand später, er habe die Bewunderung genossen, die ihm entgegenschlug. »Ich kam da an, und die war'n ganz Respekt. Mann, die haben echt den roten Teppich ausgerollt«, sagte er.[119]

Doch in Washington wurde die Reise missbilligt, und die Regierung Obama versuchte, so weit wie möglich auf Distanz zu Rodman zu gehen.

Zwei Monate zuvor, ein paar Tage bevor Kim Jong-un sein erstes Amtsjahr feierte, katapultierte Nordkorea mithilfe einer Langstreckenrakete einen Satelliten in die Erdumlaufbahn. Das war ein entscheidender Fortschritt für sein Raketenprogramm.

Nur zwei Wochen vor dem Eintreffen des Basketballbotschafters führte das Regime dann seinen dritten Atomtest durch. Als

Rodman mit der Delegation sein Hotel in Pjöngjang betrat, empfing sie in der Lobby ein riesiges Banner, auf dem der Erfolg des Tests verkündet wurde. Draußen strömten Tausende zur Jubelfeier.

Aber auch in Pjöngjang herrschte nicht überall Freude über die Reise. Kurz nach der Ankunft der Delegation in der Hauptstadt zog eine streng wirkende Frau Mojica von der Gruppe weg und schob ihn in eine schwarze Limousine. Sie erklärte ihm rundheraus, er und seine Arbeit und überhaupt der ganze Sender Vice News gefielen ihr nicht. Mojica hatte nicht lange zuvor über den nordkoreanischen Gulag berichtet. Sie habe sich gegen den Besuch ausgesprochen, sei aber überstimmt worden, erklärte ihm die Nordkoreanerin.[120]

Mojica und ich gingen daraufhin die Fotos von der Reise durch, bis er schließlich auf die Frau deutete. Ich erkannte sie sofort. Es war Choe Son-hui, eine sehr einflussreiche Person im Regime.

Damals war sie zur Leiterin der amerikanischen Abteilung im Außenministerium aufgestiegen, nachdem sie fast zehn Jahre zuvor bei multilateralen Atomverhandlungen als Dolmetscherin tätig gewesen war. Ihr Stiefvater hatte als Premierminister gedient, und ihre Familie hatte einen engen Draht zum nordkoreanischen Hof. Wenige Jahre später sollte sie Vize-Außenministerin werden. Dass jemand in so bedeutender Stellung mit dem Rodman-Trip befasst war und auch noch die Dolmetscherin für ein paar Basketballer gab, zeigte, wie ernst das Regime die ganze Veranstaltung nahm.

Tatsächlich war der Plan, die Amerikaner in Pjöngjang zu empfangen, eine verzwickte Angelegenheit. Schließlich hatte Nordkorea siebzig Jahre lang Hasstiraden in Richtung Vereinigte Staaten geschleudert.

Während der Koreakrieg in den USA mehr oder weniger vergessen ist, sind in Nordkorea die Erinnerungen an die verheerenden amerikanischen Angriffe immer noch lebendig und tief in die nationale Psyche eingeprägt. Das Regime machte die Vereinigten Staaten verantwortlich für seine desolate Wirtschaft und das Leben im andauernden Kriegszustand.

In der Grundschule unternehmen die Klassen Ausflüge zum Museum des Siegreichen Vaterländischen Befreiungskriegs in Pjöngjang oder zum Museum für Amerikanische Kriegsgräuel in Sinchon südlich der Hauptstadt. Hier sehen sie Gemälde von »hinterhältigen amerikanischen Wölfen« – blonde Männer mit fahler Haut und großer Nase –, die Nordkoreaner brutal foltern und töten, die Frauen Nägel in den Schädel treiben, Kinder auf Bajonetten aufspießen, mit ihren schweren Stiefeln Babys zu Tode trampeln, sie mit heißen Schürhaken brandmarken, an Seilen aufhängen und in Brunnen werfen. Im Hintergrund laufen Aufnahmen von laut schreienden Kindern.

Während des Koreakriegs wurde in Sinchon zweifellos gekämpft und gestorben, aber die Behauptung Nordkoreas, US-Soldaten hätten bei einem Massaker 35 000 »Märtyrer« umgebracht, ist stark übertrieben.

Kim Jong-un hat das Museum seit seiner Machtübernahme mehrfach besucht. Einmal gab er im Anschluss die Anweisung, es zu »einem Zentrum für antiamerikanische Schulbildung« auszubauen.

Das Museum in Sinchon ist ein klassisches Beispiel dafür, wie das Kim-Regime Angst vor den Vereinigten Staaten schürt, um die Bevölkerung geschlossen hinter sich zu halten: Ihm reicht ein Körnchen Wahrheit, um in maßloser Übertreibung seine Ideologie zu unterfüttern.

Wie müssen die Nordkoreaner irritiert gewesen sein, als sie am Morgen des 1. März 2013 auf der Titelseite der *Rodong Sinmun*, der nordkoreanischen *Prawda*, ein Foto des Geliebten Genossen mit einem neben ihm sitzenden Amerikaner sahen, der auch noch die Unverschämtheit besaß, in Anwesenheit ihres Führers eine Schirmmütze und eine Sonnenbrille zu tragen.

Rodman und seine Entourage waren an einem eiskalten Tag Ende Februar 2013 in Pjöngjang eingetroffen, im 14. Monat der Herrschaft Kim Jong-uns. Sie hatten vor, ein Freundschaftsspiel und ein Basketballcamp zu veranstalten, vielleicht mit einer Gruppe von Kindern in der Turnhalle einer Schule.

Als sie das Stadion mit 10 000 Sitzplätzen in Pjöngjang besichtigten, wartete bereits die nordkoreanische U-18-Nationalmannschaft auf sie. Die Ränge waren leer, aber es würde zweifellos kein beiläufiges Spiel am Rande werden.

Am nächsten Tag kam Rodman mit seinen Globetrotters zum Freundschaftsspiel in das Stadion. Diesmal war die Tribüne nicht leer, sondern mit Tausenden Menschen gefüllt, die geduldig warteten. Und dann sprangen plötzlich alle in einer einzigen großen Bewegung von den Sitzen, klatschten und skandierten immer wieder: »Manse!« – »Du mögest tausend Jahre leben!«

Er war da.

»Ich sitze da auf der Bank, und plötzlich kommt er rein. So ein Kleiner«, erzählte Rodman. »Und ich denke, hm, Augenblick mal. Wer ist das denn? Das muss der Präsident sein. Er ist also rein mit seiner Frau und all seinen Leuten und so.«[121]

Kim Jong-un stieg in seinem schwarzen Mao-Anzug an der Seite seiner Frau Ri Sol-ju die Treppen hinunter in den VIP-Bereich des Stadions.

Dort wartete Rodman auf ihn. Sie würden sich das Spiel gemeinsam von ihren gepolsterten Sitzen aus ansehen. Der Worm mit seiner dunklen Sonnenbrille und einer schwarzen Schirmmütze mit dem Schriftzug »USA«, Ohren, Nase und Unterlippe gepierct mit glitzernden Ringen, trat auf Kim zu und schüttelte ihm die Hand.

Die Menge applaudierte ohne Ende. »Mannschaft und Publikum, in höchster Begeisterung, dass Kim Jong-un beim Spiel anwesend war, brachen in tosenden Jubel aus«, berichtete die staatliche Nachrichtenagentur und fügte hinzu, Kim habe Rodman »erlaubt«, sich neben ihn zu setzen.

Die nordkoreanischen Basketballer klatschten zwar mit, aber sie wirkten reichlich nervös.

»Jeder Nordkoreaner hat Ehrfurcht vor dem Marschall und möchte ihn kennenlernen«, sagte Pyo Yon-chol, ein Spieler des Nationalteams, danach unter Verwendung von Kims offiziellem militärischen Titel. »Es ist ein unbeschreibliches Gefühl, mit dem Marschall an ein und demselben Ort zu sein. Vor seinen Augen zu spielen, weckte in mir den Wunsch, besser zu spielen. Mehr kann ich mir nicht wünschen.«[122]

Rasch wurden nach einem Wahlverfahren, wie man es vom Schulhof kennt, zwei aus Nordkoreanern und Amerikanern gemischte Mannschaften gebildet.[123]

Im Verlauf des Spiels wurden alle ein wenig entspannter. Die Globetrotters zeigten vor johlendem, applaudierendem Publikum ihre Kunststücke, sprangen auf den Korb oder hängten sich kopfüber an den Korbring.

Irgendwann richtete Mark Barthelemy, der fließend Koreanisch spricht und mit Mojica noch aus der Zeit befreundet war, als beide in Punkbands in Chicago gespielt hatten, seine Kamera auf Kim Jong-un. Entsetzt stellte er fest, dass der junge Diktator direkt in sein Objektiv starrte. Als Barthelemy daraufhin hinter der Kamera hervorlugte, winkte Kim ihm zu. Dann stupste er seine Frau an, und sie winkte ebenfalls in die Kamera. Für ihn sei das an diesem Tag voller bizarrer Momente der skurrilste Augenblick gewesen, sagte Barthelemy zu mir. Der Diktator zeigte sich von seiner entspannten Seite.

Im letzten Viertel wurde das Spiel ernst. Kim diskutierte über einen Dolmetscher eingehend mit Rodman. Man sah die beiden nicken und gestikulieren wie zwei komische alte Kumpel bei einem alles entscheidenden Match. Das Spiel endete mit einem unglaublichen 110:110 – eine Verlängerung war nicht vorgesehen, ein wirklich diplomatisches Ergebnis.

Danach erhob sich Rodman, um eine Rede zu halten. Er sprach Kim an und sagte, welche Ehre und welches Privileg dieses Ereignis für ihn sei. Kim saß ausdruckslos da und starrte in die Menge, als sei er etwas in Sorge, was sein Gast noch bringen würde.

Aber Rodman war ganz Diplomat. Er gab seinem Bedauern Ausdruck, dass ihre Länder nicht auf gutem Fuß miteinander stünden, und bot sich als Vermittler an: »Sir, ich danke Ihnen. Sie haben nun einen Freund fürs Leben«, sagte er und verneigte sich vor dem Diktator.

Nach zwei Stunden der Anspannung verließ Kim das Stadion. Alle atmeten auf.

Aber das Abenteuer war damit noch nicht vorbei. Die Leiter der Delegation bugsierten Rodman und seine Entourage aus dem Stadion und drängten sie zur Eile. Es stehe ein bedeutendes Ereignis auf dem Programm.

Ein Aufpasser überreichte dem Team von Vice eine dicke weiße Karte mit der Einladung zu einem Empfang. Näheres wurde nicht mitgeteilt. Aber die ausländischen Gäste wurden gebeten, in ordentlicher Kleidung zu erscheinen, und man sagte ihnen, sie dürften nichts mitbringen: keine Handys, keine Kameras, kein Schreibzeug, nichts. Das konnte nur eines bedeuten.

Sie wurden durch Pjöngjang gefahren, dann durch ein Waldgebiet und über eine Straße mit Haarnadelkurven, bis sie schließlich vor einem weißen Gebäude hielten. Dort ging es durch eine Sicherheitsschleuse mit Metalldetektor und Abtastgeräten wie auf einem Flughafen. Danach traten sie in einen großen Raum mit weißem Marmor, weiß gedeckten Tischen und weißen Stühlen ein.

Kim Jong-un stand bereit, die lange Reihe der Gäste persönlich zu begrüßen. Es war wie bei einer Hochzeit.

Rodman trug immer noch seine Sonnenbrille und seine Baseballkappe, aber er hatte sich in seinen »Smoking« geworfen: ein graues T-Shirt und darüber eine schwarze Anzugweste. Und passend zu seinen rosa und weiß lackierten Fingernägeln hatte er ein Halstuch in grellem Rosa umgelegt.

Breit lächelnd setzten sich alle an die Tische, die mit kunstvollen Skulpturen aus Gemüse geschmückt waren: große aus Kürbissen geschnitzte Blumen, auf ganzen Wassermelonen sitzende Vögel aus einem weißen Gemüse. Das Essen zog sich über zehn Gänge hin, darunter auch Kaviar und Sushi. Es gab französischen Wein und Tiger-Bier aus Singapur. Sogar Coca-Cola, das Getränk der imperialistischen Teufel, wurde serviert.

Kim eröffnete den Abend mit einem Toast, erhob sein kleines, mit Soju gefülltes Glas und stieß mit Rodman an. Ri verschmähte offenbar das Feuerwasser und hielt sich lieber an Rotwein.

Anschließend stoppelte Rodman einen länglichen Toast zusammen, der mit den Worten endete: »Marschall, Ihr Vater und Ihr Großvater haben einigen Mist gebaut. Sie aber, Sie versuchen, etwas zu verändern, und deshalb liebe ich Sie.«

Alle hielten den Atem an. Kim Jong-un hob sein Glas und lächelte.[124] Puh!

Kurz darauf erhob sich der Ri gegenübersitzende Mann und

erklärte, dass sie sich nun alle gegenseitig kennenlernen würden. Kim Jong-un verdrehte die Augen, als wollte er sagen: »Nicht schon wieder dieser alte Schwätzer«, erinnerte sich Mojica. Bei der Durchsicht der Fotos von dem Abend bestätigte sich meine Vermutung. Der alte Schwätzer war Onkel Jang.

Doch der Rest des Abends war eitel Sonnenschein. Ein Trinkspruch nach dem anderen wurde ausgebracht, und Mojica, vom Soju ermutigt, lud Kim Jong-un zu einem Gegenbesuch nach New York ein. Dann hob er sein Glas mit Johnnie Walker Black, den die Kellner den ganzen Abend lang nachgeschenkt hatten, als wäre es Wein, und nippte daran. Plötzlich schrie ihn der Diktator gestikulierend an. Einen kurzen Augenblick fragte sich Mojica, ob er einen Fauxpas begangen habe. Doch dann hörte er die Dolmetscherin sagen: »Auf ex!«

»Es war eine vom Hof bestellte Show«, erklärte mir Mojica. »Der böse Diktator verlangte, dass ich in einem Zug austrank. Also tat ich es.«

Er war beschwipst, hielt aber immer noch das Mikro in der Hand. »Wenn das so weitergeht, stehe ich am Ende des Abends nackt da.« Madame Choe wirkte reichlich angewidert, doch als Dolmetscherin blieb ihr nichts anderes übrig, als die Bemerkung zu übersetzen. Kim Jong-un brach in lautes Gelächter aus.

Es herrschte Partystimmung.

Ein Vorhang hob sich, und auf der Bühne stand die Moranbong Band, manchmal auch die nordkoreanischen Spice Girls genannt. Die Frauen in weißen Jacken und für nordkoreanische Verhältnisse skandalös kurzen, oberhalb der Knie endenden Röcken setzten zum Titelsong von »Rocky« an. Sie spielten E-Gitarre und E-Geige, Schlagzeug und Synthesizer.

Der Soju tat seine Wirkung. Kims Gesicht rötete sich mehr und mehr, sein Lächeln wurde immer breiter und ließ die verfärbten

Zähne des starken Rauchers sichtbar werden. Mojica schätzte, dass der Große Nachfolger mindestens ein Dutzend Gläser Soju trank. Alle waren stockbesoffen, wie sich der Nachrichtenredakteur von Vice ausdrückte.

Irgendwann standen die Globetrotters Hand in Hand mit den Damen der Band auf der Bühne. Später griff Rodman zum Mikrofon und sang »My Way«, Barthelemy spielte Saxofon dazu und lehnte sich dabei mit geschlossenen Augen weit zurück, als wollte er Kenny G nacheifern.

Rodman schickte jemanden zu Mojica hinüber, um ihm zu sagen, er solle nicht so laut herumtönen, und in diesem Augenblick wurde dem Vice-Mann klar, wie sehr die Dinge aus dem Ruder gelaufen waren. Wenn man von einem, der weltweit als böser Junge bekannt ist, einen Rüffel bekommt, dann weiß man, dass man zu weit gegangen ist.

Der Rest versank im Nebel. »Wenn ich wirklich selbst mein bester Journalist gewesen wäre, wäre ich nüchtern geblieben und hätte versucht, mir alles genau zu merken«, sagte Mojica. »Aber wir haben uns einfach von der Stimmung des Abends hinreißen lassen.«

Nach ein paar Stunden stand Kim Jong-un auf und brachte seinen letzten Toast aus. Der Abend habe »das Verständnis zwischen den Völkern zweier Länder befördert«, sagte er.

Bilder, die zeigten, wie sich Rodman und Kim umarmen und der Führer dem Basketballer glücklich lächelnd den Rücken tätschelt, wurden im nordkoreanischen Fernsehen nicht gebracht. Aber Kim hatte seinen Bull.

Es ist schon beachtlich, dass Dennis Rodman nicht vergaß, was er dem nordkoreanischen Führer bei der großen Sause in Pjöngjang versprochen hatte.

Sieben Monate später machte er es wahr. Rodman flog erneut nach Pjöngjang, diesmal mit einem noch ungewöhnlicheren Aufgebot. Sein muskelbepackter persönlicher Assistent Chris »Vo« Volo war dabei sowie der Genforscher Joe Terwilliger von der Columbia University, der sich selbst voller Stolz als eigenwillig bezeichnet. Er spielt ausgezeichnet Tuba, imitiert gern Abraham Lincoln, trägt gelegentlich einen Bart im Stil der Amischen, spricht Finnisch und isst leidenschaftlich gern Hot-Dogs.

Als Genforscher hatte Terwilliger die koreanische Diaspora untersucht. Er hatte Koreaner kennengelernt und an der University of Science and Technology in Pjöngjang unterrichtet, eine private Einrichtung, die von koreanisch-amerikanischen Christen unterhalten wird.

Als er hörte, dass Rodman an einem weiteren Trip nach Pjöngjang interessiert war, ersteigerte er bei einer Wohltätigkeitsauktion für 2500 Dollar die Gelegenheit, Basketball mit ihm zu spielen. Auf dem Spielfeld pries er sich als Korea-Experte an und meinte, er könne dem Basketballer helfen. Er wurde in die Delegation aufgenommen.

Das Problem war, dass das Team nicht wusste, wie es nach Pjöngjang kommen sollte. Terwilliger rief also einen Mann an, den er einmal in Pjöngjang kennengelernt hatte: Michael Spavor, einen Kanadier, der in Nordchina lebte und Wissenschaftler und Geschäftsleute nach Nordkorea begleitete.

Im September trafen die vier in Pjöngjang ein. Dort stand schon der Privathubschrauber Kim Jong-uns für die Gäste bereit, ausgestattet mit Lehnstühlen und einem Holztisch für seinen Aschenbecher. Sie wurden zum Badeort Wŏnsan geflogen und landeten direkt auf dem königlichen Anwesen.

Rodman gefiel die Behandlung als VIP. »Alles ist fünfsternemäßig, nein sechs-, siebensternemäßig. Jeder Tag ist ein Erlebnis.

Es gab so viel Unterhaltung, so viel Spaß, totale Entspannung. Alles war einfach rundum perfekt.«[125]

Dieses Mal gab es kein im Fernsehen übertragenes Basketballmatch, keine Formalitäten. Es ging ausschließlich darum, sich in Kims Villa am Meer zu amüsieren.

Kim Jong-un nahm Rodman und seine Begleiter zu einer Tour auf einem 45 Meter langen holzgetäfelten Segelboot mit, das seinem Vater gehört hatte. Der Sohn besaß ein eigenes Boot, eine sieben Millionen Dollar teure, fast 30 Meter lange Jacht, die an einem überdachten Kai lag.

Man trank Eistee auf dem Deck und veranstaltete Wettrennen mit Jetskis, die stets Kim Jong-un gewann, da er den stärksten Motor hatte. Der junge Führer blieb gern in Ufernähe, um auf den Wellen zu reiten.

Kims Frau war ebenfalls anwesend und hatte ihre pummelige kleine Tochter Ju-ae dabei. Auch Kims Geschwister waren gekommen. Sein älterer Bruder Kim Jong-chol unterhielt sich auf Englisch mit den Gästen und fuhr auf Jetskis mit ihnen zu dem 60 Meter langen schwimmenden Pool mit Wasserrutschen hinaus, der auf dem Meer verankert war.

Auch Kims jüngere Schwester Kim Yo-jong wurde ihnen vorgestellt. Sie habe gerade ihren Abschluss in Ingenieurswesen gemacht, erklärte man den Gästen. In den folgenden Jahren sollte sie eine zunehmend prominente Stelle im Regime ihres Bruders einnehmen, sie wurde seine vertrauteste Beraterin und sein Troubleshooter. An diesem Tag saß sie jedoch nur in einem roten Badeanzug am Strand und schaute den Vergnügungen der anderen zu. Die Mädchen der Moranbong Band hüpften in einer Weise am Strand herum, die bei den männlichen Gästen nicht unbemerkt blieb.

An einem anderen Tag unternahmen Kim Jong-un und die Rodman-Leute zusammen einen Reitausflug. Ein Foto zeigt Rodman auf einem weißen Ross, ohne Schuhe, nur mit seinen rosafarbenen Socken in den Steigbügeln.

Danach wurde weiter üppig gespeist und gezecht, auch die Girlband nahm daran teil, einschließlich einer quicklebendigen Hyon Song-wol, der hinreißenden Leiterin der Moranbong, die erst im Monat zuvor von der südkoreanischen Presse für tot erklärt worden war.

Die Band holte ihre Instrumente heraus, und Terwilliger sang das nordkoreanische Lied »Mein Land ist das beste«. Rodman, in grauer Anzugweste ohne Hemd darunter, sodass seine tätowierten Arme in ihrer ganzen Pracht zur Geltung kamen, plärrte seine Karaoke-Glanznummer »My Way« heraus. Kim Jong-un versuchte sich an »Get Up (I Feel Like Being a) Sex Machine« von James Brown.

Im Laufe dieses Besuchs sagte Kim zu Rodman, die Show der Harlem Globetrotters auf dem Spielfeld habe ihm missfallen. Basketball sei eine ernste Angelegenheit für ihn und er hätte gern ein ernstes Spiel gesehen. Rodman erwiderte: »Dann setzen wir ein richtiges Match an.« Als er feststellte, dass der gewählte Termin im Januar der Geburtstag des Führers war, fand er, das sei das ideale Datum für einen echten Wettkampf.

Rasch wurden Pläne gemacht. Rodman und seine Mannschaft kehrten im Dezember zurück und stellten das nordkoreanische Team zusammen, das gegen ehemalige NBA-Stars antreten sollte. Aber das Timing war denkbar ungünstig.

Nicht einmal einen Monat zuvor hatte Kim Jong-un die Hinrichtung seines Onkels Jang Song-thaek angeordnet. So kam es, dass sich Rodman und sein Team auf der Bowlingbahn Golden Lane in Pjöngjang vergnügten und die abgeschossenen amerikanischen Flugzeuge im Museum des Siegreichen Vaterländischen

Befreiungskriegs besichtigten, während sich das Ausland über den Mann empörte, der um seines Machterhalts willen ein Familienmitglied hatte umbringen lassen.

In den Vereinigten Staaten nahmen die kritischen Stimmen zu. Paddy Power, das irische Wettunternehmen, zog sich als Sponsor des Matches zurück. Einige der ehemaligen NBA-Spieler erwogen ebenfalls eine Absage. Schließlich kam der Trip im Januar zustande, aber die Sache war von Anfang an eine Katastrophe.

Rodman, der seit Jahren gegen seine Alkoholsucht ankämpfte, trank schon auf dem Flug von Peking nach Pjöngjang und schien damit nicht mehr aufhören zu wollen. Die anderen NBA-Veteranen waren zunehmend beunruhigt. Aus der Heimat erreichte sie Kritik daran, dass sie den Geburtstag eines Diktators feierten. Das Spiel hing in der Luft.

Am Ende beschlossen sie, die Sache durchzuziehen. Schließlich hatten sie dafür einen weiten Weg auf sich genommen.

Am 8. Januar 2014, der Tag, an dem Kim Jong-un dreißig wurde, betraten die ehemaligen NBA-Spieler die Arena. Rodman erschien ohne seine Kappe und nahm seine Sonnenbrille ab. Dann verneigte er sich tief vor Kim Jong-un, der auf der Tribüne saß.

Anschließend nahm er das Mikrofon und sagte, im Ausland hätten verschiedene Leute »eine andere Meinung« zu der Reise und dem Marschall selbst geäußert. Etwas, das derart an Hochverrat grenzte, hatte wahrscheinlich noch niemand in aller Öffentlichkeit in Nordkorea gesagt, in einem Land, in dem Menschen nur eine Meinung zum Marschall haben dürfen: dass er ein Halbgott ist.

Kim Jong-un lehnte sich in seinem Sessel zurück, blickte in die Menge und fragte sich vielleicht, was noch kommen würde. Rodman fuhr fort: »Ja, er ist ein großer Führer. Er sorgt für seine

Leute hier in diesem Land. Und gottlob lieben hier die Menschen den Marschall.« Dann hob er zu einer bizarren Darbietung von »Happy Birthday« an.

Die nordkoreanische Nachrichtenagentur machte aus dem Ereignis eine dem Anlass entsprechend staatstragende Geschichte und berichtete, Rodman habe gesagt, »er spüre, dass das koreanische Volk Kim Jong-un Respekt entgegenbringt«. Anschließend habe er ein Lied gesungen, »das seine Verehrung für Kim Jong-un zum Ausdruck brachte und die Zuschauer berührte«.

Es sollten noch weitere Überraschungen folgen. Die Amerikaner gingen in der sicheren Annahme in das Spiel, es mit links zu gewinnen, auch wenn sie schon etwas älter und nicht mehr so in Form waren wie zu ihrer aktiven Zeit.

Aber die fitten, flinken Koreaner zeigten, dass man sie nicht unterschätzen durfte, und trickten und bremsten die Amerikaner in der gesamten ersten Spielhälfte ständig aus. Nach den ersten beiden Vierteln stand es 45:39 für die Nordkoreaner. Die gewieften Underdogs hatten die vermeintlich überlegenen Amerikaner überlistet.

Nach dem ersten Viertel verabschiedete sich Rodman aus dem Spiel und setzte sich neben seinen mächtigen Freund. In der zweiten Hälfte tauschten sie sich lebhaft über den Spielverlauf aus. Kim beugte sich vor und schien förmlich an Rodmans Lippen zu hängen. Er grinste und lachte, und seine gute Laune hielt bis zum Spielende an, als die Menge ein Loblied auf den Führer anstimmte, das er stehend und winkend entgegennahm.

Als sich Rodman danach in der Kabine entspannte und auf seinem Stuhl zurücklehnte, war er in Hochstimmung. »Ich habe gerade ›Happy Birthday‹ für den Scheißkerl gesungen.« Er lachte, offenbar war er über sich selbst verblüfft.

Aber sein Verhalten sollte nicht ohne Folgen bleiben.

Während des Spiels hatte Kim Jong-un ihn und den Kern der Delegation für das kommende Wochenende in sein Skiresort am Masik-Pass eingeladen, das er selbst entworfen hatte. Als sie dort eintrafen, wurden sie bereits von Kims Familie und anderen wichtigen Personen des Regimes erwartet. Spavor, der in der Nähe der Rocky Mountains aufgewachsen war, ging mit Kims Bruder und seiner Schwester auf die Piste. Terwilliger geriet auf einem aufblasbaren Schlitten ins Trudeln und mähte mehrere Nordkoreaner nieder. Glücklicherweise kam er kurz vor einem schroffen Abhang zum Stehen.

Im Hotel hielt Hwang Pyong-so am Telefon die Stellung, das direkt mit der VIP-Etage verbunden war – der direkte Draht zum Führer. Hwang Pyong-so, ein hoher Militär, saß lange in Unterhemd und Boxershorts da.

An diesem Wochenende ließ sich Kim Jong-un nicht blicken. Die Freundschaft fürs Leben war zu Eis erstarrt.

Teil 3

Selbstbewusstsein

Kapitel 12
Party Time

*»Ich werde unerschrocken weiterkämpfen, ich opfere mein
Leben vorbehaltlos dem Kampf für den endgültigen Sieg der
Juche-Revolution, die am Berg Paektu begonnen hat.«*
Kim Jong-un, 10. Mai 2016

Offiziell wurde Kim Jong-un im Dezember 2011 nach dem Tod seines Vaters der Führer von Nordkorea, aber dass er das Land wirklich fest im Griff hatte, bewies er erst Anfang Mai 2016. Der Große Nachfolger lieferte eine Machtdemonstration ab, die keinen Zweifel daran ließ, wer hier die absolute Kontrolle besaß.

Die Gelegenheit dazu bot der 7. Kongress der Partei der Arbeit Koreas, des höchsten Gremiums des kommunistischen Apparates, mit dem die Familie Kim das Land seit drei Generationen eisern im Griff hielt.

Der letzte Parteikongress hatte 1980 getagt, als sein Großvater noch am Ruder war, vier Jahre bevor Kim Jong-un auf die Welt kam. Sein Vater Kim Jong-il hatte die Partei kein einziges Mal zusammengerufen. Doch der neue Führer wollte die Kader, die das Regime zusammenhielten, hinter sich vereinigen. Es sollte *seine* Partei sein.

Ich traf drei Tage vor Eröffnung des Kongresses in Pjöngjang ein. Die mir vom Regime zugewiesenen Aufpasser erwarteten mich schon. Es waren zwei Regierungsmitarbeiter mittleren Ranges: Herr Jang, der die Rolle des Bad Cop übernahm und jeden meiner Versuche, vom festgelegten Programm abzuweichen, vereitelte, und Herr Pak, der joviale Good Cop. Herr Jang beschwerte sich während der gesamten Reise, ich würde zu viele Fragen stellen. Er führte mich durch die Krankenhäuser und Schneckenfarmen, die auf meinem Reiseplan standen, während Herr Pak immer nur lächelte und die Sehenswürdigkeiten mit seinem Smartphone fotografierte.

Und es gab viel zu fotografieren. Pjöngjang war in Festtagsstimmung. Die Zeitungen waren voll von Berichten über die »Siebzigtägige Blitzschlacht«, die zur Vorbereitung des großen Ereignisses ausgerufen worden war. Kadertrupps in dunklen Anzügen und Offiziere in olivgrünen Uniformen aus dem ganzen Land strömten aus dem Bahnhof von Pjöngjang.

An den Landstraßen und in den Städten, in landwirtschaftlichen Kollektiven und in Fabriken kündigten Banner den Parteitag an. Überall sah man rote Fahnen der Arbeiterpartei mit goldenem Hammer, Sichel und Kalligrafiepinsel. Das Kulturhaus »25. April«, mit seinen Säulen ein Paradebeispiel sozialistischer Architektur, der Tagungsort des Parteikongresses, wurde wie ein Geschenk ganz in Rot verpackt.

Die offiziellen Slogans für das Ereignis klangen auf Koreanisch genauso seltsam wie in der Übersetzung, in der sie die staatliche Nachrichtagentur verbreitete. »Unsere hellklingende Kampagne für die Gemüseproduktion im Gewächshaus soll das Land in Wallung bringen!« »Sorgen wir für die entscheidende Lösung des Problems der Konsumgüter!« »Bringen wir in diesem Jahr das Land im Geist des erfolgreichen Wasserstoffbombentests effektiv voran!«

Es bestand kein Zweifel, wer im Zentrum all dieser Feierlichkeiten stand. Die Slogans forderten die Bevölkerung auf, sich dem Kampf für den »Geliebten Obersten Befehlshaber Genosse Kim Jong-un« zu widmen und sich ihm als »unermüdliche Vorhut der Jugend in Treue« zu verschreiben.

Am zweiten Kongresstag saß ich an meinem Computer im Pressecenter, das die Nordkoreaner für uns im 47. Stockwerk des Hotels Yanggakdo eingerichtet hatten. Sie bringen dort gerne Journalisten unter, weil es sich auf einer Insel im Fluss befindet. Unter Presseleuten heißt das Hotel »Alcatraz«.

Die Nordkoreaner sorgen dafür, dass man keinen Grund hat, das Hotel zu verlassen. Es gibt ein Casino im Untergeschoss und ein Restaurant auf dem Dach, das sich früher auch einmal gedreht hatte. Die Motoren sind längst kaputt, nun muss man selbst einmal im Kreis gehen, wenn man die Panoramaaussicht genießen will. Im Shoppingbereich bekommt man überraschend gutes einheimisches Bier, Kekse, die nach Sägemehl schmecken, und Neo-Viagra, das nordkoreanische Imitat der bekannten Potenzpillen.

Über die großen Bildschirme des Pressecenters konnte ich verfolgen, wie Kim Jong-un die Bühne der Kongresshalle betrat, die ganz in sozialistischem Rot gehalten war: rote Sitze für Kim Jong-un und seine Kumpane, rote Sitze für das Publikum, rote Flaggen mit den Insignien der Partei der Arbeit, rote Banner, die die »unverbrüchliche Einheit« beschworen.

Kim Jong-un erschien in dunklem Anzug im westlichen Stil mit grauer Krawatte, die gleiche Aufmachung, die sein Großvater auf dem Porträt trug, das neben dem von Kim Jong-il im Hintergrund der Tribüne hing. Sie waren wie von einem Sonnenaufgang angestrahlt – eine Morgenröte, die keine neue Zeit versprach.

Alle 3467 Delegierten sprangen von ihren Sitzen auf und brachen in einen nicht enden wollenden Begeisterungssturm für Kim Jong-un aus. Viele waren mindestens doppelt so alt wie er. Die Offiziere trugen Orden bis hinunter zur Hüfte. Auf der Tribüne applaudierte auch Kim Yong-nam, der 88-jährige Premier, die Nummer zwei Nordkoreas schon unter Kim Jong-il, lange bevor der Große Nachfolger überhaupt das Licht der Welt erblickt hatte.

Kim Jong-un machte Handbewegungen, als wolle er die Begeisterung, die ihm entgegenschlug, dämpfen, aber die Delegierten wussten, was von ihnen erwartet wurde. Sie jubelten und klatschten unverdrossen weiter.

Kim Jong-un war erst zweiunddreißig Jahre alt. Inzwischen besaß er aber genügend Sicherheit und Selbstvertrauen, um die Ovationen zu genießen. Anschließend hielt er eine 14 000 Wörter lange Rede, in der er mit einem wenige Monate zuvor erfolgten Atomwaffentest prahlte.

Er erläuterte einen Fünfjahresplan für die Wirtschaft, der somit ab jetzt unmittelbar mit ihm verknüpft war – er versprach, persönlich für seine erfolgreiche Umsetzung zu sorgen. Auch auf Nordkoreas Lebensmittel- und Energieknappheit ging er ein, ein den Menschen im Land schmerzlich bekanntes Problem, das nun erwähnt werden durfte, da Kim selbst begonnen hatte, öffentlich darüber zu sprechen. Er gelobte, die Lösung dieser Probleme selbst in die Hand zu nehmen.

Er wiederholte das Versprechen aus seiner allerersten Rede aus dem Jahr 2012, den Lebensstandard Nordkoreas zu erhöhen. Und er übte Kritik an China. »Es weht ein fauler Wind bourgeoiser Freiheit der ›Reformen‹ und der ›Öffnung‹ in unserer Nachbarschaft«, sagte er.

Seine Wiederwahl zum Parteiführer war ausgemachte Sache, zudem wurde er vom Ersten Sekretär zum Vorsitzenden befördert. Er schickte sich an, der Partei wieder den höchsten Rang im Land zu verschaffen, den sie zu Zeiten seines Großvaters innegehabt hatte, bevor sie unter seinem Vater einen Teil ihrer Macht ans Militär verlor.

Das Manöver war nicht ohne Risiko. Mit dergleichen machte man sich leicht Feinde, in anderen Ländern hatte so etwas schon zum Putsch geführt. Aber wie mit seiner *byungjin*-Politik der gleichzeitigen Entwicklung von Wirtschaft und Atomwaffen wertete er damit nicht das Militär ab, sondern lediglich die Partei auf.

Der Große Nachfolger wusste Mittel und Wege zu finden, das Militär bei Laune zu halten und Putschgedanken gar nicht aufkommen zu lassen – hauptsächlich dadurch, dass er einen großen Teil der knappen Mittel in das Atom- und Raketenprogramm fließen ließ und die verantwortlichen Generäle zu angesehenen Persönlichkeiten der Gesellschaft machte. Und gewiss hatten sie auch nicht den früheren Verteidigungsminister vergessen, der mit Luftabwehrgeschützen pulverisiert worden war, nachdem er bei einer Besprechung eingeschlafen war.

Während der Schauveranstaltung des Parteitags fiel mir die unerschütterliche Ruhe von Kim Jong-un auf. Das war keiner, der sich Sorgen um seinen Posten machte. Er hatte sämtliche Skeptiker widerlegt, sowohl im Ausland als auch zu Hause, falls es dort je welche gegeben hatte. Er hatte bewiesen, dass er in der Lage war, eine Säuberung durchzuführen und Rivalen zu liquidieren.

Und er hatte geschickt den wirtschaftlichen Aufschwung mit der atomaren Aufrüstung verknüpft. Bei dem wenige Monate zurückliegenden Test war Nordkoreas bislang stärkste Atombombe explodiert. Die Wirtschaft boomte nicht gerade, konnte aber immerhin vier oder fünf Prozent Wachstum vorweisen – das höchste seit Jahren.

Im darauffolgenden Monat schaffte Kim Jong-un die Nationale Verteidigungskommission ab, die 1972 von seinem Großvater als höchstes Gremium des Militärs eingerichtet worden war. An ihre Stelle trat nun das Komitee für Staatsangelegenheiten als höchstes Macht- und Entscheidungsgremium, er selbst hatte den Vorsitz inne. Damit war er nun formell der Höchste Führer von Nordkorea. Alles, was Kim Jong-un seit seinem Machtantritt unternommen hatte, so skrupellos er auch gehandelt haben mochte, war reines Kalkül gewesen.

Im Gegensatz zu der weitverbreiteten Meinung, der junge Führer sei ein Irrer, weist alles darauf hin, dass es sich bei Kim Jong-un um eine »vernünftige und psychologisch stabile Person« handelt, sagte Kian Robertson, klinischer Psychologe und Professor für Neurowissenschaft am Trinity College Dublin, der sich intensiv mit Kims Psyche befasst hat. Der Autor eines Buches über die Psychologie des Gewinnens hat das Vorgehen des Führers seit seiner Machtübernahme genauestens verfolgt.

Ich fragte Robertson, was er über Kim Jong-uns Geisteszustand sagen könne, und der Psychologe antwortete mir, es handle sich bei ihm um einen klassischen Narzissten.

»Die meisten Menschen, die nicht von ihrem Gewissen oder vom Stress davon abgehalten werden, entwickeln sich als Führer zu Narzissten«, sagte mir Robertson. Da es sich hier um einen erworbenen Narzissmus handelt, muss man eher von einer Deformierung der Persönlichkeit als von einer Persönlichkeitsstörung sprechen.

Aber es gibt auch eine chemische Komponente. Kim Jong-uns Gehirn könnte sich tatsächlich verändert haben, als er Führer von Nordkorea wurde. »Macht ist möglicherweise eine der tiefsten Ursachen starker biologischer und psychischer Veränderungen im menschlichen Gehirn«, erläuterte Robertson.

Der von dem britischen Politiker Lord Acton im 19. Jahrhundert geprägte Ausspruch »Macht korrumpiert; absolute Macht korrumpiert absolut« scheint also eine wissenschaftliche Grundlage zu haben. Acton bezog sich dabei auf Herrscher wie die römischen Kaiser und Napoleon Bonaparte, doch der Ausspruch wirkt wie auf Kim gemünzt.

Macht setzt Dopamin frei, einen Neurotransmitter, der mit den Belohnungs- und Lustzentren im Gehirn verbunden ist. Er bestimmt, wie wir Reize wahrnehmen und erleben, sei es beim Eisessen oder beim Sex, und sorgt dafür, dass wir lustvolle Erfahrungen wiederholen möchten. Dopamin steht in engem Zusammenhang mit Sucht.

Bei einem Führer wie Kim Jong-un bewirkt der Rausch, den ihm die Ausübung seiner Macht verschafft, dass er mehr davon möchte, erklärte Robertson. Sehr wenige Menschen, die längere Zeit über große Macht verfügen, können diesem chemischen Effekt widerstehen und ausgeglichen bleiben.

Aber die Sache hat einen Haken: Je mehr das Ego anschwillt, desto verwundbarer wird es. Viele Tyrannen entwickeln eine Dünnhäutigkeit, in der die kleinste Irritation als schmerzliche Verletzung empfunden wird. Bei Kim Jong-un ist dieses verletzliche Ego schon mehrmals auf alarmierende, eruptive Weise zum Ausdruck gekommen.

Nachdem Kim Jong-un innenpolitisch sein Durchsetzungsvermögen bewiesen hatte, war er bereit, gegenüber dem Ausland höher zu pokern. Er musste seinen Kritikern in der ganzen Welt beweisen, dass mit ihm nicht zu spaßen war. Das wichtigste Element sollte dabei sein Atomwaffenprogramm sein.

Anlässlich des vierten Jahrestags seines Machtantritts besuchte er eine ehemalige Munitionsfabrik im Zentrum von Pjöngjang, einen historischen Ort, weil hier sein Großvater nach der Teilung der koreanischen Halbinsel eine Maschinenpistole ausprobiert haben soll. Dort ließ sein Enkel nun gewissermaßen eine Bombe platzen.

Vor dem Fabrikgebäude verkündete Kim, Nordkorea sei »eine Atommacht geworden«, bereit, »seine Souveränität und die Würde der Nation« mit einer Wasserstoffbombe zu verteidigen.

»Wenn wir im selben Geist kämpfen wie die Arbeiter, die nach der Befreiung des Landes, als es an allem fehlte, aus eigenem Entschluss Maschinenpistolen produzierten, dann können wir unser Land zu einer mächtigen Nation machen, die kein Feind zu provozieren wagt«, sagte er Berichten zufolge. Adjutanten in Uniform notierten eifrig jedes seiner Worte.

Ich besuchte die Fabrik wenige Monate später und schaute mir dort die Fotogalerie an, die an Kim Jong-uns Besuch erinnerte. Jeder Ort in Nordkorea, der mit einem königlichen Besuch beehrt wurde, präsentierte Fotos davon. Ich fragte meine Führerin, eine Frau Anfang fünfzig, ob sie beim Besuch des Marschalls anwesend gewesen sei. Als sie dies bejahte und ich ihr Fragen über ihn zu stellen begann, schlug sie abwehrend die Hand vors Gesicht und rannte davon.

Kim Jong-uns Behauptung wurde im Ausland mit Skepsis aufgenommen. Seit seiner Machtübernahme hatte er nur einem einzigen Atomtest beigewohnt, und zwar Anfang 2013. Es war erst der dritte Test in der gesamten Geschichte des Landes gewesen. Damals war eine relativ kleine, einfache Atombombe zur Explosion gebracht worden, die nicht den Eindruck erweckte, als hätte Nordkorea technologisch einen Sprung nach vorn gemacht.

So taten Geheimdienste und Atomwaffenexperten die Meldung, das Land habe eine Wasserstoffbombe gezündet, als typische nordkoreanische Übertreibung ab. Man hielt es für unmöglich, dass Kim Jong-uns Regime eine solche thermonukleare Waffe produzieren könne, da man dazu nicht nur die Technik der Kernspaltung, sondern auch die der Kernfusion beherrschen musste.

Ihre Zweifel schienen sich einen Monat später zu bestätigen, als Kim Jong-un den zweiten Atomtest unter seiner Herrschaft anordnete. Den Behauptungen des Regimes nach handelte es sich um eine Wasserstoffbombe. Die registrierten seismischen Signale sprachen westlichen Experten zufolge eher für eine ganz gewöhnliche Atombombe. Ihre Sprengkraft betrug ungefähr sechs Kilotonnen, was etwa der des Atomtests von 2013 entsprach.

Die Atombombe Little Boy, die die Vereinigten Staaten 1945 über Hiroshima abwarfen, hatte eine Sprengkraft von fünfzehn Kilotonnen gehabt, die Atombombe Fat Man, die einige Tage später über Nagasaki gezündet wurde, von zwanzig Kilotonnen.

Aber der Spott über die vergleichsweise kleine nordkoreanische Bombe ging am entscheidenden Punkt vorbei. Der Test war eine Ankündigung: Kim Jong-un arbeitete an einer Wasserstoffbombe.

Gleichzeitig baute der Große Nachfolger eine neue Art von Armee auf, ein Heer von Cyberkriegern. Genauso wie niemand Nordkorea zutraute, Nuklearwaffen zu produzieren, so fürchtete sich auch niemand vor von diesem Land ausgehenden Hackerangriffen.

Nordkoreanische Hacker trieben sich schon seit Jahren im Internet herum, ohne dass es große Aufregung ausgelöst hätte. 2009 nahm eine Gruppe namens DarkSeoul Gang südkoreanische Banken und Fernsehstationen ins Visier, teilweise mit dem Ziel, Informationen zu sammeln, aber hauptsächlich um einfach Chaos zu stiften.

Solche staatlich organisierten Cyberangriffe haben unter Kim Jong-un erheblich zugenommen. In Südkorea kommt es nach offiziellen Angaben jeden Tag zu 1,5 Millionen Hackingversuchen aus Nordkorea – 17 pro Sekunde.[126]

Pjöngjang setze Cyberattacken zur asymmetrischen Kriegsführung ein, sagte der amerikanische Militärkommandeur in Südkorea.[127]

Ende 2014 lieferte Nordkorea ein beeindruckendes Beispiel für diese Behauptung. Das erste Ziel war Sony Entertainment, und zwar als Rache für den Film »The Interview«, in dem Kim Jong-un am Ende zu einem Song von Katy Perry im Feuerball einer Explosion stirbt.

Als im Juni 2014 Einzelheiten über den Film bekannt wurden, war Pjöngjang außer sich, dass das Studio es wagte, die Tötung des nordkoreanischen Führers in Szene zu setzen. Der Staat schwor »gnadenlose Gegenmaßnahmen«, sollte der Film in die Kinos kommen.

Einen Monat vor dem geplanten Kinostart am Weihnachtstag schickte eine Gruppe, die sich Guardians of Peace nannte, ein Schadprogramm an Sony-Angestellte, und einige klickten auf die mitgesandten Links. Der erfolgreiche Hack war eine Blamage für Sony. Computer wurden infiziert, Gehaltsdetails und peinliche E-Mails zwischen Spitzenmanagern kamen ans Licht. Als Nächstes drohte die Gruppe mit Terrorangriffen nach Art von »9/11« auf Kinos, die es wagen sollten, »The Interview« ins Programm zu nehmen. Sämtliche großen Filmverleihe ließen die Finger von dem Film.

Das FBI fand eindeutige Hinweise, die auf Nordkorea schließen ließen. Das US-Justizministerium erhob Anklage gegen einen Nordkoreaner, der den Hack für den nordkoreanischen Nachrichtendienst, das Reconnaissance General Bureau, arrangiert haben sollte. Das RGB, eine Elite-Spionageabteilung des Militärs, verfügt selbst über eine Hackereinheit, das Bureau 121.

Kim Jong-uns Regime stritt jede Beteiligung ab, nannte den Hack gleichwohl eine »gerechte Sache«.

Nordkoreanern wurde auch vorgeworfen, Mitglieder der Lazarus Group zu sein, die hinter zwei weiteren gewagten Hacks stand.

Der erste bestand in dem Plan, die Zentralbank von Bangladesch um eine Milliarde Dollar zu erleichtern. Die Hacker gaben vor, Bankangestellte zu sein, und orderten Geldtransfers durch das globale elektronische SWIFT-System. Nur ein Tippfehler, der Misstrauen erregte, stoppte die Attacke, aber da hatten die Hacker schon 81 Millionen Dollar abgezockt. Das FBI sprach vom größten Cyberdiebstahl der Geschichte.[128]

Im Jahr 2017 starteten die Hacker dann WannaCry 2.0, einen Computervirus, der Ransomware verbreitete und mehr als 230 000 Computer in 150 Ländern infizierte. Er verschlüsselte die Daten auf den Festplatten der Opfer und verlangte von ihnen Geld, um ihnen wieder Zugang zu verschaffen. Unter den Opfern war auch das britische Gesundheitssystem, das durch die Attacke schwer beeinträchtigt wurde. Wieder warfen die Vereinigten Staaten und das Vereinigte Königreich Nordkorea vor, hinter den Angriffen zu stehen, doch wie immer stritt das Land dies ab. Technische Experten fanden jedoch genügend Spuren in Form von Quellcodes, IP-Adressen und E-Mail-Accounts, die kaum einen Zweifel daran ließen, dass die Schuldigen Nordkoreaner waren.

Nordkoreanische Hacker stahlen als Nächstes eine große Menge Daten – 235 Gigabyte – aus dem Computernetzwerk des südkoreanischen Militärs. Dazu gehörten geheime Notfallpläne für den Kriegsfall und ein »Enthauptungsplan« zur Beseitigung von Kim Jong-un. Anfang 2018 gerieten die Nordkoreaner dann in Verdacht, Coins im Wert von 530 Millionen Dollar von Coincheck, der japanischen Handelsplattform für Kryptowährungen, gestohlen zu haben.

Dabei gingen die Hacker von Mal zu Mal gewitzter und dreister vor. Einer Schätzung zufolge haben die RGB-Hacker seit 2016 mehr als hundert Banken und Kryptobörsen in der ganzen Welt attackiert und dabei mehr als 650 Millionen Dollar eingesackt.[129]

Das nordkoreanische Regime zieht Elite-Hacker für das Bureau 121 des RGB regelrecht heran. Schüler, die entsprechendes Potenzial zeigen, manche erst elf Jahre alt, werden in spezielle Schulen und dann auf die University of Automation in Pjöngjang geschickt, Nordkoreas Militäruniversität für Computerwissenschaft. Dort lernen sie fünf Jahre lang, wie man Computer hackt und mit Viren verseucht. Sie treten in »Hackathons« gegeneinander an, in denen sie schwierige Probleme lösen und simulierte Cyberattacken unter extremem Zeitdruck ausführen müssen. »Sechs Monate lang haben wir uns Tag und Nacht nur auf diesen Wettbewerb vorbereitet«, sagte ein ehemaliger Student.[130]

2018 erreichten nordkoreanische Studenten aus Pjöngjang regelmäßig Spitzenplätze bei Wettbewerben von CodeChef, einem indischen Softwareunternehmen, und nicht selten wurden sie auch Sieger.

Hacking sei die stärkste Waffe des Landes, sagte ein anderer ehemaliger Student. In Nordkorea nenne man es den »Geheimkrieg«, fügte er hinzu.[131]

Amerikanische Geheimdienste gehen davon aus, dass Nordkorea mehr als tausend Cybergruppen im Ausland betreibt, wo der Zugang zum Internet besser ist. Die meisten operieren von China aus, andere befinden sich in Russland und Malaysia.

Sie haben nur eine Aufgabe: Mit allen Mitteln Geld für Kim Jong-uns Regime herbeizuschaffen, ob durch Malware, Ransomware, Phishing oder das Hacken von Wett- und Spielseiten. Die

Besten machen 100 000 Dollar im Jahr – 90 000 für das Regime, 10 000 können sie behalten.[132]

Solche Gelder wurden für den Großen Nachfolger umso wichtiger, je mehr die Einnahmen aus den legalen Geschäften durch internationale Sanktionen beschnitten wurden. Was er nicht mehr verdienen konnte, stahl er sich eben.

Kim Jong-un arbeitete unterdessen an einem neuen Plan, die Aufmerksamkeit der Weltöffentlichkeit und insbesondere jenes Volkes zu bekommen, das von dem nordkoreanischen Regime als »die hinterlistigen amerikanischen Bastarde« bezeichnet wurde.

Es war an der Zeit, wieder einmal ein paar Geiseln zu nehmen – amerikanische Geiseln. Das hatte sich in der Vergangenheit stets als gute Methode erwiesen, um sich in Erinnerung zu bringen. Nordkorea hatte bereits des Öfteren aus Korea stammende Amerikaner verhaftet, die im Grenzgebiet missionarisch tätig waren oder unter dem Deckmantel geschäftlicher Aktivitäten Bekehrungsversuche unternahmen.

Kim Jong-un war ein Jahr an der Macht, als das Regime Kenneth Bae verhaftete, einen koreanisch-amerikanischen Missionar, der das Christentum in Nordkorea verbreiten wollte. Ihm wurde vorgeworfen, er habe von China aus Kim Jong-uns Regime stürzen wollen; er wurde zu fünfzehn Jahren Zwangsarbeit verurteilt. Zwei Jahre verbrachte er in Haft, teilweise bei Feldarbeit, teilweise im Freundschafts-Hospital im Diplomatenviertel von Pjöngjang, wo er wegen verschiedener Beschwerden behandelt wurde. Es ist die einzige Einrichtung in Nordkorea für die medizinische Versorgung von Ausländern.

Dann schnappte das Regime Matthew Miller, einen verwirrten jungen Mann aus Kalifornien, der bei seiner Ankunft in Pjöngjang seinen Pass zerriss und um politisches Asyl bat. Er wurde in

Gewahrsam genommen, was offensichtlich auch sein Plan war, denn er wollte die Zustände in nordkoreanischen Gefängnissen dokumentieren. Er verbrachte acht Monate in Haft.

Der nächste war Jeffrey Fowle, ein 56-jähriger Wartungsmonteur aus Ohio. Er war als Tourist nach Nordkorea gekommen, im Gepäck einen Basketball, den er bei einem Freundschaftsspiel der Harlem Globetrotters in Dayton gekauft hatte. Der Ball trug die Autogramme der Spieler, und Fowle hatte ihnen erzählt, er hoffe, ihn nach Nordkorea bringen zu können.

Er hatte sich vorgestellt, ihn Kim Jong-un persönlich überreichen zu können. Außerdem hatte er eine türkisfarbene Bibel auf Koreanisch im Gepäck, die er auf der Toilette des Chingjin Seaman's Club liegen ließ, in der Hoffnung, ein heimlich praktizierender Christ würde sie finden. Tatsächlich fand sie auch ein Nordkoreaner, der sie jedoch umgehend bei den Behörden abgab. Fowle wurde vor Gericht gestellt und verbrachte sechs Monate in einer nordkoreanischen Haftanstalt.[133]

Christen waren nicht willkommen in Nordkorea. Das Land kannte nur einen Gott – Kim Jong-un. Und koreanisch-amerikanische Christen wurden besonders argwöhnisch betrachtet, da sie die Landessprache beherrschen und in den Augen des Regimes Verrat am koreanischen Volk begingen. Daher wurden sie besonders oft zum Opfer.

Das Regime folgte dabei immer demselben Muster. Meist hielt es die Gefangenen in Haft, bis ein genügend hochrangiger US-Vertreter zu ihrer Befreiung einflog. So waren unter anderem die früheren Präsidenten Jimmy Carter und Bill Clinton nach Pjöngjang gekommen, um amerikanische Häftlinge freizubekommen. Diese Besuche wurden natürlich in den nordkoreanischen Medien ausgeschlachtet und zu Ehrenbezeugungen vor dem allmächtigen Führer umgedeutet.

Aber Ende 2015 machte ein junger Amerikaner etwas, für das er auf einer Studentenparty allenfalls einen Rüffel von der Campuspolizei erhalten hätte. In Nordkorea sollte sich sein Vergehen jedoch als tödlicher Fehler erweisen.

Otto Warmbier, ein Student mit respektablen Noten, war gerade einundzwanzig Jahre alt geworden. Er war in einem Vorort von Cincinnati in einer wohlhabenden Familie aufgewachsen und hatte eine Neigung für schräge T-Shirts aus Secondhandläden. Er studierte Wirtschaftswissenschaften an der angesehenen University of Virginia und befand sich auf einer Studienreise nach Hongkong. Warmbier hatte schon einiges von der Welt gesehen – er war mit seiner Familie in Kuba gewesen, hatte in London studiert und war in Israel den Spuren seines jüdischen Glaubens nachgegangen. Nun wollte er auf dem Weg nach Hongkong Nordkorea besuchen.

Ursprünglich wollten sie zu dritt reisen, Vater Fred und seine Söhne Otto und Austin, und zwar mit Koryo Tours, einer bekannten Reiseagentur in Peking, die Trips nach Nordkorea für Ausländer anbot. Individualreisen nach Nordkorea sind nicht möglich, doch die Briten, die Koryo betreiben, haben einen guten Ruf.

Am Ende flog Otto allein, und zwar mit Young Pioneer Tours, deren Angebot auf junge Leute seines Alters zugeschnitten war. Der Name war eine Anlehnung an die Jugendorganisation der Sowjetunion, und die Werbung versprach Reisen »zu Orten, zu denen dich deine Mutter nicht lassen will«. Einmal war ich in Pjöngjang einer solchen Reisegruppe begegnet. Es war ungefähr elf Uhr vormittags, ich schlenderte an den Cafés am Wasserpark vorbei und sah, wie sie Bier bestellten. Der Reiseführer flirtete heftig mit einer zufällig anwesenden nordkoreanischen Frau. Das geht nicht gut aus, dachte ich damals.

Am 29. Dezember flog Otto von Peking nach Pjöngjang, um

dort an einer fünftägigen Neujahrstour teilzunehmen. In den ersten Tagen verlief alles normal. Otto ließ sich mit seinen Reisegefährten vor den fast fünfundzwanzig Meter hohen Statuen von Kim Il-sung und Kim Jong-un im Zentrum von Pjöngjang fotografieren, während die Einwohner durch den Schnee stapften, um ihren obligatorischen Respekt zu erweisen. Er besuchte die schrägen Musikaufführungen, die koreanische Kinder vor Fremden darbieten. Lachend lieferte er sich auf einem Parkplatz eine Schneeballschlacht mit Kindern.

An Silvester reiste die Gruppe in den Süden zur demilitarisierten Zone zwischen den beiden koreanischen Staaten, eine klassische Station für Touristen. Wieder zurück in Pjöngjang, gingen sie essen, tranken ein paar Bier und kehrten noch einmal zum Kim-Il-sung-Platz zurück, um sich das Feuerwerk anzuschauen. Es floss reichlich Alkohol, wie das unter jungen Leuten am Neujahrsabend üblich ist.

Es war schon nach Mitternacht, als die Sache für Otto Warmbier problematisch wurde. Wir werden vielleicht nie erfahren, was in den Stunden zwischen Mitternacht und vier Uhr geschah, als Ottos Zimmergenosse, der Brite Danny Gratton, ins Zimmer zurückkam und den Amerikaner dort schlafend vorfand.

Die nordkoreanische Seite behauptet, Otto sei in den frühen Morgenstunden in einen Bereich des Hotels gegangen, der dem Personal vorbehalten war, und habe ein großes Propagandaschild mit der Aufschrift »Der Patriotismus von Kim Jong-un ist unsere Waffe und unser Schutz!« von der Wand genommen. Das Regime stufte das als »staatsfeindliche Handlung« ein und verhaftete Otto am 2. Januar vor der Abreise am Flughafen von Pjöngjang.

Doch erst drei Wochen später – nach einem Atomtest und dem Start einer Langstreckenrakete – meldete das Regime, dass es Otto in Gewahrsam habe. Und erst Ende Februar sah man Bilder von ihm. Der verstört wirkende junge Mann wurde in Pjöngjang vor Kameras gezerrt, um ein allem Anschein nach erzwungenes, bizarres Geständnis abzulegen.

Er sagte, seine Familie habe wenig Geld – was nicht stimmte – und er sei von einem Mitglied der methodistischen Kirche in Ohio – er war jüdischen Glaubens – gebeten worden, für 10 000 Dollar ein Schild als »Trophäe« mitzubringen. Er sagte außerdem, die CIA und eine geheime Studentenverbindung an der Universität von Virginia namens Z Society steckten hinter der Sache.

Otto Warmbier sah extrem mitgenommen aus. »Ich habe den größten Fehler meines Lebens begangen«, räumte er ein, bevor er sich mit einer tiefen, linkischen Verbeugung entschuldigte.

Wusste Kim Jong-un von Warmbier? Zu Beginn vermutlich nicht. Die Regimevertreter müssen nicht erst eine Genehmigung einholen, um die Ehre ihres Führers zu verteidigen. Aber irgendwann nach Warmbiers Verhaftung wird Kim über die neue Geisel informiert worden sein – ein Amerikaner, und zwar diesmal einer ohne koreanische Wurzeln, für die Nordkoreaner ein bedeutsamer Unterschied. Kim Jong-un wird gewusst haben, dass dieser junge Mann zu einem wichtigen Faustpfand in der bevorstehenden Präsidentschaftswahl der USA werden konnte.

Zwei Wochen nach der ersten bizarren Vorführung erschien Otto Warmbier erneut vor den Kameras. Am 16. März wurde er in Handschellen in einen Gerichtssaal geführt, wo ein vierstündiger Schauprozess stattfand. Er wurde zu fünfzehn Jahren Zwangsarbeit verurteilt – eine niederschmetternde Aussicht für einen 21-Jährigen, der bereits zehn Wochen in nordkoreanischer Einzelhaft verbracht hatte.

Am nächsten Tag veröffentlichte das Regime ein unscharfes Video einer Überwachungskamera, das laut Zeitstempel um 1.57 Uhr am Neujahrstag aufgenommen worden war. Es zeigt, wie eine große Person, deren Gesicht nicht zu erkennen ist, einen Flur betritt und ein Schild von einer Wand abnimmt. Das Video endet in dem Moment, in dem die Person das Schild auf den Boden stellt. Es ist unmöglich zu sagen, ob es Otto Warmbier zeigt. Auch die sonstigen Details wirken merkwürdig: Die Person geht direkt auf das Schild zu, ohne sich umzuschauen, ob sie beobachtet wird, auch wie sie es gleich auf den Boden stellt, verwundert, ebenso dass in dem unter Stromknappheit leidenden Land im Flur überhaupt Licht brennt. Nach meiner Erfahrung wird in Nordkorea Licht nur eingeschaltet, wenn man es wirklich braucht, und selbst das nicht immer.

Als das Regime das Video veröffentlichte, hatte Otto Warmbier schon die Schädigung erlitten, die schließlich zu seinem Tod führen sollte. Irgendetwas muss mit dem Studenten in der Nacht nach seinem Urteil geschehen sein. Die Nordkoreaner behaupteten, er habe nach dem Verzehr von Spinat und Schweinefleisch einen Botulismus erlitten und schlecht auf die von ihnen dagegen verabreichte Medizin reagiert. Manche vermuten, der junge Mann habe in seiner Verzweiflung in der Zelle einen Suizidversuch unternommen und sei zu spät entdeckt worden. Wahrscheinlich werden wir nie erfahren, was mit Otto Warmbier wirklich geschehen ist.

Kein Zweifel besteht daran, dass er in ein Koma fiel. Er wurde ins Freundschafts-Hospital gebracht, in dem auch Kenneth Bae behandelt worden war. Bei all seiner Skrupellosigkeit und Neigung zu Provokationen, der Tod von Amerikanern ist nicht im Interesse des nordkoreanischen Regimes. Ältere oder kranke Gefangene wie Bae wurden gewöhnlich freigelassen oder im Krankenhaus behandelt. Ein toter Gefangener ist kein Tauschobjekt mehr.

Doch in diesem Fall scheinen die Sicherheitskräfte in Panik geraten zu sein und versucht zu haben, die Sache zu vertuschen. Anstatt die zuständigen Behörden über den Zustand von Otto Warmbier zu informieren und ihn zur Behandlung in die USA zurückkehren zu lassen, verschwiegen sie, was geschehen war. Vielleicht dachten sie, er werde sich wieder erholen. Vielleicht wurde ihnen zu spät klar, dass das nicht mehr möglich war.

Als ich sechs Wochen nach dem Urteilsspruch im Hotel Yanggakdo ankam, bat ich umgehend darum, ein Interview mit Otto Warmbier führen zu dürfen. Das schien mir durchaus möglich, hatten doch auch früher schon Journalisten mit Häftlingen sprechen können. Ich fragte auch, ob ich den Flur sehen könne, aus dem er angeblich das Schild gestohlen hatte. Beides wurde mir verwehrt.

Wochen und Monate verstrichen, ohne dass es ein Zeichen von Otto Warmbier gab. Das nordkoreanische Außenministerium antwortete nicht einmal mehr auf die Nachfragen schwedischer Diplomaten in Pjöngjang, die dort kommissarisch die Belange der Vereinigten Staaten vertreten.

Ein Mittelsmann erklärte mir, die Nordkoreaner hätten Otto Warmbier und drei andere Männer, die jedoch Amerikaner koreanischer Abstammung und missionarisch tätig gewesen waren, zu Kriegsgefangenen erklärt. Aber er sagte auch, dass die nordkoreanischen Diplomaten anscheinend überhaupt nicht in die Angelegenheit einbezogen seien.

Angesichts der bevorstehenden Präsidentschaftswahlen in den USA spekulierte man, dass die Gefangenen als Pfand dienen sollten. Vielleicht wollte man sie unter der nächsten Regierung freilassen, um Präsident Obama in Verlegenheit zu bringen, so wie die iranischen Studenten es mit Jimmy Carter gemacht hatten, als sie 1981 die Botschaftsgeiseln nur Stunden nach der Amtseinführung von Ronald Reagan freiließen.

Doch nichts geschah. Donald Trump wurde als neuer Präsident vereidigt, ohne dass man etwas von den Geiseln hörte. Erst im Mai 2017 kam Bewegung in die Sache, mehr als sechzehn Monate nach Otto Warmbiers Verhaftung.

Frau Choe, die Vertreterin des nordkoreanischen Außenministeriums, die schon den Besuch Dennis Rodmans hatte moderieren müssen, reiste nach Norwegen, um sich dort mit ehemaligen amerikanischen Regierungsmitgliedern zu treffen. Ein durchaus üblicher Vorgang, bei dem sich die Nordkoreaner gewöhnlich über die amerikanische Außenpolitik informieren und die Amerikaner sie zu besserem Benehmen ermahnen.

Joseph Yun, der Nordkorea-Experte des US-Außenministeriums, erhielt die Erlaubnis, an diesen Gesprächen in Oslo teilzunehmen, insbesondere um sich nach Wegen zu erkundigen, wie man die vier Amerikaner freibekommen könnte. Während der Gespräche in einem Hotel mit Blick auf einen Fjord überredete Yun Frau Choe, den vier Männern, die seit vier Monaten niemand zu Gesicht bekommen hatte, als Geste des guten Willens konsularische Kontakte zu erlauben.

Frau Choe flog nach Pjöngjang zurück und berichtete den Sicherheitskräften über ihre Abmachung. Erst da wurde ihr klar, dass es ein großes Problem gab. Man informierte sie, dass Warmbier im Koma liege, und das schon seit fünfzehn der siebzehn Monate, in denen er in Haft gehalten wurde.

Choe begriff den Ernst der Lage sofort. Sie alarmierte einen nordkoreanischen Diplomaten bei den Vereinten Nationen, der die Nachricht an Yun übermittelte. Dies führte zu hektischen Bemühungen, den jungen Mann unter medizinischer Betreuung nach Hause zu holen. Auf Anweisung von Präsident Trump bereitete sich Yun darauf vor, mit einem amerikanischen Arzt nach Nordkorea zu reisen.

Parallel dazu suchten die Nordkoreaner nach etwas, um die Aufmerksamkeit der Medien ablenken zu können. Ihnen war klar, wie ernst die Sache war. Die Beziehungen zwischen den beiden Ländern erreichten einen Tiefpunkt. Sowohl in Washington als auch in Seoul gab es ernsthafte Befürchtungen, dass der Krieg der Worte zu einem echten militärischen Konflikt eskalieren könnte.

Dies war der Zeitpunkt für den nächsten Auftritt von Dennis Rodman.

Der NBA-Champion war seit seinem letzten feuchtfröhlichen Trip nach Nordkorea auf seltsame Weise zu einer bedeutenden Person geworden. In den dazwischenliegenden Monaten war der ehemalige Moderator der Fernsehshow »Celebrity Apprentice« Präsident der Vereinigten Staaten geworden; Dennis Rodman war dort zweimal Kandidat gewesen. Damit war er der einzige Mensch auf der Welt, der sowohl Trump als auch Kim kannte.

Rodmans Auftritt war dieses Mal noch bizarrer als sonst. Bei seiner Ankunft in Pjöngjang trug er ein T-Shirt, das für die Firma PotCoin warb, seinen neuesten Sponsor, der eine Marihuana-Kryptowährung ausgab. Es wurde spekuliert, dass er als Abgesandter des Präsidenten nach Nordkorea kam. Er hatte sogar ein Exemplar von Trumps »The Art of the Deal« im Gepäck.

Wie sich herausstellte, war Rodman zu genau dem Zeitpunkt nach Nordkorea eingeladen worden, als das amerikanische Diplomatenteam kam, um Warmbier heimzuholen. Der Basketballer hatte den ganzen Sommer über versucht, erneut nach Pjöngjang zu reisen, aber die Nordkoreaner zögerten den Besuch einige Wochen hinaus, damit er exakt mit dem der amerikanischen Geheimdelegation zusammenfiel. Es war offensichtlich, dass die Nordkoreaner die Visite von Rodman als Ablenkungsmanöver nutzen wollten.

Während Rodman für das Unterhaltungsprogramm am Rande sorgte, konferierten Yun und der Arzt stundenlang mit der nordkoreanischen Seite, bevor sie endlich in das Krankenhaus gingen, in dem Warmbier festgehalten wurde. Er wurde über einen Nasenschlauch künstlich ernährt und war nicht ansprechbar. Nach einigem Hin und Her und nachdem man ihm in einer Inszenierung am Krankenbett seine Strafe erlassen hatte, machte der Arzt Warmbier reisefertig für den langen Heimweg. Doch bevor sie Warmbier endlich ziehen ließen, präsentierten die Nordkoreaner Yun noch eine Rechnung für Warmbiers Behandlung. Sie betrug zwei Millionen Dollar.

Kim Jong-uns Regime, das einen jungen, gesunden Mann wegen eines geringfügigen Vergehens in Geiselhaft gehalten, sein Gehirn zerstört, ihn dann noch über ein Jahr lang festgehalten und ihm eine fachgerechte medizinische Versorgung verweigert hatte, besaß die Unverfrorenheit, eine Bezahlung für diese »Fürsorge« zu verlangen.

Yun rief den damaligen Außenminister der USA, Rex Tillerson, aus dem Hotel an. Tillerson verständigte Trump. Sie wiesen Yun an, das Papier mit der Zwei-Millionen-Dollar-Forderung zu unterzeichnen. Oberste Priorität sei es, den jungen Mann nach Hause zu bringen.

Otto Warmbier starb sechs Tage später in einem Krankenhaus in Cincinnati unweit des mit viel Grün aufgelockerten Vorstadtviertels, in dem er aufgewachsen war. Die Krankenhausrechnung über zwei Millionen Dollar wurde dem US-Finanzministerium übergeben. Dort liegt sie bis heute – unbezahlt.

Kapitel 13
Der ungeliebte Bruder

»Kim Jong-un ist nichts weiter als eine Symbolfigur. Die tatsächliche Herrschaft liegt in der Hand der Machtelite. Im Ausland macht man sich über die dynastische Erbfolge lustig.«
Kim Jong-nam, 2012

Autokraten sind von Haus aus paranoid, aber niemand versetzt einen Autokraten mehr in Unruhe als der eigene Bruder. Schließlich hat er denselben Hintergrund, und in seinen Adern fließt das gleiche Blut; er ist per Definition ein Führer im Wartestand.

Seit Romulus Remus ermordete und Rom gründete, seit Kain seinen Bruder Abel aus Eifersucht erschlug und seit Claudius König Hamlet umbrachte, werden immer wieder Brüder um die Ecke gebracht. Die Osmanen kodifizierten sogar den Brudermord: Mehmed der Eroberer erließ ein Gesetz, nach dem es jedem, der den Thron bestieg, erlaubt war, »seine Brüder zum Wohle des Volkes zu töten«. Damit wollte Mehmed Machtkämpfe verhindern. Er empfahl die Strangulierung mit einer Seidenschnur durch taubstumme Männer.[134]

Kim Jong-un, der bereits seinen Onkel skrupellos aus dem Weg geräumt hatte, folgte dem Rat des Eroberers und beschloss, sich seines älteren Halbbruders Kim Jong-nam zu entledigen.

Sein Vater hatte ähnliches Misstrauen gegenüber seinem eigenen Halbbruder gehegt. Als Kim Jong-il die Thronfolge antrat, fühlte er sich durch den jüngeren Kim Phyong-il bedroht, der im Militär große Macht besaß.

In der Zeit, da Kim Jong-il Ende der 1970er-Jahre zum Nachfolger seines Vaters aufgebaut wurde, hielt er den Halbbruder auf Distanz, indem er ihn auf eine jahrzehntelange politische Mission schickte. Kim Phyong-il war Botschafter in verschiedenen osteuropäischen Ländern, in Jugoslawien, Ungarn, Bulgarien, Polen und Tschechien, wo er bis heute seinen Dienst tut.

Kim Jong-nam, der Erstgeborene, stellte in einer Kultur, in der der älteste Sohn große Wertschätzung genießt, für den Großen Nachfolger eine noch größere Bedrohung dar. Die Tatsache, dass er etwa fünfzehn Jahre lang in einer Art Exil im Ausland gelebt hatte, änderte daran nichts. Kim Jong-un wollte nicht, dass der Erstgeborene, ein Mann, durch dessen Adern ebenfalls mythisches Paektu-Blut kreiste, im nordkoreanischen Märchen eine Rolle spielte.

Am 13. Februar 2017, kurz vor neun Uhr, wurde Kim Jong-nam Opfer eines höchst gewagten öffentlichen Mordes.

Er hielt sich auf dem Internationalen Flughafen von Kuala Lumpur am Terminal für Billigflieger auf, rundherum wimmelte es von Menschen mit prallvollen Koffern. Er wollte für einen Flug mit AirAsia, der Billigfluggesellschaft dieser Region, einchecken und nach Macau fliegen, wo er seit etwa fünfzehn Jahren seinen Hauptwohnsitz hatte. Kim Jong-nam hatte nur einen Rucksack als Handgepäck, und er war allein. Für einen Mann mit dem Ruf eines verschwenderischen Playboys sah der 45-Jährige mit dem schütteren Haar ziemlich normal aus.

Als er an dem Check-in-Automaten stand, näherte sich ihm von hinten eine junge Indonesierin, verdeckte ihm die Augen und rieb ihm im Gesicht herum. Kaum war sie fortgerannt, um sich die Hände zu waschen, tauchte eine zweite Frau auf, diesmal eine Vietnamesin, die ein weißes Top mit der Aufschrift LOL trug, und wiederholte die Aktion. Anschließend lief auch sie rasch zu den Toiletten und aus dem Flughafengebäude hinaus.

Die beiden Frauen hatten ihn mit zwei chemischen Stoffen beschmiert, die zusammen das tödliche Nervengift VX bildeten, einen weltweit geächteten chemischen Kampfstoff. Kim bat das Flughafenpersonal um Hilfe und wurde in die medizinische Abteilung des Airports geführt. Dort sank er in einen Stuhl, seine Kleidung verrutschte, und er verlor die Kontrolle über sich.

Das Gift drang durch die Schleimhäute und bewirkte Muskelkontraktionen, die zunächst das Herz, dann die Atemmuskulatur erfassten. Kaum fünfzehn Minuten nach dem Überfall starb er in einem Krankenwagen auf dem Weg ins Krankenhaus.

Eines der vielen Rätsel um seinen Tod ist, dass er zwölf Ampullen mit Gegengiften bei sich trug, auch für VX.[135] Warum er sie nicht benutzte, wird man nie erfahren.

Stattdessen erlitt er einen qualvollen und schmerzhaften Tod unter den Überwachungskameras des Flughafens.

Anfangs hatte ich Zweifel daran, dass das nordkoreanische Regime dahinterstand. Es hatte zwar vorher schon Leute umgebracht, aber noch nie auf eine so unverfrorene Art und nie mithilfe von Ausländern. Mich verblüffte, dass die beiden Frauen, Siti Aisyah und Doan Thi Huong, die rasch gefasst und wegen Mordes angeklagt wurden, selbst mit dem Leben davonkamen.

Sie erzählten, sie seien durch Vortäuschung falscher Tatsachen zu dem Mord gebracht worden, man habe ihnen gesagt, es handle sich um einen Streich für eine Fernsehshow. Für den Job waren ihnen hundert Dollar versprochen worden. Jetzt mussten sie mit der Todesstrafe rechnen.

Aber dann dachte ich an das alte Nordkorea. Im Nordkorea Kim Jong-uns wurde Überläufern über öffentliche Medien die Botschaft vermittelt: Wo immer du bist, wir kriegen dich – und du wirst leiden müssen.

Außerdem warf Kim Jong-un mit diesem Mord dem Ausland den Fehdehandschuh hin. Er hatte sein eigen Fleisch und Blut an einem belebten öffentlichen Ort mit einem chemischen Kampfstoff umbringen lassen. Und dann? Laute Empörung folgte prompt, ansonsten aber passierte nichts, was Folgen für Pjöngjang gehabt hätte.

Die Regierung Trump, die damals kaum einen Monat im Amt war, stand kurz davor, nordkoreanische Diplomaten zu den ersten direkten Gesprächen seit Jahren nach New York einzuladen. Dieser Plan platzte, als die amerikanische Regierung die Tat dem Kim-Regime zur Last legte. Es gibt nur wenige Akteure, die Zugang zu einem solchen chemischen Stoff haben, und noch weniger würden auf die Idee kommen, ihn anzuwenden. Doch abgesehen von der Absage des Treffens und ein paar weiterer Sanktionen konnten die Vereinigen Staaten nichts tun.

Die nordkoreanischen Agenten, die für die Operation verantwortlich waren, setzten sich umgehend aus Malaysia ab. Sie wählten den Umweg über Djakarta, Dubai und Wladiwostok nach Pjöngjang, um China zu meiden. Sie wussten, dass die Regierung in Peking in Rage geraten würde. Schließlich hatte sie ihre schützende Hand über Kim Jong-nam gehalten. Das nordkoreanische Regime vermutete, dass die Chinesen ihn in der Hinterhand hielten für den Fall, dass sie im Nachbarland einen neuen Führer installieren mussten.

Der nordkoreanische Botschafter wurde aus Kuala Lumpur ausgewiesen. Sein unrühmlicher Abgang wurde durch Fotos dokumentiert, die ihn auf einem Mittelsitz in der Touristenklasse beim Verlassen des Landes zeigen. Versuche der malaysischen Regierung, die nordkoreanischen Schuldigen dingfest zu machen, wurden jedoch eingestellt, nachdem die Nordkoreaner malaysische Diplomaten und ihre Familien in Pjöngjang in Geiselhaft genommen hatten.

Schon bald herrschte wieder Normalität zwischen den beiden Ländern. Mahathir Mohamad, ein Mann, der lange einen Kuschelkurs gegenüber Nordkorea gefahren hatte, wurde zum Premierminister gewählt und zeigte kein Interesse, den Fall weiter zu verfolgen. Viele Staaten töteten, sagte er bei einer Pressekonferenz in Tokio. Schauen Sie doch nur mal nach Israel und Palästina. Wozu sich darüber aufregen?

Kim Jong-nam wurde am 10. Mai 1971 in Pjöngjang geboren, die Folge des Verhältnisses seines Vaters mit der sehr berühmten und sehr verheirateten Schauspielerin Song Hye-rim. Kim Jong-il sorgte dafür, dass sie sich scheiden ließ, hielt aber die Beziehung vor seinem Vater verborgen.

In Nordkorea kam es nicht oft vor, dass jemand ein uneheliches Kind mit einer älteren, geschiedenen Frau hatte, die aus einer adligen südkoreanischen Familie stammte, vor allem nicht, wenn man vorhatte, die Führung einer sozialistischen Revolution zu übernehmen. Der kleine Junge lernte seinen Großvater nie kennen.[136]

Aber Kim Jong-il liebte seinen Sohn abgöttisch, zumindest bis ungefähr zu dessen zehntem Lebensjahr – als Kim Jong-un und seine Geschwister hinzukamen.

»Man kann gar nicht beschreiben, wie sehr Jong-il seinen Sohn liebte«, schrieb Song Hye-rims Schwester in ihren Erinnerungen an das Leben am königlichen Hof.[137] »Der junge Prinz schaukelte seinen quengelnden Sohn auf dem Rücken in den Schlaf, trug ihn herum, bis er aufhörte zu weinen, und flüsterte dem Kleinen ins Ohr, wie Mütter es tun, wenn sie ihr weinendes Baby beruhigen wollen.«

Das Kind hatte alles, was es sich wünschte – alles außer Freunden und Freiheit. Es wuchs in abgeschotteten Anwesen in Pjöngjang auf, versorgt von seiner Großmutter mütterlicherseits, seiner Tante und einem riesigen Gefolge an Personal, zu dem auch zwei erwachsene Männer gehörten, ein Filmtechniker und ein Maler, die wohl seine Spielkameraden sein sollten. Er nannte sie »die Clowns«, sie nahmen offenbar dieselbe Rolle ein wie der Sushi-Koch für Kim Jong-un.

Seine Mutter war meistens abwesend. Nachdem sie gezwungen worden war, ihre glanzvolle Laufbahn als Schauspielerin aufzugeben, und wie ein schändliches Geheimnis behandelt wurde, wurde sie depressiv und litt unter Angststörungen. Ihre innere Zerrissenheit war offenbar so groß, dass sie nach einer medizinischen Behandlung in Moskau, der sie sich unterzog, als Kim Jongnam drei Jahre alt war, nie wieder richtig zurückkehrte.

»Wie der kleine Junge aufwuchs, war nicht normal: vollkommen abgeschnitten von der Welt jenseits des Zauns, ohne auch nur einen Freund und ohne die Freuden, die das Spiel mit Gleichaltrigen mit sich bringt«, schrieb seine Tante.[138]

Als der Junge ins Schulalter kam, zog seine Tante mit in das Haus und wurde eine Art viktorianische Gouvernante, unterrichtete ihn in Koreanisch, Russisch, Mathematik und Geschichte. Sie brachte auch ihre eigenen Kinder mit: einen Jungen, der zehn Jahre älter war als Jong-nam, und ein Mädchen, das fünf Jahre älter war. Sie konnten nicht fassen, wie anders hier das Leben war im Vergleich zu dem, das sie im normalen Pjöngjang gekannt hatten.

Ihr Sohn ging kurz darauf zur Universität, sodass Jong-nam mit dem Mädchen, es hieß Nam-ok, allein zurückblieb. So verbrachten sie zu zweit eine sehr einsame Kindheit, denn Kim Jong-il ließ nicht zu, dass sie das Gelände verließen. Dafür besaßen sie eine groteske Menge an Spielzeug. Die beiden, die im Grunde Geschwister wurden, konnten sich Filme ansehen, mit Gewehren spielen und in Golfwagen auf dem Gelände herumsausen. Sie lebten in einer verrückten Parallelwelt.[139]

Mehr als zehn Jahre bevor Kim Jong-un seinen achten Geburtstag mit einer pompösen Party feierte, wurde für Kim Jong-nam ein ähnlich aufwendiges Fest veranstaltet. Er bekam eine für ihn maßgeschneiderte Militäruniform mit den Insignien eines Marschalls. Er prahlte vor echten Soldaten damit, dass sie besser sei als ihre.

Bald sprach man den kleinen Jungen mit Genosse General an, mit dem Titel also, den sein jüngerer Bruder übernehmen sollte, als dessen Stern stieg und der von Jong-nam sank. Der Geburtstag des Erstgeborenen wurde mit einem prächtigen Feuerwerk gefeiert, bei dem die Worte »Zum Geburtstag viel Glück, Genosse General« am Himmel erschienen.

Zu den Geburtstagen zwischen seinem sechsten und zwölften Lebensjahr schickte Kim Jong-il stets eine Abordnung ins Ausland, die Geschenke für seinen ältesten Sohn besorgen musste. In Japan, Hongkong, Singapur, Deutschland und Österreich gaben diese Abgesandten eine Million Dollar im Jahr für den kleinen Prinzling aus. Er bekam alle elektronischen Spiele, die sich ein Kind wünschen konnte, und ein vergoldetes Gewehr.[140]

Seine Großmutter war wegen der »unglücklichen Umstände« seiner Geburt besorgt. So warf sie kurz vor seinem neunten Geburtstag die Frage auf, ob sie nicht alle nach Moskau gehen sollten, vordergründig damit der Junge seine Mutter einmal wiedersehen konnte, aber eigentlich wollte sie Vorbereitungen für einen gemeinsamen Umzug dorthin treffen, der ihrem Schützling ein relativ normales Leben ermöglichen würde.

Tatsächlich brachen sie im Herbst 1978 auf: Großmutter, Schwester/Cousine und der junge Genosse General. Zu dieser Zeit, in einer Periode großer wirtschaftlicher Schwäche in der Sowjetunion, die auch als Ära der Stagnation bezeichnet wird, saß Leonid Breschnew am Ruder.

Auch für Jong-nam war es eine schwierige Zeit. Der Junge, nicht an den Umgang mit anderen Menschen gewöhnt, fand keinen Gefallen am Leben in der Sowjetunion. In der Schule weigerte er sich einmal, die Toilette zu benutzen, weil er sie zu dreckig fand, und machte sich am Ende in die Hose, die ihm dann in der Kälte auf dem Heimweg auch noch gefror.

Die Familie kehrte nach Pjöngjang zurück. Anfang 1980 legte Jong-nams Großmutter Plan B vor. Bei einer Neujahrsfeier, bei der sich das Personal fragte, ob der Tisch unter dem Gewicht all der Speisen nicht zusammenbrechen würde, machte sie den Vorschlag, die Kinder in die Schweiz zu schicken. Die Neutralität des Landes und die Tatsache, dass dort großer Wert auf Diskretion gelegt wurde, böten ein hohes Maß an Sicherheit, sagte sie, und außerdem waren dort zweifellos die Toiletten sauberer.

Kim Jong-ils Schwester und sein Schwager waren begeistert von der Idee, und so befahl der Führer einen der französischen Sprache mächtigen Beamten des Außenministeriums namens Ri Su-yong zu sich. Er stellte ihm den achtjährigen Jong-nam als seinen Sohn vor – was er noch bei keiner anderen Gelegenheit getan hatte – und wies den Diplomaten an, umgehend nach Genf zu reisen, um sich dort die Internationale Schule anzusehen, eine private Einrichtung, in der sowohl auf Englisch als auch auf Französisch unterrichtet wurde. Zu ihren Ehemaligen zählten der Hollywood-Schauspieler Michael Douglas und die indische

Ministerpräsidentin Indira Gandhi sowie mehrere Angehörige des thailändischen Königshauses.

Onkel Jang flog ebenfalls mit. Nach ihrer Rückkehr erklärten sie die Schule für geeignet. So wurde Plan B umgesetzt.[141]

Die ungewöhnliche Familie zog in eine große Villa mit Pool und Sauna am Ufer des Genfer Sees. Das Haus kostete zwei Millionen Dollar, und Kim Jong-il gab den Reisenden 200 000 Dollar Taschengeld für den Anfang mit. Danach mussten sie mit 50 000 Dollar im Monat auskommen.[142]

Ri wurde zur Nummer zwei in der Botschaft ernannt, und Jongnam und seine Schwester/Cousine wurden als seine Kinder Ri Han-hy und Ri Ma-hy beziehungsweise Henry und Marie in der Schule eingeschrieben. Sie besuchten den französischen Zweig, vor allem, damit sie den Scharen der Südkoreaner fernblieben, die die Englischklassen der Schule bevölkerten.

Ähnlich wie Kim Jong-un Jahre später in Bern tat sich Kim Jongnam schwer im Umgang mit anderen Kindern. Zum Teil war dies der Tatsache geschuldet, dass er die Sprache nicht beherrschte, zum Teil lag es aber auch daran, dass er nicht gern mit anderen Kindern zusammen war. »Er war an Erwachsene gewöhnt, die ihm schmeichelten und sagten: ›Genosse General, lieber dies? Genosse General, lieber das? Ja, Sir. Ja, Sir‹«, schrieb seine Tante. Er wollte nicht mit den anderen Schülern spielen. In den Pausen blieb er im Klassenzimmer und fertigte Zeichnungen der »amerikanischen Bastarde« an, wie er sie von zu Hause kannte.

Unterdessen lebten seine Zieheltern in der ständigen Angst, dem Jungen könne etwas zustoßen. Sie steckten seine Schwester/Cousine in dieselbe Klasse wie ihn, obwohl sie fünf Jahre älter war. Außerdem mieteten sie eine Wohnung im fünften Stock eines Hauses gegenüber der Schule, um ständig alles im Blick zu haben, und ließen ihn bei Schulausflügen beschatten.

Sie waren gerade erst zwei Jahre in Genf, als Ri Su-yong, der sich in seinen Schweizer Jahren Ri Chol nannte, meinte, der Aufenthalt in dem Land sei zu gefährlich für die Kinder. So kehrten sie alle nach Moskau zurück, wo die beiden eine französische Schule besuchten, damit sie nicht die Kenntnisse in der Sprache verloren, die sie in Genf erworben hatten.

Unterdessen stellte der Diplomat Ri fest, dass sich im Königshaus der Wind drehte, wechselte geschickt die Seite und wandte sich dem Kim-Jong-un-Zweig der Familie zu. Er wurde zum Botschafter in der Schweiz ernannt und zog nach Bern, wo er während der ganzen Schulzeit des zukünftigen Thronfolgers blieb. Die Entscheidung zahlte sich für ihn aus. Unter Kim Jong-un erlebte er einen enormen Aufstieg, wurde 2014 sein Außenminister und stieg auch in der Partei der Arbeit weit auf.

Die im Verborgenen lebende Familie blieb ein paar Jahre in Moskau und zog dann wieder nach Genf, damit Nam-ok die Universität besuchen und Jong-nam dort seinen Schulabschluss machen konnte. Inzwischen nannte sich Jong-nam einfach Lee – eine Variante seines angenommenen Nachnamens Ri – und gab sich als Sohn des nordkoreanischen ständigen Gesandten bei den Vereinten Nationen aus. Niemand schenkte ihm viel Aufmerksamkeit. Wie später auch Kim Jong-un auf der Privatschule in Bern erfahren sollte, kamen in diesem Schmelztiegel der Diplomatengören alle von irgendwo anders her, und alle sprachen mehrere Sprachen. Hinzu kam, dass die Kinder den Unterschied zwischen Nord- und Südkorea nicht kannten.

Mit der Zeit lernte Jong-nam den jungen Jetset in den Nachtclubs kennen: reiche Araber, die Erben der Hilton-Familie oder die Kinder von Charles Aznavour, dem »Frank Sinatra Frankreichs«.

Er kam nie gut mit Autoritäten zurecht, sagte Anthony Sahakian, ein Schweizer Geschäftsmann und ehemaliger Mitschüler Jong-nams. »Regeln waren nichts für ihn. Ich sage nicht, dass er ein Anarchist war, aber er schwänzte oft den Unterricht und fuhr schon Auto, als er noch keinen Führerschein hatte.«

Auch in anderer Hinsicht fiel »Lee« auf. Er kurvte nicht einfach bloß so in Genf herum, sondern in einem Mercedes 600, der großen Limousine, die sich unter Diktatoren großer Beliebtheit erfreute. »Damals wollten alle Auto fahren, und natürlich waren wir alle neidisch. Wir schwänzten die Schule und gingen mitten am Tag irgendwo Kaffee trinken«, erzählte mir Sahakian.

Es war ein Leben in Paranoia und voller Privilegien, der ständigen Geheimhaltung und der Ausflüchte. Trotzdem genoss Lee seine Jugend in Europa, fuhr mit seinen Freunden Ski, kaufte sich mit seinem falschen Ausweis Alkohol und machte Spritztouren in seinem Benz.

Doch 1989, als Jong-nam achtzehn wurde, war all das zu Ende. Er kehrte nach Pjöngjang und zu einem Leben zurück, das nichts mit seinen unbekümmerten Tagen in Europa gemein hatte. Jong-nam hatte gegenüber seinen Schulfreunden in Genf erwähnt, wie bedrückend das Leben »im Palast« sei. »Er hatte dort alles, was er sich nur wünschen konnte, fiel aber in tiefe Depressionen«, erzählte mir ein anderer Schulkamerad.

Am schlimmsten aber war, dass sein Vater die Zuneigung, mit der er ihn einst überschüttet hatte, nun einer neuen Familie schenkte. Zu ihr gehörten auch zwei kleine Jungen namens Jong-chol und Jong-un. Der Jüngere von ihnen war damals fünf Jahre alt.

Sein Vater hielt sich nie länger in dem Anwesen auf, wo jetzt der Jong-nam-Zweig der Familie wohnte. Der Haushalt war von Rivalität bestimmt, und man redete den Kindern ein, die andere Frau, Kim Jong-uns Mutter, sei eine intrigante Beißzange, die Kim

Jong-il gegen sie aufhetze. Es hieß, die andere Frau sei dick – unwahrscheinlich, da sie Tänzerin gewesen war –, und sie wurde vor den Kindern als »Halbjapse« verunglimpft. Sie nannten sie Pangchiko, eine abschätzige Wortverbindung, die den Ausdruck »Hammernase« mit dem Wort Pachinko kombiniert, wie man die Spielhallen mit Automaten nennt, die in Japan hauptsächlich von Koreanern betrieben wurden.[143]

Anfang der 1990er-Jahre wurde Nam-ok klar, was auch dem japanischen Sushi-Koch längst aufgefallen war: Kim Jong-il zog seinen jüngeren Sohn Kim Jong-un dem älteren vor.

Der so von seinem Vater zurückgewiesene, auf dem Anwesen eingesperrte Erstgeborene konnte sich nicht vorstellen, was für ein Leben er einmal führen sollte, und sein Benehmen wurde, wie seine Cousine Nam-ok später sagen sollte, unerträglich. Er schlich sich abends hinaus, trank und hatte zahlreiche Affären. Und er machte alles noch schlimmer, als er sich auch demonstrativ in der Öffentlichkeit zeigte. Denn damit öffnete er ein Fenster zum Privatleben des Geliebten Führers, ein Verstoß gegen eine eiserne Regel seines Vaters.

»Je mehr Zeit [Kim Jong-il] mit der anderen Familie verbrachte, desto schwieriger wurde es mit meinem Bruder«, schrieb Nam-ok in ihren Erinnerungen, die nie veröffentlicht wurden. »Für Papa war es leichter, wenn er bei der anderen Familie blieb.«

Im Vergleich zum Rest der nordkoreanischen Bevölkerung, die am Rand einer Hungersnot stand, lebten Jong-nam und Nam-ok im Luxus, aber sie hatten das Gefühl, zu lebenslänglich in einem »Edelknast« verurteilt zu sein. So stimmte Kim Jong-nam begeistert zu, als Kim Jong-il seinem ältesten Sohn ein Angebot machte: Wenn er heiraten und ein Kind bekommen würde, könne er Nordkorea verlassen.

Kim Jong-nam heiratete 1995 und bekam einen Sohn, Han-sol,

und dann eine Tochter, Sol-hul. Die Familie ging nach Macau und bezog zwei Villen in einer exklusiven, bewachten Wohnanlage.

Dann begann er eine Beziehung mit einer anderen Nordkoreanerin, zeugte mit ihr drei Kinder und ließ sich mit ihnen in Peking nieder, auch hier wieder in einem abgeschotteten Viertel. Im Jahr 2011 hatte er ein weiteres Kind mit einer dritten Frau. Wie der Vater, so der Sohn.

Selbst nach der peinlichen Angelegenheit im Tokioter Disneyland und der Abschiebung aus Japan vor laufenden Kameras, vielleicht aber auch gerade deswegen, wurde Kim Jong-nam interessant. Er war das einzige Mitglied der Königsfamilie, das in der Welt unterwegs war und dabei nicht inkognito blieb.

In den südkoreanischen Medien verbreiteten unzählige Experten, Überläufer und Regierungsvertreter mit größter Selbstsicherheit Falschinformationen über Kim Jong-nams Rolle innerhalb des Regimes. Demnach war er abwechselnd ein hochrangiger Militär, ein Funktionär der Partei der Arbeit oder Chef des angeblich 500 Milliarden Dollar schweren Korea Computer Center in Pjöngjang, des Hauptquartiers der Hacker.

Es gab Berichte, wonach sich die jüngeren Brüder verbündet hatten, um ihren Rivalen umzubringen. Angeblich schmiedeten sie ein Komplott, Kim Jong-nam während eines Australienbesuchs Ende 2002 ermorden zu lassen. Zwei Jahre später kursierten Gerüchte über einen Mordversuch in China. Und das waren nicht die letzten.

Nach seinem Tod teilte der südkoreanische Geheimdienst Abgeordneten mit, Kim Jong-nam habe seinen jüngeren Bruder kontaktiert und ihn angefleht, verschont zu werden. »Wir können nirgendwohin und uns nirgendwo verstecken. Unser einziger Ausweg ist Selbstmord«, habe er ihm geschrieben.[144]

Es hieß, Kim Jong-nam und seine Tante, Kim Jong-ils Schwester, hätten lange Telefongespräche in betrunkenem Zustand geführt, in denen sie über die Lebensbedingungen in dem Land klagten. Andere Experten sagten, Kim Jong-il habe seinen ältesten Sohn in die Welt hinausgeschickt, um dessen Fähigkeiten auf die Probe zu stellen. Noch 2007 hieß es, er sei nach Pjöngjang zurückgekehrt und arbeite in der Abteilung für Organisation und Führung der Partei der Arbeit.

Ein Großteil des Lebens von Kim Jong-nam liegt nach wie vor im Dunkeln. Man weiß, dass er ein Schattendasein unter Spielern, Verbrechern und Spionen führte. Anscheinend unterhielt er aber während der ganzen Zeit Verbindungen zum Regime.

Kim Jong-nam reiste unter verschiedenen Decknamen, zum Beispiel Kim Chol, und besaß eine Vielzahl von Pässen, darunter zwei nordkoreanische und einen portugiesischen. Ein ehemaliger Geschäftsfreund sagte, er habe auch einen chinesischen Pass gehabt. Neben Koreanisch sprach er fließend Chinesisch und ganz passabel Japanisch, Englisch, Französisch und Russisch.

Doch in all diesen Jahren nutzte Kim Jong-nam seine enormen Fähigkeiten nur zu seinem eigenen Vorteil, und das aus Sicht des Regimes in gefährlicher Weise, was erheblich zu seinem Ende beitrug.

Kim Jong-nam wurde Informant der CIA. Sein Bruder hätte es schon als Akt des Verrats betrachtet, mit amerikanischen Agenten auch nur zu sprechen. Aber King Jong-nam lieferte ihnen Informationen, wozu er seine Führungsoffiziere meist in Singapur oder Malaysia traf.[145]

Nach der letzten, verhängnisvollen Reise war er auf Bildern der Überwachungskameras in einem Hotelaufzug zusammen mit einem asiatisch aussehenden Mann zu sehen, der Berichten zufolge ein amerikanischer Geheimdienstagent war. In Kim Jong-nams Rucksack, den er am Flughafen bei sich trug, befand sich Bargeld in Höhe von 120 000 Dollar.

Vielleicht handelte es sich um Entgelt für seine Informantendienste, vielleicht aber auch um den Gewinn aus seinem Casinogeschäft.

Laut einem Geschäftsfreund, der ab 2007 mit ihm zusammenarbeitete, unterhielt Kim Jong-nam zehn Jahre lang Glücksspiel-Websites in ganz Südostasien, unter anderem auch in Malaysia.

An dem Tag, an dem Kim Jong-nam starb, führte ich mein erstes Gespräch mit dem Mann. Wir waren über einen gemeinsamen Bekannten miteinander in Kontakt gekommen. Er saß im Flugzeug und war entsetzt. Wir telefonierten während des Flugs über das Bord-WLAN. Er schrie die ganze Zeit in sein Handy, ich konnte ihn kaum verstehen. Er sprach von unüblichen Befragungen bei der Einreise und merkwürdigen Leuten, die um sein Büro herumschlichen.

Ich kenne den Namen des Mannes und seine Nationalität, und ich weiß, wo er lebt. Was er mir von seiner Arbeit erzählte, war ziemlich vage. Wie viele andere, die in dieser düsteren Schattenwelt zu Hause sind, war er äußerst verschlossen. Doch selbst das wenige, was er preisgab, darf ich nicht veröffentlichen, deshalb nenne ich ihn hier Mark.

Mark ist Spezialist für Internetsicherheit. Eines Tages wurde er im Nobelhotel Shangri-La in Bangkok einem Mann vorgestellt, der sich Johnny Kim nannte und einen IT-Spezialisten brauchte, um seine Server zu warten.

Mark hatte keine Ahnung, wer der Mann war, ja nicht einmal woher er kam, fand ihn aber ein wenig zwielichtig. Seine Arbeit sei »nicht seriös« gewesen. Er unterhielt Glücksspielseiten, und zwar eine Menge. In Casinos, insbesondere in Internet-Casinos, wird bekanntlich Geld gewaschen.

Als sie 2009 einmal gemeinsam vor dem Fernseher saßen, sagte Johnny zu Mark: »Ich sage dir jetzt, wer ich bin. Ich bin der Sohn von Kim Jong-il. Ich heiße Kim Jong-nam.« Mark hatte keine Ahnung, wie er darauf reagieren sollte. Er wusste nicht viel über Nordkorea. Danach kümmerten sie sich, wie zuvor, weiter gemeinsam um die vielen Online-Casinos, die Johnny betrieb.

Es gab zwei nordkoreanische Internetspezialisten, die viel mit Kim Jong-nam zusammenarbeiteten, sagte Mark. In Macau hatte er enge Beziehungen zu zwei Größen der Casinoszene: Stanley Ho, der König des Glücksspiels, der in Macau etwa zwanzig Casinos und sogar eines in Pjöngjang besaß, und Chan Meng-kam, ein ehemaliger Abgeordneter und ebenfalls Casinobesitzer. Kim Jong-nam hielt sich gern im Lisboa auf, einem von Hos Casinos in Macau, oder im Golden Dragon von Chan. Dort tranken sie dann flaschenweise Wodka und Whisky.

»Er kannte eine Menge einflussreiche Leute«, erzählte mir Mark. »Chinesen, Engländer, Portugiesen, Amerikaner, Leute aus Singapur. In Macau kannte ihn jeder.«

Macau war für Kim Jong-nam der optimale Ort, die falschen Hundert-Dollar-Scheine zu waschen, die Nordkorea Anfang der 2000er-Jahre in Massen druckte. Einmal bezahlte er Mark sogar mit diesen falschen Hundertern, die als »Superdollars« bezeichnet wurden, weil sie so gut gemacht waren. Die US-Regierung sanktionierte 2006 die Banco Delta Asia in Macau unter dem Vorwurf, sie unterstütze die nordkoreanische Regierung bei der Geldwäsche und der Verbreitung gefälschter US-Währung.

Der Erstgeborene gab sich in Macau gern als Lebemann, besuchte Herrenclubs und sprach kräftig dem Alkohol zu. Er hatte in ganz Asien Freundinnen. Sein Körper war übersät mit riesigen Drachen- und Koi-Tätowierungen, wie sie in asiatischen Banden verbreitet sind, die der organisierten Kriminalität zuzurechnen sind. Und er war, so Mark, fasziniert von der japanischen Mafia Yakuza und den chinesischen Triaden.

Bei seinen Kontakten zum Regime spielte sein Onkel, der Wirtschaftsreformer Jang Son-thaek, eine prominente Rolle; er telefonierte häufig mit ihm.

Besuche in seiner alten Heimat aber waren eher selten. Als sein Vater 2018 einen Herzinfarkt erlitt, flog er jedoch nach Pjöngjang. Anschließend reiste er nach Frankreich, um nach einer Behandlungsmöglichkeit für ihn zu suchen. Dort habe er Eric Clapton kennengelernt, erzählte er Mark. Offenbar hat die ganze Familie Kim ein Faible für Clapton.

In den Wochen nach dem Tod seines Vaters flog er noch einmal nach Nordkorea, traf aber nicht mit seinem jüngeren Halbbruder, inzwischen der Oberste Führer des Landes, zusammen; auch bei der Beerdigung war er nicht anwesend.[146]

Er hätte sich ein wenig Sorgen gemacht, was mit ihm geschehen würde, nachdem sein Bruder die Macht übernommen hatte, sagte Mark und fügte hinzu, Kim Jong-nam habe nie davon gesprochen, dass er in Nordkorea irgendeine Rolle spielen wollte. »Er war zufrieden mit dem Leben, das er führte. Er war froh, dass seine Kinder, seine Frauen und Geliebten nicht in Nordkorea waren.«

Wenn er alte Schulfreunde in Genf und Wien traf, erklärte er ihnen, er sei auf Geschäftsreise. Er berate reiche asiatische Kunden in Europa, zum Beispiel chinesische Neureiche, die 30 000 Dollar für Wein auszugeben bereit seien oder in der Schweiz Immobilien kaufen wollten. »Solche Dinge. Nichts Schlimmes«, sagte Sahakian, sein alter Schulkamerad an der Internationalen Schule in Genf.

Kim Jong-nam trank gern Wein und rauchte Zigarren, und er trug teure Uhren. Aber Sahakian meinte, er habe in ihm nie den

Alkoholiker, Playboy und Spieler gesehen, als der er allgemein galt.

Sein Freund unternahm keine Nachforschungen, glaubte aber, Kim Jong-nam habe wirklich zu seinem Broterwerb gearbeitet, nachdem sein Bruder die Verbindung zu ihm abgebrochen hatte. Bei seiner letzten Reise nach Genf übernachtete Kim Jong-nam in einer Airbnb-Wohnung, nicht im Vier Jahreszeiten.

Sahakian schickte mir ein Selfie, das sie zusammen in Genf aufgenommen hatten. Es zeigte zwei nicht mehr ganz junge Männer mit Stoppelbart und Sonnenbrille in der Hemdtasche, wie sie vor einem Gourmet-Hotdog-Restaurant in die Kamera lächeln.

Beide Freunde sagten, der Erstgeborene sei stets um seine Sicherheit besorgt gewesen. Er deckte an Computern immer die Webkameras ab und ließ oft Büros und Wohnungen nach Wanzen durchsuchen, erzählte Mark.

Er kannte Schleichwege, wo es keine Überwachungskameras gab, sodass er sich unerkannt durch die Stadt bewegen konnte. Japaner erkannte er von Weitem und machte einen Bogen um sie, für den Fall, dass es Reporter waren. Besonders angsterfüllt war sein Verhalten in Peking. Dort benutzte er ein sehr altes Nokia-Handy, damit er nicht so leicht aufgespürt werden konnte.

Doch für jemanden, der sich so nach außen abschottete, war Kim Jong-nam zugleich verblüffend offen.

Während seiner gesamten Exilzeit unterhielt er einen Facebook-Account unter dem Namen Kim Chol, eine seiner falschen Identitäten. Dort postete er unbekümmert Fotos von sich, darunter auch eine ganze Reihe vor verschiedenen Casinos in Macau. »Living Las Vegas in Asia«, kommentierte er eins davon.

Als herauskam, dass dieser Facebook-Account einem Sohn von Kim Jong-il gehörte, schickte ich allen dort verzeichneten Freunden von ihm, es waren etwas mehr als hundertachtzig, eine

Nachricht. Auf diese Weise kam ich mit Sahakian in Kontakt. Und später entdeckte ich, dass ich dabei auch Kim Jong-nams Schwager kontaktiert hatte.

Des Weiteren sprach er auch erstaunlich viel mit Reportern. Am Pekinger Flughafen warteten stets Journalisten auf ihn und hielten ihm ihre Visitenkarten vor die Nase. Im Jahr 2004, als die Nachfolge noch unklar war, erklärte Kim Jong-nam einigen von ihnen per E-Mail, sein Vater habe das »absolute Recht«, seine Wahl nach eigenem Gutdünken zu treffen.

Als sein Vater dann im Jahr 2009 sichtlich hinfälliger wurde, wimmelte Kim Jong-nam einmal ein japanisches Fernsehteam, das ihm in Macau auf Schritt und Tritt folgte, barsch ab. Unter Hinweis auf die schlichte Trainingshose, die er trug, sagte er: »Würde ich so herumlaufen, wenn ich der Nachfolger wäre?«

Als sein Vater später Kim Jong-un zum neuen Führer erklärte, sagte der verschmähte ältere Bruder, er sei im Prinzip gegen eine Führerschaft in der dritten Generation, wünsche aber Kim Jong-un das Beste. »Ich hoffe, mein Bruder tut sein Bestes, das Leben der Nordkoreaner zu verbessern«, sagte er und fügte hinzu, er würde vom Ausland aus gern dazu beitragen.[147]

Doch in der Folge äußerte er sich kritischer und bezeichnete die Währungsreform im Jahr 2009 mit ihren katastrophalen Folgen als Fehler. Es sei an der Zeit, dass Nordkorea »sich reformiert und öffnet«. Vielleicht hatte er dabei China vor Augen.

Die schärfste Kritik aber kam Anfang 2012, nur einen Monat nachdem sein jüngerer Halbbruder der Führer Nordkoreas geworden war. »Ich bezweifle, dass jemand, der in nur zwei Jahren zum Führer aufgebaut wurde, regieren kann«, schrieb Kim Jong-nam an Yoji Gomi, einen japanischen Reporter, der den Erstgeborenen zweimal traf und über hundertfünfzig E-Mails mit ihm austauschte.

Diese Art von Kritik wurde vom Großen Nachfolger nicht toleriert.

Ein Jahr nach Kim Jong-nams Tod machte ich seine Schwester/Cousine Nam-ok ausfindig. Es war ein Vierteljahrhundert her, seit sie den Klauen Kim Jong-ils entkommen war, des Mannes, den sie Papa nannte. Damals war sie voller Zorn gewesen, dass sie ihrem »Bruder« ihr Leben geopfert hatte. Seinetwegen hatte sie keine richtige Schulbildung. Seinetwegen konnte sie nicht studieren, und seinetwegen wurde sie bestraft, weil er als Zwanzigjähriger trank und mit allen möglichen Frauen schlief.

Nam-ok machte sich davon. Sie erhielt die französische Staatsbürgerschaft, heiratete einen Franzosen, den sie in Moskau am Gymnasium kennengelernt hatte, und hatte zwei stattliche, lebenslustige Söhne.

Sie führt immer noch ein privilegiertes Leben, aber ihre Privilegien sind jetzt andere. Sie und ihr Mann haben ein Unternehmen gegründet, dessen Erfolg zu einem nicht geringen Teil auf Nam-oks guten politischen Kontakten beruht. Die beiden haben sich komfortabel eingerichtet. Laut ihren Papieren wurde sie in Vietnam geboren, aber wenn sie jemand fragt, sagt sie, ihrer Herkunft nach sei sie einfach »Koreanerin«.

Nam-ok legt großen Wert auf ihre Privatsphäre. Im Internet findet man keine Fotos aus den letzten Jahrzehnten von ihr. Aufnahmen mit ihrem »Bruder« aus den Jahren, in denen sie unter einem Dach zusammenlebten, hingegen gibt es schon: sie im Nerzmantel oder in traditioneller koreanischer Tracht oder beide zusammen in zueinanderpassenden Matrosenanzügen, bei Schießübungen am Strand oder im Swimmingpool.

Die Fotos stammten aus einer Autobiografie, die sie zusammen mit Imogen O'Neil geschrieben hatte, einer britisch-französischen Schriftstellerin, die sie über alte Schulkontakte ausfindig gemacht hatte. O'Neil hatte das Buch fertiggestellt, es sollte den Titel »The Golden Cage: Life with Kim Jong-il, a Daughter's Story« bekommen. Doch dann bekam Nam-ok kalte Füße, und das Werk wurde nie veröffentlicht.

Ich hatte sie in der Stadt aufgespürt, in der sie mit ihrem Mann lebte, und eine Nachricht in ihrem Unternehmen hinterlassen. Ihr Mann stimmte einem Treffen mit mir zu und erklärte mir, dass Nam-ok nicht selbst mit mir sprechen könne und wolle. Sie müsse zu ihrer Sicherheit Stillschweigen wahren über das nordkoreanische Regime.

Ihr leiblicher Bruder war in dem Gebäude am Stadtrand von Seoul, in dem er wohnte, von nordkoreanischen Schergen mit Schüssen in Kopf und Brust umgebracht worden. Er hatte sich nach Südkorea abgesetzt und dort ein zwar nicht einfaches, aber vom Regime unbehelligtes Leben im Verborgenen geführt. Doch dann ging ihm das Geld aus, und er veröffentlichte ein Buch über den königlichen Hof. Ein paar Monate später war er tot.

Wenig später war »Onkel« Jang öffentlich gedemütigt und schließlich hingerichtet worden. Er hatte dafür gesorgt, dass Nam-ok in der Schweiz zur Schule gehen konnte, und war einer der wenigen, der sie aufzumuntern versuchte, als sie auf dem Anwesen in Pjöngjang eingesperrt war.

Und erst kurz zuvor war ihr Cousin vom Regime auf grässliche Weise vor den Augen der Öffentlichkeit umgebracht worden. Nam-ok wollte nicht riskieren, dasselbe Schicksal zu erleiden, erklärte mir ihr Mann.

Diese Begründung für ihre Ablehnung eines Interviews schien mir wenig glaubwürdig. Vieles deutete darauf hin, dass sie noch in Verbindung mit dem Regime stand und von der Tatsache profitierte, Nordkoreanerin zu sein.

Ich rang mit mir. Ich hätte ohne Weiteres einen Artikel schreiben können, in dem ich ihren neuen Namen und ihren Wohnort preisgab und welcher Tätigkeit sie nachging; und warum ich glaubte, dass sie immer noch mit dem Regime oder zumindest mit dessen Unterstützern gemeinsame Sache machte. Das wäre ein echter Knüller gewesen: In den ganzen fünfundzwanzig Jahren hatte niemand sie aufgespürt.

Aber genauso wie ich die Bitte normaler Flüchtlinge respektiere, anonym zu bleiben, um ihre Familie zu schützen, entschied ich mich dafür, Nam-ok nicht zu gefährden. Ihre Kinder hatten es nicht verdient, die Aufmerksamkeit zu bekommen, die eine solche Enthüllung mit sich bringen würde. Ich wollte sie von den Scharen südkoreanischer und japanischer Reporter verschonen, die sie bis in ihre Universität oder zu ihren Skiausflügen verfolgen würden.

Von der ganzen gestörten Familie war sie die Einzige, der es gelungen war, ein normales Leben zu führen. Ich wollte nicht diejenige sein, die dieses Leben ruinierte.

Nach Kim Jong-nams Tod war die am offensichtlichsten gefährdete Person jedoch nicht seine Cousine, sondern sein Sohn, das Einzige unter seinen Kindern, das in der Öffentlichkeit halbwegs bekannt war.

Han-sol, der sich Donald nennt, war für ein Mitglied der nordkoreanischen Königsfamilie ebenfalls verblüffend kritisch gegenüber dem Regime. Er war in Pjöngjang geboren, aber in Macau aufgewachsen und führte dort das Luxusleben eines reichen Auswanderers wie sein Vater. Es schien ein glückliches Leben zu sein. Er besuchte eine Privatschule und sprach fließend Englisch mit einem leichten britischen Akzent. Er färbte sich die Haare, trug ein Piercing im Ohr, ein Kreuz um den Hals und hatte eine hübsche Freundin namens Sonia.

»Ich weiß, dass mein Volk hungert«, hatte er zu einem YouTube-Video geschrieben, auf dem abgemagerte Nordkoreaner zu sehen waren. »Ich würde alles tun, um ihnen zu helfen.« In einem anderen Post hatte er enthüllt, dass er mit der Herrscherfamilie verwandt sei. »Lang lebe die DPRK« hatte er zu einem anderen Video unter Verwendung des offiziellen Kürzels für das nordkoreanische Land geschrieben.[148]

Im Jahr 2011, nur Monate bevor sein Onkel die Führung Nordkoreas übernahm, zog Han-sol nach Bosnien, um das United World College in Mostar zu besuchen. Er lebte dort einige Zeit relativ zurückgezogen, bevor südkoreanische Journalisten ihn ausfindig machten und ihm nachstellten.

Einmal aber gab er der ehemaligen finnischen Verteidigungsministerin, einer der Gründerinnen des Colleges, ein Interview. Es wurde im finnischen Fernsehen ausgestrahlt, und man konnte einen weltgewandten jungen Mann sehen, der trotz seiner komplizierten Familie versuchte, ein normales Leben zu führen.

In dem Gespräch sagte er, er wisse nicht, wie sein Onkel »Diktator« Nordkoreas geworden sei, gab aber wie sein Vater der Hoffnung Ausdruck, dass sich das Leben in dem Land verbessern würde. »Ich träume davon, eines Tages zurückzugehen, dort die Dinge zu verbessern und das Leben der Menschen leichter zu machen. Und ich träume von der Wiedervereinigung.« Außerdem sagte er, er reise jeden Sommer nach Nordkorea, »um in Kontakt mit meiner Familie zu bleiben«.

Von Bosnien ging Han-sols Reise weiter nach Frankreich, wo er sich im Herbst 2013 an der Université Le Havre, einer Elite-Universität, in Politikwissenschaft einschrieb. Als Onkel Jang am Ende jenes Jahres hingerichtet wurde, wurde er unter Polizeischutz gestellt.

Er hat allen Grund, Angst zu haben. Er ist ein männlicher direkter Nachkomme im Paektu-Stammbaum, er hat das mythische Blut in den Adern. Das verleiht ihm dasselbe Geburtsrecht wie Kim Jong-un, und er könnte sich zu seinem Rivalen entwickeln – zumindest in der Fantasie des Führers.

Berichten zufolge hielt sich Han-sol in Macau auf, als sein Vater getötet wurde. Als ich in Kuala Lumpur war und die malaysische Polizei auf einer DNA-Probe bestand, bevor sie Kim Jong-nams Leichnam freigab, wurde heftig darüber spekuliert, ob Han-sol zu diesem Zweck anreisen würde. Fernsehteams bedrängten sämtliche Asiaten um die zwanzig mit Nerdbrille, die aus der AirAsia-Maschine aus Macau ausstiegen.

Aber er kam nicht. Er, seine Mutter und seine Schwester traten vielmehr eiligst die Flucht an, zunächst nach Taiwan, wo sie dreißig Stunden auf die Visa für ihre Weiterreise warteten. Die Vereinigten Staaten, China und die Niederlande waren ihnen schließlich bei der Ausreise behilflich. Mehrere beteiligte Parteien sollen versucht haben, einzugreifen und einen jungen Mann mit Paektu-Blut in den Adern an der Flucht in die Anonymität zu hindern, wo er möglicherweise weiterhin Kritik an Kim Jong-un übte – oder, noch schlimmer, ein Komplott gegen ihn schmiedete.[149]

Als alle in Sicherheit waren, veröffentlichte Han-sol ein weiteres außergewöhnliches Video. »Vor wenigen Tagen ist mein Vater ermordet worden. Zurzeit lebe ich mit meiner Mutter und meiner Schwester zusammen«, sagte er darin. Er trug einen schwarzen Pullover und saß vor einem weißen Hintergrund, der nichts über seinen Aufenthaltsort preisgab. Zum Beweis seiner Identität hielt er seinen nordkoreanischen Pass hoch, allerdings waren die Daten durch einen schwarzen Balken verdeckt. Aber es bedurfte keines Beweises – er war das Ebenbild seines Vaters.

In dem Video bedankt sich Han-sol bei einer Reihe von Leuten dafür, dass seine Familie jetzt in Sicherheit war, darunter auch dem niederländischen Botschafter in Seoul. Das löste Vermutungen aus, er befinde sich in den Niederlanden. Aber es kursierten auch Gerüchte, er sei in Frankreich oder China und natürlich ebenso, dass er Kontakt zur CIA habe.

Das Video war von einer Gruppe mit dem Namen Cheollima Civil Defense produziert worden, die anscheinend nur zur Ausstrahlung des Films gegründet worden war, vielleicht vom südkoreanischen Geheimdienst. Der Name war von einem mythischen koreanischen Pferd abgeleitet, auf dem Video erschien er allerdings in südkoreanischer Schreibweise.

Am Ende des Videos sagt Han-sol: »Wir hoffen, dass bald alles besser wird.«

Es gibt jedoch einen direkten männlichen Nachkommen im Paektu-Stammbaum, der offenbar in Sicherheit lebt und dem es sogar gutgeht.

Kim Jong-chol, der ältere Bruder des Führers, lebt augenscheinlich innerhalb der Mauern der königlichen Anwesen. Kim Jong-un hat Kontakt zu ihm und vertraut ihm zweifellos. Und dieser Bruder, der in verschiedenen Beschreibungen im Verlauf der Jahre als »weibisch« und sogar als »vollbusig« bezeichnet wurde, scheint keinerlei Bedrohung darzustellen. Er möchte nur Gitarre spielen. Also lässt man ihn am Leben.

Im Jahr 2015 erhielt Thae Yong-ho, damals stellvertretender Botschafter in London, eine verschlüsselte Nachricht aus Pjöngjang. Er wurde aufgefordert, Eintrittskarten für ein Konzert von Eric Clapton zu besorgen, das dieser im Rahmen einer Tournee zu seinem siebzigsten Geburtstag in der Royal Albert Hall in London gab.

Dem Botschafter wurde nicht mitgeteilt, für wen die Tickets bestimmt waren, aber das war auch nicht nötig. Jeder weiß, wer der größte Eric-Clapton-Fan in Nordkorea ist.

Die »Very Important Person« würde für vier Tage und drei Nächte nach London kommen und mit einem Aeroflot-Flug von Wladiwostok über Moskau eintreffen.

Thae buchte ein Doppelzimmer in einem Fünf-Sterne-Hotel – dem Chelsea Harbor, wo eine Penthouse-Suite über 3000 Dollar pro Nacht kostet – für den hohen Gast aus Nordkorea, der anscheinend ziemlich krank war. Er wurde von einem Arzt begleitet, der immer in seiner Nähe bleiben musste, und nahm dreimal täglich einen ganzen Haufen Tabletten, sagte Thae und deutete die Menge mit der hohlen Hand an.

Der aufgeregte Diplomat hatte auch eine Liste der wichtigsten Sehenswürdigkeiten zusammengestellt und sich jede Menge Zahlen und Fakten dazu eingeprägt, wie es sich für einen ordentlichen nordkoreanischen Staatsdiener gehört. In Nordkorea kann sich der Besucher nicht ohne einen Führer bewegen, der ihm erzählt, wie viele Steine für den Bau eines Turms notwendig waren oder wann ihn der Große Führer zum ersten Mal besucht hat. Und so hatte sich Thae mit allen möglichen mehr oder weniger unbedeutenden Details über den Tower von London und den Parliament Square versorgt.

Aber Kim Jong-chol wollte sich nur die Gitarren in der Denmark Street ansehen, einer unter Gitarrenfans bekannten Straße in Soho mit vielen Fachgeschäften.

Kim Jong-chol probierte in den Läden Gitarren aus. Dabei war er sehr ernst und konzentriert, sagte Thae, und beeindruckte die Geschäftsinhaber mit seinen Fähigkeiten. Die Hornhaut an den Fingerspitzen seiner linken Hand zeigte, dass er häufig spielte.

Aber keiner der Läden hatte die spezielle Gitarre, die Jong-chol suchte, und so wurde Thae losgeschickt, um ein Geschäft zu finden, das ein solches Instrument auf Lager hatte. Schließlich entdeckte er in einer kleinen Stadt etwa vierzig Kilometer von London entfernt einen weiteren Fachhändler, und sie machten sich umgehend auf den Weg dorthin.

Der Händler hatte tatsächlich das gewünschte Instrument im Sortiment, und Jong-chol kaufte es. Die Gitarre kostete 3000 englische Pfund, damals etwa 4500 Euro. Thae hielt sich abseits, während Jong-chol, der über genügend Englischkenntnisse verfügte, den Kauf tätigte. »Er schwärmte für diese Gitarre«, erzählte Thae.

Dann besuchte Jong-chol das Clapton-Konzert in der Royal Albert Hall, nicht nur einmal, sondern an zwei Abenden hintereinander. Fotos zeigen ihn mit schwarzer Lederjacke und Sonnenbrille in Begleitung Thaes, eines weiteren Mannes und einer Frau. Die Dame war weder seine Freundin noch seine Frau, sagte Thae, sondern eine Gitarristin der Moranbong Band.

Trotz des Pulks von Journalisten und Fotografen, der ihn am zweiten Abend auflauerte, war der junge Mann aus Nordkorea bei dem Konzert in seinem Element, vor allem bei Slowhand-Hits wie »Layla«, »Tears in Heaven« und »Wonderful Tonight«.

»Er genoss es wirklich und sang immer mit«, sagte ein Konzertbesucher.[150] Kim Jong-chol sei von der Musik überwältigt gewesen, berichtete Thae, er sei von seinem Platz aufgestanden, habe wie verrückt geklatscht und die Arme hochgeworfen. Hinterher kaufte er T-Shirts und andere Souvenirs. Auch im Hotel war er noch wie im Rausch, und die Nordkoreaner leerten ihre Minibars.

Über die Konzerte hinaus sorgte Thae dafür, dass sein hoher Besuch London von seiner besten Seite kennenlernte.

»Ich führte ihn zu einem schicken Restaurant im Shard«, dem berühmten Wolkenkratzer, der ein Wahrzeichen Londons ist, »aber er aß nicht viel«, erzählte mir Thae ein paar Jahre später. »So fragte ich ihn, worauf er denn Appetit hätte, und er sagte McDonald's. Also gingen wir zu McDonald's, und dort langte er zu. Die Pommes frites schmeckten ihm besonders gut.«

Doch weder bei den Konzerten noch bei McDonald's war Kim Jong-chol wirklich lange glücklich, meinte Thae. »Er lachte nur selten«, sagte Thae. »Er war unheimlich schweigsam.«

Kim Jong-un schien seinen Bruder dort zu haben, wo er ihn haben wollte: nahe genug, um immer ein Auge auf ihn haben und dafür sorgen zu können, dass er sich keine Illusionen machte, wer der rechtmäßige Erbe des Throns ihres Vaters war. Kim Jong-chol schlich nicht herum und brachte seinen jüngeren Bruder in Verlegenheit, und mit Sicherheit äußerte er gegenüber Journalisten keine Kritik.

Abgesehen von den Eric-Clapton-Konzerten wurde er nie in der Öffentlichkeit gesehen. Er trat nie an der Seite seines Bruders bei Militärparaden, Vor-Ort-Anleitungen oder bei den Atomtests und Raketenstarts auf, die immer häufiger wurden.

Kapitel 14
Das heilige Schwert

> »*Wir werden weiterhin unsere Selbstverteidigung ausbauen,
> deren Dreh- und Angelpunkt die Atomstreitkräfte sind, und auch
> unsere Fähigkeit, einen Präventivschlag zu führen, solange die
> Vereinigten Staaten und ihre Vasallenmächte ihre nukleare
> Bedrohung und Erpressung aufrechterhalten.*«
> Kim Jong-un, 1. Januar 2017

Der Große Nachfolger war glücklich, sehr glücklich. Er hatte die Hände in die Hüften gestemmt, lächelte breit und war sichtlich mit sich zufrieden.

Im September 2017, Kim Jong-un herrschte seit sechs Jahren, erklärte Nordkorea, es habe gerade »den US-Imperialisten und ihren Vasallenstaaten einen gnadenlosen Schlag versetzt«.

Die Wissenschaftler hatten eine Wasserstoffbombe entwickelt, die sie in einem Stollen unter dem Berg Manthap im Norden des Landes zur Explosion gebracht hatten. Die Erschütterung war so stark, dass der 2200 Meter hohe Berg messbar einsackte.[151]

Mit diesem Test war Nordkorea zum neuen, unwillkommenen Mitglied des H-Bomben-Clubs geworden, zu dem bislang offiziell nur die Vereinigten Staaten, das Vereinigte Königreich, Russland, China und Frankreich gehörten.

Das Land sei nun mit einem »mächtigen heiligen Schwert ausgestattet, mit dem es den Frieden verteidigen kann«, erklärte Kim vor hochrangigen Staatsvertretern. Zugleich versicherte er, weitere Atomwaffenversuche seien nicht nötig.[152] Das war sein Signal, dass Nordkorea das angestrebte technologische Niveau erreicht hatte. Das Regime besaß, was es wollte: die Bombe.

Kim Jong-un war bereits der Kommandeur einer Armee von 1,2 Millionen Soldaten, der viertgrößten der Welt. Nun, mit dreiunddreißig Jahren, war er der weltweit jüngste Führer einer Atommacht. Und die Welt sollte wissen, dass genau das sein Plan gewesen war. Er ließ sich auf Startrampen für Raketen ablichten, bei Triebwerktests, bei der Inspektion der erdnussförmigen Wasserstoffbombe und beim Abzeichnen des Befehls, sie zur Explosion zu bringen.

Kim hatte versprochen, die Wirtschaft und das Atomprogramm parallel zu entwickeln, aber in der Realität war das eher eine Illusion. Zwar hatte er der Wirtschaft die Fesseln gelockert und zugelassen, dass sich vielerorts Märkte entwickelten, doch das Wirtschaftswachstum ergab sich vor allem daraus, dass der Staat wohlwollend wegschaute.

Kims ganze Aufmerksamkeit galt dem Atomprogramm. Er steckte sämtliche Staatsreserven in die Entwicklung von Kernwaffen und Raketen, um seinen Anspruch auf die Führung Nordkoreas zu untermauern und dem Ausland unmissverständlich klarzumachen, dass es sich besser nicht mit ihm anlegte.

Eine Weile belächelte die Welt die Selbstdarstellung Nordkoreas als große Militärmacht. Man machte sich über Bilder lustig, die den »genialen Strategen« Kim Jong-un dabei zeigten, wie er verkehrt herum durch ein Fernglas spähte oder auf einem sichtlich rostigen U-Boot in der Pose eines Marinekommandeurs die Wellen durchpflügte. Als Kim Jong-un einen nach nordkoreanischer Darstellung miniaturisierten Atomsprengkopf vorstellte, spottete man, das Ding sähe aus wie eine Discokugel. Das Internet quoll fast über vor Kim-Memen.

Doch der Große Nachfolger machte deutlich, dass mit ihm nicht zu spaßen war. Er wuchs in seine neue Rolle hinein, und er war bemüht, klare Fortschritte zu zeigen. Er musste seine gebetsmühlenartig wiederholte Versicherung wahrmachen, dass Nordkorea »ein starkes und florierendes« Land sei, und er warf sich voll in das Atomwaffenprogramm, weil es ihm als das beste Mittel erschien, dieses Ziel zu erreichen.

Der erste Schritt nach vorn erfolgte rein auf dem Papier. Mitte des Jahres 2012 überarbeitete Kim Jong-un die Verfassung, um seinem Vater eine Ehrenstellung zu geben und seine Erfolge im Atomprogramm schwarz auf weiß festzuhalten. Zum ersten Mal tauchte das Wort »atomar« in der Verfassung auf. Kim Jong-il habe Nordkorea »in einen machtvollen politisch-ideologischen Staat, einen atomar bewaffneten und unbesiegbaren, militärisch starken Staat« verwandelt, hieß es in dem überarbeiteten Dokument.

Bei seinem ersten Atombombentest im Februar 2013 und den ersten Raketenstarts sah es noch so aus, als würde Kim Jong-un dieselben haltlosen Prahlereien wie sein Vater von sich geben, das technologische Niveau seines Staates übertreiben und das Programm hauptsächlich als politischen Hebel verwenden.

Das Regime war bekannt dafür, seine Provokationen der größtmöglichen Wirkung wegen genau zu platzieren. Um die Zeit des Atomwaffentests im Februar gab es drei Ereignisse, auf die er mit einer solchen Demonstration der Stärke reagieren konnte: Nur wenige Wochen zuvor hatte die zweite Amtszeit von Präsident Barack Obama begonnen, und wenige Wochen später sollte der konservative Park Geun-hye als Präsident von Südkorea vereidigt werden. Dazwischen lag der Geburtstag Kim Jong-ils, der in Nordkorea als der »Tag des Strahlenden Sterns« begangen wird.

Rein technisch gesehen zeigte Kims erster Atomtest keinen großen Fortschritt im Vergleich zu den vorangegangenen. Das Timing schien darauf optimiert, zu demonstrieren, dass der junge Diktator fest im Sattel saß. Die Raketen, die 2013 und 2014 gestartet wurden, waren ebenfalls nicht besonders beeindruckend. Dass Nordkorea Kurzstreckenraketen gen Himmel steigen lassen konnte, war längst bekannt.

Doch all das änderte sich Mitte 2016. Im Januar dieses Jahres behaupteten Kims Propagandisten, das Land habe eine Wasserstoffbombe getestet. Aber die Explosionsstärke entsprach nicht der einer solchen Bombe. Wenige Tage später veröffentlichte das Land Filmmaterial, auf dem angeblich der Start einer ballistischen Rakete von einem U-Boot aus zu sehen war. Das wäre, wenn es sich denn als wahr herausgestellt hätte, durchaus eine Leistung gewesen.

Doch wie bald feststand, war das Video digital manipuliert worden. Nordkorea übertrieb wieder einmal in maßloser Weise seine Fähigkeiten, um Fortschritte vorzutäuschen, die es gar nicht gab. Wieder lachte die Welt über die Möchtegern-Großmacht, in der man nicht einmal ordentlich mit Photoshop umgehen konnte. Wie sollte man solche Drohungen ernst nehmen?

Doch Nordkorea hatte damit erneut seine Absichten signalisiert. Kim Jong-un besaß keine Wasserstoffbombe, noch konnte er Raketen von U-Booten abfeuern, aber er strebte beides an. Und bald sollte er beides verwirklichen.

2016 startete das Regime zur Feier von Kim Il-sungs Geburtstag eine Musudan-Rakete, eine ballistische Mittelstreckenrakete, die in der Lage war, auch die entferntesten Gebiete Japans und Südkoreas und sogar das amerikanische Territorium von Guam mitten im Pazifik zu erreichen. Der Start war ein Fehlschlag. Eine Woche später missglückte auch der zweite Versuch, eine Rakete von einem U-Boot aus in die Luft zu bekommen. Und Ende Mai versagte eine weitere Musudan-Rakete.

Doch schon im Juni zeigten zwei weitere Tests, dass die Nordkoreaner aus ihren Fehlern lernten. Einer war erfolgreich, der andere nicht. Die Welt mochte spotten, soviel sie wollte, Nordkorea schritt voran, was es natürlich seinem »stets siegreichen, mit eisernem Willen begabten Oberbefehlshaber« verdankte.

»Wir sind jederzeit und überall in der Lage, die Amerikaner im pazifischen Operationsraum anzugreifen«, erklärte Kim Jong-un sichtlich gutgelaunt, nachdem er dem erfolgreichen Raketenstart beigewohnt hatte. Man sah ihn an einem Tisch sitzend, ein Fernglas in der Hand und eine Karte vor sich, umgeben von Offizieren, die jubelnd ihre Mützen in die Luft warfen.

Die Raketen waren von mobilen Startrampen abgefeuert worden, umgebauten Lastwagen, die aus jedem Hangar oder Tunnel des Landes herausrollen konnten. Sie waren nicht länger auf fest installierte Startvorrichtungen angewiesen, die leicht per Satellit zu überwachen waren. Dies hätte dem Rest der Welt eine Mahnung sein müssen, dass Nordkorea den Einsatz erhöht hatte.

Im August erstarb auch das Lachen, das den gescheiterten Versuchen gefolgt war, Raketen von U-Booten aus zu starten. Eine vor der Ostküste Nordkoreas von einem U-Boot in Marsch gesetzte Rakete landete in japanischen Gewässern. Von da an wurden die Fehlschläge seltener, die Erfolge häufiger. Die Raketen flogen weiter. Alarmierend war nicht nur der Erfolg, sondern auch die schiere Zahl der Raketenstarts. Nordkorea konnte sich ein kleines Feuerwerk leisten.

Im Jahr 2017 machte das Regime weitere und vor allem erschreckendere Fortschritte. Kims Wissenschaftler ließen drei Interkontinentalraketen in den Himmel steigen, die erste symbolträchtig am amerikanischen Nationalfeiertag, dem 4. Juli. Diese Rakete hätte theoretisch bis Alaska fliegen können. Kim Jong-uns Regime sprach von einem »Geschenk für die amerikanischen Bastarde«.

Die nächste Rakete, die Ende Juli gestartet wurde, hätte auch Denver oder Chicago erreichen können. Ein Flugkörper, dessen Start Kim Jong-un Ende November beiwohnte, bewies, dass das Land in der Lage war, überall in den Vereinigten Staaten zuzuschlagen, sogar in Washington.

Nun musste das Regime nur noch unter Beweis stellen, dass es in der Lage war, die beiden Komponenten zusammenzufügen. Einen mit einer Atombombe bestückten Gefechtskopf tatsächlich ins gewünschte Ziel zu steuern, ist keine leichte Aufgabe. Dazu muss er heftigen Vibrationen und hohen Temperaturen standhalten. Doch mittlerweile zweifelten nur noch wenige Analytiker daran, dass Kim Jong-un auch dies mit der Zeit und weiteren Versuchen hinbekommen würde.

Kim sah in der Entwicklung einer glaubwürdigen nuklearen Abschreckung ein Mittel, sich die Vereinigten Staaten vom Hals zu halten und gleichzeitig seine Macht im Inneren zu festigen. Bei all seinen provokativen Atomtests und Raketenstarts betonte er stets, dass sein Atomwaffenarsenal rein der Verteidigung diene. »[Wir] werden nicht als Erste Atomwaffen einsetzen, es sei denn, aggressive feindliche Kräfte benutzen Atomwaffen und bedrohen unsere Souveränität«, sagte er auf dem bereits erwähnten Parteikongress 2016, dem ersten, der nach sechsunddreißig Jahren abgehalten wurde.

Kim sah sein Nuklearprogramm als eine Art Versicherung gegen ein Schicksal, wie es Muammar al-Gaddafi widerfahren war. Ein Präventivschlag wäre für ihn reiner Selbstmord und würde zweifellos eine amerikanische Reaktion auslösen, welche die Kim-Familie nicht überleben würde. Doch der Besitz einiger Raketen mit Atomsprengköpfen, die bis Washington fliegen konnten, würde die USA wirksam von einem Angriff auf Nordkorea abschrecken. Nichts vermittelt die Botschaft »Nimm mich ernst!« deutlicher als eine Wasserstoffbombe und die Möglichkeit, sie auch tatsächlich zum Einsatz zu bringen.

Die Atomtests und Raketenstarts enthielten auch eine wichtige Botschaft nach innen: »Schaut her, was für ein starker und fortschrittlicher Staat wir unter meiner großartigen Führung geworden sind.«

Die knappen Ressourcen des Landes in das Atomprogramm zu stecken war eine Methode, das Militär zu beschwichtigen, also jene Institution, die der unerfahrene »Marschall« womöglich am wenigsten beeindruckte. In einem Land, das wenig Erfolge vorzuweisen hat, wurde das Atomprogramm zur Quelle von Nationalstolz, sogar bei Leuten, die ansonsten dem Regime skeptisch gegenüberstehen.

»Ich erinnere mich noch gut an den Tag, als wir Atomtechnik durchnahmen«, sagte Man-bok, der geflohene Student, als ich ihn fragte, was er an der Universität gelernt habe. »Ich weiß noch, wie sehr es mich beeindruckte und wie stolz ich darauf war, dass mein Land eine Atommacht ist«, sagte er. Atomwaffen und Raketen wurden auch zum Unterrichtsstoff in der Schule. Die Kleinen lernten, stolz auf diese Waffenprogramme zu sein, die Größeren erfuhren etwas über die Physik, die dahintersteckte. Ein Lesebuch zur »sozialistischen Ethik« für die Grundschule zeigt einen Mann, einen Jungen und das Bild einer Rakete vom Typ Unha-3. »Stimmt es, dass du dem Respektierten Führer Freude bereitet hast?«, fragt das Kind seinen Vater, der als Ingenieur dargestellt ist.

Kim Jong-un hat Wissenschaftler aller Fachrichtungen mit Lob und Luxusgütern überschüttet, seit er Staatsführer ist.

»Grenzenlos ist die liebende Fürsorge Kim Jong-uns für die Wissenschaftler und Ingenieure, die eine große Rolle bei der Verbesserung der Lebensqualität der Menschen und der Stärkung der Verteidigung spielen«, berichteten die Staatsmedien, als der Große Nachfolger 2013 die Technische Universität Kim Ch'aek besuchte, das MIT Nordkoreas.

Einige der seltsamsten Aufnahmen von Kim Jong-un, sieht man einmal von den Fotos ab, die ihn zusammen mit Dennis Rodman zeigen, entstanden nach dem Bodentest eines neuen Raketenantriebs im März 2017. Eine Aufnahme zeigt den Respektierten Marschall, wie er fröhlich lachend im braunen Mantel einen der Verantwortlichen des Projekts huckepack nimmt und herumschleppt. Der deutlich ältere Raketenforscher schaut etwas ängstlich drein, die umstehenden Offiziere lachen und jubeln.

Es hat in Korea Tradition, jemanden huckepack zu nehmen. Junge Männer tragen ihre Eltern herum, um ihnen ihre Dankbarkeit zu zeigen. Auf koreanischen Hochzeiten nimmt der Bräutigam die Braut auf den Rücken, um seine Stärke und seine Absicht zu beweisen, sie für den Rest seines Lebens zu tragen, wenn auch nicht ganz so wörtlich.

Kims Botschaft war deutlich: Kim liebte seine Raketenexperten und war ihnen unendlich dankbar.

An einem Sonntagmorgen gegen Ende von Kims sechstem Amtsjahr veröffentlichten die Medien ein Foto des jungen Herrschers. Es zeigt ihn bei einer Inspektion in einem Atomlabor, und die Welt glaubte wieder einmal, Grund zum Lachen zu haben.

Die Fotos zeigten Kim mit einem Ding, das in einem silbrigen, sich an beiden Enden verdickenden Metallgehäuse steckte. Es erhielt umgehend den Spitznamen »die Erdnuss«. Das Internet lachte über den komischen kleinen Diktator, der einen komischen kleinen Klapperatismus von der Größe eines Gartengrills beäugte.

Fünf Atomwissenschaftler, sämtlich wie Kim in dunkle Mao-Anzüge gekleidet, erklärten dem Führer die Finessen des Apparats. Und alle kritzelten fleißig in ihre Notizbüchlein, offensichtlich notierten sie, die Atomwissenschaftler, die klugen Gedanken, die dem Führer sicher auch hierzu einfielen.

Für den Fall, dass jemand rätseln sollte, was Kim Jong-un mit dem Ding anzustellen gedachte, war im Hintergrund der Gefechtskopf einer Interkontinentalrakete aufgebaut. Und falls trotzdem noch jemand nicht durchblickte, war an der Wand auch noch eine Zeichnung angebracht, die zeigte, wie wunderbar sich die »Erdnuss« in der Raketenspitze unterbringen ließ.

Alles sah nach einer klassischen nordkoreanischen Inszenierung aus. Aber es war keine.

Wenige Stunden später registrierten seismische Messgeräte weltweit ein nicht natürliches Beben der Stärke 6,3 im Norden der Halbinsel. Die Ursache war eine thermonukleare Explosion, und sie war um ein Vielfaches stärker als alle bisherigen. Ihre Sprengkraft betrug 250 Kilotonnen, das Siebzehnfache der Bombe, mit der die Amerikaner 1945 Hiroshima zerstört hatten.

Vom Standpunkt der Wissenschaft gab es keinen Zweifel. Geheimdienste und Kernwaffenexperten überall auf der Welt waren sich einig, dass die Stärke der Explosion zu einem thermonuklearen Test, also zu einer Wasserstoffbombe, passte.

Kim Jong-un stellte sicher, dass er sämtliche Meriten für die Entwicklung einstrich. Eine Sondersendung im Fernsehen zeigte, wie er den Test mit seiner Unterschrift genehmigte. Jeder sollte wissen, dass diese Leistungen sein ruhmreiches Werk waren.

Diese Bombe war sein Baby. In Pjöngjang wurde mehr als eine Woche lang gefeiert.

Am Wochenende nach dem Test versammelte sich das Team der Atomwissenschaftler zum Erinnerungsfoto vor dem Kumsusan-Mausoleum. Diese Art Fotos, auf denen sich eine Gruppe von Menschen unter den Porträts der beiden verstorbenen Staatsführer versammelt, wirken immer etwas befremdlich. Außer der fülligen Person im Mao-Anzug in der Mitte war niemand klar zu identifizieren. Aber genau das war die Absicht: Kim Jong-un wollte zeigen, dass die heimische Atombombe durch die harte Arbeit sehr vieler Nordkoreaner möglich geworden war und diese Leistung untrennbar mit der Vision des Ewigen Präsidenten und des Geliebten Führers zusammenhing.

Auf einem großen Bankett im palastartigen Gästehaus mitten in Pjöngjang gelobten die Kader später, mit »revolutionärer Begeisterung« Nordkorea »mit den stärksten Atombomben der Welt« zu verteidigen. Gleichzeitig schworen sie Kim Jong-un ihre Treue.

Den krönenden Abschluss der Feierlichkeiten bildete ein Konzert in Pjöngjang. Beim Eintritt von Kim Jong-un in Begleitung seiner Frau und seiner zwei Top-Atomwissenschaftler brandete Applaus unter den versammelten Kadern auf. Das Konzert bot schmissige Lieder wie »Ehre sei General Kim Jong-un« und »Wir folgen der Straße der Loyalität«. Immer wenn das Bild des jungen Führers auf dem großen Bildschirm erschien, spendierte das Publikum »begeistert enthusiastischen Applaus«, hieß es in den Staatsmedien.

»Unsere Wasserstoffbombe mit ihrer ungeheuren Sprengkraft ist eindeutig die Wasserstoffbombe von Kim Jong-un, hervorgebracht durch seine leidenschaftliche Liebe für das Land und das Volk«, erklärte der Direktor der Munitionsindustrie und einer der

Hauptverantwortlichen für das Nuklearprogramm, Ri Man-gon, bei dem Konzert. Ri und die anderen Atomwissenschaftler hatten die ganze Arbeit geleistet, aber sie wussten natürlich, wem sie dafür Anerkennung zu zollen hatten.

Scheinwerferlicht huschte durch den Saal und ließ in der Menge manch ordensgeschmückte Brust glitzern und funkeln. Applaus und Jubel nahmen kein Ende. Alle im Publikum wussten, was von ihnen erwartet wurde, doch zumindest zum Teil kam es auch wirklich von Herzen. Schließlich wurde weltweit anerkannt, dass Nordkorea damit eine spektakuläre Leistung vollbracht hatte.

Außerhalb Koreas war man zutiefst erschrocken, dass es einem Staat, dessen technologische Fähigkeiten in vielfacher Hinsicht als primitiv bezeichnet werden konnten und der nicht in der Lage war, seine Bevölkerung mit einfachen Gütern und Dienstleistungen zu versorgen, gelungen war, *die Bombe* zu produzieren. Nordkorea beherrschte also nicht nur die entsprechende Technik, es hatte auch ein Jahrzehnt der Sanktionen überwunden, die verhindern sollten, dass das Land sich Geld und die nötige Technik beschaffen konnte.

Siegfried Hecker war weniger schockiert. Nordkorea hatte seine Absichten vor jedem neuen Schritt laut und klar kundgetan. Das Problem war, dass kaum jemand das Regime ernst nahm.

»Sie haben uns seit den 1980ern wissen lassen, dass sie daran arbeiteten«, meinte er kurz nach der Explosion. Hecker ist ein renommierter Atomwissenschaftler. Bevor er zur Stanford University ging, war er Leiter des Los Alamos National Laboratory, das die erste Atombombe entwickelt hatte. Überdies hat er einen unvergleichlichen Einblick in das Atomprogramm der Nordkoreaner. Als das Land mit seinen Erfolgen protzen wollte, riefen sie Hecker.

Als er 2010 nach Nordkorea eingeladen wurde, Kim Jong-un absolvierte gerade seine Lehrjahre, erwartete er wie bei seinen früheren Besuchen Technologie auf dem Stand von vor fünfzig Jahren zu sehen.

Stattdessen wurde ihm eine moderne Urananreicherungsanlage vorgeführt, in der zweitausend ordentlich aufgereihte Zentrifugen standen. Hecker war überrascht. Und er verstand: »Wir werden sie nicht dazu bringen, die Bombe aufzugeben.«

Die Zentrifugen, die Hecker sah, waren in einem Gebäude mit einem hellblauen Dach untergebracht, das vom Himmel aus leicht auszumachen war. Seit Kim Jong-un am Ruder ist, hat sich die Größe des blau gedeckten Gebäudes verdoppelt. Niemand weiß genau, wie viel kernwaffentaugliches Material das Regime besitzt. Manche Experten meinen, es reiche für fünfzehn Bomben, der US-Geheimdienst schätzt sogar für sechzig bis siebzig. Hecker geht davon aus, dass das Kim-Regime jedes Jahr genug Material für sechs oder sieben Bomben produziert.

Doch wie viel von diesem Material Nordkorea nun besitzt, ist nicht die entscheidende Frage. Ein Faktum bleibt unbestreitbar: Nordkorea hat die Bombe. »Viele wundern sich, wie dieses rückständige Land das geschafft hat«, sagte mir Hecker. »Aber in dieser Hinsicht ist es nun mal nicht rückständig.«

Mit dem Wasserstoffbombentest und der aktuellen Entwicklung des Raketenprogramms hat Kim Jong-un den Traum seines Großvaters unleugbar Realität werden lassen.

Schon in der Frühzeit Nordkoreas hatte Kim Il-sung darüber nachgedacht, wie er an Atomwaffen kommen könnte. Er hatte die Verwüstungen vor Augen, die die USA 1945 in Hiroshima und Nagasaki angerichtet hatten, als sie das japanische Kaiserreich mit nur zwei Bomben zur sofortigen Kapitulation zwangen.

Dann war da noch die Drohung der Amerikaner während des Koreakriegs, Atomwaffen gegen den Norden einzusetzen. Diese Warnungen hatten den gewünschten Effekt – die Kontrahenten handelten einen Waffenstillstand aus. Das muss bei Kim Il-sung einen bleibenden Eindruck hinterlassen haben. Die Gefahr, dass die Vereinigten Staaten Atombomben auf Nordkorea herabregnen lassen könnten, begleitete von da an das gesamte strategische Denken und Handeln des Regimes.[153]

Kim Il-sung wollte gleichziehen und ebenfalls die Bombe haben. Nur wenige Jahre nach dem Koreakrieg schickte er seine Atomwissenschaftler zur Ausbildung ins sowjetrussische Institut für Kernforschung von Dubna bei Moskau. Dann kam die Kubakrise, die ihm noch klarer vor Augen führte, warum er unbedingt eigene Atomwaffen benötigte.

Im Jahr 1962 entwickelte sich zwischen der Sowjetunion und den Vereinigten Staaten eine dreizehn Tage andauernde bedrohliche Situation. Grund war die Aufstellung von Raketen mit Atomsprengköpfen auf Kuba, kaum mehr als 150 Kilometer von der Küste der USA entfernt. Zwei Wochen lang stand die Welt am Rand eines Atomkriegs. Doch am Ende wurde der Konflikt diplomatisch gelöst; der sowjetische Staatschef Nikita Chruschtschow stimmte zu, die Raketen abzuziehen, wenn Präsident John F. Kennedy im Gegenzug garantierte, keine Invasion Kubas zu versuchen.

Kim Il-sung sah in dieser Abmachung eine Kapitulation der Sowjetunion gegenüber den Vereinigten Staaten. Er nahm sie als Beweis, dass Moskau bereit war, einen Bündnispartner für seine eigene Sicherheit zu opfern. Der Große Führer zog daraus offenbar die Lehre, dass sich Nordkorea in Fragen seiner nationalen Sicherheit niemals auf ein anderes Land verlassen sollte.

Das gab seinem Streben nach nuklearer Unabhängigkeit neuen

Auftrieb. Binnen Kurzem prüfte das Regime, welche Möglichkeiten es hatte, eine eigene atomare Abschreckung aufzubauen. Der Führer, der zuvor vor allem die Landwirtschaft stärken wollte, machte nun den Kadern in Pjöngjang unmissverständlich klar, dass das Land neben mehr Wirtschaftswachstum auch eine bessere Verteidigung benötige. Damit war die Politik des »gleichzeitigen Vorstoßes« eingeleitet. Der Anteil der Landesverteidigung am Staatshaushalt, der 1956 noch 4,3 Prozent betragen hatte, stieg innerhalb eines Jahrzehnts auf 30 Prozent.[154]

Nach ihrer Rückkehr aus der Sowjetunion begannen die nordkoreanischen Atomwissenschaftler, ungefähr hundert Kilometer nordöstlich von Pjöngjang ein ähnliches Forschungszentrum aufzubauen wie das von Dubna. So entstand die kerntechnische Anlage Nyŏngbyŏn.

Die Bemühungen wurden Anfang der 1970er-Jahre verstärkt, als bekannt wurde, dass Nordkoreas zweiter wichtiger Verbündeter, China, ganz unbemerkt Beziehungen zu den Vereinigten Staaten geknüpft hatte, die 1972 zu Richard Nixons historischem Besuch in Peking führten.

Unterdessen verfolgte auch Südkoreas starker Mann Park Chung-hee, ein General, der sich an die Macht geputscht hatte, heimlich den Bau von Atomwaffen. Das Bekanntwerden dieses Programms war ein schwerer Schlag für Kim Il-sungs persönliche Eitelkeit und seinen Nationalstolz.[155]

Auch der Gedanke an seine begrenzte Zeit auf Erden dürfte in dieser Frage nicht ohne Einfluss auf Kim Il-sung gewesen sein. Er war inzwischen über sechzig und begann, seinen Sohn auf die Machtübernahme vorzubereiten. Und er dachte, der Besitz von Atomwaffen würde es seinem Sohn erleichtern, das Land im Griff zu halten. Wenn Kim Jong-il schon kein Charisma besaß, sollte er wenigstens mit Atombomben punkten können.

Ab Ende der 1970er-Jahre errichteten die Nordkoreaner mehr als einhundert kerntechnische Anlagen allein in Nyŏngbyŏn.[156] Die amerikanischen Geheimdienste waren alarmiert. Innerhalb von ungefähr sechs Jahren hatte ein Land ohne jede vorherige Erfahrung mit Atomtechnik einen Reaktor gebaut. Drei Jahre später kam der unzweideutige Beweis, dass dieser Reaktor militärischen und nicht zivilen Zwecken diente – das Land hatte eine große Wiederaufbereitungsanlage errichtet, die es ihm ermöglichte, den Kernbrennstoff in atombombentaugliches Material zu verwandeln.[157]

Doch auch ihren Verbündeten blieb diese Entwicklung nicht verborgen. Die Sowjetunion drängte Kim Il-sung Ende 1985, dem Atomwaffensperrvertrag beizutreten. Nordkorea zierte sich sieben Jahre lang, ehe es die im Vertrag vorgesehenen Inspektoren ins Land ließ. Sie fanden schließlich zahlreiche Anzeichen dafür, dass das Regime heimlich an genau dem Atomprogramm arbeitete, auf das es laut Vertrag verzichten sollte. Im Jahr 1993 drohte Kim Il-sung damit, den Vertrag aufzukündigen, was zu einer bedrohlichen Situation führte. Nordkorea und die Vereinigten Staaten standen so nahe vor einem Krieg wie seit vier Jahrzehnten nicht mehr.

Gespräche zur Lösung dieser verfahrenen Situation liefen noch, als Kim Il-sung im Sommer 1994 starb, was beide Seiten ins Ungewisse stürzte. Schließlich gelang ein entscheidender Durchbruch zu einer Abrüstungsvereinbarung, das Genfer Rahmenabkommen. Nordkorea stimmte zu, sein Atomwaffenprogramm einzufrieren und schließlich auch aufzugeben, während sich eine von der USA geführte Koalition im Gegenzug verpflichtete, im Land zwei Atomreaktoren zur Milderung des ständigen Energiemangels zu errichten.

Doch schon bei der Unterschrift hatte Pjöngjang keinerlei

Absicht, sich je an das Abkommen zu halten. Es ging dem Kim-Regime lediglich darum, Zeit zu gewinnen, Kooperation vorzutäuschen und weiter an seinem Programm zu arbeiten.

Nordkorea unterhielt regen Kontakt mit dem pakistanischen Atomwissenschaftler Abdul Kadir Khan. In den 1990er-Jahren, als Nordkoreaner hungers starben und Kim Jong-un in der Schweiz Jackie-Chan-Filme schaute, verfolgte das Regime ein Programm zur Urananreicherung. Dies war nach dem Genfer Rahmenabkommen nicht verboten. Und Nordkorea liebte es, sich unter Ausnutzung von Schlupflöchern durchzumogeln.

Als die Regierung George W. Bush im Sommer 2002 öffentlich machte, dass Pjöngjang, nicht zuletzt mithilfe von Abdul Kadir Khan, weiter an seinem Atomwaffenprogramm arbeitete, war das Genfer Rahmenabkommen tot.

Kim Jong-un bereitete sich auf die Feierlichkeiten zum fünften Jahrestag seiner Machtübernahme vor, als auf der anderen Seite der Welt etwas geschah, was die bisherigen Beziehungen zwischen Nordkorea und den USA völlig auf den Kopf stellen sollte. Der prominente Geschäftsmann Donald J. Trump wurde zum Präsidenten gewählt. Nicht nur in Nordkorea, in der ganzen Welt fragte man sich, wie der neue Präsident mit der Situation im Fernen Osten umgehen würde.

Als im ersten Regierungsjahr Trumps klarwurde, dass man Kim Jong-uns Waffenprogramm ernster denn je nehmen musste, reagierte der neue amerikanische Oberkommandierende mit zunehmend unmissverständlichen Worten. Die republikanische Führung etikettierte Kim Jong-un bald als Verrückten. Donald Trump bezeichnete ihn als »völlig durchgeknallt«. Trumps damalige Botschafterin bei den Vereinten Nationen, Nikki Haley, erklärte, Kim sei »keine rational handelnde Person«. Der republikanische Senator John McCain nannte ihn ein »irres fettes Kind«.

Kim Jong-uns Geisteszustand war seit seinen ersten Tagen als Machthaber Nordkoreas Gegenstand intensiver Spekulationen. Im Laufe der Jahrhunderte sind viele Staatsführer dahintergekommen, dass es, wie bereits Machiavelli erkannte, ein kluger Schachzug sein kann, sich verrückt zu geben. Manchmal wollen Staatsführer von ihren Feinden für verrückt gehalten werden, um sie damit zu bestimmten Handlungsweisen zu bewegen.

Ein Paradebeispiel dafür lieferte Richard Nixon während des Vietnamkriegs. Er entwickelte eine Form der Zwangsdiplomatie, die irrationale Züge aufwies. Während des Wettrüstens zwischen der Sowjetunion und den Vereinigten Staaten in den 1960er-Jahren und auch während der Kubakrise hielten sich beide Seiten angesichts der Folgen einer atomaren Konfrontation mit direkten Drohungen weitgehend zurück.

»Mit der Aussicht auf gegenseitige Vernichtung vor Augen verzichteten die Führer in Moskau und Washington auf explizite Drohungen, übten strenge Kontrolle über ihre Atomstreitkräfte aus und benutzten direkte Kommunikationskanäle, um Spannungen abzubauen, die zu einer von beiden Seiten nicht gewünschten militärischen Konfrontation hätten führen können«, schrieben Scott D. Sagan und Jeremi Suri.[158]

Nixon war überzeugt, sein Vorgänger Präsident Dwight D. Eisenhower hätte Nordkorea, China und die Sowjetunion 1953 durch seine Drohung mit dem Einsatz von Atomwaffen dazu gebracht, den Koreakrieg zu beenden.

Im Jahr 1969 gelang es Nixon nicht, Unterstützung für einen massiven Bombeneinsatz gegen die Nordvietnamesen zu erhalten. In dieser Lage entschied sich »Tricky Dick«, die Taktik Eisenhowers anzuwenden. Er wollte so tun, als stehe er kurz davor zu befehlen, was er nicht wirklich befehlen konnte. Über geheime Kanäle sandte er Signale an die Sowjets, dass er einen massiven Bombenangriff, möglicherweise sogar unter Einsatz einer Atombombe, gegen Nordvietnam plane.

»Ich nenne es die *madman theory*«, sagte er zu seinem Stabschef. »Die Nordvietnamesen sollen denken, dass ich zu allem bereit bin, um den Krieg zu beenden. Wir signalisieren ihnen: ›Herrgott noch mal, ihr wisst doch, dass Nixon durchdreht, wenn er das Wort Kommunismus nur hört. Wir können ihn nicht zurückhalten, wenn er in Rage ist – und er hat seine Hand über dem Atomknopf‹, und innerhalb von zwei Tagen kommt Ho Chi Minh höchstpersönlich nach Paris gekrochen und bettelt um Frieden.«[159]

2017 fragten sich viele, wer im Krieg der Worte, der zwischen Trump und Kim entbrannte, den Verrückten spielte. Einige sagten, Trump versuche, die Koreaner davon zu überzeugen, er sei unberechenbar genug zu tun, was kein Präsident vor ihm getan hatte – auch wenn das hieß, Seoul zu opfern. Doch zugleich warf er Kim Jong-un vor, dass *er* der Irre sei.

Der nordkoreanische Führer sei ein »Besessener«, eine »offensichtlich verrückte Person«, jemand, der »seine eigenen Leute verhungern lässt und tötet«, sagte Trump 2017. (Nordkorea ließ sich nicht lumpen und nannte Trump postwendend einen »senilen Deppen«.)

Die starken Worte des amerikanischen Präsidenten machten sich gut in den Nachrichtenclips der Kabelsender, aber hatten sie eine reale Grundlage? Muss jemand klinisch krank, nachweisbar psychopathisch sein, um sich grausam gegenüber seinem eigenen Volk zu verhalten? Kann jemand gegen alle Widrigkeiten bestehen, der nicht im Vollbesitz seiner geistigen Kräfte ist?

Mit solchen Fragen beschäftigen sich die psychologischen Fallanalytiker in Geheimdiensten rund um die Welt. Wie denken die politischen Führer weltweit, wie verhalten sie sich, insbesondere in Verhandlungen und in Krisensituationen?

Schon 1943 hatte das Office of Strategic Services, die Vorläuferorganisation der CIA, versucht, mithilfe »psychobiografischer Techniken« das Seelenleben und die Persönlichkeit von Adolf Hitler zu entschlüsseln. Seit den 1970er-Jahren legt die CIA Profile von Staatsführern der ganzen Welt an, um ihr politisches Verhalten, ihre Denkweise und ihre Entscheidungsprozesse einschätzen zu können. Dabei bezieht sie auch ihr kulturelles Umfeld mit ein.[160]

Im Unterschied zu Donald Trumps Einschätzung bescheinigen die amerikanischen Geheimdienstanalytiker Kim Jong-un, eine »rational handelnde Person« zu sein, deren Handlungsweise in Übereinstimmung mit seinem höchsten Lebensziel stehe: sich an der Macht zu halten.

»Kim Jong-uns Verhalten folgt einer klaren Linie«, sagte Yong Suk-lee, ein führender Vertreter der Korea-Abteilung der CIA, 2017 in einer seiner seltenen öffentlichen Verlautbarungen. Der junge Führer ließ damals eine Salve technisch immer besserer Raketen starten. Kim Jong-un wacht nicht eines Morgens auf und entschließt sich, eine Atombombe auf Los Angeles zu werfen, denn er weiß genau, dass das die sofortige Vergeltung der Vereinigten Staaten nach sich ziehen würde. »Er möchte lange regieren und friedlich in seinem Bett sterben«, sagte Lee.

Im Grunde wäre es viel eher ein Zeichen von Verrücktheit, wenn Kim Jong-un keine Atomwaffen anstreben würde. Als kleines, armes Land mit der ständigen Angst vor der Vernichtung durch die Vereinigten Staaten im Nacken bekommt Nordkorea für seine Investition in Atom- und Raketentechnik ziemlich viel militärische Schlagkraft. Auch Kim Jong-un wusste, dass er der amerikanischen Militärmacht auf konventionellem Gebiet nichts entgegenzusetzen hatte, doch die im Kalten Krieg erprobte Drohung mit gegenseitiger Vernichtung half ihm, sich einen Angriff der USA wirksam vom Hals zu halten.

Aber das Weiße Haus charakterisierte Kims Aktionen dennoch als die einer im klinischen Sinn geistig erkrankten Person.

Nach dem Start von Interkontinentalraketen im Juli 2017 drohte der amerikanische Präsident, »Feuer und Vernichtung, wie sie die Welt noch nie gesehen hat«, auf Nordkorea herabregnen zu lassen. Das amerikanische Militär sei »jederzeit zum Schlag bereit«, sagte er. Nach dem Atomwaffentest im September erschien Trump auf der Rednertribüne der UN-Generalversammlung und sagte, er werde »Nordkorea vollständig vernichten«, falls dies zur Verteidigung der Vereinigten Staaten nötig sei. Das war die Politik der Vereinigten Staaten seit Jahrzehnten, doch kein Präsident hatte sie jemals so plump zum Ausdruck gebracht wie Trump.

Gleichzeitig verhöhnte der amerikanische Präsident seinen Gegner als »Little Rocket Man«. Vor dem konsternierten Publikum der UN-Versammlung erklärte er: »Rocket Man ist auf einem Selbstmordtrip.«

Kim Jong-un zeigte sich nicht beeindruckt. Im Gegenteil, er fühlte sich eher bestärkt. »Nichts wird mich daran hindern, diesen unzurechnungsfähigen amerikanischen Tattergreis mit Feuer zu zähmen«, sagte er. Die Verlautbarung war mehr als die übliche nordkoreanische Prahlerei – die amerikanische Drohung hatte sich schließlich direkt gegen Kim Jong-uns Person gerichtet, ein äußerst seltener Vorgang, der den Ernst der Lage unterstrich.

Die ganze Geschichte mutet wie primitives Balzgehabe unter Alphamännchen an.

Trumps Drohungen halfen Kim, sich bei seinem Volk als Beschützer vor den bösartigen Amerikanern darzustellen. Das gesamte Staatsgebäude ruhte auf der Annahme, dass die Vereinigten Staaten eine feindliche Macht seien, die Nordkorea zerstören wolle. Und Trumps Worte schienen genau das nun zu bestätigen.

Unterdessen begannen das amerikanische und das südkoreanische Militär mit ihren alljährlichen Großmanövern. Amphibienfahrzeuge landeten an Stränden, Kampfjets übten den Bombenabwurf kaum fünfzig Kilometer von der Grenze zum Norden entfernt.

Der Sicherheitsberater des Weißen Hauses, H. R. McMaster, drohte mit einem »Präventivkrieg«, falls Nordkorea mit dem raschen Ausbau seines Atomprogramms fortfahre. Er bezeichnete das als »einen Krieg, der Nordkorea daran hindern wird, die Vereinigten Staaten mit einer Atomwaffe zu bedrohen«.

McMaster befleißigte sich dabei einer Sprache, die aus dem Vorfeld der Invasion des Irak bekannt war. »Man kann die Gefahr, die von diesem bösartigen, brutalen Regime ausgeht, [von einem Mann], der seinen eigenen Bruder mit Nervengift auf einem Flughafen ermordet hat, nicht hoch genug einschätzen«, sagte er.[161]

Das südkoreanische und das amerikanische Militär begannen »Enthauptungsschläge« gegen die nordkoreanische Führung zu üben. Südkorea stellte dafür eigens eine »Enthauptungseinheit« aus Elitesoldaten auf, ihr Name: Spartan 3000. Kim Jong-un änderte während dieser angespannten Phase des Öfteren im letzten Moment seine Reiseroute, um seinen Aufenthaltsort zu verschleiern, wie der südkoreanische Geheimdienst meldete.

Die Nordkoreaner drohten ihrerseits, das amerikanische Territorium Guam mit Raketen »zu überziehen« und »die Amerikaner mit Feuer zur Vernunft zu bringen«. Sie kündigten weiterhin an, »die Hand näher an den Abzug für die härteste Gegenmaßnahme zu bringen«, wie ein nordkoreanischer Vertreter in unzweideutigem Hinweis auf einen Atomwaffeneinsatz verkündete.

In Nordostasien und teilweise auch in Washington machte man sich Sorgen, der Konflikt könne sich zu einem heißen Krieg mit Nordkorea auswachsen.

Zum ersten Mal seit Ende des Zweiten Weltkriegs hielt Japan Alarmübungen ab. Den Südkoreanern bereitete der unberechenbare und hitzige amerikanische Präsident Sorgen. In Hawaii reaktivierten die Behörden Sirenen aus der Zeit des Kalten Krieges.

In Washington veranschlagten selbst vorsichtige Analytiker die Chancen eines Konflikts auf höher als 50 Prozent.

Diese Angst verstärkte sich noch, als McMaster und andere Angehörige der Trump-Regierung zu dem Schluss kamen, dass Abschreckung – das Fundament der amerikanischen Atompolitik während des gesamten Kalten Krieges – gegenüber Nordkorea keine Wirkung mehr zeigte.

Trump startete unterdessen eine Kampagne, um »maximalen Druck« auf Nordkorea auszuüben, und verlangte immer härtere Sanktionen.

Hatten diese Sanktionen zuvor einzelne Industriezweige und die Finanzierung des Atom- und Raketenprogramms ins Visier genommen, wuchsen sie sich nun zu einem kompletten Handelsembargo aus. Die Ausfuhr von Fisch, Kohle und Textilien wurde verhindert. Die Maßnahmen wurden von Reisebeschränkungen flankiert, die von jedem amerikanischen Staatsbürger, der nach Nordkorea reisen wollte, eine Sondergenehmigung verlangte. Mitarbeiter von Hilfsorganisationen machten die Erfahrung, dass ihre bisherigen Einreisegründe vom Außenministerium nicht mehr akzeptiert wurden. Der Globale Fonds zur Bekämpfung von AIDS, Tuberkulose und Malaria musste seine Arbeit in Nordkorea einstellen. Seine Ärzte warnten vor einer massiven

Gesundheits- und Versorgungskrise, deren Folgen das Land für Jahrzehnte treffen konnten.

Das Außenministerium der Vereinigten Staaten schätzte, dass die Sanktionen mehr als 90 Prozent der nordkoreanischen Exporte unterbanden. Die Beschäftigung von Nordkoreanern im Ausland, die ebenfalls dem Bann unterlag, war darin noch gar nicht eingerechnet. Insgesamt, so schätzte man, schrumpften die nordkoreanischen Deviseneinnahmen um ein Drittel oder eine Milliarde Dollar.

Das war eine Menge Geld. Doch die wirklich einschneidenden Veränderungen ereigneten sich an Nordkoreas Nordgrenze, wo China die Sanktionen entschiedener denn je umsetzte.

Bei früheren Sanktionsmaßnahmen hatte sich China nicht sonderlich ins Zeug gelegt, da es den Zusammenbruch von Nordkorea weit mehr fürchtete als seine Raketendrohungen. Doch nun schien es, als meine Trump es ernst mit militärischen Maßnahmen gegen den Norden, und das wiederum beunruhigte Peking nun wirklich.

Peking unterband ernsthaft den Handel. Kein Fisch und keine Kohle kamen mehr in China an. Tausende nordkoreanische Arbeiter wurden in ihre Heimat zurückgeschickt. Es wurde spürbar still in Dandong, dem Handelstor nach Nordkorea. Einmal wurde ich um halb acht Uhr abends aus einem nordkoreanischen Restaurant in Dandong hinauskomplimentiert, kaum dass ich den letzten Bissen hinuntergeschlungen hatte. Die Lage war derart angespannt, dass einfach alles dichtmachte.

China musste den Vereinigten Staaten zeigen, dass es die Sanktionen ernst nahm, um Washington von militärischen Aktionen abzubringen. Stabilität war besser als Instabilität, aber Instabilität war immer noch besser als eine Invasion.

Experten sprachen offen über ihre Sorge, dass eine Fehleinschätzung rasch zu einem Krieg führen könnte, wenn eine Seite das heikle Spiel der Signale und Manöver mit seiner komplizierten Choreografie, das schon seit so vielen Jahren lief, falsch interpretierte und impulsiv reagierte. Schließlich verfügten die beiden Staatsführer zusammen nur über sieben Jahre Regierungserfahrung – und auf sechs davon konnte Kim Jong-un zurückblicken.

Die Gefahr von Missverständnissen schien von Tag zu Tag zu wachsen.

Pläne der Regierung Trump, Kim Jong-un eine »blutige Nase« zu verpassen, wurden öffentlich diskutiert. Dabei dachte man an einen begrenzten, chirurgisch präzisen Schlag gegen eine nordkoreanische Atom- oder Raketenanlage, um den jungen Führer dazu zu bewegen, Abstand von provokanten Aktionen zu nehmen und wieder zu Verhandlungen über eine Beendigung des Atomwaffenprogramms zurückzukehren.

Das Regime in Pjöngjang wusste nicht, wie es den neuen amerikanischen Präsidenten einschätzen sollte. Wollte er sich wie Nixon als unberechenbar aufspielen? Oder meinte er es ernst?

Die Nordkoreaner baten frühere amerikanische Regierungsvertreter um Hilfe bei der Enträtselung von Trumps Tweets. Sie lasen sein Buch »The Art of the Deal«, und sie lasen auch »Feuer und Zorn«, das explosive Enthüllungsbuch von Michael Wolff über das Chaos im Weißen Haus. Sie wollten wissen, nach welchem Protokoll ein etwaiger Atomangriff der Vereinigten Staaten ablaufen würde. Und sie fragten, ob Trump tatsächlich ganz alleine die Autorität besaß, auf den roten Knopf zu drücken.

Kim Jong-uns Regime nahm die Herausforderung durch Trump außerordentlich ernst. Regierungsvertreter wollten von ausländischen Diplomaten und anderen Vermittlern wissen, was geschehen würde, wenn Nordkorea tatsächlich eine Rakete in der Nähe von – oder sogar auf – Guam niedergehen ließe. Was würde

Trump dann tun? Sie wussten einfach nicht, wo genau die rote Linie verlief.

Unterdessen tauchten überall in Pjöngjang Plakate auf, die nordkoreanische Raketen im Anflug auf das Capitol in Washington und eine amerikanische Flagge zeigten. »Nordkoreas Antwort«, stand darunter.

Als der Jahreswechsel 2017/2018 kam, hing der brüchige Frieden auf der koreanischen Halbinsel, der von zwei waghalsigen, relativ unerfahrenen Staatschefs zweier historisch verfeindeter Staaten abhing, am seidenen Faden.

Kapitel 15

Die Charmeoffensive

> »Wir werden unsere Türen allen Südkoreanern öffnen ... für den
> Dialog, um den Kontakt zu pflegen, und für Reisen, sofern sie
> ernsthaft Eintracht und Einheit unserer beiden Länder wollen.«
> Kim Jong-un, 1. Januar 2018

Kim Jong-un hatte alles Nötige getan, um seine Herrschaft zu festigen. Er besaß eine glaubwürdige atomare Abschreckung. Er hatte seine Rivalen beseitigt, die realen und die bloß eingebildeten. Und er hatte eine kleine Bevölkerungsgruppe geschaffen, die ein starkes Interesse daran hatte, dass er an der Macht blieb.

Jetzt war es an der Zeit, dass der grausame, bedrohliche, mit Atomwaffen fuchtelnde Tyrann seine Metamorphose zum missverstandenen, gütigen, fortschrittlichen Diktator vollzog. Phase 2 sollte dadurch gekennzeichnet sein, dass er seine Macht durch die Verbesserung der Beziehungen zum Ausland untermauerte.

Um diesen Prozess einzuleiten, setzte er seine Geheimwaffe ein: seine jüngere Schwester Kim Yo-jong. Sie wohnte der Eröffnung der Olympischen Winterspiele Anfang 2018 in Südkorea bei, womit seit dem Koreakrieg erstmals ein Mitglied der Herrscherfamilie Kim den Süden besuchte.

Aus Kim Jong-uns Sicht war das eine grandiose Idee. Seine jüngere Schwester hat dasselbe Motiv wie er, dafür zu sorgen, dass das Regime an der Macht bleibt – auch sie möchte, dass die Familie das Ruder in der Hand behält –, und sie ist weniger in Gefahr, als Witzfigur verspottet zu werden. Bei ihrem dreitägigen Aufenthalt im Süden sagte sie kaum ein Wort.

Kim Yo-jong traf am 9. Februar 2018 in Südkorea ein, dem Tag, an dem die Olympischen Spiele eröffnet werden sollten. Die südkoreanischen Fernsehsender brachten Live-Bilder von der Landung. Sie entstieg dem Flugzeug mit einem Lächeln, das an das der Mona Lisa erinnerte.

Die Nordkoreaner schätzen die Macht der Symbolik. Der Flug hatte die Nummer 615, für die südkoreanische Regierung ein deutliches Zeichen guten Willens. Der erste innerkoreanische Gipfel im Jahr 2000 war am 15. Juni (»6/15«) zu Ende gegangen.

Ganze Scharen von Fernsehteams folgten der nordkoreanischen Prinzessin und dem neunzigjährigen Kim Yong-nam, die Nummer zwei nach Kim Jong-un und der eigentliche Leiter der Delegation, als sie auf die VIP-Lounge zustrebten, wo sie von südkoreanischen Regierungsvertretern empfangen wurden.

Von diesem Augenblick an war die südkoreanische Öffentlichkeit von der First Sister fasziniert. Sie war betont zurückhaltend und diskret, trug schwarze Kleidung, nur wenig Schmuck und hatte die Haare schlicht zurückgebunden. Junge Südkoreaner, an mit Klunker beladene und geliftete Prominente gewöhnt, waren überrascht, wie unprätentiös diese Prinzessin auftrat.

Sie sei ausgesprochen bescheiden, stellten die Zeitungen fest, nachdem sie, die nordkoreanische königliche Hoheit, Kim Yong-nam entsprechend den konfuzianischen Hierarchieregeln mit einer Geste zu verstehen gegeben hatte, er solle als Erster Platz nehmen. »Und diese Haltung!«, schwärmten die Kommentatoren. Sie saß ganz aufrecht – vielleicht war sie Tänzerin wie ihre Mutter, wurde spekuliert. Kim Jong-un hätte schwerlich eine andere Person finden können, die auf so unerklärlich charmante Weise die Botschafterin des guten Willens für sein Land zu spielen verstand, das über keinerlei guten Willen verfügte.

Bei der Eröffnung der Spiele applaudierte Kim Yo-jong zum Einzug des aus nord- und südkoreanischen Sportlern zusammengestellten Teams, während der amerikanische Vizepräsident Mike Pence sie demonstrativ ignorierte, was ziemlich kleinkariert wirkte. Als die südkoreanische Nationalhymne angestimmt wurde, erhob sie sich, ein Akt, der in Nordkorea als politisches Verbrechen gilt. Und am nächsten Abend beklatschte sie das gesamtkoreanische Eishockeyteam der Damen bei ihrem Match.

Während dieses Spiels schlich ich mich von meinem Platz im Pressebereich nach unten, wo die VIPs saßen, um sie mir genauer anzuschauen. Sie schien mir ein Abbild des Anstands, im Gegensatz zum Auftreten ihres Bruders. Wenn sie angesprochen wurde, lächelte sie höflich und plauderte ein wenig, ansonsten aber spielte sie die Rolle der Rätselhaften.

Am folgenden Tag besuchte sie das Blaue Haus, die Residenz des südkoreanischen Präsidenten, um eine Botschaft ihres Bruders zu übergeben. Die letzten Nordkoreaner, die das Blaue Haus zu Gesicht bekommen hatten, waren Teil eines Killerkommandos gewesen, das 1968 erfolglos versucht hatte, den südkoreanischen Präsidenten zu ermorden.

Diesmal aber fuhren die Nordkoreaner in einer von der Regierung zur Verfügung gestellten Luxuslimousine, einem Hyundai Genesis, vor und benutzten den Haupteingang. Kim Yo-jong trug über dem Herzen eine Anstecknadel mit den Köpfen ihres Vaters und ihres Großvaters und hielt eine blaue Mappe mit einer Einladung in der Hand. Ob der südkoreanische Präsident Moon Jae-in ihren Bruder kennenlernen wollte?

Moon war erst acht Monate zuvor gewählt worden, nachdem seine konservative Vorgängerin, die eine harte Linie gefahren hatte, wegen Korruption verurteilt worden und im Gefängnis gelandet war, möglicherweise für den Rest ihres Lebens. Moon war von seinem Temperament und seinem politischen Programm her das genaue Gegenteil. Während sie bestrebt gewesen war, Nordkorea mit Sanktionen zu strangulieren, wollte Moon den Kontakt suchen. Er hatte bei seinem Amtsantritt versprochen, Gespräche mit den Nordkoreanern aufzunehmen und über ein Ende der ständigen Bedrohung zu verhandeln, welche die ganze Halbinsel paralysierte. Kim Jong-un hatte begriffen, dass sich hier eine Gelegenheit bot, und seine Schwester geschickt, um Kapital daraus zu schlagen.

Anzeichen für einen Annäherungsversuch hatte es schon ein paar Monate zuvor gegeben. Mit dem Start einer weiteren Interkontinentalrakete am 29. November tat das Kim-Regime seine Gesprächsbereitschaft kund. »Wir haben unser Raketenprogramm abgeschlossen«, hieß das. Das war das Signal. Nordkorea hatte genügend Trumpfkarten beisammen und war bereit für das Spiel.

Klar wurde dies am Neujahrstag, als Kim Jong-un seine jährliche Ansprache an das Volk hielt, eine Art Rede zur Lage der Nation, wie sie der amerikanische Präsident alljährlich vorträgt.

»Wir sollten zusammenarbeiten, um die gegenwärtige militärische Spannung zwischen dem Norden und dem Süden zu lösen und eine friedliche Lebenswelt auf der koreanischen Halbinsel zu schaffen«, sagte er und drängte Südkorea, »positiv auf unser ernsthaftes Bemühen um eine Entspannung zu reagieren.«

Kompliziert wurde das allerdings durch die Tatsache, dass Kim die Rede auch zu der Ankündigung nutzte, im kommenden Jahr mit einer »Massenproduktion« von Atomwaffen und Raketen zu beginnen. Aber für Kim war dies kein Widerspruch: Seine Botschaften galten verschiedenen Empfängern, sie konnten daher in verschiedene Richtungen weisen.

Moon ignorierte das atomare Imponiergehabe. Er war zu Gesprächen bereit. Seine Mitarbeiter hatten sich seit Monaten immer wieder insgeheim mit nordkoreanischen Vertretern getroffen, unter anderem auch am Rande von Fußballspielen in China, um die Grundlagen dafür zu schaffen, dass Nordkorea an den Olympischen Spielen teilnehmen konnte.

So wie die Pingpong-Diplomatie zwischen China und den Vereinigten Staaten in den 1970er-Jahren den Weg für eine Normalisierung der Beziehungen zwischen den beiden Gegnern geebnet hatte, wurden jetzt sportliche Ereignisse dazu genutzt, auf einem nicht politischen Weg zu Gesprächen auf höchster politischer Ebene zu gelangen.

Südkorea hatte die Olympischen Winterspiele als »Friedensspiele« deklariert, eine Anspielung auf die Ursprünge der Spiele im alten Griechenland, aber es sollte auch das Regime im Norden beschwichtigen, insbesondere da die Austragungsorte sämtlich in einer Provinz lagen, die direkt an Nordkorea grenzte. Sportler beider Länder zogen bei der Eröffnungsfeier gemeinsam ein, trugen Kleidung, auf der einfach nur »Korea« stand, und schwenkten Fahnen, auf denen ein vereinigtes Nordkorea abgebildet war.

Um die Symbolik noch zu steigern, wurden die Internationalen Olympischen Spiele von Thomas Bach eröffnet, einem Fechtsportler aus dem einst geteilten und inzwischen wiedervereinigten Deutschland. Bei der Eröffnungszeremonie bezeichnete er die Zusammenarbeit der beiden Koreas als großartiges Beispiel für die einigende Kraft der Spiele.

»Ich hoffe, dass Pjöngjang und Seoul in den Herzen der Koreaner einander näherrücken und in baldiger Zukunft Wiedervereinigung und Wohlstand bringen«, schrieb Kim Yo-jong ins Gästebuch des Blauen Hauses. Die Charmeoffensive nahm ihren Fortgang.

Kim Yo-jong, die sich nicht in der Öffentlichkeit äußerte, wirkte privat sehr erfrischend und offen auf ihre Gastgeber. »Ehrlich gesagt hätte ich nie gedacht, so kurzfristig hierherkommen zu können, und ich glaubte, alles sei fremd und anders hier, aber so ist es gar nicht«, erklärte sie, als sie bei einem privaten Abschiedsessen gebeten wurde, ein paar Worte zu sagen. »Es gibt vieles, was ähnlich oder auch vollkommen gleich ist. Ich hoffe, dass wir rasch zusammenfinden und diese guten Menschen bald in Pjöngjang wiedersehen können.«

Die südkoreanische Presse war von der First Sister fasziniert und nannte sie die »Ivanka Trump Nordkoreas«. Sie war das zugängliche, bescheidene Gesicht ihres vielgeschmähten, prahlerischen Bruders. Überdies schickte Präsident Trump seine Tochter zur Schlussfeier, so wie Kim Jong-un seine Schwester zur Eröffnungszeremonie entsandt hatte.

Aber die Nordkoreaner gaben bei dieser Reise nur so viel preis, wie sie preisgeben wollten, das galt nicht nur für die Politik, sondern auch für die Geheimdienste. Kim Yo-jong übernachtete in der Präsidentensuite eines Fünf-Sterne-Hotels, hatte aber ihre eigene Liege zum Schlafen mitgebracht. Als sie auscheckte, war ihr Zimmer makellos sauber. Sie hinterließ nicht einen einzigen Fingerabdruck, kein einziges Haar. Der südkoreanische Geheimdienst sollte keine DNA-Probe der Familie Kim in die Hände bekommen.

Als einer der wenigen Menschen, denen Kim Jong-un vertraut, spielt Kim Yo-jong eine entscheidende Rolle im Regime ihres Bruders; sie ist eine Art Stabs- und Protokollchefin sowie Chefsekretärin in einer Person. Sie ist seine rechte Hand und seine Türhüterin.

So folgen die Geschwister dem Beispiel ihres Vaters. Kim Jong-il hatte ein enges Verhältnis zu seiner jüngeren Schwester Kim Kyong-hui gehabt, die Onkel Jang heiratete. Er bewunderte sie, sagte später ein Familienmitglied. Sie war eine wichtige Beraterin ihres Bruders und besetzte wichtige Posten in der Partei der Arbeit bis zu dem Zeitpunkt, als ihr Mann hingerichtet wurde und sie von der Bildfläche verschwand.[162]

Die beiden Frauen wurden Ende 2012 einmal zusammen in Kim Jong-uns Reitzentrum gesehen, wo sie, bekleidet mit braunen Jacken, auf weißen Pferden ritten. Kim Kyong-hui scheint ihre Nichte auf ihre Position als First Sister vorbereitet zu haben, so wie Kim Jong-il seinen Sohn aufgebaut hatte.

Kim Yo-jong ist um einige Jahre jünger als ihr Bruder. Laut südkoreanischem Geheimdienst wurde sie 1988 geboren; die US-Regierung geht von 1989 aus. Als sie zu ihren Geschwistern in Bern zog, registrierte sie sich unter dem Namen Pak Mi-hyang und gab als ihr Geburtsdatum den 28. April 1991 an. Das aber scheint nur dem Zweck gedient zu haben, sie in einer niedrigeren Klasse einschreiben zu können, weil sie erst die Sprache lernen musste.

Ein Foto aus dieser Zeit zeigt ein acht- oder neunjähriges Mädchen mit strahlendem Lächeln und Pausbacken. Auf dem Bild trägt sie einen engen Halsreif, wie er Ende der 1990er-Jahre in Mode war, und ein rotes Kleid. Wie ihre Mutter tanzte sie gern.

Sie wuchs in den königlichen Palästen des Landes in großer Abgeschiedenheit auf. Ihr Vater nannte sie »süße, süße Yo-jong« und »Prinzessin Yo-jong«, hielt sie für schlagfertig und fand, dass sie mit guten Führungsqualitäten ausgestattet sei. Er glaubte, nicht nur Kim Jong-un sei politisch begabt, sondern auch Kim Yo-jong.[163] Nach dem Abschluss der 6. Klasse verließ sie Ende 2000 die Schweiz. Sie soll danach Privatunterricht erhalten und an der Kim-Il-sung-Universität studiert haben.

Man sah sie erst wieder, als es für ihren Bruder an der Zeit war, das Ruder zu übernehmen, und zwar auf dem Familienfoto, das 2009 unter einem Baum in Wŏnsan entstand. Und sie war auch bei der Konferenz der Partei der Arbeit im Jahr 2010 anwesend, bei der ihr Bruder als Nachfolger seines Vaters auftrat. Sie stand neben Kim Jong-ils fünfter »Ehefrau«, die im persönlichen Sekretariat des Führers arbeitete. Das lässt vermuten, dass die First Sister ebenfalls in diesem Sekretariat arbeitete.

Dann sah man sie bei der Beerdigung ihres Vaters: eine schmale Gestalt in schwarzer Kleidung mit gesenktem Kopf, die hinter ihrem Bruder auf den aufgebahrten Leichnam zuschreitet. Aber damals wusste man so wenig über sie, dass niemand mit Sicherheit sagen konnte, wer sie war, und man sogar spekulierte, ob sie vielleicht Kim Jong-uns Ehefrau sei. Zu dieser Zeit war noch nicht bekannt, dass es eine First Lady namens Ri Sol-ju gab.

Kim Yo-jong stand vom ersten Tag der Führerschaft ihres Bruders an seiner Seite und unterstützte ihn. Während die glamouröse Ri Sol-ju neben Kim Jong-un in der Öffentlichkeit auftritt, um ihn als modernen Staatsführer erscheinen zu lassen, geht Kim Yo-jong unauffällig ihrer Arbeit nach. Die First Lady mag in bunter Kleidung herumstolzieren und den Arm ihres Mannes umfassen, aber die First Sister ist diejenige, die gewöhnlich im Hintergrund dafür sorgt, dass alles glattgeht.

So sah man sie hinter einer Säule auf dem Balkon hervorlugen, auf dem ihr Bruder 2017 die große Militärparade in Pjöngjang abnahm. Sie brachte ihrem Bruder Dokumente, die offenbar mit dem Spektakel auf dem Platz und am Himmel zu tun hatten. Bei der Eröffnung eines Vorzeige-Wohnviertels in der Hauptstadt stand sie auf der Tribüne, dirigierte die Fotografen und kümmerte sich darum, dass alles für den Auftritt ihres Bruders vorbereitet war. Sie checkt auffällig häufig ihr Smartphone.

Sie begleitet ihren Bruder auch bei Vor-Ort-Anweisungen in Kasernen, Fabriken und Museen. Meist lächelt sie und hält einen Notizblock in der Hand wie die anderen Kader. Und stets ist sie gekleidet wie eine Funktionärin.

Seit der Machtübernahme ihres Bruders ist sie in der Partei immer weiter aufgestiegen. Gegen Ende des Jahres 2014 wurde Kim Yo-jong zur stellvertretenden Leiterin der Propaganda- und Agitationsabteilung der Partei ernannt. Dieses Gremium kontrolliert sämtliche nordkoreanischen Medien, es bestimmt, was im Fernsehen und im Radio gesendet und worüber in den Zeitungen berichtet wird und welche Bücher gedruckt werden. Der Personenkult wird von hier aus überwacht.

Kim Yo-jong leitet innerhalb der Abteilung das Dokumentationsbüro Nummer 5, die Propagandaeinheit, die Berichte und Fotos von den Aktivitäten des Obersten Führers für die staatlichen Medien produziert. Ihr Vater hatte dieselbe Rolle unter ihrem Großvater inne.[164]

Kim Yo-jongs Titel in der Propagandaabteilung ist ein wenig irreführend. Sie ist keine Stellvertreterin. Vielmehr besteht ihre Aufgabe darin sicherzustellen, dass ihr Bruder wie ihr Großvater als gütiger, vom Volk geliebter Führer wahrgenommen wird, eine Aufgabe, für die vor ihr ein 89-jähriger Mann zuständig gewesen war. Er hatte eine solche Schlüsselstellung im Regime inne, dass er bei der Beerdigung Kim Jong-ils direkt neben dem Leichenwagen herging. Mitte 2016 war er plötzlich von der Bildfläche verschwunden, und von da an war die First Sister ständig präsent.

Im selben Jahr wurde sie ins Zentralkomitee der Partei aufgenommen. Im Jahr darauf holte Kim Jong-un sie als stellvertretendes Mitglied ins Politbüro der Partei, womit sie an die Stelle ihrer Tante trat. Auf dem Foto des neuen Politbüros sieht man in der Mitte Kim Jong-un, umringt von Dutzenden alten Männern im Rentenalter und einer elfenhaften Frau in den Zwanzigern. Selbst in der nordkoreanischen Elite ist es nicht vorgesehen, dass eine junge Frau so rasch in der Machthierarchie aufsteigt.

Das Regime enthüllte nie, dass sie die Schwester des Führers war, aber man musste nicht besonders schlau sein, um darauf zu kommen. Hinzu kommt, dass die Konventionen der Namensgebung – beide haben ein »Jong« in ihrem Rufnamen – einen deutlichen Hinweis darauf liefern, dass sie eng mit Kim Jong-il und Kim Jong-un verwandt ist.

Sie wurde wichtig genug, um sich einen Platz auf der amerikanischen Sanktionsliste zu sichern. 2017 wurde ihr wegen ihrer Rolle bei der Durchsetzung der strikten Zensur in Nordkorea ein Verstoß gegen die Menschenrechte vorgeworfen. Amerikanischen Bürgern ist es untersagt, mit jemandem, der auf dieser Liste steht, Geschäfte zu tätigen. Außerdem wurde ihr Vermögen in den Vereinigten Staaten eingefroren, was allerdings nur ein symbolischer Akt war, da sie keine Geschäfte in dem Land betreibt und dort auch keinen Besitz hat. Doch es unterstreicht ihre Rolle im Zentrum des Regimes.

Aber all das tangierte sie nicht. Sie gewann weiterhin an Einfluss in Nordkorea und kletterte auf der kommunistischen Hierarchieleiter immer weiter nach oben – so wie Kim Jong-ils Schwester vor ihr.

Ein Erbe Kim Jong-uns ist nicht in Sicht. Sollte er einen Sohn haben, muss er noch sehr jung sein. Deshalb wird darüber spekuliert, ob er möglicherweise seine Schwester als seine Nachfolgerin für den Fall aufbaut, dass ihm etwas zustößt.

Einmal lernte ich einen südkoreanischen Experten für die nordkoreanische Führung kennen und fragte ihn, ob Kim Yojong Aussichten hätte, ihren Bruder zu beerben. Der Mann sah mich an, als hätte ich den Verstand verloren. »Sie kann die Führung nicht übernehmen. Sie ist schließlich eine Frau«, erwiderte er. Er besaß gerade noch die Höflichkeit, sich ein »Dummkopf!« zu verkneifen.[165]

Ganz unrecht hatte er nicht. Es wäre ein außerordentliches Ereignis, wenn im ausgesprochen chauvinistischen Nordkorea eine Frau eine andere als bloß unterstützende Rolle spielen würde. Höchstwahrscheinlich würde ein männliches Mitglied der Familie die Macht übernehmen – vielleicht der Bruder der beiden, den man in Nordkorea nie zu Gesicht bekommt: Kim Jong-chol. Dann würde Kim Yo-jong ihre beeindruckenden Fähigkeiten dafür verwenden, ihn als den rechtmäßigen Erben der Familiendynastie aufzubauen, und hinter den Kulissen weiterhin die Fäden ziehen.

Die First Sister arbeitet aber offenbar auch daran, selbst für die nächste Generation von Paektu-Sprösslingen zu sorgen. Sie wurde mit einem Ehering gesehen und ist laut Berichten mit dem Sohn von Choe Ryong-hae verheiratet, der rechten Hand ihres Bruders. Ihr Mann soll im Büro 39 arbeiten, der Einheit in der Partei, die Geld für die schwarzen Kassen des Führers eintreibt.

Als Kim Yo-jong zu den Olympischen Winterspielen nach Südkorea fuhr, wollen manche bei ihr einen leichten Bauch ausgemacht haben. Natürlich fragte man sich, ob sie vielleicht schwanger sei. Später teilten Vertreter der südkoreanischen Regierung mit, sie habe ein paar Monate zuvor entbunden.

Die Reise der First Sister in den Süden löste eine Welle von Kontakten zwischen den beiden Koreas aus. Regierungsvertreter trafen Vorbereitungen für ein Gipfeltreffen in Panmunjom, dem Waffenstillstandsort in der Mitte der demilitarisierten Zone; es sollte zwei Monate später stattfinden.

Doch zunächst gab es eine überraschende Demonstration von Soft Power. Eine große Künstlertruppe fuhr nach Pjöngjang, um vor Kim und seinen Kadern ein Konzert mit dem Titel »Frühlingserwachen« aufzuführen.

Zu der Truppe gehörten zahlreiche Sänger, deren Musik im Norden offiziell verboten war, etwa K-Pop-Stars wie Red Velvet, eine Girlband, deren Mitglieder mit gefärbten Haaren auftreten und freizügige Kleidung tragen. In Gegenwart des schlimmsten Jungen in ganz Korea brachten sie Hits wie »Bad Boy« und sangen »Every time I come around, another bad boy down. Got 'em like ooh ooh«. Allerdings fiel ihre Choreografie etwas weniger provokant aus als üblich.

Kim und seine Frau, die selbst einst in einer Gruppe aufgetreten war, die als nordkoreanische Antwort auf solche Retorten-Bands galt, klatschten bei jedem Stück, und die stehenden Ovationen am Ende hielten zehn Minuten an. So etwas hatte die nordkoreanische Elite noch nicht gesehen – jedenfalls nicht offiziell.

Südkoreanische Musiker waren auch früher schon in Nordkorea aufgetreten, doch niemals in Gegenwart des Führers. Diese Veranstaltung war Teil von Kim Jong-uns Bemühungen, sich als moderner Herrscher zu präsentieren. Er änderte sogar seinen Terminplan, um es zum ersten Konzert zu schaffen und Red Velvet zu sehen, wie er später den Sängerinnen erklärte. Und er bedankte sich für das »nette Geschenk«, das sie den Bewohnern Pjöngjangs bereitet hätten. Aber selbst die entschärfte Version ihrer Darbietung war offensichtlich zu gewagt, um die allgemeine Bevölkerung daran teilhaben zu lassen. Aus den Aufnahmen des Konzerts, die im nordkoreanischen Staatsfernsehen ausgestrahlt wurden, wurden Red Velvet herausgeschnitten.

Kim traf sich nach der Show mit den Künstlern und posierte sogar an der Seite seiner Frau für ein Foto mit der gesamten Truppe: Südkoreanerinnen und Südkoreaner mit blondem Haar, die Frauen mit Shorts und Overknee-Stiefeln, die Rockband YB in weißen Anzügen – und Kim mit seinem Mao-Outfit in der Mitte.

Das Foto erschien auf der Titelseite der *Rodong Sinmun*, eine Sensation. Südkoreanische Musik war in Nordkorea verboten, sie zu hören ein politisches Vergehen, das ernste Konsequenzen haben konnte. Und jetzt waren da auf einmal diese Ungläubigen aus dem Süden mit ihrer fragwürdigen Moral und posierten mit dem Mann, der für die Durchsetzung des Verbots sorgte.

Nordkorea sah darin keinen Widerspruch. »Unser geliebter Genosse Führer sagte, ihm sei das Herz übergeflossen«, berichteten die Medien über das Konzert. Und ferner hieß es, er freue sich zu sehen, dass sein Volk ein tieferes Verständnis der südkoreanischen Popkultur gewinne.

Kim Jong-un persönlich war sehr freundlich, sagte Choi Jinhee, eine südkoreanische Sängerin um die sechzig, die sich nach dem Konzert mit ihm unterhielt. »Natürlich weiß ich, dass er seinen Onkel umgebracht und all diese schlimmen Sachen gemacht hat, aber man kann nett mit ihm plaudern, und er hat bei mir einen guten Eindruck hinterlassen«, erklärte sie mir, als ich sie später besuchte.

Choi erlangte mit ihrem Hit »Das Labyrinth der Liebe« Berühmtheit, dem Vernehmen nach ein Lieblingslied von Kim Jong-il. Sie war davon ausgegangen, dass sie dieses Lied in Pjöngjang zum Besten geben würde, doch dann wurde sie gebeten, »Verspätete Reue« zu singen, eine südkoreanische Ballade von 1985, die sie noch nie vorgetragen hatte. Sie rätselte, warum, aber dann sickerte durch, dass sich der Führer selbst das Stück gewünscht hatte.

»Kim Jong-un kam doch tatsächlich auf mich zu und sagte mir, wie sehr es ihm gefallen habe, wie ich das Lied vorgetragen hätte«, sagte Choi. »Später erfuhr ich von nordkoreanischen

Sängern, was dahintersteckte. Offenbar hatte seine Mutter oft ›Verspätete Reue‹ gehört, als sie an Krebs erkrankt war.«

Kim Jong-un war in den ersten sechs Jahren seiner Herrschaft nicht ein einziges Mal ins Ausland gereist. Er hatte zu viel zu Hause zu tun.

Nachdem seine Schwester nun die entsprechenden Vorbereitungen getroffen hatte, wollte er sich als verantwortungsbewusster und respektierter Staatsführer auf internationalem Parkett präsentieren. Im Lauf dieses Wandlungsprozesses zeigte er der Welt, dass er ein ausgefuchster Taktiker war, in der Lage, die Figuren auf dem Schachbrett internationaler Diplomatie in seinem Sinne zu verschieben.

Er hatte den südkoreanischen Präsidenten zu einem Gipfeltreffen eingeladen. Doch wie sich zeigte, benutzte er die Südkoreaner damit nur als Mittler, um ein Gipfeltreffen mit Donald Trump in die Wege zu leiten. Die Südkoreaner waren sehr daran interessiert, dass es ein Erfolg wurde.

Anfang März 2018, kaum einen Monat nach der Eröffnung der Olympischen Winterspiele und der durch Kim Yo-jong übermittelten Einladung, reisten Gesandte des südkoreanischen Präsidenten nach Washington zu Gesprächen im Weißen Haus. Sie gingen davon aus, dass sie zunächst nur mit Regierungsvertretern zusammenkommen und dann vielleicht am folgenden Tag Trump treffen würden.

Stattdessen tauchte Trump zur Überraschung der südkoreanischen Delegation nicht nur schon beim ersten Treffen auf, sondern stimmte auch einem Gipfeltreffen mit Kim Jong-un umstandslos zu. Und das war noch nicht alles. Er wollte das Treffen sofort.

Die Südkoreaner waren perplex und fragten, ob nicht zunächst einmal der südkoreanische Präsident mit dem Nordkoreaner Gespräche führen und herausfinden sollte, was Kim eigentlich wolle. Trump gab ihnen nur widerwillig recht.

Trumps Sicherheitsberater baten ihn, mit der Ankündigung zu warten. Er gab ihnen eine Stunde. Sie riefen eiligst im Büro des japanischen Premiers an und warnten den konservativen Verbündeten vor dem, was kommen werde. Dann marschierten die südkoreanischen Gesandten hinaus, bauten sich in der Auffahrt vor dem West Wing auf und kündigten das Gipfeltreffen an. Aus diplomatischer Sicht war das ein höchst ungewöhnlicher Vorgang, machte hier doch eine ausländische Regierungsdelegation eine Ankündigung im Namen des amerikanischen Präsidenten.

Kim Jong-un, bis dahin in den Augen der ganzen Welt ein Paria, hatte es geschafft: Die Staatsführer rissen sich darum, ihm zuerst die Hand zu reichen. Nicht nur Trump wollte Geschichte schreiben.

In Peking beobachtete Präsident Xi Jinping, was sich da abspielte. Der chinesische Führer hatte deutlich gemacht, dass er keine Zeit hätte für den jungen Rabauken von nebenan. Trotz der siebzig Jahre, in denen China und Nordkorea einander »so nahe wie Lippen und Zähne« waren, hatten sich Xi und Kim in den fast fünf Jahren, die sie beide an der Macht waren, nicht ein einziges Mal getroffen.

Kim Jong-un hatte darauf verzichtet, mit einer Antrittsreise dem großen kommunistischen Gönner und Beschützer jenseits der Grenze seine Ehrerbietung zu erweisen. Und Xi Jinping, der Anfang 2013 zum Präsidenten aufstieg, zeigte keinerlei Interesse, sich mit ihm zu beschäftigen. Schließlich hatte Kim Jong-un genau in dem Jahr, in dem Xi die Macht in seinem Land übernahm, den Nordkoreaner hingerichtet, der wohl die engsten Beziehungen zur chinesischen Regierung hatte, Onkel Jang.

China war nicht begeistert von Kim Jong-uns pausenloser Jagd nach Atomwaffen und Raketen. Als Nordkorea genau an dem Tag, an dem Xi die Führer der zwanzig größten Volkswirtschaften der Welt in der östlich gelegenen Stadt Hangzhou empfing, drei ballistische Raketen mittlerer Reichweite abfeuerte, waren die Chinesen sichtlich verärgert. Eine ähnliche Salve im darauffolgenden Jahr verhagelte Xi die Eröffnung des Belt and Road Forum, das Chinas Antwort auf das Weltwirtschaftsforum in Davos sein sollte. Der dreiste Nordkoreaner hatte den chinesischen Präsidenten in Verlegenheit gebracht.

Diese provokanten Aktionen zeigten eine Unverfrorenheit, die den Chinesen den Atem verschlug. Nicht genug damit, dass Kim den Kotau vor ihrem Präsidenten verweigerte, er demütigte ihn auch noch gezielt.

Doch die Ereignisse von Anfang 2018 änderten alles. Plötzlich hatte Xi ein dringendes Interesse an Gesprächen mit Kim. Besser gesagt: Er wollte nicht der Einzige sein, der keine Gespräche mit ihm führte.

Und so bestiegen Kim Jong-un und Ri Sol-ju den Privatzug des Führers mit den rosafarbenen Sesseln zur ersten Etappe seines Debüts auf der internationalen Bühne. In Peking wolle Kim Xi persönlich über die jüngsten Entwicklungen informieren, berichteten die staatlichen chinesischen Medien.

Dem nordkoreanischen Führer, den Xi so lange gemieden hatte, wurde der rote Teppich ausgerollt – im wahrsten Sinne des Wortes, denn tatsächlich lag ein solcher bei Kims Ankunft auf dem Bahnsteig des Pekinger Bahnhofs. Auf diesem Teppich schritten die beiden Staatsführer dann die Ehrenfront ab und posierten fröhlich lächelnd für die Kameras. Xis Frau Peng Liyuan ist eine in China berühmte Opernsängerin, und so bekam das Treffen durch die Ehefrauen auch einen glamourösen Anstrich.

Beim Dinner herrschte heitere Stimmung. Auf großen Bildschirmen liefen Schwarzweißaufnahmen aus der guten alten Zeit, die zeigten, wie Kim Jong-uns Großvater Mao Zedong traf oder Deng Xiaoping und Jiang Zemin umarmte. Schließlich war zu sehen, wie Kim Jong-il nach alter sozialistischer Tradition drei Bruderküsse mit Jiang und dessen Nachfolger Hu Jintao tauschte.

Am Ende der Begegnung winkten Xi und Peng händchenhaltend und lächelnd dem jungen Paar nach, das in einem schwarzen Wagen davonfuhr. Es war, als ob sich Frischvermählte vom ersten Thanksgiving bei den Eltern des Ehemanns verabschiedeten. Beide Seiten signalisierten damit deutlich, dass sie durch eine enge und harmonische Freundschaft nur gewinnen konnten. Kim Jong-un war klar, dass er den chinesischen Präsidenten brauchte, der trotz ihrer angespannten Beziehung immer noch sein engster Verbündeter war.

Und dass Kim Jong-un sich nun gesprächsbereit zeigte, nahm China etwas die Sorge um die »Politik des maximalen Drucks« von Präsident Trump. Das Schreckgespenst eines erneuten Krieges auf der koreanischen Halbinsel verblasste, sodass sich Xi Jinping wieder seiner gewohnten Aufgabe zuwenden konnte: für Stabilität in Nordkorea zu sorgen. Auf den Märkten der chinesischen Grenzstädte gab es wieder Meeresfrüchte, und nordkoreanische Arbeiter kehrten in ihre chinesischen Fabriken zurück. Die internationalen Sanktionen, die theoretisch immer noch galten, mussten nicht mehr so streng eingehalten werden.

Das nordkoreanische Fernsehen berichtete bei Kims Rückkehr ausführlich über den Besuch. Der junge Führer hatte selbstverständlich dafür gesorgt, dass jeder Schritt auf seiner Reise filmisch festgehalten wurde. Kamerateams hatten sogar die Brücke zwischen China und Nordkorea beobachtet, um zu zeigen, wie Kim Jong-uns Zug über die Grenze rollte.

Der Große Nachfolger wollte, dass seine Untertanen jede Sekunde seiner Reise nachverfolgen konnten. Sie sollten sehen, wie die beiden Staatsmänner buchstäblich Schulter an Schulter an der Seite ihrer glamourösen Frauen vor den chinesischen und nordkoreanischen Flaggen standen: Kim Jong-un und Xi Jingping, zwei gleichrangige Führer.

Einen Monat danach schritt Kim auf den Betonstreifen zu, der seit fünfundsechzig Jahren die Trennungslinie zwischen den miteinander verfeindeten Koreas markierte. Der südkoreanische Präsident Moon Jae-in, dessen Eltern im Koreakrieg aus dem Norden evakuiert worden waren, wartete auf der Südseite der gemeinsamen Sicherheitszone in der demilitarisierten Zone, in dem 1953 der Waffenstillstand unterzeichnet worden war.

Kim näherte sich mit ausgebreiteten Armen und schüttelte dem lächelnden Moon ungewöhnlich lange die Hand, ein historischer Augenblick, den die Kameraleute begierig einfingen.

Dann zeigte der junge Nordkoreaner, wer das Sagen hatte. Nachdem er die Grenze zum Süden überschritten hatte und sich für weitere Fotos in Szene gesetzt hatte, forderte er den südkoreanischen Premier auf, mit ihm zurück in den Norden zu gehen. Moon willigte ein, und kurz darauf standen die beiden Männer in dem Land, das formell gesehen Nordkorea war. Den südkoreanischen Reportern verschlug es den Atem. Das Drehbuch dieses Ereignisses schrieb Kim Jong-un.

Dieser 27. April 2018 ging in die Geschichte ein, kam es doch zu einer Vereinbarung, in der die beiden Staatschefs versprachen, an einer offiziellen Beendigung des Krieges zu arbeiten und ihre Beziehungen zu verbessern. Außerdem erklärten sie, die koreanische Halbinsel solle atomwaffenfrei werden. Zum Teil wurde darüber mit Washington verhandelt – insbesondere mit dem

Weißen Haus –, aber Kim Jong-un legte den Grundstein für die Abschaffung seiner Atomwaffen. »Gute Dinge geschehen«, twitterte Trump, als er aufwachte und die Nachrichten über das Gipfeltreffen las.

Aber die Formulierung »koreanische Halbinsel« wies auf mögliche Probleme hin. Nordkorea insistiert seit langem darauf, dass es ein Abkommen nur geben könne, wenn die Vereinigten Staaten ihre Atomwaffen von der südlichen Hälfte der koreanischen Halbinsel abziehen würden. Die USA haben zwar 1991 aufgrund eines Abkommens Atomwaffen von ihren Stützpunkten in Südkorea zurückgeholt, schicken aber regelmäßig atomwaffenfähige Kampfjets und Schiffe in den Süden. Das war für die Vereinigten Staaten und ihren militärischen Verbündeten Südkorea nie verhandelbar.

An jenem Tag im April schaute ich ungläubig zu, wie Kim und Moon in der demilitarisierten Zone über eine Promenade schlenderten, die eigens für diesen Anlass angelegt worden war. Eine halbe Stunde lang unterhielten sie sich auf Parkbänken im Sonnenschein unter vier Augen miteinander. Laut den Lippenlesern, die das Filmmaterial später analysierten, kamen dabei verschiedene Themen zur Sprache, von den USA, den Vereinten Nationen über Nordkoreas Atomprogramm bis hin zu Donald Trump persönlich. Und Moon erklärte wohl auch, wie der amerikanische Präsident eine Begegnung mit Kim angehen würde.[166]

Dies war das erste von drei Treffen, die im Lauf der nächsten Monate zwischen den beiden Staatsführern stattfanden. Das zweite wurde eiligst arrangiert, als der geplante Gipfel zwischen Kim Jong-un und Donald Trump zu platzen drohte, und fand in Südkorea statt, und das dritte war ein Gegenbesuch Moons in Nordkorea.

Die Diplomatie führte zu erstaunlichen Ergebnissen. Kim Jong-un ließ den südkoreanischen Präsidenten in einem Stadion vor 150 000 Nordkoreanern eine emotionale Rede halten, obwohl Nordkorea ihn für illegitim hält, da es die Kims als einzige rechtmäßige Führer Koreas betrachtet. Ende 2018 begannen beide Seiten, Wachtürme in der demilitarisierten Zone abzureißen.

Zudem ordnete Kim die Versiegelung einer Atomtestanlage unter einem Berg im Norden des Landes an. Er benötigte sie nicht mehr – er hatte die technische Stärke erreicht, die er wollte, und der Berg war ohnehin schwer geschädigt. Aber es war eine publikumswirksame Art, den Eindruck zu erwecken, als gäbe er sein Atomprogramm auf, ohne dass er auch nur eine einzige seiner Atomwaffen vernichtete. Es gingen Aufnahmen um die Welt, auf denen zu sehen war, wie die Eingänge gesprengt wurden – ein klassisches nordkoreanisches Manöver: Kim Jong-un tat so, als ließe er von etwas ab, aber in Wirklichkeit handelte es sich – in diesem Fall sogar buchstäblich – nur um Schall und Rauch.

Die inszenierten Begegnungen mit Moon mochten vielleicht oberflächlich gewesen sein, dennoch waren sie eine Fundgrube für Informationen. Jedes Treffen bot Einblicke in Kims Denken.

Der nordkoreanische Führer, hauptsächlich dafür bekannt, provozierende Drohungen auszusprechen und Massenvernichtungswaffen zu produzieren, erwies sich als durchaus fähig, sich wie ein weltgewandter Staatsmann zu benehmen, er konnte leutselig sein und sogar über sich selbst lachen.

Als Thomas Bach, Präsident des Internationalen Olympischen Komitees, im März 2018 nach Nordkorea kam, nahm ihn Kim Jong-un zu einem Fußballspiel im großen Stadion Erster Mai mit. Während des Spiels sprach Kim wiederholt über die Bedeutung des Sports im nordkoreanischen Bildungssystem und für das allgemeine Wohlergehen der Bevölkerung. Sport besitze Priorität, sagte er.

Die Ironie, die darin lag, dass ein derart übergewichtiger Mensch über die Bedeutung von Sport sprach, blieb Kim Jong-un nicht verborgen, und er bewies eine überraschende Fähigkeit, sich über sich selbst lustig zu machen. Jeder andere Nordkoreaner wäre dafür als Verräter bestraft worden. Es sehe vielleicht nicht so aus, sagte er zu Bach, aber er liebe Sport, und er habe früher viel Basketball gespielt. Es wurde ausgiebig gelacht.

Die Treffen eröffneten auch den ungefilterten Blick auf die vielleicht größte Gefahr, in der sich Kim Jong-un befindet: seinen Gesundheitszustand. Der junge Führer sieht nicht so aus, als könnten ihm in Zukunft Herzprobleme erspart bleiben, und er scheint schon jetzt krank zu sein. Ein erster Hinweis darauf zeigte sich in der Zeit Ende 2014. Er war erst dreißig, als er für sechs Wochen aus der Öffentlichkeit verschwand, offenbar aufgrund einer schweren Gicht, und mit einem Gehstock zurückkehrte.

Vier Jahre später, beim ersten Treffen der beiden koreanischen Staatsführer, hatte der 65-jährige Moon keine Probleme, symbolisch ein wenig Erde um eine gemeinsam gepflanzte Kiefer zu schaufeln, der 34-jährige Kim hingegen ächzte und stöhnte sichtlich. Schon bei der geringsten Anstrengung rötete sich sein Gesicht. Bei einem Vorbereitungstreffen erzählte Kim Jong-uns Frau den Abgesandten aus dem Süden, sie könne ihren Mann nicht dazu bringen, mit dem Rauchen aufzuhören.

Als dann im September alle zusammen auf den Paektu stiegen, keuchte Kim Jong-un schwer. Er bemerkte zu Moon, er komme wohl gar nicht außer Atem. Nicht bei einem kleinen Spaziergang wie diesem, erwiderte der Südkoreaner, der gerne wandern geht.

Die Nordkoreaner behandeln den Gesundheitszustand ihres Führers wie ein Staatsgeheimnis. Bei allen Auslandsterminen –

auch in Singapur – führen seine Helfer eine spezielle tragbare Toilette mit, damit er nirgendwo Spuren hinterlässt, die man untersuchen könnte.

Dennoch entstand bei all diesen Treffen eine Menge unzensiertes Filmmaterial, und Mediziner konnten daraus einige Schlüsse ziehen.

Zunächst einmal bezeichneten sie ihn als schwer übergewichtig. Kim Jong-un ist 173 Zentimeter groß, und sein Gewicht wird auf etwa 150 Kilogramm geschätzt, was einen bedenklichen BMI von deutlich über 45 ergibt. Sein Übergewicht beeinträchtigt die Art, wie er geht. Ärzte nehmen an, dass er stark schnarcht. Mithilfe des Filmmaterials haben sie sogar seine Atemzüge gezählt: Bei dem ersten Gipfeltreffen mit Moon atmete er während eines 42 Sekunden dauernden Fußmarschs 35-mal aus. Entweder war er sehr nervös, oder sein Lungenvolumen war durch mangelndes Training vermindert.

Außerdem schien mit seinem rechten Fußgelenk etwas nicht zu stimmen. Das ist sicherlich nicht, wie die Presse früher spekuliert hatte, die Folge seiner in der Schweiz erworbenen Vorliebe für Emmentaler Käse, passt aber zu der Vermutung, dass er an Gicht erkrankt sei. Möglicherweise trug er irgendeine Art von Fußgelenkstütze.

Die Mediziner mutmaßten, der Große Nachfolger könne infolge von Stress unter einer Essstörung leiden, und stellten ihm eine schlechte Prognose aus. »Im Allgemeinen senkt ein so starkes Übergewicht in Kombination mit Rauchen die Lebenserwartung um zehn bis zwanzig Jahre«, sagte Professor Huh Yun-seol vom Universitätskrankenhaus Inha in Incheon, der davon ausgeht, dass der Führer bereits jetzt unter Diabetes leidet.

Sein Watschelgang war ein weiterer Hinweis auf einen schlechten körperlichen Zustand. Die Wahrscheinlichkeit, dass ein stark fettleibiger Mensch Arthritis bekommt, ist viermal höher als bei einem normalgewichtigen Menschen.

Aber nicht nur der Große Nachfolger befand sich in einem schlechten Zustand. Er wusste, dass dies auch für sein Land galt.

Kim Jong-un äußerte sich bei seinen Treffen mit dem südkoreanischen Präsidenten überraschend freimütig über die Defizite im angeblichen Volksparadies nördlich der demilitarisierten Zone. So warnte er ihn beispielsweise, dass er bei einem Besuch im Norden feststellen werde, dass das Verkehrssystem »mangelhaft und unbequem« sei und es keine Hochgeschwindigkeitszüge wie im Süden gebe.

Kim beschloss den Tag, indem er sich zum ersten Mal in einer Live-Übertragung an die Welt wandte. Er stand vor einem Podest neben einem gewählten Staatschef und las ein Statement ab, wie es jeder Politiker auf der Welt tut, wenn er vor Reportern steht.

Auch seine Frau wusste ihre Rolle zu spielen. Um das Eis zu brechen, hatten die Südkoreaner für das Dinner an jenem Tag einen Zauberer mitgebracht. Der nordkoreanischen First Lady gelang es als Erster, die versammelte Gesellschaft zum Lachen zu bringen. »Ob ich wohl gleich verschwinden werde?«, fragte Ri Sol-ju beim Anblick des Magiers und sorgte damit umgehend für eine lockere Atmosphäre.

Der Zauberer ging im Raum herum, sammelte Geld von den Staatsgästen ein und verwandelte große Scheine in kleine. Dann verwandelte er einen Zehn-Dollar- in einen Hundert-Dollar-Schein, den er Moon übergab. Die beiden Staatsführer lachten schallend. Moon hielt die Dollarnote mit dem Bild von Benjamin Franklin in die Höhe, Kim wedelte fröhlich mit den Händen. Jemand rief laut: »Nordkorea braucht gar nichts mehr zu exportieren. Es füllt jetzt seine Kassen durch Zauberei!«

Es wurde eine Unmenge getrunken. Die Südkoreaner hatten den besten Soju mit einem Alkoholgehalt von 40 Prozent bereitgestellt, und Kim Jong-un ließ sich eifrig nachschenken.[167]

Nach dem Dinner räumte nordkoreanisches Personal auf und sammelte alle Gläser sowie sämtliches Besteck ein, das Kim Jong-un und seine Schwester benutzt hatten; sie sorgten dafür, dass sich an ihnen nicht mehr die kleinste forensisch verwertbare Spur fand.

Bei all diesen Begegnungen bewies Kim, dass er zu scherzen verstand, Charme besaß und dem Ego eines rivalisierenden Präsidenten schmeicheln konnte. Er zeigte in jeglicher Hinsicht, dass er kein Verrückter war, sondern ein berechnender Staatsmann, der seine Strategie Stück für Stück in die Tat umsetzte.

Nach der Generalprobe war Kim bereit für die Premiere.

Kapitel 16

Gespräche mit dem Erzfeind

»*Die Begegnung des Jahrhunderts, die eine neue Phase in der Geschichte der Beziehungen zwischen den USA und Nordkorea einleitet.*«
Rodong Sinmun, 13. Juni 2018

Der Mann, über den sich alle lustig machten und den alle unterschätzten, stand kurz davor, seinen bislang größten Triumph zu feiern: Der Führer eines kleinen Landes, das sich formell immer noch im Krieg mit den Vereinigten Staaten befand, war im Begriff, sich mit dessen Präsidenten an einen Tisch zu setzen. Ein solches Treffen war geeignet, Kim weltweit einen Nimbus von Legitimität und Ansehen zu verschaffen. Und wenn alles gutging, wurde womöglich auch der Weg zu einer Aufhebung der drückenden Sanktionen geebnet und, wer weiß, in der Zukunft vielleicht zu amerikanischen Investitionen.

Am 12. Juni 2018, weniger als neun Monate nachdem Nordkorea damit gedroht hatte, den »unzurechnungsfähigen amerikanischen Tattergreis mit Feuer zu zähmen«, betraten Kim Jong-un und Donald Trump gemeinsam ein Podium im abgeschiedenen Capella Hotel in Singapur. Vor dem Hintergrund eines sorgfältig drapierten Arrangements nordkoreanischer und amerikanischer

Flaggen lächelten sie einander an und schüttelten sich endlose Minuten lang die Hände.

Es war einfach verblüffend, auch für den Großen Nachfolger selbst.

»Viele Menschen auf der Welt werden denken, dies ist eine Szene aus einem Science-Fiction-Film«, teilte der nordkoreanische Führer dem amerikanischen Präsidenten über seinen Dolmetscher mit, als sie den Saal betraten, in dem ihre Delegationen bereits warteten.

Nichts mehr von »Little Rocket Man«. Vorbei mit »kompletter Spinner«. Kim Jong-un demonstrierte, dass er tatsächlich das »clevere Kerlchen« war, als das Trump ihn einst bezeichnet hatte.

Kim Jong-un gelang etwas, was einmal schon sein Großvater und auch sein Vater versucht, aber nicht erreicht hatten. In den letzten Jahren seines Lebens hatte Kim Il-sung die Möglichkeit eines »großen Deals« mit den Vereinigten Staaten ausgelotet. Zweimal hatte er sich mit dem amerikanischen Prediger Billy Graham getroffen. Bei ihrem ersten Treffen 1992 überbrachte Graham eine persönliche Nachricht von Präsident George H. W. Bush.

Kim Jong-il lud Bill Clinton am Ende von dessen zweiter Amtszeit nach Pjöngjang ein. Clinton schickte seine Außenministerin Madeleine Albright auf Erkundungstour, und es gab Hoffnungen, dass sich die Beziehungen zwischen den beiden Staaten verbessern würden. Doch Clinton zog es dann vor, die letzten Monate seiner Amtszeit einem anderen vertrackten Problem zu widmen: Israel und Palästina.

Nun machte Kim Jong-un den Traum wahr.

Die Kommentatoren in Washington rauften sich die Haare. So funktioniert Diplomatie nicht, sagten sie. Gipfeltreffen stehen am Ende eines Verhandlungsprozesses, nicht am Anfang, schimpften sie. Kim wird es genau wie sein Vater machen, wetterten sie. So werden die Vereinigten Staaten Nordkorea nie zur Aufgabe seiner Nuklearwaffen bringen.

Doch ich beobachtete den Verhandlungsprozess in Singapur mit einem gewissen Optimismus. Keine Sekunde lang glaubte ich, dass der Große Nachfolger vorhatte, seine Atomwaffen aufzugeben. Sie waren seine Lebensversicherung, er brauchte sie einfach.

Aber er war vielleicht bereit, einige seiner Raketen und Atomsprengköpfe aufzugeben, um eine Aufhebung der Sanktionen zu erreichen und seine Führung in den Augen der Welt zu normalisieren. Leicht machen würde es Kim Jong-un bestimmt niemandem, aber er schien immerhin bereit, ernsthaft mitzuspielen.

Und vielleicht war es tatsächlich an der Zeit, etwas Neues zu versuchen. Ein Vierteljahrhundert lang hatte die konventionelle Diplomatie zu keinerlei Ergebnis geführt. Vielleicht waren diese beiden unkonventionellen Staatsführer genau die Richtigen, einmal etwas völlig Ungewöhnliches zu versuchen.

Kim Jong-un hatte bereits bewiesen, dass er anders als sein Vater agierte, deutlich mutiger und risikofreudiger. Und Trump war ein Präsident, wie ihn die USA noch nie gehabt hatten.

Trumps Umgang mit anderen Staatsführern war von Anfang an ungewöhnlich gewesen. Er unterhielt sich gerne allein mit ihnen, nur in Anwesenheit von Dolmetschern. Dahinter stand seine Überzeugung, er könne eine besondere persönliche Beziehung mit seinen Gesprächspartnern aufbauen und so einen goldenen Deal abschließen.

Das kam Kim Jong-un entgegen. Persönliche Beziehungen sind außerordentlich wichtig, wenn man in Asien Geschäfte machen will, ganz besonders wenn es sich um schwierige Geschäfte handelt. Dies gilt noch mehr für Autokratien, die von starken Männern geleitet werden.

Als die Vereinigten Staaten und China Anfang der 1970er-Jahre ihre Beziehungen normalisierten, verbrachte Außenminister Henry Kissinger Hunderte Stunden in Sitzungen mit dem chinesischen Premierminister Zhou Enlai. Und nun sprach Außenminister Pompeo viele Stunden vor und nach dem Gipfel in Washington, New York und Pjöngjang mit Kim Jong-un und seinen Spitzendiplomaten.

Mit der Organisation dieses Gipfels engagierten sich Kim Jong-un und Donald Trump persönlich für den Verhandlungsprozess. Beide hatten nun ein Interesse daran, ihn zum Erfolg werden zu lassen.

Und bei allen Unterschieden haben Kim Jong-un und Donald Trump einiges gemeinsam. Beide sind in ein Familienimperium hineingeboren. Beide waren sie nicht der älteste Sohn und damit der natürliche Erbe. Doch beide bewiesen sie ihren Vätern, dass sie der Richtige waren, die Dynastie zu übernehmen. Und beide haben Sinn für protzige Bauprojekte.

Meine optimistische Einstellung zum Gipfel resultierte hauptsächlich aus der Tatsache, dass Kim Jong-un ein sehr klares, aber weitgehend übersehenes Signal ausgesendet hatte: dass er bereit war, sich in Zukunft hundertprozentig auf die Wirtschaft seines Landes zu konzentrieren.

Nur eine Woche vor seinem Gipfeltreffen mit Südkoreas Präsident Moon hielt Kim Jong-un eine Rede vor der Partei der Arbeit in Pjöngjang, in der er die Politik des *byungjin*, die Doktrin vom gleichzeitigen Fortschritt, für beendet erklärte. Er brauchte nicht länger ein Atomwaffenprogramm zu verfolgen – er hatte es vollendet. Und so erklärte er den sofortigen Stopp aller Atomwaffentests und Startversuche von Interkontinentalraketen.

Nachdem er sich so seine militärischen Meriten verdient und Kritiker und potenzielle Rivalen beseitigt hatte, war er nun bereit, die Veränderungen in Angriff zu nehmen, die Wirtschaftswachstum generieren konnten.

Von nun an, verkündete Kim Jong-un, würde er eine »neue strategische Linie« verfolgen. Er wolle sich ganz auf die Wirtschaft konzentrieren. Dafür bedürfe es eines »internationalen Umfelds, das dem sozialistischen ökonomischen Aufbau günstig ist«.

Das war eine völlige Neuorientierung. Im Jahr 2013 hatte er nach Jahrzehnten einer Politik, deren Mantra »Das Militär zuerst!« lautete, die Bedeutung der Wirtschaft auf das Niveau des Atomprogramms angehoben. Nun, beinahe auf den Tag genau fünf Jahre danach, gab er der Wirtschaftsentwicklung eindeutig die höchste Priorität.

Aber er konnte seine strategische Vision nicht umsetzen, solange die Amerikaner ihre drückenden, die ökonomische Entwicklung abwürgenden Sanktionen aufrechterhielten. Und ohne das offizielle Siegel des amerikanischen Präsidenten konnte er auch nicht das diplomatische Ziel erreichen, in den Kreis der allseits respektierten, verantwortungsvollen Führer eines normalen Staates aufgenommen zu werden.

Kim Jong-uns Verwandlung in einen kosmopolitischen Staatsmann auf der internationalen Bühne zeigte sich schon in dem Augenblick, als er aus Nordkorea abreiste.

Sein Vater, der sein Leben lang unter Flugangst gelitten hatte, war stets in seinem gepanzerten Zug nach Peking oder Moskau gereist. Der Große Nachfolger fürchtete sich nicht vor dem Fliegen, aber er besaß kein taugliches Flugzeug. Also borgte er sich eins von seinen Gönnern nebenan, eine Boeing 747 von Air China, die normalerweise von Pekings Premierminister benutzt wurde. Es war ein amerikanisches Flugzeug mit einem großen Logo der Star Alliance neben der Tür.

Kim Jong-un versuchte die Tatsache, dass er sich sein Transportmittel ausgeliehen hatte, gar nicht zu verbergen. Die Titelseite von Nordkoreas größter Zeitung brachte Fotos in Farbe, die ihn beim Besteigen des Jets von Air China zeigen, ganz als wäre er stolz darauf, dass das mächtige China ihm einen Flieger überlassen hatte.

Seine Schwester Kim Yo-jong reiste in einem anderen, landeseigenen Flugzeug an. Die Kims wollten offenbar nicht zu viel wertvolles Paektu-Blut auf einmal riskieren, falls doch etwas schiefging.

Die logistischen Vorbereitungen waren immens. Kim war noch nie so weit von zu Hause weg gewesen, seit er Staatsführer geworden war. Seine Elitetruppe, die Einheit 963, die für seine persönliche Sicherheit zuständig ist und Schätzungen zufolge 120 000 Soldaten zählt, überließ nichts dem Zufall.

Nordkoreanische Wachen standen an der Sicherheitsschleuse am Eingang des St.-Regis-Hotels in Singapur, das Kim Jong-un und seine Schwester beherbergte. Wie es der Zufall fügte, hatte ihr ermordeter Halbbruder Kim Jong-nam gerne in diesem Hotel gewohnt.

Die obersten drei Stockwerke waren für die Nordkoreaner reserviert worden, einschließlich der Präsidentensuite im 20. Stockwerk, die 7000 Dollar pro Nacht kostete. (Singapur kam für die Übernachtungskosten und die Bewirtung auf.) Tag und Nacht fuhr nordkoreanisches Sicherheitspersonal in den Aufzügen mit, um sicherzustellen, dass niemand Unbefugtes über das 16. Stockwerk hinausfuhr.

Kims Leibwache hätte am liebsten sämtliche Zimmer des Hotels kontrolliert, doch das Management erlaubte ihr nur den Zugang zu den drei obersten Etagen. Die durchsuchten sie gründlich nach Sprengstoff, Abhöranlagen und was sonst noch ihrem

Führer schaden oder ihn kränken könnte, desgleichen sämtliche Konferenzräumen des Tagungsorts.

Alle diese Zimmer wurden erst zwei Tage nach der Abreise von Kim Jong-un geräumt. Das nordkoreanische Personal musste erst gründliche Reinigungsarbeiten durchführen, bevor es sie, befreit von sämtlicher DNA der Familie Kim, an das Hotelmanagement zurückgab.

Kim und seine Schwester verließen ihre Zimmer während ihres Aufenthalts im St. Regis nicht. Sie aßen eigens für sie zubereitete Mahlzeiten, hergestellt aus Zutaten, die mit einem Transportflugzeug aus Pjöngjang herbeigeschafft wurden, auf das am Flughafen von Singapur Kühltransporter warteten. Das Flugzeug brachte auch Kim Jong-uns Limousine sowie von den Behörden erlaubte Waffen und anderes Zubehör.

Einmal in Singapur angekommen, zeigte sich Kim Jong-un von seiner besten Seite.

Am ersten Tag hatte er eine Begegnung mit Singapurs Premierminister Lee Hsien Loong, dem Sohn des Gründers des Inselstaats Lee Kuan Yew, des starken Mannes, der das Land fünf Jahrzehnte regiert hatte. Der Premierminister erklärte später, der 34-Jährige sei ein »selbstbewusster junger Staatsführer«.

Die Gelegenheit ergab ein weiteres Foto beim Handschlag mit einem Staatschef, das sich Kim Jong-un in sein Legitimitätspoesiealbum kleben konnte.

An diesem Abend besuchte er nach Einbruch der Dunkelheit auf einer unangekündigten Besichtigungstour die spektakulärsten Sehenswürdigkeiten Singapurs. Unter Führung des Außenministers und des Bildungsministers des Stadtstaats spazierten Kim Jong-un, seine Schwester und ein Tross von Leibwächtern und nordkoreanischen Kameraleuten auf der hell erleuchteten Uferpromenade. Sie bewunderten die Blumenpracht in den Gardens by the Bay, einer spektakulären futuristischen Parklandschaft am Meer. Und sie taten, was vor ihnen Millionen Touristen hier schon getan hatten: Sie posierten für Selfies. Kim, dessen Wangen in der feuchtheißen Luft rot glänzten, lächelte in die Kamera des Außenministers.

Sie spazierten über eine Brücke und zum Marina-Bay-Sands-Hotel, einem Architekturwunder, gekrönt von einem riesigen Betonschiff, das auf drei Wolkenkratzern ruht. Zufällig gehört es Sheldon Adelson, dem Casino-Magnaten, der Trump 2016 bei seiner Wahl unterstützte und dessen Besitzungen in Macau zu den bevorzugten Aufenthaltsorten von Kim Jong-nam gehörten.

Sie fuhren zum Sky Park im 57. Stockwerk hinauf, einem Dachgarten mit Bars und einem Infinity Pool. Dort stand Kim Jong-un ungefähr zehn Minuten und blickte über die Skyline mit ihren Wolkenkratzern, auf deren Spitzen die beleuchteten Logos von Citibank und HSBC prangten.

Wohin er auch ging, zog der nordkoreanische Führer große Menschenmengen an. Scharen von Touristen und Einwohnern versuchten, einen Blick auf ihn zu erhaschen. Sie standen Spalier an den Straßen und verrenkten sich bei seiner Ankunft im Hotel den Hals an den Absperrungen. Sie gingen zum Ufer, um ihn beim Spaziergang über die Esplanade zu fotografieren und die Bilder sogleich in den sozialen Medien hochzuladen. Auf Zehenspitzen versuchten sie, in der Lobby des Marina Bay Sands einen Blick auf ihn zu erhaschen. Badende, manche in knappen Bikinis, stiegen aus dem Infinity Pool, um ein Foto von ihm zu schießen.

Es war das perfekte Futter für den Personenkult um Kim. Überall in Nordkorea liefen die Einheimischen zusammen, um ihm ihre Verehrung zu beweisen, und hier taten es ihnen Trauben von Ausländern gleich: Alle wollten den Geliebten und Respektierten Obersten Führer sehen. Die Bilder sollten in ganz Nordkorea in den Zeitungen und auf den Fernsehbildschirmen erscheinen. »Seht ihr?«, konnten seine Propagandisten zu Hause melden, »Kim Jong-un wird auch im Ausland verehrt.«

Singapur war aus vielerlei Gründen der ideale Veranstaltungsort für den Gipfel. In den vergangenen Jahren waren bereits viele Nordkoreaner, vor allem Geschäftsleute, in die Stadt gekommen. Dafür benötigten sie noch nicht einmal ein Visum, es war einer der wenigen Orte in der Welt, an die Nordkoreaner ohne Schwierigkeiten reisen konnten. Singapur sah sich als Vorkämpfer der südostasiatischen Politik, Schurkenstaaten durch Einbindung auf den rechten Pfad zu bringen. Das war eine völlig andere Herangehensweise als die Politik der Sanktionen und der Isolation, die von den Vereinigten Staaten favorisiert wurde.

Es war nicht das erste Mal, dass ein asiatischer Staatschef zur Visite kam, Chinas Wirtschaftsvisionär Deng Xiaoping hatte Singapur im Jahr 1978 besucht. Lee führte ihn durch die Stadt und erklärte ihm, wie er es gemacht hatte. Deng war tief beeindruckt. Fünf Jahre später propagierte er den Sozialismus chinesischer Prägung. Nun hoffte Singapur darauf, ein weiteres asiatisches Land inspirieren zu können, das dringend eine wirtschaftliche Erneuerung benötigte, aber furchtbare Angst vor politischer Veränderung hatte.

Kim Jong-un wirkte allem gegenüber sehr aufgeschlossen. Das zeigte sich schon am nächsten Tag mehr als deutlich in den nordkoreanischen Staatsmedien. Die wichtigste Zeitung des Landes veröffentlichte auf ihrer Titelseite Fotos, die Kim beim Spaziergang durch Singapur zeigten. Auch das Wolkenkratzer-Schiff wurde nicht ausgespart.

Ergänzt wurde dies durch eine 42-minütige Fernsehdokumentation unter dem Titel »Eine epochale Begegnung, die einen neuen Abschnitt der Geschichte zwischen Nordkorea und den Vereinigten Staaten einleitet«, die sämtliche Etappen von Kims Reise zeigte. Man kam aus dem Staunen nicht heraus. Am meisten verblüffte, dass der offizielle Film zeigte, wie prachtvoll, blitzsauber und schön Singapur war, von der üppig ausgestatteten Präsidentensuite, in der Kim residierte, bis zu den vielen prunkvollen und ungewöhnlichen Gebäuden, deren sich die Stadt rühmen konnte.

Die Doku zeigte Kims Autokolonne in Singapurs berühmtester Einkaufsmeile, wie sie an Rolex- und Prada-Läden vorbeifuhr, auf dem Weg zum wunderschönen Uferviertel.

»Der Große Genosse Führer sagte, dass wir die exzellenten Erkenntnisse und Erfahrungen Singapurs auf den verschiedensten Gebieten von nun an studieren werden«, berichtete der Kommentator.

Nach dem Gipfel erklärte ein Ökonom in Pjöngjang, sofern die Sanktionen aufgehoben würden und sich das politische Klima in Nordkorea verbessere, könne das Land durchaus mit Singapur und der Schweiz gleichziehen, Ländern, »die nur wenig Rohstoffe und ein kleines Territorium besitzen, aber ihre geografische Lage sehr zu ihrem Vorteil zu nutzen verstehen«.[168] Der Mann war ganz offensichtlich nie in Singapur oder der Schweiz gewesen und schien sich nicht im Klaren darüber, wie unwahrscheinlich eine solche Entwicklung in der näheren Zukunft war. Um es vorsichtig auszudrücken, ein paar kleinere Hürden gab es da schon noch zu nehmen, beispielsweise Demokratie und ein funktionierendes Rechtssystem.

Kim Jong-un signalisierte damit der Außenwelt, vor allem aber seinem eigenen Volk, wie seine Vision aussah. Der nordkoreanische Führer verstand sich nicht als dumpfen Diktator vom Schlage Stalins. Er wollte der Führer einer »Entwicklungsdiktatur« sein, der sein Land voranbrachte, wie dies in anderen Teilen Asiens gelungen war.

Dann kam der große Tag. Der Tag, an dem er seinem Erzfeind von Angesicht zu Angesicht begegnen sollte. Es stand ungeheuer viel auf dem Spiel für Kim Jong-un – sowohl in politischer Hinsicht als auch in Sicherheitsfragen. Ein paranoider Diktator lebt in ständiger Angst.

Als Kim Jong-un an diesem Morgen das Hotel verließ, um sich zum Tagungsort zu begeben, war er von mehr als vierzig Leibwächtern der Einheit 963 umringt.

Der Auswahlprozess für diese Elitetruppe ist äußerst streng. Nur die besten Rekruten erhalten überhaupt die Chance, sich für die nötigen Prüfungen ihrer Gesundheit, Persönlichkeit und ihres Auftretens zu melden. Bewerber müssen eine bestimmte Körpergröße erreichen, und nicht zuletzt wird ihr familiärer Hintergrund durchleuchtet. Wer mit der Aufgabe betraut wird, den Herausragenden Genossen zu bewachen, muss über einen untadeligen politischen Leumund verfügen und aus der zweifelsfrei loyalen Klasse stammen. Ein ehemaliger Bodyguard meinte, in die persönliche Leibwache des Führers aufgenommen zu werden, sei »schwerer, als sich durch ein Nadelöhr zu zwängen«.[169]

Doch wer es schafft, kann für nordkoreanische Verhältnisse ein gutes Leben führen. Kim Jong-un möchte gewiss keine unzufriedenen Männer mit Waffen in seiner unmittelbaren Nähe haben.

Zwölf dieser Leibwächter gelangten durch ein Video zu kurzfristigem Internetruhm: Man sieht, wie sie ungeachtet des feuchttropischen Klimas in schwarzen Anzügen im Laufschritt Kim Jong-uns Limousine begleiten. Es war wie ein Sinnbild der Absurdität der nordkoreanischen Staatsführung.

Die Idee für dieses menschliche Schutzschild hatte Kim von Clint Eastwood. Als Junge hatte er den Film »In the Line of Fire« gesehen, in dem Eastwood einen Agenten des US Secret Service spielt, der 1963 in Dallas zu John F. Kennedys Leibgarde gehörte und seine Ermordung nicht verhindern konnte. Der Film zeigt, wie die von Eastwood verkörperte Figur und andere Agenten neben der Präsidentenlimousine einherjoggen.[170]

Auch das Auto selbst ist ziemlich bemerkenswert. Kim Jong-un kam in einem Mercedes Maybach S 600 Pullman Guard, einer 6,5 Meter langen Limousine, die erst im Jahr zuvor auf den Markt gekommen war. Der Listenpreis – ohne etwaige Extras – beträgt 1,4 Millionen Euro.

Mercedes vermarktet das »hochexklusive Fahrzeug« für »Staatsoberhäupter und andere besonders gefährdete Personen«. Zu seinen Merkmalen zählen laut Herstellerbeschreibung eine »großzügig bemessene und geschmackvoll ausgestattete Clublounge im rückwärtigen Teil«, doch Kim dürfte vor allem die umfangreiche Sicherheitsausstattung interessiert haben.

Das Fahrzeug ist voll gepanzert und undurchdringlich für Maschinengewehrfeuer. Der Boden ist gegen die Explosion von Minen geschützt, und ein versenkbarer stählerner Schild hinter den Sitzen schützt die Köpfe der Passagiere gegen alles, was die Heckscheibe durchschlagen könnte. Dies und anderes trägt dazu bei, dass das Fahrzeug fünf Tonnen wiegt. Die Türen sind so schwer, dass sie mithilfe eigener Motoren geöffnet und geschlossen werden.

Nach dem offiziellen Handschlag für die Kameras begaben sich die beiden Führer zu einem Vieraugengespräch – oder besser einem Achtaugengespräch, denn sie hatten ihre Dolmetscher dabei. Kim Jong-un begrüßte Trump mit »Nice to meet you, Mr. President« auf Englisch. Ich habe etwa ein Dutzend englische und deutsche Muttersprachler gefragt, die Kim getroffen hatten, ob sie je gehört hätten, dass Kim auch nur »Hallo« in einer dieser Sprachen sagte. Niemand konnte das bestätigen, aber für Trump machte er eine Ausnahme.

Kim bewies während der fünfstündigen Begegnung, dass er genau wusste, wie er den amerikanischen Präsidenten zu nehmen hatte.

Er betrat das Hotel als Erster, wie es die koreanischen Sitten des Respekts gegenüber Älteren erfordern. Trump, mehr als doppelt so alt wie Kim und damit von höherem Status, sollte nach ihm eintreten. Die koreanische Sprache kennt komplizierte Höflichkeitsdifferenzierungen, aus denen Kim Jong-un für Trump die respektvollsten Formulierungen wählte, weil er wusste, dass der amerikanische Präsident so etwas schätzte. Trumps Dolmetscher sagte dem Präsidenten, dass der nordkoreanische Führer ihn auf sehr ehrerbietige Weise ansprach.

Es war nicht das erste Mal, dass Kim Jong-un das notorische Ego des amerikanischen Präsidenten streichelte. In den Wochen vor dem Gipfel hatte er einen seiner Spitzenberater, Kim Yong-chol, mit einem Brief für Trump ins Weiße Haus gesandt – nicht bloß mit irgendeinem Brief, sondern einem in einem Umschlag von solcher Größe, dass es wie eine Karikatur wirkte. Das Weiße Haus veröffentlichte Fotos, in denen Trump die Sendung breit grinsend in Händen hält. Im Internet wurde sie sofort mit den überdimensionierten Schecks verglichen, die Gewinnern in Fernsehshows überreicht werden.

Kim zeigte während des Gipfels keinerlei Anzeichen von Nervosität. Er gab sich charmant. Er scherzte. Er zeigte, dass er zu beeindrucken verstand, aber auch dass es ihm wichtig war, wie er bei anderen ankam. Er wollte als liebenswürdig wahrgenommen werden.

Es herrschte eine lockere Stimmung, als der amerikanische Präsident den nordkoreanischen Führer mit seinem Team bekannt machte. Kim fragte den Präsidenten, was er von ihm halte. Offenbar hatte er dabei Trumps Behauptung im Kopf, er sei in der Lage, sein Gegenüber in einer Minute einzuschätzen. Trump antwortete, er sehe in ihm eine starke, kluge und vertrauenswürdige Person.

Kim wandte sich sogleich an John Bolton, Trumps knallharten Sicherheitsberater, der erst wenige Monate zuvor in einem Zeitungsartikel eine Rechtfertigung für mögliche Raketenangriffe auf Nordkorea geliefert hatte.[171]

Nordkorea und Bolton hatten bereits eine gemeinsame Geschichte. Als Bolton noch der Regierung von George W. Bush angehörte, bezeichneten ihn die nordkoreanischen Propagandisten verächtlich als »menschlichen Abschaum« und »Blutsauger«. Bolton konterte gerne mit einer Scherzfrage: Woran erkennt man, wenn Nordkoreaner lügen? Daran, dass sie die Lippen bewegen.

Doch hier in Singapur wollte der nordkoreanische Führer nun von Bolton wissen, was er denn von Trumps positiver Einschätzung seiner Person halte. Der Sicherheitsberater überlegte kurz und erwiderte diplomatisch: »Niemand kann den Charakter von Menschen so gut einschätzen wie mein Boss.«

Die beiden Staatsführer nahmen auf Sesseln Platz, um vor den Medien einen wohlvorbereiteten Gedankenaustausch aufzuführen. Kim Jong-un sagte Trump, er sei sehr froh über dieses Treffen. »Es war nicht einfach hierherzukommen«, erklärte er. »Die Vergangenheit hat uns gefesselt, und alte Vorurteile und Verhaltensweisen bildeten Hindernisse auf dem Weg des Fortschritts. Aber wir haben sie sämtlich überwunden, und nun sind wir hier.«

Trump machte sein typisches Daumen-hoch-Zeichen.

Der Autor des Buches »The Art of the Deal« war sichtlich entzückt. Trump sagte, der nordkoreanische Führer sei »sehr talentiert«, »sehr klug« und ein »sehr guter Verhandler«. Er fügte hinzu, Kim habe sich als ein Mensch erwiesen, wie es nur »einen unter zehntausend gibt«, so wie er sein Land mit Mitte zwanzig übernommen habe und dann »in der Lage war, es zu führen und es hart zu führen«. Er sagte, sie beide hätten »eine sehr spezielle Verbindung« geschmiedet. Er sagte, er vertraue Kim.

Sowohl vor als auch nach dem Gipfel schrieb Kim Briefe an Trump, kurze, einseitige Briefe auf Koreanisch, ergänzt durch eine englische Übersetzung, die man als Meisterwerke schwärmerischer Schmeichelei bezeichnen kann.

Kim nannte Trump »Euer Exzellenz« und brachte wiederholt zum Ausdruck, für welch klugen und brillanten politischen Denker er den amerikanischen Präsidenten halte. Und er schwärmte von einer wundervollen Zusammenarbeit mit Mike Pompeo, dem früheren CIA-Direktor und jetzigen Außenminister der USA. Ende September erklärte Trump dann allen Ernstes, er und Kim Jong-un hätten sich »ineinander verliebt«.

Die Verhandlungen, die dazu führten, waren allerdings alles andere als einfach.

Als Pompeo im April 2018 im Anschluss an Gespräche in Südkorea in Pjöngjang eintraf, hatte er Kim Jong-un unverblümt gefragt, ob er an atomare Abrüstung denke. Kims Antwort schien aus tiefstem Herzen zu kommen, obwohl man natürlich schwerlich sagen kann, wie viel Berechnung in ihr steckte.

»Der Vorsitzende sagte, er sei Vater und Ehemann und er wolle nicht, dass seine Kinder unter der Drohung von Atomwaffen aufwachsen müssten«, berichtete Andrew Kim, der Leiter des Korea Mission Center des CIA, das eigens zur Beobachtung des nordkoreanischen Atomprogramms eingerichtet worden war, und der Pompeo auf dieser Reise als Dolmetscher begleitete.[172]

Doch immerhin klang es vielversprechend. Beide Seiten benannten ein Team, das in den Monaten vor dem Gipfeltreffen ein Abkommen aushandeln sollte. Dazu traf man sich in Panmunjom in der demilitarisierten Zone. Die Gespräche gingen nur schleppend voran. Die Nordkoreaner mussten des Öfteren über die Schlaglochpiste nach Pjöngjang zurückfahren, um sich weitere Instruktionen ihres Führers zu holen.

Auch nachdem beide Delegationen schon in Singapur eingetroffen waren, klafften ihre Positionen noch so weit auseinander, dass sie mit zwei verschiedenen Dokumenten arbeiteten.

Noch am Abend vor dem Gipfeltreffen sagte Pompeo auf einer Pressekonferenz, »das einzige Ergebnis, das die Vereinigten Staaten akzeptieren werden«, sei ein Abkommen über die »vollständige, nachprüfbare und unumkehrbare Denuklearisierung der koreanischen Halbinsel«. Ohne internationale Waffeninspektoren, die sich frei in Nordkorea bewegen konnten, war das nicht zu machen.

Die amerikanische Delegation hatte guten Grund, die Absichtserklärung der Nordkoreaner zur atomaren Abrüstung mit Skepsis zu sehen. Auf die eine oder andere Art hatte das Kim-Regime bisher noch jedes von ihm unterzeichnete Nuklearabkommen gebrochen.

Als der Gipfel zu Ende ging, konnte Kim Jong-un auf das bessere Ergebnis zurückblicken. Er kam davon, ohne konkrete Versprechungen über die Aufgabe seiner Nuklearwaffen und ballistischen Raketen abgegeben zu haben. Er wiederholte einfach die vage Übereinkunft, die er mit dem südkoreanischen Präsidenten im April getroffen hatte, auf eine Denuklearisierung der koreanischen Halbinsel hinzuarbeiten – also nicht der von Nordkorea, sondern der von Nord- *und* Südkorea.

Die »vollständige, nachprüfbare und unumkehrbare Denuklearisierung«, auf der Außenministier Pompeo noch am Abend zuvor hatte bestehen wollen, wurde nirgends erwähnt.

Trump hatte außerdem zugestimmt, die gemeinsamen Übungen amerikanischer und südkoreanischer Soldaten auszusetzen, die normalerweise zweimal im Jahr abgehalten wurden. Sie dienen dazu, für plötzliche Veränderungen auf der koreanischen Halbinsel gerüstet zu sein, sei es ein Putsch in Pjöngjang oder eine Invasion aus dem Norden.

Nordkorea betrachtet diese Manöver seit jeher als Provokation, die ihm zudem hohe Kosten verursachten, da es sich gezwungen fühlt, mit eigenen Militärübungen auf sie zu antworten.

Der stellvertretende Verteidigungsminister, Randy Shriver, und Trumps oberster Berater für Asienfragen, Matt Pottinger, die der Ankündigung beiwohnten, trauten ihren Ohren nicht. Sie kommunizierten hektisch per SMS, um sich abzusprechen, was nun zu tun sei. Der eine rief den japanischen Sicherheitsberater an, der andere dessen Kollegen in Südkorea. Sie wollten die beiden militärischen Verbündeten unbedingt vorab von dieser Ankündigung informieren, die insbesondere in der von Falken dominierten japanischen Regierung für Unruhe sorgen musste.

Trumps plötzlicher Entschluss, die Manöver auszusetzen, wurde mit Fassungslosigkeit zur Kenntnis genommen. Auf einer Pressekonferenz im Anschluss an den Gipfel nannte der amerikanische Präsident die Manöver gar »Kriegsspiele« – ein Begriff, den ansonsten die Nordkoreaner für diese Übungen verwendeten.

Kim hatte seinen amerikanischen Gesprächspartnern erklärt, dass die gemeinsamen Manöver, von denen die Vereinigten Staaten und Südkorea behaupteten, sie seien rein defensiver Natur, von Nordkorea als offensiv empfunden wurden.[173]

Ein weiterer Gewinn für Kim Jong-un war, dass Trump die Unterzeichnung einer Deklaration versprach, die den Koreakrieg für beendet erklärte.[174] Diese Idee hatte Kim Yong-chol, der Überbringer des Riesenumschlags, in seiner Unterredung mit Trump im Oval Office aufgebracht.

Kim Yong-chol sagte, die Eröffnung eines Weges zur Sicherung eines dauerhaften Friedens auf der koreanischen Halbinsel würde ein Zeichen setzen, dass die Regierung Trump bereit sei, ein neues Kapitel im schwierigen Verhältnis zu Nordkorea aufzuschlagen. Trump meinte, er sei offen dafür, eine Erklärung über das Ende des Krieges abzugeben, dass man aber später dennoch einen richtigen Friedensvertrag ausarbeiten müsse.

Das Land dauerhaft im Alarmzustand eines Krieges zu halten, verschaffte dem Kim-Regime zwar inneren Zusammenhalt, dennoch strebte es seit Langem die Unterzeichnung eines Friedensvertrags an, der es ihm ermöglichen würde, darauf zu pochen, dass es keinen Grund mehr für die Stationierung amerikanischer Truppen in Südkorea gab. Doch die Vereinigten Staaten zeigten bisher wenig Bereitschaft, ihre Truppen und Waffensysteme aus Südkorea abzuziehen und den Verbündeten schutzlos zurückzulassen.

Der Abschluss eines Friedensvertrags wäre eine Möglichkeit für Kim, ohne Gesichtsverlust wenigstens einen Teil seines Arsenals aufzugeben, das ihn viel Geld und Mühen gekostet hatte. Zudem würde eine Beendigung des faktisch immer noch geltenden Kriegszustands Nordkorea die Möglichkeit eröffnen, seine Wirtschaft ohne die lähmenden Sanktionen zu entwickeln.

Sosehr man in Washington über Trumps Taktik die Nase rümpfte, der amerikanische Präsident sah mit überraschender Klarheit, was sein nordkoreanisches Gegenüber antrieb. Er wählte dafür einen ungewöhnlichen Weg, aber einen, für den Kim Jong-un empfänglich war.

Während ihrer Zusammenkunft zeigte Trump den Nordkoreanern auf einem iPad ein Video, das angeblich von einer Produktionsgesellschaft namens »Destiny Pictures«, in Wirklichkeit aber aus der Werkstatt seines Sicherheitsteams stammte. Trump sorgte auch dafür, dass die Koreaner den Film mit nach Hause nahmen.

Das Video war grotesk, aber es war perfekt auf Kim Jong-un zugeschnitten. Es führte ihm die Vision einer strahlenden Zukunft vor Augen. Es begann mit dem Bild des Kratersees auf dem Gipfel des Paektu, um dann einige der bekanntesten Bauwerke der Welt zu zeigen – die Pyramiden von Gizeh, das Kolosseum, das Taj Mahal, die Wolkenkratzer von Manhattan und natürlich auch den Kim-Il-sung-Platz.

Dies, so der Sprecher, sei »eine Geschichte über die Möglichkeiten, die die Zukunft bietet«. Sie handle von »zwei Männern, zwei Führern, einem Schicksal«. Und das Video zeigte diese beiden Männer immer wieder, stellte sie als ebenbürtig dar.

Doch vor allem setzte es Nordkorea als Land mit gewaltigem Entwicklungspotenzial in Szene. Die Skyline von Pjöngjang war mit Baukränen gespickt. Das Video enthielt auch das berühmte Bild, das Nordkorea bei Nacht vom Weltraum aus gesehen als dunklen Fleck zeigt, um das Land dann aufleuchten zu lassen, als gäbe es dort auch so viel Strom wie in Südkorea.

»Man muss es aus der Perspektive der Immobilienbranche sehen«, erklärte Trump Reportern nach dem Gipfel und schwärmte von »wunderbaren Apartments«, die sich an den »wunderbaren Stränden« von Wŏnsan bauen ließen. »Tolle Aussicht, da gibt's nichts«, sagte er. »Könnte man die besten Hotels der Welt hinstellen.«

Das Video enthielt auch eine Sequenz, die den gut ausgebauten Strand von Florida zeigte, an dem Trumps Anwesen Mar-a-Lago liegt.

Ein Kommentator meinte scherzend, es gehe hier wohl weniger um Weltpolitik als um Immobilienpolitik.[175]

Trump versuchte, Kim Jong-un das Gefühl zu vermitteln, eine große Chance zu verpassen, und wollte ihn so locken, seine Nuklearwaffen aufzugeben und sich in die internationale Gemeinschaft einzureihen.

Der amerikanische Präsident machte seinem nordkoreanischen Gegenüber deutlich, dass er mit seinem Land ganz unten in jedem Ranking stand, das Erfolg und gesellschaftlichen Fortschritt maß. Doch er gab der Sache einen positiven Dreh. Falls Kim gewillt sei, den eigenen Erfolg neu zu definieren, stehe die USA bereit, ihm zu helfen, erklärte er Kim.

Und er schlug auch gleich verschiedene Modelle vor, an denen sich der Große Nachfolger orientieren könnte. Er nannte China und Vietnam als Beispiele für Länder, die ihre Wirtschaft nach kapitalistischen Prinzipien ausgerichtet hatten, in denen aber die Kommunistische Partei die Kontrolle behalten hatte. Er meinte sogar, Nordkorea könne sich wie Japan entwickeln, die drittgrößte Wirtschaftskraft der Welt und eine konstitutionelle Monarchie. Er suggerierte Kim, er könne so etwas wie der japanische Kaiser werden, sich auf die Rolle eines allseits verehrten, zeremoniellen Staatsoberhaupts zurückziehen und die Führung des Landes einer gewählten Regierung überlassen.[176]

Nordkorea hätte über all die Jahre viele Gelegenheiten gehabt, Reformen im chinesischen oder vietnamesischen Stil einzuleiten. Offenbar sah das Land darin keinen Vorteil für sich. Und Kim Jong-un wollte sicherlich kein politisch bedeutungsloses Staatsoberhaupt wie der Kaiser von Japan werden – dessen Vater im Übrigen die brutale Besetzung Koreas angeführt hatte. Doch gab es zwischen ihren beiderseitigen Vorstellungen für die Zukunft noch jede Menge Spielraum.

So setzte sich Kim Jong-un ganz entspannt mit Trump zum Essen hin und ließ es sich auch gefallen, dass Trump den Fotografen scherzhaft zurief, sie sollten sie beide »gutaussehend und schlank und perfekt« zeigen.

Das Essen war so exakt durchgeplant wie das gesamte Treffen. Jedes Detail der Speisekarte war Gegenstand eines endlosen Hin und Her gewesen. Am Ende einigte man sich auf ein »neungängiges Ost-West-Menü« für das Arbeitsessen, zu dem eingelegte Rippchen vom Rind, in Soja geschmorter Kabeljau mit asiatischem Gemüse und Ganachetörtchen aus dunkler Schokolade gehörten.

Wenn es ums Essen ging, waren die Koreaner nahezu paranoid. Präsident Trumps Team hatte so etwas noch mit keinem anderen Staatsführer erlebt. Kim Jong-uns Lebensmittelprüfer traf zwei Stunden vor der Mahlzeit ein, um alles auf Gift zu untersuchen.

Doch die Atmosphäre des Essens war entspannt. Man sprach über Basketball und Autos. Kim Jong-un erklärte Bolton, er sei eine »Berühmtheit« in Nordkorea und schlug ein gemeinsames Foto vor. Das würde vielleicht sein Image bei den Hardlinern in Pjöngjang verbessern, meinte Kim, womit er sich vermutlich auf jene bezog, die Bolton einige Jahre zuvor »menschlichen Abschaum« genannt hatten. Der Hardliner aus Washington lachte.[177]

Trump bot Kim Jong-un an, ihm das »Beast« zu zeigen, seine gepanzerte, mit High-Tech-Sicherheitsvorkehrungen vollgestopfte Limousine. Als ich die beiden auf das Auto zugehen sah und Kim Jong-un an die geöffnete Tür trat, dachte ich schon, sie machen jetzt eine Spritztour. Doch der Secret Service, der keinen Nordkoreaner dem Fahrzeug zu nahe kommen lassen wollte, brach die Sache ab.

Dann spazierten die beiden gemeinsam durch den üppigen Garten des Capella-Hotels und winkten von einem Balkon herab.

Man dachte unwillkürlich an die Königin von England und den Buckingham-Palast.

Schließlich kehrten sie in den großen Saal zurück, wo sie das vage gehaltene Schlussdokument unterzeichneten. Ein nordkoreanisches Delegationsmitglied mit weißen Latexhandschuhen inspizierte und reinigte den Füller, der für den nordkoreanischen Führer auf dem Tisch bereitlag. Der große Nachfolger rührte ihn nicht an. Seine Schwester reichte ihm ihren Montblanc der 1000-Dollar-Klasse, als sie ihm das Dokument zur Unterzeichnung hinschob. Anschließend steckte sie den Füller sorgsam wieder in ihre Handtasche.

Und damit hatte Kim Jong-un Geschichte gemacht. Er hatte allen Voraussagen getrotzt, er sei nicht in der Lage, die Kader seines anachronistischen Systems nach seiner Pfeife tanzen zu lassen. Er hatte der Welt gezeigt, dass sie die technischen Möglichkeiten Nordkoreas, eine Wasserstoffbombe zu bauen und Raketen zu entwickeln, völlig unterschätzte.

Nun hatte er den Präsidenten des mächtigsten Landes der Erde dazu gebracht, seine Bereitschaft zu erklären, mit ihm gemeinsam an der Verwirklichung seiner Vision zu arbeiten.

Die Herausforderung war jetzt, es auch noch hinzubekommen, dass die Amerikaner die Sanktionen aufhoben, sodass die nordkoreanische Wirtschaft wachsen konnte, gleichzeitig aber an den wesentlichen Elementen des Kernwaffen- und Raketenprogramms festzuhalten.

Kaum hatte er das Atomprogramm unversehrt nach Hause gebracht, wandte sich Kim Jong-un Teil zwei seiner Strategie für den eigenen Machterhalt zu: Er erhöhte landesweit den Lebensstandard.

Die lockere, auf Einmischung weitgehend verzichtende Einstellung gegenüber der Wirtschaft der zurückliegenden Jahre war vorbei.

In der brütenden Julihitze besuchte er eine Textilfabrik in Sinŭiju, deren Direktoren er abkanzelte, weil sie wiederholt die gesteckten Produktionsziele verfehlt hatten. Er schimpfte über das »verkommene Gebäude, das wie ein Stall aussieht«.

Harsche Worte fand er auch beim Besuch einer nahegelegenen Chemiefasernfabrik; insbesondere missfiel ihm, dass die Direktoren versuchten, anderen die Schuld für die Unzulänglichkeiten der Produktionsstätte zu geben. »Ich habe schon zahllose Betriebe besucht, solche Arbeiter habe ich noch nie gesehen«, sagte er schäumend vor Wut.

In diesen Wochen reiste er vom Nordosten bis in den Südwesten des Landes, besuchte Textilfabriken, Fischfarmen, Werften, einen Betrieb, der Kartoffeln verarbeitete, Kraftwerke oder Fabriken, die Kekse, Rucksäcke und Maschinen für Kohlebergwerke herstellten. Selbst für die Verpackung von Instant-Nudeln hatte er gute Ratschläge parat.

Mit derselben militärischen Disziplin, die er in das Atom- und Raketenprogramm investiert hatte, stürzte er sich nun auf die Wirtschaft. Er forderte von den Arbeitern, ihre Aufgaben zu erledigen, als gälte es, in einem »dreidimensionalen Krieg« zu bestehen. Von der Baubranche verlangte er einen »Blitzkrieg«. Er befahl sogar einem Regiment, das von ihm genutzte Gelände zu räumen, damit dort »in Lichtgeschwindigkeit« ein großes Gewächshaus für Gemüse errichtet werden konnte.

Kim Jong-un zeigte, dass er den Markt voranbringen und den privaten Konsum fördern wollte, als ob die Sicherheit der Nation davon abhinge. Zweifellos hing die Sicherheit seines Regimes davon ab. Nachdem er den ersten Teil des »gleichzeitigen Vorstoßes« durch den Erwerb von Atomwaffen verwirklicht hatte, musste er nun den zweiten Teil, die Wirtschaft, mit demselben Feuereifer angehen.

Er tat dies nicht, weil ihn die Menschen und ihr Wohlergehen kümmerten. Was er in den vergangenen sieben Jahren angeordnet hatte, bewies zur Genüge, dass ihm die einfache Bevölkerung vollkommen gleichgültig war.

Nein, er sorgte sich um sein eigenes Überleben. Sein Großvater war zweiundachtzig Jahre alt geworden, sein Vater siebzig. Kim Jong-un konnte davon träumen, noch dreißig, vierzig oder fünfzig Jahre lang zu regieren.

Seit seiner Machtübernahme im Jahr 2011 hatte Kim Jong-un die Kader, die ihn an der Macht hielten, abwechselnd umschmeichelt und in Angst und Schrecken versetzt. Er hatte ein glaubwürdiges Nuklearwaffenprogramm entwickelt. Er hatte der Wirtschaft ein wenig Luft zum Atmen gegeben. Er hatte sich dem Führer der freien Welt als rational denkender Staatsmann präsentiert und dem skeptischen Schutzpatron China gezeigt, dass er sich zumindest zu benehmen wusste.

Nun stand ihm die größte aller Prüfungen bevor. Er musste dem Volk von Nordkorea beweisen, dass das Leben unter dem Großen Nachfolger besser wurde.

Epilog

Peking, eine Stadt, deren 21 Millionen Menschen ständig in Bewegung sind, ist für seine chaotischen Verkehrsverhältnisse bekannt. Doch an jenem 9. Januar 2019 ging es auf den Straßen noch schlimmer zu als sonst. Auf dem zweiten Ring ging gar nichts mehr. Die Leute stiegen mitten auf der Straße aus und nutzten die Gelegenheit für ein wenig Morgengymnastik neben ihren Autos. Auch ich stieg aus meinem Taxi, schoss ein Foto des Staus und hielt Ausschau, ob sich irgendwo die Wagenkolonne zeigte.

Kim Jong-un war wieder einmal in der Stadt. Am Abend zuvor hatte der chinesische Präsident Xi Jinping zu Ehren des fünfunddreißigsten Geburtstags des nordkoreanischen Führers ein opulentes Bankett in der Großen Halle des Volkes gegeben, dem Prachtbau an der Westseite des Platzes des Himmlischen Friedens. Am folgenden Tag bewirtete Xi seinen jungen Nachbarn im staatlichen Peking Hotel, wo Mao Zedong einst seinen Großvater empfangen hatte.

Nachdem er ihm fünf Jahre lang eher feindselig begegnet war, tat Xi nun so, als hätte er in Kim den verlorenen Sohn wiedergefunden. Kims Besuche in China waren inzwischen so normal, dass sie kaum noch eine Nachricht in den Medien wert waren. Sie waren bloß noch ein Ärgernis für die Pekinger Pendler.

Dem Großen Nachfolger war ein bemerkenswerter Wandel gelungen. Er hatte erreicht, dass ihn einige der mächtigsten Menschen der Welt wie den normalen Führer eines legitimen Staates behandelten.

Bei seiner Neujahrsansprache acht Tage zuvor hatte sich Kim Jong-un ausgesprochen staatsmännisch gegeben.

Er wandte sich nicht von einem Podium aus an sein Publikum wie in den vorangegangenen Jahren. Als die Uhr Mitternacht schlug, zeigte das Fernsehen Kim Jong-un in einem wuchtigen Ledersessel in einem holzgetäfelten Arbeitszimmer. Im Hintergrund waren die Porträts seines Vaters und seines Großvaters zu sehen, Lederbände füllten die Regale.

Das Arrangement war wohldurchdacht. Einer von Kims engsten Beratern hatte eine Biografie über Franklin D. Roosevelt gelesen und seinem Boss geraten, sich dessen berühmte »Gespräche am Kamin« aus der Zeit der Großen Depression in Amerika zum Vorbild zu nehmen.

Der Große Nachfolger versuchte nun, die persönliche Beziehung zum Volk zu kopieren, die Roosevelt in den 1930er-Jahren angestrebt hatte. Gleichzeitig wollte er sein Image als respektabler Staatsmann stärken.

Die Ereignisse des Jahres 2018 hätten »unauslöschliche Spuren in der Geschichte« hinterlassen, sagte Kim Jong-un, der diesmal einen Anzug im westlichen Stil trug. Das kommende Jahr 2019 sei ein »Jahr voller Hoffnung«, erklärte er.

»Ich denke und hoffe, dass unsere Beziehungen zu den Vereinigten Staaten in diesem Jahr Früchte tragen, so wie die innerkoreanischen Beziehungen durch die Bemühungen beider Seiten eine Wendung zum Guten genommen haben«, sagte er. Er las von einem Teleprompter ab, manchmal blickte er auch auf Notizen, die er in der Hand hielt.

In der Rede kam er neununddreißigmal auf die Wirtschaft zu sprechen. Das Atomprogramm erwähnte er hingegen nur ein einziges Mal, und das, um zum Ausdruck zu bringen, dass sein Regime keine Atomwaffen mehr herstellen, testen oder weiterverbreiten werde.

Die Atombomben waren gut versteckt, die Raketen blieben am Boden. Die Ermordung seines Halbbruders zwei Jahre zuvor in Malaysia war so gut wie vergessen. Vom Tod des amerikanischen Studenten Otto Warmbier, der noch nicht einmal so lange zurücklag, war auch kaum noch die Rede. Präsident Trump persönlich hatte Kim praktisch Absolution erteilt. »Er hat mir gesagt, er wusste nichts davon, und ich nehme ihn beim Wort«, sagte Trump nach ihrem zweiten Treffen in Vietnam Ende Februar.

Doch der zweite Gipfel zeigte auch, dass der diplomatische Pfad keineswegs ohne Stolpersteine war. Trump war davon ausgegangen, dass er Kim durch seinen »Maximaldruck« aus dem Atombunker an den Verhandlungstisch gebracht habe. Das war eine Fehleinschätzung.

Sanktionen hatten durchaus Einfluss auf Kim Jong-un, aber sie waren nur einer von drei Faktoren. Sein Selbstbewusstsein und die Tatsache, dass er über ein ernstzunehmendes Atomwaffenarsenal verfügte, waren die beiden anderen. Alle drei zusammen hatten ihn gesprächsbereit gemacht.

Die Nordkoreaner hatten ebenfalls Schwierigkeiten zu verstehen, wie Trump eigentlich tickte. Sie suchten nach der Logik, dem Muster in seinen Entscheidungen, um herauszufinden, wie er am besten zu nehmen wäre.

Ein nordkoreanischer Regierungsmitarbeiter hatte sich die Serien »West Wing« und »Madame Secretary« angesehen, in denen es um das Weiße Haus und das Außenministerium geht. Nun wollte er von einem der amerikanischen Gesprächspartner wissen, ob die Schilderung realistisch sei. Läuft es tatsächlich bei euch von unten nach oben, arbeiten Mitarbeiter wirklich zunächst Ideen aus, die sie dann dem Weißen Haus vorlegen? Nein, antwortete der Amerikaner überrascht und antwortete diplomatisch, eher das Gegenteil sei der Fall. Bei Donald Trump laufe alles von oben nach unten.

Solche Missverständnisse bildeten den Hintergrund des Gipfels in Hanoi. Trump erwartete einen vorwiegend auf die Wirtschaft fokussierten Kim, der liebend gern seine Atomsprengköpfe gegen eine Aufhebung der Sanktionen eintauschen würde. Und Kim Jong-un wiegte sich in dem Glauben, Trump treffe die großen Entscheidungen und sehne sich nach einem diplomatischen Sieg, mit dem er sich in seinen Tweets brüsten konnte.

Als sie an diesem ersten Abend in Hanoi bei gut durchwachsenen Steaks nach nordkoreanischer Art zusammensaßen, blutig für Kim, gut durchgebraten für Trump, stellten sie fest, dass ihre Ausgangspositionen so unterschiedlich waren wie ihre Vorlieben bei der Zubereitung von Grillfleisch.

Trump sei bereit gewesen, die Sanktionen aufzuheben, wenn auch unter dem Vorbehalt, sie jederzeit schnell wieder in Kraft setzen zu können, falls die Nordkoreaner ihr Testprogramm wieder aufnehmen sollten, sagte der nordkoreanische Außenminister nach dem Gipfel.

Aber Trumps Sicherheitsberater John Bolton und sein Außenminister Mike Pompeo setzten sich gegenüber ihrem Chef durch und redeten ihm aus, es dem Nordkoreaner so leicht zu machen. Der amerikanische Präsident machte seinem Gegenüber klar, dass er zuerst sein gesamtes Nuklearprogramm aufgeben müsse, ehe an eine Aufhebung der Sanktionen überhaupt nur zu denken sei.

Das war im Wesentlichen dasselbe, was frühere Präsidenten

seit Jahrzehnten anboten, auch schon in der Zeit, als Bolton zur Regierung von George W. Bush gehörte.

Damit hatte man bei den Koreanern schon immer auf Granit gebissen. Man übersah einfach, warum die Nordkoreaner sich eigentlich Atomwaffen zulegen wollten, nämlich um sich vor einem Angriff durch die USA zu schützen.

Sollten die Verhandlungen erfolgreich sein, durfte es nicht allein um Denuklearisierung gehen. Wichtig war auch eine Veränderung der seit sieben Jahrzehnten angespannten Beziehungen zwischen beiden Ländern. Man musste Kim Jong-un überzeugen, dass er keine Nuklearwaffen als Schutz gegen eine amerikanische Invasion benötigte. Oder zumindest dass er nicht so viele Atomsprengköpfe benötigte und auch auf die Raketen verzichten konnte, die sie nach Amerika transportieren konnten.

Der Prozess erforderte eine langsame und stetige Normalisierung, zu der gehörte, dass beide Seiten guten Willen bewiesen. Die Einrichtung eines Kontaktbüros, über das die Gespräche laufen konnten, bis man vielleicht eines Tages volle diplomatische Beziehungen aufnahm, konnte hierzu ein wichtiger Schritt sein. Eine weitere Möglichkeit war die Ausarbeitung eines Friedensvertrags. Schließlich hatte man in Singapur eine stufenweise gegenseitige Annäherung beschlossen, die zwischen den Gipfeln auf der Arbeitsebene auch Gegenstand von Gesprächen gewesen war.

So kam Kim Jong-un mit dem Angebot nach Hanoi, das Atomforschungszentrum Yongbyon, das er ohnehin nicht mehr benötigte, stillzulegen, wenn Trump die 2016 und 2017 installierten Sanktionen aufhob. Sie stellten eine Bestrafung für die Raketenstarts dar und wirkten sich faktisch wie eine Blockade seines Landes aus, das keinen Fisch, keine Kohle und kein Metall mehr exportieren konnte.

Die Amerikaner taten recht daran, skeptisch gegenüber der Ehrlichkeit der Nordkoreaner zu sein. Kim Jong-uns Vater hatte vor mehr als einem Jahrzehnt dieselbe Offerte gemacht und sogar in Yongbyon einen Kühlturm in die Luft sprengen lassen. Unterdessen hatte er das Atomprogramm an anderen Orten munter fortgesetzt.

Doch Kim Jong-un war überzeugt, ein gutes Angebot zu machen, das zumindest einen befristeten Stopp der Sanktionen wert war. Und so bewegte er sich keinen Millimeter.

Man kam zu keiner Übereinkunft. Die beiden Staatsführer reisten unverrichteter Dinge ab.

Das Besteck und die Gläser auf dem Tisch, an dem sie anschließend tafeln sollten, blieben unberührt. Das Hotelpersonal aß die Stopfleber und den Fisch, welche für die Staatsführer zubereitet worden waren, selbst. Die Füllhalter lagen auf einem Schreibtisch, der für eine Unterzeichnungszeremonie bereitstand, zu der es nie kam. Während diese beiden Männer vor der Weltöffentlichkeit mit dem Feuer spielten, gerieten zwei andere Atommächte – Indien und Pakistan – in einen realen Konflikt.

Man hätte über die ganze Sache lachen können, wenn sie nicht so tödlich ernst gewesen wäre.

Die beiden unkonventionellen Staatsmänner, deren größter Vorteil darin bestanden hatte, so ganz anders als ihre Vorgänger zu sein, waren Opfer des konventionellen Denkens geworden.

Man könnte nun leicht das ganze Unternehmen als gescheitert betrachten und Hanoi als Beweis dafür nehmen, dass sich Geschichte doch wiederholt. Die immer wieder stockenden Bemühungen des vergangenen Vierteljahrhunderts haben zur Genüge gezeigt, dass es klug war, keine allzu hohen Erwartungen an ein diplomatisches Engagement mit Nordkorea zu stellen.

Ich verfolgte die Ereignisse von Peking aus mit einem Quäntchen Optimismus, dass es diesmal doch anders laufen könnte. Nach wie vor glaubte ich keine Sekunde, dass Kim Jong-un sein »heiliges Schwert« des Atomwaffenprogramms aufgeben würde. Ich dachte auch nicht, dass Kim Wirtschaftsreformen in chinesischem oder vietnamesischem Stil anstoßen würde. Er konnte nicht Nordkoreas Deng Xiaoping werden und eine Reform- und Öffnungspolitik einleiten, wie sie China zur zweitgrößten Wirtschaft der Welt gemacht hatte. Genauso wenig konnte er so etwas wie die Doi-Moi-Reformen anstoßen, die Vietnam zur Blüte geführt hatten.

In China und Vietnam hielt sich die Kommunistische Partei fest im Sattel, obwohl die meisten Menschen längst der Ideologie des Kapitalismus folgten. Aber es gab einen entscheidenden Unterschied zu Nordkorea. Die Kommunistischen Parteien Chinas und Vietnams waren keine Familiendynastien. Die Namen ihrer Führer wechselten immer wieder. Es gab zumindest intern eine gewisse Konkurrenz um Führungspositionen. Dergleichen war in Nordkorea unvorstellbar.

So konnte selbst das Lockangebot Wirtschaftshilfe, eines der Reformmodelle, die Trump zuvor schon Kim unterbreitet hatte und mit dem es die Verhandlungsdelegation in Vietnam erneut versuchte, dem Großen Nachfolger gefährlich erscheinen.

Nordkorea hörte seit Langem aus Ermahnungen, es müsse Reformen einleiten, nur die Forderung nach einem Regimewechsel heraus. Schließlich konnte das Land nicht einfach Informationen, Geld und Menschen ins Land lassen, ohne die Vormachtstellung der Familie Kim zu gefährden.

Aber vielleicht gab es einen Mittelweg? Womöglich war Kim Jong-un dazu zu bewegen, Teile seines Atomprogramms aufzugeben. Und warum sollte er nicht ein paar vorsichtige ökonomische

Liberalisierungsmaßnahmen wagen? Andrei Lankov, ein Kenner der nordkoreanischen Verhältnisse, der einst an der Kim-Il-sung-Universität studiert hatte, brachte hierfür den Begriff »Reform ohne Öffnung« ins Spiel.

Denn trotz aller Erfolge und Rückschläge bleibt Kim Jong-uns Ziel klar. Bisher war er dem ersten Teil der Maxime von Deng Xiaoping gefolgt: »Einige müssen zuerst reich werden.« Wenn er noch viele Jahre an der Macht bleiben wollte, musste er auch den oft vergessenen zweiten Teil dieser Devise wahr machen: »Und nach und nach werden dann alle zusammen reich werden.«

Dafür brauchte er eine echte, greifbare ökonomische Entwicklung, und die wollte er niemandem von außen überlassen; sie sollte sein Verdienst sein.

Er hatte nun eine einmalige Gelegenheit, dies zu erreichen, und sie würde ihm nicht lange offenstehen. Der Große Nachfolger, der wieder und wieder allen Voraussagen getrotzt hatte, musste den Schwung nutzen, den der Friedensprozess ihm in den Köpfen seiner nordkoreanischen Untertanen verschafft hatte, bevor sich dort Gedanken an Demokratie oder einfach Desinteresse breitmachten.

Der südkoreanische Präsident Moon Jae-in, der erheblich dazu beigetragen hatte, den diplomatischen Prozess anzustoßen, war nur noch bis 2022 im Amt, sein Einfluss dementsprechend begrenzt. Moon hatte sich bei den Verhandlungen sowohl als ungewöhnlich zäher wie kluger Partner erwiesen. Man konnte nicht davon ausgehen, dass sein Nachfolger sich ebenso sehr für die Idee des Friedens zwischen den beiden koreanischen Staaten engagieren würde.

Kims neuer Gesprächspartner Donald Trump wird sich sogar noch früher, Ende 2020, der Wiederwahl stellen müssen, mit ungewissem Ausgang.

Die Nordkoreaner waren so in Sorge um Trumps Aussichten, dass einer von Kims Beratern sogar eine traditionelle koreanische Wahrsagerin aufsuchte und sie fragte, ob er denn wiedergewählt werde. (Die Antwort lautete ja.)

Auch Trump zeigte ungebrochenes Interesse am Verhandlungsprozess. »Beziehung sehr gut, schauen wir, was passiert!«, twitterte er im Anschluss an seine Rückkehr aus Hanoi.

Ende März bewies Trump, wie sehr ihm an einem Deal mit Kim Jong-un lag. Er hob Sanktionen auf, die sein eigenes Finanzministerium am Tag zuvor gegen Nordkorea verhängt hatte, offensichtlich um seinem Amtskollegen in Pjöngjang einen Gefallen zu tun. Auf die Frage, was dieser ungewöhnliche Schritt zu bedeuten hätte, erklärte Trumps Pressesprecherin: »Präsident Trump mag den Vorsitzenden Kim, und er ist nicht der Ansicht, dass diese Sanktionen notwendig sind.«

Kim konnte sich ausmalen, dass der nächste amerikanische Präsident ihm nicht so zugewandt sein würde, sollte Trump in achtzehn Monaten die Wahl verlieren.

Wenigstens um einen Wechsel in der Führung beim Nachbarn China brauchte sich Kim keine Gedanken zu machen. Präsident Xi Jinping hatte die Amtszeitbeschränkung abgeschafft, um auf unbestimmte Zeit an der Macht bleiben zu können. Doch das war nicht unbedingt eine Hilfe. Xi hielt ganz offensichtlich nicht viel vom kleinen Genossen Nachbarn und hatte sich nur für ihn engagiert, um sich eine Rolle in einem eventuell eintretenden politischen Tauwetterprozess zu sichern. Es würde ihm ein Leichtes sein, Kim einfach wieder links liegen zu lassen wie zuvor.

Als Kim Jong-un nun in seinem Zug auf dem Rückweg von Hanoi nach Pjöngjang durch China rollte, wusste er, dass die Zeitspanne, die ihm zur Verfügung stand, um sich aus den Fesseln der Sanktionen zu befreien, nur kurz war. Ja, China und Russland hatten ihm bereits etwas Erleichterung verschafft, indem sie die Kontrollen an ihren Grenzen gelockert hatten. Sie drängten auch bei den Vereinten Nationen auf eine Aufhebung der Sanktionen, indem sie dort geltend machten, man müsse Kim nicht länger für seine Raketentests bestrafen. Doch Kim Jong-un brauchte mehr. Er wollte, dass die Sanktionen nicht bloß gelockert, sondern formell aufgehoben wurden.

Und so ließ er die Tür einen Spalt offen für weitere Gespräche. »Kim Jong-un sprach Trump Dank dafür aus, die weite Reise auf sich genommen und sich positiv für den Erfolg des Treffens und der Gespräche eingesetzt zu haben, und verabschiedete sich mit dem Versprechen einer weiteren Begegnung«, vermeldete die Zentrale Koreanische Nachrichtenagentur am Ende des gescheiterten Gipfels.

Kim Jong-un brachte die Aussichten für den weiteren Prozess am besten auf den Punkt. Bevor die Hauptgespräche begannen, nachdem ihre Unterhaltung beim Steak bereits gezeigt hatte, wie schwierig die Diskussionen an diesem Tag werden würden, beschrieb der Große Nachfolger den Weg, wie er ihn sah.

»Es ist noch zu früh, etwas Definitives zu sagen, aber pessimistisch bin ich nicht«, antwortete Kim auf die Frage eines amerikanischen Journalisten, wie er sich fühle. Dass Kim auf die Frage eines Pressevertreters einging, hatte es überhaupt noch nie gegeben – auch dies ein Zeichen seiner Bereitschaft, Neues zu wagen.

»Allerdings«, fuhr er fort und blickte, Trump an seiner Seite, lächelnd in die Runde, »ich habe so ein Bauchgefühl, dass wir mit guten Ergebnissen rechnen können.«

Danksagung

Über Nordkorea zu schreiben, ist faszinierend, herausfordernd und macht zugleich zornig. Es ist ein wahnsinnig interessantes Unterfangen, das sich nie völlig abschließen lässt, weil wir einfach nicht alle Antworten bekommen können.

Ich bin allen dankbar, die ihre Einblicke mit mir geteilt haben, um über diesen Staat schreiben zu können, der sich abschottet wie kein anderer, und natürlich auch meinen Freunden und meiner Familie, die mich ermutigt haben, dieses Buch in Angriff zu nehmen.

Besonders dankbar bin ich den Menschen, die aus Nordkorea geflohen sind und mir ihre Geschichte erzählt haben, obwohl sie dadurch nichts gewinnen konnten. Sie sind für sich und ihre Verwandten zu Hause damit beträchtliche Risiken eingegangen. Trotzdem haben Dutzende mutiger Flüchtlinge aus Nordkorea mir viele Stunden lang ihre Erlebnisse erzählt und geduldig meine endlosen Fragen beantwortet, damit ich ein Bild davon liefern konnte, wie das Leben in Kim Jong-uns Nordkorea aussieht. Ich muss auch an dieser Stelle ihre Anonymität wahren, doch ich möchte ihnen allen ein herzliches Dankeschön aussprechen. Ihre Geschichten sind von großer Bedeutung, und ich fühle mich sehr geehrt, sie erzählen zu können.

Die Interviews mit nordkoreanischen Flüchtlingen, die so wichtig dafür waren, das Leben im heutigen Nordkorea zu schildern, wären mir ohne die Unterstützung von Personen, die ihr Leben der Aufgabe gewidmet haben, diesen Menschen zu helfen, nicht möglich gewesen. Ich danke dafür Jung Gwang-il von No Chain for North Korea, Park Dae-hyeon und seinem Team bei Woorion, Ji Seong-ho von Now Action and Unity for North Korean Human Rights und Kim In-sung von der North Korea Database for Human Rights.

Ich danke auch der wunderbaren Lina Yoon, mit der ich viele Stunden insbesondere über das schwere Los der Frauen in Nordkorea gesprochen habe. Zu Dank verpflichtet bin ich auch Sokeel Park von Liberty in North Korea, der nicht nur mit großem Engagement Menschen aus Nordkorea hilft, sondern auch hervorragende Einblicke in das Leben des Landes hat.

Viele weitere Experten haben mit mir im Verlauf der Jahre ihre Zeit und ihre Gedanken über Nordkorea ausgetauscht. Ich danke insbesondere: Jieun Baek, Joe Bermudez, Bill Brown, Bob Carlin, Adam Cathcart, Victor Cha, Cheong Seong-chang, Choi Jin-wook, Choi Kang, Cho Bong-hyun, Cho Tae-yong, Cho Yoon-jae, Chun Yung-woo, Ralph Cossa, John Delury, Kenneth Dekleva, Christopher Green, Thomas Fisler, Gordon Flake, Rüdiger Frank, Tatiana Gabroussenko, Ken Gause, Bonnie Glaser, Yoji Gomi, Stephan Haggard, Hahm Chai-bong, Melissa Hanham, Peter Hayes, Siegfried Hecker, Aubrey Immelman, Jiro Ishimaru, Frank Jannuzi, David Kang, Kim Byung-yeon, David Kim, Duyeon Kim, Michael Kim, Kim Seokhyang, Kim Seung-min, Stephanie Kleine-Ahlbrandt, Bruce Klingner, Lee Hark Joon, Hyeon-seo Lee, Steven Levitsky, Jeffrey Lewis, Mark Lippert, Keith Luse, Michael Madden, Alexandre Mansourov, Patrick McEachern, Curtis Melvin, Alastair Morgan, Tony Namkung, Marcus Noland, Chad O'Carroll,

Paik Hak-soon, John Park, Kee Park, Dan Pinkston, Ra Jong-yil, Evans Revere, Christopher Richardson, Greg Scarlatoiu, Geoffrey See, Syd Seiler, Giwook Shin, Benjamin Katzeff Silberstein, Sheila Smith, Dan Sneider, Scott Snyder, Hannah Song, Kathy Stephens, Torkel Stiernlöf, David Straub, Sue Mi Terry, Thae Yong-ho, Michael Vatikiotis, Wang Son-taek, Grayson Walker und Joe Yun.

Weitere Menschen haben ihre Einblicke mit mir geteilt, wollten aber nicht genannt werden, weil sie immer noch nach Nordkorea reisen. Sie wissen, dass ich an sie denke und dass ich ihnen dankbar bin.

Besonders erwähnen möchte ich Andrei Lankov, der mir als unerschöpfliche Wissensquelle und als scharfer Beobachter zur Seite stand, seit ich zum ersten Mal im Jahr 2004 nach Seoul kam.

In der Schweiz teilte Titus Plattner einen großen Teil seiner eigenen Berichterstattung mit mir, während ich an diesem Buch schrieb, und Christina Stucky begleitete mich, wann immer es nötig war, zu den Ämtern von Köniz und half mir zu verstehen, was Schweizer Diskretion ist. Tiefen Dank schulde ich auch Imogen O'Neil, die so freundlich war, mit mir ihre Eindrücke von der Kim-Familie zu teilen und die mir großzügig erlaubte, Teile ihres eigenen, noch nicht publizierten Buches zu verwenden.

Ich hatte das große Glück, im Jahr 2014 ins Team der *Washington Post* aufgenommen zu werden, einer Zeitung, der ich mich sofort zugehörig fühlte. Meine Redakteure gestanden mir viel Zeit und Mittel zu, um über Nordkorea zu berichten, und vertrauten meinem Instinkt, wenn ich zu einer Reportage aufbrach, ohne vorher genau zu wissen, mit was ich zurückkommen würde. Teile dieses Buches nutzen das Material der Artikel, die ich in den vier Jahren schrieb, in denen ich für die *Post* über Japan und Korea berichtete.

Von großem Vorteil war es für mich auch, Will Englund als

Redakteur zu haben, der meine Artikel stets besser zu machen verstand und mir mit unschätzbarem Rat aus den schwierigen Situationen heraushalf, in die ich gelegentlich geriet. Emily Rauhala machte mir stets Mut und half mir, meine Ideen zu sortieren. Gerry Shih vertrat mich in der Endphase der Arbeit an dem Buch. Dank auch an Doug Jehl und Tracy Grant, die mich bei diesem Projekt stets unterstützt haben und die so großzügig waren, mir die Zeit zu geben, es zu Ende zu bringen.

In Seoul und auf schwierigen Reportagereisen in China und Thailand hatte ich die Freude, mit Yoonjung Seo zusammenzuarbeiten. Sie war die beste Kollegin und Reporterkollegin, die ich mir vorstellen konnte. Sie arrangierte viele der Interviews mit Geflüchteten und verstand es hervorragend, ihnen die Befangenheit zu nehmen, wenn ich mit meinen Fragen auftauchte.

Beim Schreiben des Buches halfen mir Shinhee Kang, Min Joo Kim, Yeonji Ghim, Min Jung Kim und Yuki Oda mit unschätzbaren Recherchen und Übersetzungen. Min Joo kümmerte sich noch in letzter Minute um Übersetzungsprobleme und Fragen.

Mein Koreanischlehrer, der viel Geduld mit mir hat, erlaubte mir, mich anstatt mit Grammatik mit nordkoreanischem Jargon zu beschäftigen.

Eine Reihe von Leuten lasen Teile des fertigen Manuskripts und gaben mir wertvolle Rückmeldungen. Meinen aufrichtigen Dank an Patrick McEachern, Titus Plattner, Imogen O'Neil, Jonathan Pollack und Shea Cotton. Toby Manhire sah mit dem scharfen Blick des Lektors das beinahe schon fertige Buch durch und schlug großartige Verbesserungen vor.

Der kenntnisreiche Fyodor Tertiskiy las alles sehr genau und machte viele hilfreiche Vorschläge und Korrekturen. Sollte das Buch trotzdem noch Fehler enthalten, so sind sie natürlich allein mir anzurechnen.

Mein Agent Flip Brophy war vom ersten Augenblick an von diesem Projekt überzeugt und fand für mich einen wundervollen Lektor bei PublicAffairs, Clive Priddle, mit dem zu arbeiten eine Freude war. Mein Dank geht auch an Nell Pierce von Sterling Lord Literistic und an Athena Bryan, Miguel Cervantes, Amber Hoover, Brooke Parsons, Jocelynn Pedro und an PublicAffairs.

Ich kann mich glücklich schätzen, während meiner Karriere stets zum rechten Zeitpunkt Ermutigung durch Förderer gefunden zu haben: Ann Marie Lipinski nahm mich in die Nieman Foundation for Journalism in Harvard auf, machte mich stärker und schickte mich, erpicht auf Neues, in die Welt zurück. David Rothkopf überzeugte mich, dass ich über Einsichten und Erfahrungen verfügte, die ich in einem Buch mitteilen sollte. Chung Min Lee trieb mich an, wenn ich glaubte, ich könnte nicht mehr weiter.

Ich habe außerordentlich davon profitiert, an der Seite von Sarah Birke, Emma Chanlett-Avery, Danielle Demetriou, Elise Hu, Jennifer Lind und Motoko Rich zu Japan und Korea arbeiten zu können; auch ihre Freundschaft habe ich sehr genossen. In Tokio verbrachte ich viele Stunden mit Sandra Fahy, deren Forschungsarbeiten zu Nordkorea ihresgleichen suchen. In Peking feuerten mich Kathy Long und Yvonne Murray auf der Zielgeraden an.

In Tokio hatte ich das Glück, Freunde zu haben, die mir Ermutigung, Unterhaltung und Kinderbetreuung während der Raketenstarts und Atombombentests boten. Dank dafür an Tomoko Sugiyama Wilson und Tom Wilson, Rika Beppu und Taito Okiura, Sarah Birke und Philip Blue sowie Adam Day und Wendy MacClinchy.

Ebenfalls danken möchte ich den Freunden, die mich aus der Ferne unterstützt haben: Emily Anderton, Natalia Antelava, Susie Banikarim, Soung-ah Choi, Emma Jacobs, Lucy Kebbell, Stephanie Kirchgaessner, Flavia Krause-Jackson, Maggie Kymn, Toby Manhire, Leonie Marinovich und Andrew North.

Bei meinem ersten Einsatz als Auslandsreporterin in Südkorea hatte ich das große Glück, die Freundschaft der außerordentlichen Journalistin Barbara Demick gewinnen zu können, der Autorin des Buches »Im Land des Flüsterns: Geschichten aus dem Alltag in Nordkorea«, eines der wichtigsten Bücher über das Land. Barbara, du bist eine großartige Freundin und Mentorin, ich habe so viel von dir gelernt.

Zu danken habe ich auch meinem Vater Brian, der mir die Liebe zum Lesen und Reisen und das Interesse für andere Kulturen vermittelt hat. Als ich Auslandskorrespondentin wurde, zuckte er stets nur leicht, wenn ich ihm sagte, dass ich nach Bagdad, Teheran oder Pjöngjang reisen werde. Ich danke dir, dass du immer an mich geglaubt hast, Dad. Und auch dir, Janine, danke ich für deine stete Unterstützung.

Als mir angeboten wurde, für die *Washington Post* nach Japan zu ziehen, gab meine Mutter ihr komfortables Leben in Neuseeland auf, um zum ersten Mal ins Ausland zu gehen. Vier Jahre lang kümmerte sie sich in Tokio liebevoll um meinen Sohn und ermöglichte es mir so, ausgiebig zu reisen und zu jeder Tageszeit zu schreiben. Mum, ohne dich hätte ich das alles nicht geschafft.

Am meisten danke ich meinem Sohn Jude, der es ausgehalten hat, wenn ich mal wieder unterwegs war, um neue Informationspuzzlestückchen herbeizuschaffen, oder wenn ich in unseren gemeinsamen Stunden durch die Arbeit abgelenkt war. Mögen die Kinder Nordkoreas bald in der Lage sein, so frei zu reden, die Welt in ihrer Weite zu erkunden und so viel Netflix zu schauen wie du.

Anna Fifield, Peking, März 2019

Anmerkungen

1 William Shakespeare, *Heinrich VI.*, Teil 3, Akt 3, 2. Szene, übers. von August Wilhelm Schlegel.
2 *Korean Pictorial*, Ausgabe Januar 1986.
3 Lee U-hong, *Angu na kyowakoku: Kita Chosen kogyo no kikai*, Tokio 1990, S. 20.
4 Die Beschreibung der Saaten und landwirtschaftlichen Methoden folgt Lee, S. 32, 118, 168.
5 Yi Han-yong, *Taedong River Royal Family: My 14 Years Incognito in Seoul*, Seoul 1996.
6 Ju-min Park und James Pearson, »In Kim Jong Un's Summer Retreat, Fun Meets Guns«, Reuters, 10. Oktober 2017.
7 Kim Il Sung, *With the Century*, Pjöngjang 1992, Bd. 2, S. 54.
8 Die Einzelheiten über Stalins Pläne für Kim Il-sung, Cho Man-sik und über Kim Il-sungs Bankette stammen von Blaine Harden, *The Great Leader and the Fighter Pilot*, New York 2015, S. 64 ff.
9 Einzelheiten über Kim Il-sungs Rückkehr nach Nordkorea und die sowjetische Haltung ihm gegenüber bei Bradley K. Martin, *Under the Loving Care of the Fatherly Leader: North Korea and the Kim Dynasty*, New York 2006, S. 46–52.
10 Die Informationen über Kim Il-sungs Empfang bei der Kundgebung bei Harden, S. 67.
11 Bradley K. Martin, *Under the Loving Care*, S. 52 f.; Andrei Lankov, *The Real North Korea: Life and Politics in the Failed Stalinist Utopia*, Oxford 2014, S. 6.
12 Baik Bong, *Kim Il Sung*, Tokio 1970, Bd. 2, S. 55 f.
13 Bradley K. Martin, *Under the Loving Care*, S. 67.

14 Bruce Cumings, *The Korean War: A History*, New York 2010, S. 152.
15 Blaine Harden, »The US War Crime North Korea Won't Forget«, *Washington Post*, 24. März 2015.
16 *Strategic Air Warfare: An Interview with Generals Curtis E. LeMay, Leon W. Johnson, David A. Burchinal, and Jack J. Catton*, hrsg. und mit einer Einführung versehen von Richard H. Kohn und Joseph P. Harahan, Office of Air Force History, US Air Force 1988, S. 88.
17 »*Record of a Conversation with Illarion Dmitriyevich Pak, Chairman of the Jagang Provincial People's Committee*«, 13. April 1955, History and Public Policy Program Digital Archive, RGANI fond 5, opis 28, delo 314. Für NKIDP übers. von Gary Goldberg. https://digitalarchive.wilsoncenter.org/document/116308.
18 Suh Dae-sook, *Kim Il Sung: The North Korean Leader*, New York 1988, S. 302.
19 Don Oberdorfer, *The Two Koreas: A Contemporary History,* New York 1998, S. 347.
20 »*GDR Ambassador Pyongyang to Ministry for Foreign Affairs, Berlin*«, 14. April 1975, History and Public Policy Program Digital Archive, Political Archive of the Foreign Office, Ministry of Foreign Affairs (PA AA, MfAA), C 6862.
21 Kim Hakjoon, *Dynasty: The Hereditary Succession Politics of North Korea*, Stanford 2017, S. 87 (Shorenstein Asia-Pacific Research Center).
22 Kim Jong-il, *Brief History,* Pjöngjang 1998.
23 Don Oberdorfer, *The Two Koreas*, S. 341.
24 David Sanger, »Kim Il Sung Dead at 82«, *New York Times*, 9. Juli 1994.
25 Anna Fifield, »Selling to Survive«, *Financial Times*, 20. November 2007.
26 Kim Hakjoon, *Dynasty*, S. 131.
27 Ri Nam-ok, Kim Jong-nams Cousine, glaubte, dass Ko Yong-hui hinter diesem Schritt stand. So zu finden in Imogen O'Neils unveröffentlichtem Buch *The Golden Cage: Life with Kim Jong Il, a Daughter's Story.*
28 Imogen O'Neil, *The Golden Cage*.
29 Kim Hakjoon, *Dynasty*, S. 153.
30 Kenji Fujimoto, *I Was Kim Jong-il's Cook*, Tokio 2003.
31 *Immortal Anti-Japanese Revolutionary, Teacher Kim Hyong Jik*, Pjöngjang 1968, S. 93–94 (Verlag der Partei der Arbeit Koreas).
32 Yi Han-yong, *Taedong River Royal Family: My 14 Years Incognito in Seoul*, Seoul 1996.

33 David Halberstam, *The Coldest Winter: America and the Korean War*, New York 2007, S. 80.
34 Robert S. Boynton, *The Invitation-Only Zone: The True Story of North Korea's Abduction Project*, New York 2016, S. 33.
35 Yoji Gomi, *Three Generations of Women in North Korea's Kim Dynasty*, Tokio 2016.
36 Ko Yong-gi, »A Curious Blood Line Connecting Kim Jong-un and Osaka«, *Daily North Korea*, 14. Dezember 2015.
37 Aus Sin Yong-huis Erinnerungen, zitiert nach südkoreanischen Medien, darunter ein Beitrag des Investigativjournalisten Cho Gab-je auf *chogabje.com* vom 26. Juni 2012.
38 *Anecdotes of Kim Jong-un's Life*, Pjöngjang 2017, S. 49.
39 Details über die Residenzen und ihre Einrichtung sind dem unveröffentlichten Buch von Imogen O'Neil entnommen.
40 Interview der Autorin mit Thomas Bach, dem Präsidenten des Internationalen Olympischen Komitees.
41 Guy Faulconbridge, »North Korean Leaders Used Brazilian Passports to Apply for Western Visas«, Reuters, 28. Februar 2018.
42 Evan Thomas, »North Korea's First Family«, *Newsweek*, 17. Juli 2009.
43 Andrew Higgins, »Who Will Succeed Kim Jong-il?«, *Washington Post*, 16. Juli 2009.
44 Mira Mayrhofer und Gunther Müller, »Nordkorea: Kim Jong-un wird auf die Machtübernahme vorbereitet«, *Profil* (Österreich), 21. September 2010.
45 Unveröffentlichtes Interview der Autorin mit dem Schweizer Journalisten Bernhard Odenahl.
46 »Kim Jung-un mochte Nike Air-Turnschuhe, aber keine Mädchen«, *Berner Zeitung*, 6. Oktober 2010.
47 Andrew Higgins, »Who Will Succeed«.
48 Interview mit Bernhard Odenahl.
49 Die Informationen von Simon Lutstorf über Kim Jong-uns Basketballspiele am Gymnasium aus Titus Plattner, Daniel Glaus und Julian Schmidli, »In Bügeln und Kochen eine 4«, *SonntagsZeitung*, 1. April 2012.
50 »Revealed: Kim Jong-un the Schoolboy«, Al Jazeera English, 7. November 2010.
51 Atika Shubert, »Swiss Man Remembers School with Son of North Korean Leader«, CNN, 29. September 2010.

52 Andrew Higgins, »Who Will Succeed«.
53 Colin Freeman und Philip Sherwell, »North Korea Leadership: ›My Happy Days at School with North Korea's Future Leader‹«, *Daily Telegraph*, 26. September 2010.
54 Siehe Anmerkung 46.
55 Interview mit Bernhard Odenahl.
56 Details über die im Radio gespielten Lieder und Spekulationen in der südkoreanischen Presse aus Kim Hakjoon, *Dynasty*, S. 156–158.
57 *Anecdotes of Kim Jong-un's Life*, Pjöngjang 2017, S. 4.
58 »Kim Jong-il's Doctor Opens Up on '08 Stroke«, Associated Press, 19. Dezember 2011.
59 Jamy Keaten und Catherine Gaschka, »French Doctor Confirms Kim Had Stroke in 2008«, Associated Press, 19. Dezember 2011.
60 Lee Yung-jong, *Successor Kim Jong-un*, Seoul 2010.
61 Thae Yong-ho, *Password from the Third-Floor Secretariat*, Seoul 2018, S. 280.
62 Information von Cheong Seong-chang vom Sejong Institute.
63 »›Mother of Military-first Chosun‹ Made Public«, *Daily NK*, 12. Juli 2012.
64 Cho Jong Ik, »›Great Mother‹ Revealed to the World«, *Daily North Korea*, 30. Juni 2012.
65 Christopher Richardson, »North Korea's Kim Dynasty: The Making of a Personality Cult«, *Guardian*, 16. Februar 2015.
66 Barbara Demick, »Nothing Left«, *New Yorker*, 12. Juli 2010.
67 Ebd.
68 Stephan Haggard und Marcus Noland, *Witness to Transformation: Refugee Insights into North Korea*, Washington 2010 (Peterson Institute for International Economics).
69 »N. Korean Technocrat Executed for Bungled Currency Reform«, Yonhap News Agency, 18. März 2010.
70 Kim Hakjoon, *Dynasty*, S. 176.
71 »Kim Jong-il Issues Order on Promoting Military Ranks«, Korean Central News Agency, 27. September 2010.
72 Ken Gause, »North Korean Leadership Dynamics and Decision-Making under Kim Jong-un: A Second-Year Assessment«, CNA, März 2014, S. 2.
73 Ebd., S. 110.
74 Ebd., S. 3.
75 Stephan Haggard und Marcus Noland, *Famine in North Korea: Markets, Aid, and Reform*, New York 2009, S. 187.

76 Information von Curtis Melvin, US-Korea Institute der Johns Hopkins University.
77 Benjamin Katzeff Silberstein, *Growth and Geography of Markets in North Korea: New Evidence from Satellite Imagery*, US-Korea Institute der Johns Hopkins University, Oktober 2015, S. 29–36.
78 Kang Mi-jin, »Stall Transfers Yield Big Profits at the Market«, *Daily North Korea*, 14. Mai 2015.
79 Cha Moon-seok, *Information about North Korea's Market: Focusing on Current Status of Its Official Market*, Seoul 2016 (Korean Institute for National Unification).
80 Kim Byung-ro, »North Korea's Marketization and Changes in the Class Structure«, in: *The Economy and Society in the Kim Jong-un Era: New Relationship between the State and Market*, Hrsg. Yang Moon-soo, Paju 2014 (Haneul Academy).
81 Yonho Kim, *North Korea's Mobile Telecommunications and Private Transport Services in Kim Jong-un Era*, US-Korea Institute der Johns Hopkins University 2018.
82 Ebd.
83 »N. Korea Requires Students to Take 81-hour Course on Kim Jong-un«, Korean Broadcasting System, Südkorea, 25. November 2014.
84 Helen-Louise Hunter, »The Society and Its Environment«, in: *North Korea: A Country Study*, Hrsg. Robert L. Worden, Federal Research Office, Library of Congress 2008, S. 79–86.
85 James Pearson, »The $50 Device That Symbolizes a Shift in North Korea«, Reuters, 26. März 2015.
86 Greg Scarlatoiu, Vorwort zu: *Coercion, Control, Surveillance, and Punishment: An Examination of the North Korean Police State*, Washington 2012, S. 5 (Committee for Human Rights in North Korea).
87 Helen-Louise Hunter, »The Society and Its Environment«, S. 79–80.
88 Andrei Lankov, »The Evolution of North Korea's ›Inminban‹«, *North Korea News*, 28. April 2015.
89 Andrei Lankov, »Daily Life in North Korea«, Al Jazeera, 21. Mai 2014.
90 Kang Dong-wan, *Hallyu Phenomenon in North Korea: Meaning and Impact*, Institute for Unification Education of South Korea, S. 73 f.
91 David Hawk, *Parallel Gulag*, Washington 2017, S. 21 (Committee for Human Rights in North Korea).
92 David Hawk, *The Hidden Gulag: The Lives and Voices of »Those Who Are*

Sent to the Mountains«, Washington 2012, S. 4 (Committee for Human Rights in North Korea).
93 David Hawk, *Parallel Gulag*, S. 11.
94 Alle Schilderungen der Foltermethoden aus: United Nations Human Rights Council Session 25, *Report of the detailed findings of the commission of inquiry on human rights in the Democratic People's Republic of Korea* A/HRC/25/CRP.1, 7. Februar 2014, S. 235.
95 Ebd., S. 124.
96 David Hawk, *Parallel Gulag*, S. 31.
97 Anna Fifield, »North Korea's Prisons Are as Bad as Nazi Camps, Says Judge Who Survived Auschwitz«, *Washington Post*, 11. Dezember 2017.
98 Milan W. Svolik, *The Politics of Authoritarian Rule*, Cambridge 2012, S. 5.
99 Ju-min Park und James Pearson, »North Korea Executes Defence Chief with an Anti-Aircraft Gun: South Korea Agency«, Reuters, 13. Mai 2015.
100 Ra Jong-yil, *Jang Song Thaek's Path: A Rebellious Outsider*, Seoul 2016.
101 Ebd., S. 145.
102 Ebd., S. 167.
103 »Kim's Niece Kills Herself in Paris«, *JoongAng Daily*, 18. September 2006.
104 Andray Abrahamian, *The ABCs of North Korea's SEZs*, US-Korea Institute der Johns Hopkins University 2014.
105 Ra Jong-yil, *Jang Song Thaek's Path*, S. 254.
106 Thae Yong-ho, *Password from the Third-Floor Secretariat*, Seoul 2018, S. 328.
107 Alexandre Mansourov, »North Korea: The Dramatic Fall of Jang Song Thaek«, *38 North*, 9. Dezember 2013.
108 Ebd.
109 »Traitor Jang Song Thaek Executed«, Korean Central News Agency, 13. Dezember 2013.
110 Park In Ho, *The Creation of the North Korean Market System*, Seoul 2017.
111 »The Complex Ties Interlinking Cadres and the Donju«, *Daily North Korea*, 8. Juli 2016.
112 Jonathan Corrado, »Will Marketization Bring Down the North Korean Regime?«, *The Diplomat*, 18. April 2017.
113 »Rungna People's Pleasure Ground Opens in Presence of Marshal Kim Jong Un«, Korean Central News Agency, 25. Juli 2012.

114 Thae Yong-ho, *Password*, S. 307.
115 Yoji Gomi, *Three Generations of Women in North Korea's Kim Dynasty*, Tokio 2016.
116 Anna Fifield, »What Did the Korean Leaders Talk About on Those Park Benches? Trump, Mainly«, *Washington Post*, 2. Mai 2018.
117 Dennis Rodman, Rede im Modern War Institute in West Point, New York, 3. März 2017.
118 Shane Smith in *VICE on HBO Season One: The Hermit Kingdom* (Episode 10), 23. Februar 2014.
119 Dennis Rodman auf NBC im Gespräch mit Megyn Kelly, 19. Juni 2018.
120 Jason Mojica, »In Dealing with North Korea, Fake It 'til You Make It«, *Medium*, 26. Februar 2018.
121 Dennis Rodman in *Dennis Rodman's Big Bang in Pyongyang* (2015).
122 Film auf Vice News.
123 Film auf Vice News.
124 Darren Prince in *Dennis Rodman's Big Bang in Pyongyang*.
125 Ebd.
126 Timothy W. Martin, »How North Korea's Hackers Became Dangerously Good«, *Wall Street Journal*, 19. April 2018.
127 Curtis M. Scaparrotti vor dem Verteidigungsausschuss des US-Repräsentantenhauses, 2. April 2014.
128 Ellen Nakashima und Devlin Barrett, »U.S. Charges North Korean Operative in Conspiracy to Hack Sony Pictures, Banks«, *Washington Post*, 6. September 2018.
129 Patrick Winn, »How North Korean Hackers Became the World's Greatest Bank Robbers«, *Global Post Investigations*, 16. Mai 2018.
130 Timothy W. Martin, »How North Korea's Hackers Became Dangerously Good«.
131 Ju-min Park, James Pearson und Timothy Martin, »In North Korea, Hackers Are a Handpicked, Pampered Elite«, Reuters, 5. Dezember 2014.
132 Sam Kim, »Inside North Korea's Hacker Army«, *Bloomberg Businessweek*, 7. Februar 2018.
133 Joshua Hunt, »Holiday at the Dictator's Guesthouse«, *The Atavist Magazine*, Nr. 54, November 2015.
134 Bruce Bueno de Mesquita und Alastair Smith, *The Dictator's Handbook: Why Bad Behavior Is Almost Always Good Politics*, New York 2011, S. 30.
135 »Jong-nam Kept Antidote to Poison in Sling Bag, Court Told«, Bernama News Agency (Malaysia), 29. November 2017.

136 Information von Ri Nam-ok, von Imogen O'Neil mitgeteilt.
137 Song Hye-rang, *Wisteria House: The Autobiography of Song Hye-rang*, Seoul 2000.
138 Ebd.
139 Information von Ri Nam-ok, von Imogen O'Neil mitgeteilt.
140 Yi Han-yong, *Taedong River Royal Family: My 14 Years Incognito in Seoul*, Seoul 1996.
141 Information von Ri Nam-ok, von Imogen O'Neil mitgeteilt.
142 Yi Han-yong, *Taedong River Royal Family*.
143 Information von Ri Nam-ok, von Imogen O'Neil mitgeteilt.
144 Ju-min Park und A. Ananthalakshmi, »Malaysia Detains Woman, Seeks Others in Connection with North Korean's Death«, Reuters, 15. Februar, 2017.
145 Aussage eines Geheimdienstkenners, der anonym bleiben möchte.
146 Laut der Aussage von Mark.
147 Kim Jong-nam in einem Interview mit dem japanischen Fernsehsender Asahi, 12. Oktober 2010.
148 »Kim Jong-il's Grandson Feels Sorry for Starving Compatriots«, *Chosun Ilbo*, 4. Oktober 2011.
149 Alastair Gale, »Jong Un's Nephew Was in Danger After Father's Killing, North Korean Group Says«, *Wall Street Journal*, 1. Oktober 2017.
150 »Kim Jong-un's Brother Visits London to Watch Eric Clapton«, BBC News, 22. Mai 2015.
151 Anna Fifield, »After Six Tests, the Mountain Hosting North Korea's Nuclear Blasts May Be Exhausted«, *Washington Post*, 20. Oktober 2017.
152 Kim Jong-un vor dem Zentralkomitee der Nordkoreanischen Partei der Arbeit laut einem Bericht der KCNA, 21. April 2018.
153 Joseph S. Bermudez, *North Korea's Development of a Nuclear Weapons Strategy*, US-Korea Institute der Johns Hopkins University 2015, S. 8.
154 James Person und Atsuhito Isozaki, »Want to Be a Successful Dictator? Copy North Korea«, *The National Interest*, 9. März 2017.
155 Alexandre Y. Mansourov, »The Origins, Evolution, and Current Politics of the North Korean Nuclear Program«, *The Nonproliferation Review* 2, Nr. 3 (Frühjahr–Sommer 1995), S. 25–38.
156 Ebd.
157 Jonathan D. Pollack, *No Exit: North Korea, Nuclear Weapons and International Security*, The International Institute for Strategic Studies, London 2014, Kapitel 3.

158 Scott Douglas Sagan und Jeremi Suri, »The Madman Nuclear Alert: Secrecy, Signaling, and Safety in October 1969«, *International Security* 27, Nr. 4 (2003), S. 150–183.
159 H. R. Haldeman und Joseph DiMona, *The Ends of Power*, New York 1978, S. 83.
160 Mercy A. Kuo, »Kim Jong-un's Political Psychology Profile: Insights from Ken Dekleva«, *The Diplomat*, 17. Oktober 2017.
161 H. R. McMaster in einem Interview auf MSNBC, 5. August 2017.
162 Die Staatsmedien Nordkoreas veröffentlichten Mitte Januar 2020 Bilder, die die 73-jährige Tante des Machthabers bei einem Konzertbesuch in Pjöngjang zeigte, siehe auch: https://www.rnd.de/politik/kim-jong-uns-tante-nach-mehr-als-sechs-jahren-wieder-aufgetaucht-B3QXTPRRGRJAY5RIAXPNXYCLPI.html (zuletzt aufgerufen am 28.01.2020).
163 Informationen aus Imogen O'Neils Buch.
164 Information von Michael Madden, der die Internetseite *North Korea Leadership Watch* betreibt.
165 Gespräch der Autorin mit Lim Jae-cheon, Experte für die Familie Kim an der Korea University in Seoul.
166 Anna Fifield, »What Did the Korean Leaders Talk About on Those Park Benches? Trump, Mainly«, *Washington Post*, 2. Mai 2018.
167 Anna Fifield, »Did You Hear the One about the North Korean Leader, the $100 Bill and the Trump Card?«, *Washington Post*, 30. April 2018.
168 Eric Talmadge, »Economist: N. Korea Eying Swiss, Singaporean-Style Success«, *Associated Press*, 29. Oktober 2018.
169 Lee Seok-young, »Successor Looks Set for Own Escort«, *Daily North Korea*, 26. August 2011. Er zitiert Lee Yeong-guk, Autor des Buches *I Was Kim Jong Il's Bodyguard*.
170 Information von Kenji Fujimoto.
171 John Bolton, »The Legal Case for Striking North Korea First«, *Wall Street Journal*, 28. Februar 2018.
172 Andrew Kim, »North Korea Denuclearization and U.S.-DPRK Diplomacy«, Rede an der Stanford University, 25. Februar 2019.
173 Ebd.
174 Darüber berichtete zuerst Alex Ward, »Exclusive: Trump Promised Kim Jong Un He'd Sign an Agreement to End the Korean War«, *Vox*, 29. August 2018.
175 Freddy Gray, »Donald Trump's Real-Estate Politik Is Working«, *The Spectator*, 12. Juni 2018.

176 Interviews der Autorin mit Personen, die anonym bleiben wollen.
177 Karen DeYoung, Greg Jaffe, John Hudson und Josh Dawsey, »John Bolton Puts His Singular Stamp on Trump's National Security Council«, *Washington Post*, 4. März 2019.

Daniel Gerlach
Journalist und Orientalist

Daniel Gerlach
Der Nahe Osten geht nicht unter
Die arabische Welt vor ihrer historischen Chance

312 Seiten
Euro 18,– (D)
ISBN 978-3-89684-268-8
Auch als E-Book erhältlich

Hoffnung für eine fast aufgegebene Region

Kriege und Konflikte beherrschen unser Bild des Nahen und Mittleren Osten, Absägenge auf die Region bestimmen die Debatte. Der Orientalist Daniel Gerlach dagegen ist überzeugt: Die arabische Welt ist noch lange nicht verloren. Er zeichnet ein lebhaftes Porträt der Region, bewertet konfessionelle und ideologische Spannungen neu und erzählt von gesellschaftlichen Gruppen, die mit ihrem Einfluss Machtverhältnisse ändern können.

www.edition-koerber.de

Ulrich Ladurner
Journalist

Foto: Claudia Höhne

Ulrich Ladurner
Der Fall Italien
Wenn Gefühle die Politik beherrschen

232 Seiten
Euro 18,– (D)
ISBN 978-3-89684-273-2
Auch als E-Book erhältlich

Dem Populismus die Stirn bieten

Der Journalist Ulrich Ladurner berichtet von seinen Reisen durch ein Italien, das von Jahrzehnten der Korruption und Misswirtschaft zermürbt ist. In diesem Klima locken die Populisten mit unhaltbaren Versprechungen und gewinnen so Wahlen – nicht nur in Italien. Ladurners Buch ist ein erstaunliches Länderporträt und eine Mahnung: Wer Populisten bekämpfen will, darf ihnen die Freiheit, die Grundlage der Demokratie, nicht kampflos überlassen.

www.edition-koerber.de

Den Westen nicht verloren geben

Die USA sind verloren, der Westen ist tot, die internationale Ordnung am Ende? Der Politikberater Thomas Kleine-Brockhoff hält dagegen: Mit Solidarität, Konsequenz und Mäßigung kann sich die strategische Wertegemeinschaft erneuern. Denn die Welt braucht den Westen und Menschen, die seine Ideale verfolgen, um dem Nationalismus die Stirn zu bieten und unser Leben ein wenig sicherer zu machen.

www.edition-koerber.de

Koreanische Halbinsel